不苟不懈不争

萧致治口述自传

萧致治 口述
杨卫东 朱思敏 主编

武汉出版社

（鄂）新登字08号

图书在版编目（CIP）数据

不苟不懈不争 ：萧致治口述自传 / 萧致治口述 ；
杨卫东，朱思敏主编. -- 武汉 ：武汉出版社，2025. 3.
ISBN 978-7-5582-7167-0

Ⅰ. K825.46

中国国家版本馆 CIP 数据核字第 20243A0J58 号

不苟不懈不争：萧致治口述自传

BUGOU BUXIE BUZHENG：XIAO ZHIZHI KOUSHU ZIZHUAN

口　　述：萧致治
主　　编：杨卫东　朱思敏
责任编辑：陈艾利　杨仪静
封面设计：沈力夫
出　　版：武汉出版社
社　　址：武汉市江岸区兴业路 136 号　　邮　　编：430014
电　　话：（027）85606403　　85600625
http://www.whcbs.com　　E-mail：whcbszbs@163.com
印　　刷：湖北恒泰印务有限公司　　经　　销：新华书店
开　　本：787 mm×1092 mm　　1/16
印　　张：28.75　　字　　数：370 千字
版　　次：2025 年 3 月第 1 版
印　　次：2025 年 3 月第 1 次印刷
定　　价：98.00 元

序 言

2022 年春节期间，我照例到武汉大学给萧致治老师拜年。交谈间，萧老师神采奕奕、充满活力的状态仿佛让我看到那一代人的历史身影：他们欢欣鼓舞地迎接解放，但家庭出身种下了经历人生各种考验和磨难的酸果；在时代的风风雨雨中，他们虽然躲过了重重骇浪，但很少有人可以出头、出仕；他们对党无限忠诚，对工作十分敬业，常年默默地耕耘，在不知不觉中累积着等身的著作。他们的微历史可以补充我国知识分子近百年的历史。继而我又想到两年之后将迎来萧老师九十五岁寿辰，于是向他提出了给他做口述自传的建议，萧老师自谦地说他的成就不足以立传，而在场的萧莉一口应承，认为这是一个很好的建议。在我和萧莉的轮番劝说下，他渐渐改变了观点。

一

近距离接触萧老师始于 1982 年初。我和李少军是他协助姚薇元先生带的第二届研究生。由于姚先生当时已是 77 岁的高龄，精力不济，大部分工作是由萧老师承担的，如布置、检查和批改我们的作业。在三年的研究生学习中，我的书稿、译稿及其他各类文稿总字数在 100 万字左右，这些稿件都浸润着萧老师的心血。1985 年毕业后，我走上了行政工作岗位，与学界渐行渐远，但与萧老师的联系从未中断，至少每年都会去给他拜年。随着时间的推移，我对萧老师的了解越来越多。尤其是这一次给他做口述自传，我看了很多资料，采访了很多人，对萧老师的认识更加深入。

萧老师在方方面面都表现得很优秀，他身上最突出的是“三不精神”，即“不苟、不懈、不争”。

“不苟”是一种严谨的治学精神。萧老师涉足的研究领域比较宽，发表的文章和出版的著作数量很多。涉足领域宽是学术“大咖”必备的素质，著作数量多则是几十年的勤奋积累。在这本书里，读者可以看到萧老师一以贯之的严谨学风。如他写的第一篇论文《关于龚自珍社会改革思想的性质问题》，是在穷尽了相关研究资料、通读了龚自珍全部作品的基础上写成的。为了弄清楚黎元洪的家世，他几次到黄陂、大悟调查，克服重重困难找到了《黎氏族谱》，写下了《黎元洪的祖籍和姓氏再议》，对过往文献的讹误进行了改正。萧老师的考证功力深厚，如他的《黎元洪投海考——章太炎〈大总统黎公碑〉等辨误》《黄兴首次赴日时间及其思想转变小考》，用详尽的史料和严密的逻辑纠正了前人的错误。李少军曾感慨地说，萧老师文章最大的特点就是总能有一些新的史料。能发现新材料、找到新材料，对史学工作者来说是极为不易的，往往要花很多功夫。

萧老师这种一丝不苟的精神甚至还表现在对学生文章的修改上。大师兄许增纮曾回忆说：“在我现在保存的1979年四五月间所作的读书笔记中，就有姚师和致治师分别用红、黑铅笔所作的旁批。比如，我在关于‘革命与改良的作用’部分的笔记中有如下一句话：‘革命胜利以后，提倡发展科学等改良，就有必要了。’致治师的旁批纠正道：‘把发展科学视为属于改良这个特定的政治术语，不妥。’在分析义和团没有推翻清朝统治的政治意图的笔记中，有这样一段话：‘“杀一龙二虎头”，是把光绪帝作为“教主”，把奕劻、李鸿章作为卖国贼来对待的，而不是把他们作为清朝统治者的象征来“杀”的。’致治师在旁批道：‘哪个教的“教主”？’对我笔记中‘教主’的说法委婉地提出了批评。我在‘西后与光绪帝的矛盾在义和团运动中的影响’的提纲中，有一条是：‘西后谋废立，列强支持光绪,西后与列强矛盾,与利用义和团、宣战的关系。'致治师的旁批特别提醒:'沙俄是支持西后的。'致治师又在'至六月中旬,西后得误报,云列强以兵助光绪复位'一句的旁批中纠正说:'是谎报,不是误报。'……总之,在我的笔记中哪怕是出现一个错误概念、一个不妥用词,致治师都一一指出。连学生的读书笔记都如此认真地阅读、批示,致治师为师之道,实已达于极致!"

萧老师的不苟还表现在为人处世的严谨正派。如在对稿费的分配上,凡有稿费,萧老师都会按贡献大小分给我们,并作详细的说明。记得2001年《落日的辉煌——17、18世纪全球变局中的"康乾盛世"》一书因征引《鸦片战争前中西关系纪事》一书约2万字,该书编者给我们寄来了一笔稿费,萧老师专门写信告诉我这件事,并将稿费平分给我。本来老师与学生在学术上的贡献是有巨大差别的,但萧老师绝不多占一分。

"不懈"主要指的是刻苦钻研的敬业精神。在我的印象中,历史研究已成为萧老师人生的主要部分。40余年里,我每一次去拜年,萧老师都是在那个拥挤的书桌前,兴致勃勃地给我讲他正在研究的课题。他退休前与退休后工作状态没有区别,即使到九十岁的高龄也不懈怠。这种印象,大家几乎都有同感,如张学锋说:"萧老师给我的深刻印象是一个笔耕不辍且优质高产的教授。为什么这样说?毕业以后长期在外工作,见恩师的机会屈指可数,但每次到萧老师家里汇报学习和工作情况,都能够拜读到萧老师新的成果专著。"张笃勤回忆说:"我每次到他那里去,他谈得最多的是他的研究,我觉得真的是难能可贵。大多数老师退休以后,基本上就封笔了,不搞研究,但是萧老师不是这样,他成天就是写东西,没有要歇下来的迹象。他退休后没有一点松懈,真正实现了学术的第二春。他没有因为年事越来越高而放下他的研究,这对我来说是一种励志教育。"女儿萧莉在口述中则说:"在我的印象中,我爸爸永远都是在书桌旁边,任何时候去,看到的都是他在看书或者是在写东西,也不分周末、节假日、平时,甚至说就是春节,有时候也只是休息那么一两天，然后其他的时间还是在看书、学习，非常勤奋。”

“不争”是萧老师最具特色的品质。人难免追名逐利，而萧老师一生淡泊名利。孔子说的“仁者寿”是很有哲理的，因为仁者怀有仁爱之心，胸怀宽广，很少有烦恼。萧老师长寿应该与他的“不争”是有很大关系的。徐方平在口述中说：“萧老师的生活是很有规律的，他是以学术为中心，日常的生活只要能满足基本条件就够了，他不追求物质方面的享受。你看他工作这么多年，还住在9区那里，房子很小。我现在住的房子都有180平方米。我们的条件在不断改善。萧老师在物质上始终是清贫的，他为人和蔼可亲，平易近人，淡泊名利，清心寡欲。2023年春节我跟杨木根与萧老师开玩笑说：‘萧老师你坚持这种生活方式，适当地看看书，活到100岁。’萧老师信心十足地说：‘没问题，我可以活到100岁。’”师兄丁济康撰文回忆：“那是1993年9月，我率贵州安顺代表团赴京参加全运会观礼仪式，返程时我特地经停武汉，去看望萧老师。武大校方知道后，校领导和我见了面，校团委还组织青年学生与我进行了一次座谈。当时武大的几位领导都曾来过贵州安顺，我同他们见过面，较为熟悉。我单独去看望萧老师时，他和师母都非常高兴。当时我看到萧老师的住房较窄，特别是一间不大的书房里，堆放着许多书籍资料，有些拥挤不堪的样子。我说：‘我听分管后勤的副校长说，学校正在分配新房，我应该向他反映一下老师的住房实况。’孰知，萧老师听了却连连摇头说：‘那不好，不行不行！眼下国家财力还不宽裕，分房的事僧多粥少，现在学校教师增多，困难户不少，千万不能去为难组织；再说房子虽然窄小一点，不照样可以工作嘛！’看到萧老师一脸肃然毅然的神情，我自然不敢再说什么了。联系而今物欲盛行的某些社会风气，我忽然想起宋人王淇《梅》诗中的两句：‘不受尘埃半点侵，竹篱茅舍自甘心。’这不正是萧老师洁身自好、甘于清苦、高风亮节的生动写照吗？”许增纮师兄说：“武汉大学在20世纪80年代初评定高级职称时，论条件，致治师是完全合格的。他1978—1982年已发表论文21篇，加上已出版的《辛亥革命史》上册，共约 30 万字，此外还整理出版资料 20 余万字，总计 50 余万字。这样的科研成果在当时的武汉大学是少有的。历史系一些权威专家也积极支持致治师评高级职称。但是，也许为解决长年积存下来的难题，学校按照'论资排辈'的原则，仅考虑 1955 年前毕业教师的高级职称问题；稍后，为缓解较为尖锐的矛盾，学校又按毕业时间的先后补报了一批拟评高级职称的名单。如果他也去积极争取，高级职称问题也就解决了。但是，他却持'与世无争'的态度，致使职称问题的解决延后了一年。当时……找领导大闹者有之，因未评上职称而消极怠工者亦有之，甚或有因未评上职称而卧轨悬梁者。致治师却不然，他不去为职称事争斗。"最典型的事例是他的工资。1952 年他在湖南省立六师任教时，每月的工分折合人民币约是 45 元，相当于行政干部 21 级，按照当时《工会法》的规定，他转到工会应按原单位标准发放工资。但当时县总工会主席的工资按供给制折合人民币只有 29 元，考虑到工资差距较大，于是工会经萧老师"欣然同意"，将他的工资降到了 38 元，即从行政干部 21 级降到 23 级。1956 年全国工资改革时，萧老师作为在校读书的调干生，本来也有调整工资的机会，学校当时曾开具关于调整工资的信函，但萧老师一直没有寄给原单位，以至于他大学毕业那年，仍然只拿行政干部 23 级即每月 53 元的工资。在这个问题上，他不仅不争，还有意地谦让。

为萧老师立传，可总结的东西很多，但"不苟、不懈、不争"精神贯穿了萧老师的一生，成就了萧老师的事业和人生，也成为我们宝贵的精神财富。

二

我从 2017 年开始做口述历史，策划、主编、主审了《武汉改革开放口述史》（全 2 册）、《武汉改革开放口述实录》（全 2 册）、《口述实录：武汉经济技术开发区 30 年（1988—2018）》、《武汉经济技术开发区民营企业创业口述实录》等口述历史作品。我做过不同类型的口述史,但没有做过口述自传。

口述历史最初都是以个人访谈为主。阿兰·内文斯[①]最初成立口述历史研究室的目的就是希望有系统地收集健在的美国各类风云人物的记忆,其主要方法是录制他们的个人史。唐德刚作为华裔口述历史的主要推动人物,其主要成就便是采访了胡适、李宗仁、顾维钧、张学良,出版了《胡适口述自传》《李宗仁回忆录》《顾维钧回忆录》和《张学良口述历史》,可见口述自传是口述历史最合适的形式。

口述历史学家们对口述历史的作者有一个基本的共识,即口述历史的作者具有双重主体。唐纳德·里奇指出:"访谈者和受访者共同参与口述历史,任何一方的角色都不可低估……口述历史是由实践双方共同参与塑造的。"[②]左玉河则形象地把访谈者与口述者比喻成"导演"和"主演",他说:"访谈者是口述历史的策划者和引导者,口述者(历史当事人)是口述历史的主角。两者在口述历史中所担当的角色,类似于电影拍摄中的'导演'与'主演'。离开了口述者就无所谓口述历史,但若无访谈者的适度引导,口述者的叙述就有可能偏离主题。既然口述历史是访谈者与口述者双方合作的结果,那么如何当好'导演'与'主演'便显得格外重要。"[③]其实,这样的定位是不太科学的,因为访谈者不仅是策划者和引导者,还是口述人的资料的补充者。唐德刚曾强调:"我替胡适之先生写口述历史,胡先生的口述只占百分之五十,另外的百分之五十要我自己找材料加以印证补充。写李宗仁口述历史,更麻烦,因为

---

① 阿兰·内文斯(Allan Nevins,1890—1971)是美国著名的历史学家和新闻工作者,是推动现代口述史学在美国创立与发展的关键人物。1948 年他在哥伦比亚大学创建了口述历史研究室,被视为现代口述史学诞生的标志。

② 引自唐纳德·里奇《大家来做口述历史》(第 3 版),当代中国出版社 2019 年版,第 18—19 页。

③ 左玉河:《"导演"与"主演":访谈者与口述者的角色及职责》,《江淮文史》2016 年第 5 期。

李先生是军人，他连写封信都要找秘书，口述时也随便讲讲，我必须细心地找资料去编、去写、去考证，不明白的还要回头和他再商讨。”[①]在唐德刚看来，访谈者作为著作者的作用是重大的。

我们没有唐德刚先生那样深厚的学养，但我们在收集资料方面是不遗余力的。首先，我们希望通过资料来印证口述的事件，以确保口述史作为信史的品质。随着时间的推移，人的记忆力可能会衰退，记忆可能发生误差，必须用其他资料来互证或纠正。我们翻阅了萧老师的著作、论文以及各类回忆文章，采访有关当事人，甚至几经周折查阅了部分萧老师的个人档案，尽量从多方面求证事件的地点、人物和时间，以追求历史的真实性。如他老家耕牛是什么时候死的，他的一位研究生究竟是哪一年考试、哪一年入校的。我们拿出资料，经萧老师确认，选择有依据的史实。其次，我们希望通过资料来丰富口述的内容，人的记忆往往是有选择性的，自己深度参与的或自己觉得有意义的事情一般记忆较清晰，反之则容易遗忘。如萧老师曾自拟了一个口述提纲，章节都写得很具体，但是，在口述中有些只提了几个概念，内容不足，为此，我们找到了很多历史文件和各历史时期的文章，并对有些专题进行了重新采访，以完善每一个阶段的历史。

关于口述历史，过去有一种观点认为访谈者必须忠实地按照口述者的讲述表达，不能随意增减文本内容。这种说法看上去没有什么问题，但不严谨，在实践中很难实行。一是口语和书面表达是有差别的，在交谈中，往往只需要讲半句话，对方就懂了，但将半句话录成书面语言就会文理不通；二是口述者讲述的逻辑往往不严谨，跳跃性大，而转成文字时则必须讲究逻辑严谨。另外，在做口述自传时，我有这样的体会，有些话可能萧老师一时忘了没有说，但我揣摩他的一贯思想，会作一点补充或创作，以便更好地表达他的观点。这类补充或创作是否合适，他最后还会审定，如果他

① 唐德刚：《史学与红学》，中国文史出版社 2019 年版，第 3 页。

没有改动,则表明他同意了补充的内容,这样毫不减损口述内容的真实性。

在口述历史中,口述自传出版较多,都是以第一人称的方式从头讲到尾,其视野较窄。本书突破了以往的做法,在许多方面都有创新。

一是将口述自传变一人讲为多人讲。除传主外,我们采访了传主周边的人,如他的学生、同事、家人。这些人从不同的角度补充传主的记忆和历史,使单视角的自传变成多视角的自传。

二是将口述历史与历史文献结合起来。口述历史是个人的记忆,具有较强的主观色彩;历史文献是时代的记忆,具有较强的客观色彩。在传主的口述中,我们适时地编入了一些官方历史文件和其他文献作为自传的链接。用文献印证记忆,有利于增强历史的真实感。

三是将个人的历史与时代的历史结合起来。萧老师今年95岁,经历了近一个世纪的风云,他的每一步都与时代紧密相连。本书把传主个人的历史放在大历史的背景下,或者说传主的微历史本身就是宏大历史的一部分。我们希望读者在了解传主时,增加对近百年历史某些方面的了解。

四是将传主的学术与同行的学术结合起来。本书根据传主的特点以学术为主线展开,但萧老师不仅仅讲述了自己的学术史,他还用大量的篇幅讲述了与自己有学术关系的老教授及学生的学术情况,从而从一个方面构成了一个时代的历史学学术剪影。

为了保证口述历史的科学性、严谨性,我们对有些史料进行反复审核、比较、考订,提供多种资料供读者参考。例如,1945年4月,侵华日军发动了以夺取芷江为目标的湘西战役,在武冈扶冲遭到国民党军的阻击。《武冈文史资料》第一辑刊有许超凡《抗日战争中武冈扶冲追击战始末》一文,讲述了该战役的过程。为了较全面记述该战役,我专门请李少军查阅了日本军方的记载。李少军根据日本防卫厅防卫研修所战史室著《昭和二十年之支那派遣军》

一书的记载,专门梳理了芷江战役的全过程,证明在该役中日军的确是从进攻转为溃败,其中关根支队所辖步兵第一一五大队在败退时,大部分于5月6日被歼灭,小部分逃脱。但所谓关根支队4月在绥宁武阳遭国民党军第九十四军歼灭性打击的说法不太准确。

总之,本书改变了过去口述自传的体例,种种创新使该书的视野更加开阔,形式更加活泼。我们希望通过该书让读者看到一位教授在新中国的成长史、奋斗史乃至新中国高等教育的发展史。

三

本书是众人努力的结果。萧致治老师作为传主,作出的贡献是最大的。首先,该书的整体框架是他确定的,在启动口述访谈之前,他为口述自传拟了一个提纲,然后和我们反复进行讨论,并在实践中不断完善;其次,他翻箱倒柜找出了长期积累的书刊和相关资料,为我们的口述工作奠定了坚实的基础;最后,每一次访谈他都做了极其认真的准备,其间他还遭受了新冠病毒的侵袭,但身体刚刚痊愈便继续接受我们的采访。第一轮访谈从2022年9月到2023年4月,共16次,时间大多在两个小时以上。第二轮访谈主要在2024年春节期间,根据口述自传书稿的需要进行了几次补充访谈。此外,他对书稿进行了两次校审,每一次都作了详细修改,同时他还提供了书中的插图、照片。萧老师的努力工作大大减轻了我们的工作量。

为了写好本书,我们在萧老师弟子群里提出了倡议,希望每一个弟子都积极参与,在汉的弟子尽可能接受口述访谈,不在汉的弟子则提供一篇回忆文章。该倡议得到热烈响应。大师兄许增纮教授从美国来信,对我大加鼓励,并表示自己已有一篇回忆文章,但缺对自己成长经历的叙述,准备马上补写,仅过10日便寄来《我的半生简历》一文。之后,为了弄清楚首届研究生考生的有关情况,他联系丁济康师兄共同回忆,以保证内容的准确无误。陆续寄来回忆文章的有张建雄、袁立春、张奇、胡波、姜洪涛、杨木根，其中张奇的文章是从英国发来的，袁立春发来文章后，又做了补充，寄来第二稿。在这些回忆文章中，值得一提的是周溯源师弟的文章。周师弟曾为萧老师的许多书写过书评，并专门为萧老师70寿辰写过文章，他这一次综合过去所述，又写了一篇很长的回忆文章。

在汉的弟子们大多数参与了口述访谈。口述访谈看似简单，其实工作量不逊于写文章，首先是口述前的准备，为了保证口述的质量，大家都做了精心的准备，把陈年的书籍、日记都翻了出来，以便回忆。其次是口述完毕，访谈者会整理一篇口述抄本让口述者审读，因为口述的语音在转成文字时常常会出错，而且口述者有口误或某种表述不严谨等问题，需要口述者把关纠正。最后是形成书稿后，为了稳妥起见，按照口述历史的通常原则，需口述者再次过目。萧老师在汉的弟子李少军、张学锋、徐方平、张笃勤等都积极参与了口述访谈，我曾约过杨木根几次，但都因他工作太忙未能实现，不得已他只好挤时间写文章替代。

参加访谈的还有萧老师的女儿萧莉和萧老师的弟弟萧致强先生。本书的出版萧莉起了很关键的作用，是她的积极说服与推动，才促成了此事。在近两年的时间里，她承担了很多幕后的联络工作。同时，她的口述回忆也丰富了萧老师作为一个普通人的家庭生活的内容，这在以往的口述自传中比较缺乏。为了请萧致强先生口述，2023年我们利用“五一”假期跟随萧老师回到了他在湖南武冈的老家，对萧致强先生进行了访谈。萧致强比萧老师小10岁，但也是近85岁的老人，他以弟弟的视角讲述了少年乃至中年时期哥哥对他的关心和帮助，这从另一个侧面丰富了萧致治老师口述自传的内容。

从某种意义上说，本书是由萧老师及其家人和众弟子共同完成的。在这期间，身患重病的杨维师兄在离世之前不无遗憾地表示已无力完成倡议的任务，但他的深情厚谊感染着我们，激励我们前行。

本书能够按计划顺利进行编写，与我找到一个好的合作者有极大关系。萧老师的外孙女朱思敏是江汉大学武汉研究院的教师，已参与过多部口述历史著作的整理出版工作，有较丰富的工作经验。在这项工作中，她的作用是十分重要的。第一，她参与了所有的访谈活动，她不仅是全程录音、录像的操作者，而且是不少访谈活动的主要访谈人。第二，所有口述抄本都是她一人完成的。萧老师说话地方口音很浓，我们这些弟子大多只能听懂他讲话的70%，其余都靠猜，机译错误较多，主要靠朱思敏耐心地一字一句录入。第三，大量的资料查找工作也是她完成的。这些资料有些在网上，有些在各类书中。第四，口述自传中涉及很多人和事，为了让读者一目了然，大部分注释都是她做的。第五，她全程参与了书稿的编排、打印、插图等工作。总之，朱思敏分担了我的很多工作，没有她的努力，这本书不可能顺利完成。

为这本书作过贡献的还有我的老同学张俊超，他不辞劳苦地带着我们在武汉大学查找资料。最后，我要感谢武汉出版社的关心与支持，该书从设计、编辑到出版都凝结着出版社同志们的辛勤汗水。

杨卫东

2024 年 4 月 24 日于梦湖香郡

目 录

第一章　故乡与童年

一、迁湘始祖——一菊公

我是湖南武冈人。武冈位于湖南省的西南角，靠近广西，离“山水甲天下”的桂林只 百多公里。原属武冈的新宁县，有个著名的风景区——崀山，风景奇特秀丽，著名诗人艾青游此地时曾发出赞叹：“桂林山水甲天下，崀山山水赛桂林。”崀山离我老家不过三四十公里。

从历史源流上来看，我们萧姓是黄帝的后裔。过去每个姓氏都有一个图腾，下图就是萧姓的图腾，图腾显示的是一种观测太阳运转变化的仪器。该图由扶桑日表（即艹字头）、手拿刀具契刻太阳运行轨迹的巫觋、树立扶桑日表的渊渊三部分组成，表明萧姓祖先是从事天文历法工作的。

萧姓图腾

萧姓起源的历史很早。据《萧氏族谱》记载，萧姓出于帝喾高辛氏："历三十余世至帝乙，生三子，长微子启，作宾于周，封于宋，以承汤祀。传至太心公，食采于徐州之萧邑，由于平南宫长万之乱之功，宋桓公封为附庸，故称萧君，子孙因以为氏。"《左传》《史记》中记载，商代后裔有六族，其中有一族姓萧。商代灭亡以后，周朝把商朝遗民封在山东、安徽交界的地方，叫鲁国、齐国。我这一族大概就居住于山东、江苏和安徽交界的地方，那里有个萧邑。周朝之后有个宋国，在安徽和山东交界的地方，有一族人就居住在萧地。

春秋时期齐国是大国，鲁国是个中等国，宋国是个小国。公元前600多年时，宋国发生了一次变故。宋国的大将南宫长万跟鲁国打仗时被俘，后来被放回。有一次，南宫长万和宋闵公外出打猎，闵公嘲笑他被俘之事。这惹恼了南宫长万，他在蒙泽杀死了闵公，并公开叛乱，另立公子游为国君。此事引起朝野的不满，宋国微子之后太心率王族弟子及随从起兵，诛杀了南宫长万，平息了这次叛乱，并扶闵公之弟御说继位，是为宋桓公。宋桓公为了感谢太心，赐姓萧，并赐地建立了宋国下面的附庸国，是为萧姓国。史书有明确记载的萧姓起源于此时，距今2700多年。此后萧姓世代相传，在南北朝时期的齐国、梁国，都是姓萧的当皇帝。到唐朝时，有姓萧的辅佐唐朝开国皇帝，当了宰相，从萧瑀开始，一共有八任宰相。根据族谱记载，我是汉相萧何一支的后代。

大概是1191年的时候，我这一支的萧一菊公从吉安府泰和县梅子坡迁到湖南，先迁到与涟源、双峰（就是曾国藩的家乡）相邻的娄底，后来再往西南转迁到隆回。隆回属邵阳，是个非常偏僻的山区。一菊公带了部分子女迁到了隆回西北的横板桥一带，著名学者魏源的家离这个地方很近。现在那边姓萧的还很多，大概有五万人，一菊公的墓也在隆回横板桥。

萧一菊公墓

一菊公夫人廖氏墓

一菊公是明经出身，职业为教书先生。一菊公生于1144年，卒于1241年，活了97岁。他共有9个儿子、43个孙子，我这一支是他的第七个儿子萧江的后代。萧江带领部分族人迁到隆回一个叫上车下车的地方。因为那里有两个转盘水车灌溉田地，上面的水车灌上面一部分，下面的水车灌下面一部分，所以就分上车和下车。江公生了两个儿子，一个名春芳，一个名景芳，我是春芳这支的。据我了解，还有一支住在武冈城西的雪峰山脚下，是萧江另外一个儿子萧景芳的后代，人民日报社原副总编辑萧泽耀就是景芳公的后代。

萧春芳的第六代孙名叫萧永富。永富公的母亲姓龙，约在明正德年间带着他迁往武冈，到船田铺住了下来，后来这一支向周边发展，搬到了青背塘、洞底坪、瓦子田等地。船田铺以北是青背塘，以东是瓦子田、洞底坪，这四个地方的萧姓都是永富公一支的。据前几年统计，永富公及妻子唐氏的后裔现在有 1500 多人。

据清同治《武冈州志》记载，在明朝的时候，武冈那个地方还是苗族、瑶族散居的蛮荒之地，我的先人就是在这样的环境下，搭棚子，开山辟路，慢慢发展起来的。船田铺离武冈城大约 15 公里，再往东南边走不到 30 公里就是新宁县，这是做过两江总督的刘坤一以及做过云贵总督的刘长佑出生的地方。最早带他们出来的是江忠源，也是新宁人。从船田铺再往前走 20 多公里就到了白马田，刘坤一的老家就在白马田附近，他的墓还保存得比较完好。

历史上人口迁徙有各种各样的原因，一菊公迁到湖南，主要原因是避金兵南下之难，这一支先从江西往湖南迁，后来又有一部分从湖南向四川、贵州、云南、广西等地迁。武汉大学哲学系有位老先生叫萧萐父，也是我们一族的。萧萐父说，他的祖先用一个担子挑着两个箩筐，一个箩筐放炊具，另外一个挑着刚刚出生的婴儿，从湖南迁到了四川井研。全国各个地方比较起来，四川姓萧的最多。湖南也不算少，隆回的萧姓最为集中，有 4.9 万余人，这还是 20 世纪 90 年代的数据。另外，在隆回附近的洞口县，萧姓也很多，萧家祠堂、萧家院落比比皆是。我老家周围例如文坪还有姓萧的，但不是一菊公的后裔，是另外一支。

永富公生卒年不详，他的墓地就在船田铺的北边山头上。他的母亲龙氏的墓则在我家的对面。当年永富公的墓碑倒了，别人发现之后告诉了我弟弟，他还专门过去看了。这个墓碑原来在祖坪，前不久萧氏后人又为他重新立了一块碑，和龙氏墓在一起。永富公的妻子唐氏就葬在我家东边，离我家不到一百米。

永富公传至第七代为廷和公，我是他的后裔。从一菊公算起，我是第二十六代，辈名是体文，祖父的辈名是乾通，伯父的辈名是坤祠，父亲的辈名是坤卫。

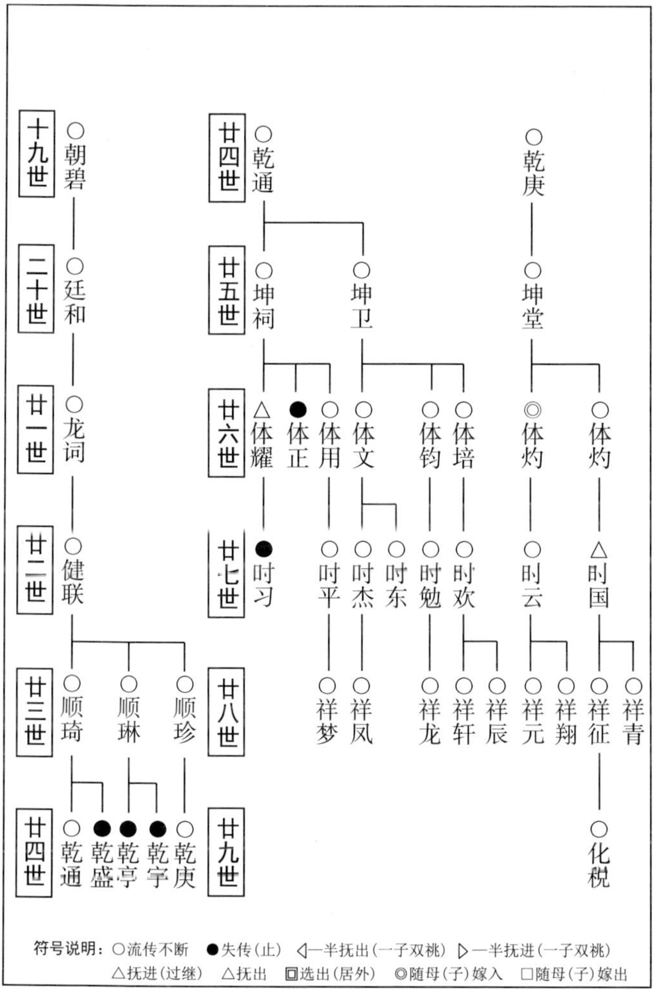

萧氏家谱世系图

我们家体字辈的还有体耀、体正、体用，都是我伯父的孩子。体耀被过继，全面抗战初期应征入伍，下落不明，可能很早就去世了。体正在新中国成立之初病死了,只剩体用一代有后人。我们这一辈中我有三个孩子,二儿一女:第一个孩子是儿子,辈名叫时杰,号邵武,他育有一女祥凤,户口名叫萧栩澄;第二个孩子是女儿,户口名叫萧莉;第三个孩子是儿子,辈名叫时东,户口名叫萧学东,没有结婚。我的大弟弟体钧,户口名叫萧致强,育有两个孩子,大女儿名珮琦,二儿子名时勉。时勉现在没有结婚,但是萧致强提前给时勉的儿子取了名字,叫祥龙。我的小弟弟体培,户口名叫萧致远,育有一子时欢(大欢),时欢也有两个儿子,分别是祥轩(煜轩)和祥辰(星辰)。

船田铺属于武冈,武冈地处湖南省西南部,雪峰山东麓,南岭北缘,古称都梁[①]。这里三面环山,地貌以山地、丘陵为主,其中海拔 500 米以上的山峰有 428 座,古时十分荒凉。据说秦朝时的卢生、侯生奉命为秦始皇寻找长生不老药,他们先去海边蓬莱等地,没有找到,不好交差,就逃到我们那边一个叫云山的高山上隐居了。云山是我们那边最高的山,地形复杂、云遮雾障,最高海拔达 1370 多米,比武当山矮一点。清代刘文徽曾题:"山以云名云即山,云生山头山埋云。山静云动去无定,云多山少山难分。"云山在中华人民共和国成立后被开辟为林场,现在已成为国家森林公园,是国家 4A 级景区、省级自然保护区。

据 1981 年《湖南省志》载:"长沙近郊出土有西汉'武冈长印'石印一枚。汉代大县称'令',小县称'长'。"由此可印证,武冈至少从西汉开始建县,至今已有二千多年的建制史。许多历史名人都到过这里,如屈原、陶侃、韩愈、柳宗元、王安石、文天祥等。柳宗元有篇文章叫《武冈铭》,主要谈平息武冈民众叛乱的经验。韩愈也写过有关武冈的文章。武冈周边分布着一些少数民族,现在新宁县、绥宁县和隆回县都还有少数民族居住。

① 《水经注》曰:"县西有小山,山上有渟水……其中悉生兰草……俗谓兰为都梁,山因以号,县受名焉。"

二、家世与童年

1929 年 11 月 28 日，我出生在一个傍山面水的小山村——青背塘。

村子周边都是山岗，村前有一条约两丈宽的小溪，溪中流水清澈见底。从我记事起，村里就住着 25 户人家，两户姓黄，一户姓欧，其余都姓萧。黄姓两户是萧家的外甥，欧姓则是随母改嫁过来的。可以说，这是萧家聚族而居的村子。青背塘村前小溪的两岸，是一丘丘可以灌溉的稻田。春夏栽种水稻，秋冬种植油菜或麦子，夏秋的田塍上还要种绿豆，秋冬的油菜地里一般还间种豌豆和蚕豆，土地可算是得到充分利用了。水田两旁的山坡上，是一块块旱地。旱地除种植蔬菜供自家食用外，还大量种植黄豆与玉米；也种少量的棉花，供自己纺纱织布，解决穿衣问题。那时村里人无论男女老幼，绝大多数是穿土布衣，有些连袜子也是用土布缝制，穿洋布的只有少数。除妇女穿布鞋外，男的都打赤脚或穿草鞋，冬季雨雪天多半是穿手工做的牛皮钉鞋或木屐，富裕点的人家才能买胶鞋。夜间照明都是点桐油灯或者自制的松香烛，能点煤油灯的不多。尽管那时离今天不过半个多世纪，可那时过得基本上与中世纪自给自足的自然经济生活差不多，其落后程度就可想而知了。

青背塘是个穷山村，大部分人缺吃少穿，只有三五户略有富余，但也不能全年吃大米，红薯、玉米要占相当大比例。肉食只有逢年过节才能一饱口福，平时只吃蔬菜，连豆腐、鸡蛋都很少吃。到了春夏之交，青黄不接，大多数家庭都是吃稀饭度日。有的连稀饭也吃不上，只有瓜菜代替。由于营养条件很差，饮食又不卫生，几乎每年夏秋都有痢疾流行，也总有一些人死去。

当时农村教育也是新旧并存，有蒙馆，有经馆，还有保国民学校、乡中心国民学校。蒙馆里教的是《三字经》《百家姓》《千字文》等启蒙读物以及“四书五经”，方法是死记硬背，重点是进行识字教育。经馆主要是讲解“四书五经”,同时练习写文章。保国民学校是初级小学,因缺经费时办时停。乡中心国民学校在大甸,办得比较正规。此外,还办过一年制短期小学。总的来说,农村读书的人少,有的读一年半载,能略识几个字就停学了。还有很多适龄儿童,特别是女孩,都没有进过学校大门。由于文化教育落后,封建迷信十分盛行,遇有疾病生死等事,往往不是求医问药,而是去求菩萨保佑。

我家算是比较富裕的一户,这是好几代人慢慢积累的结果,特别是祖母刘氏,原嫁给纸槽里周家,后来丈夫去世,改嫁祖父后,家里才有了新的变化。

祖父萧乾通,育有二子二女,我父亲最小,读书最多。我们这家人住的房子的样式像个四合院,房子是两层的,一共五栋,中间是正堂,左边住着祖父母、伯父一家和我们一家。隔壁是堂叔祖一家,和我们是分开的。房子的另一半则住着廷安公的后裔。院子里有一个很大的晒谷坪,像一个大广场。此外还有各种仓库及附属房子,附属房子就是牛栏、猪栏——喂牛养猪的地方。

我的父亲生于1899年7月,那是戊戌变法的后一年、庚子事变的前一年。辛亥革命后中国兴学之风渐起,武冈为了办教育、培养教师,专门办了个简易师范讲习所。《武冈市志》有记载,早在1921年到1924年间,政府就办了师范讲习所。父亲早年读过私塾和经馆,后来又在武冈师范讲习所读了一两年,接受了一些新式教育。父亲的老师叫周鹤龄,是我家的邻居,秀才出身,在我父亲之前周鹤龄是最有学问的。父亲为人正直,讲究道德文章,因而受到邻里乡亲的普遍尊敬,被称为“道德夫子”。父亲非常节俭,在武冈师范讲习所读书时,毕业前要去邵阳参观实习,武冈到邵阳有200多里路,步行要三四天,我的祖父给了他一块银元作零用。结果,他实习了两个星期,分文未用,把一块银元完整地还给祖父。

父亲从师范讲习所毕业后,一直以教书为业,主要在家乡附近教书,也兼任过保国民学校的校长,当时周边邻居有些应用文书之类的都请父亲来起草。父亲主要是教经馆,学生多的时候有二十几个人,少的时候十几个人。周围十里年轻一辈的读书人,多是他的学生。新中国成立前夕,学生最少,因为那时新式教育已经办起来了,我们都去武冈城里读书了。因为学生少了,父亲有时干脆把经馆搬到家里,腾出房子让学生们读书,到新中国成立前夕大概都是这样。

我的母亲生于1902年,比我的父亲小三岁。她是农历二月初三生的,可能当时正是冬天下雪的时候,所以起名唐雪英。当时缠足陋习仍然盛行,她的同龄人小脚居多,而她则是大脚。她的娘家在唐家垅,隔我们家五六里路。我的外祖父叫唐祖勋,只有我母亲一个女儿,没有儿子。外祖父死得早,我估计是抽鸦片的原因。那时候抽鸦片的人不少,都聚集在青背塘沿江东头和北面背后的房子里抽。我家里有一块地曾经也种过鸦片,不过后来不种了,所以我不认识鸦片。外祖父死后也没有什么财产,只留下一小块菜地。我母亲是作为童养媳到我父亲家的,那是1915年的事情。父母什么时候结的婚我不清楚,只是知道母亲13岁就到这边来了。结婚后,由于父亲常年在外读书、教书,家里家外一切事务都是母亲负责,她自己十分节俭,对外人则很大方。到了20世纪40年代,尽管家里已有足够的粮食吃,但在青黄不接的春夏之交,家里也时常用南瓜和着大米煮稀饭,以节省粮食。每年暑假放学回家,我也是一起跟着吃稀饭度日。不过我家待客很热情,客人来了,只要家里有好吃的,总是尽量拿出来招待客人。别人有所求,只要力所能及,无不尽力而为。父母这种正直做人、勤俭节约、热忱待人的作风,在我幼小的心里留下了深刻的印象。我记忆中母亲对外祖父还是很有感情的,每年都要替他祈祷、拜佛,请和尚来念经,希望能够超度他。母亲要我跪在念经坛前,听和尚念经,虽然我那时还不懂事,有些不情愿,但是因为母亲有这个情义,我也不好反对,只好一整天跪在那里。到1942年的时候,我去城里读书了,才没再为外祖父跪经。

兄弟三人合影

我有兄弟姐妹5人，各自相隔5岁。姐姐1924年农历二月二十九日（阳历4月2日）生，大我5岁。妹妹1934年农历十月生，小我5岁。两个弟弟分别小我10岁和15岁。在很长的时间里，我是家里的独子。其实，在姐姐出生后和我出生前，母亲曾生下一对双胞胎男孩，据说长得很可爱，每逢农历初一、十五，奶奶烧香拜佛回来，他们手牵手去屋后迎接她。很不幸的是，他们在年幼时就双双意外离世了。父亲非常悲伤，奶奶经常劝慰他，他却无限伤感地说："你老了有我做依靠，我老了依靠谁？"正在父亲悲伤难释之际，我出生了。父亲看到后继有人，自然格外高兴，我也因此成了家里的宠儿。恰好生我那天是丁丑日，属牛，父亲就为我取名浓根（浓与牛谐音），希望我像牛一样健壮成长。后来进城上高小时，我才改名致治。本来，在我出世后，母亲又连生了两个儿子，但不是难产，就是生后七日夭亡，这样一来，全家对我更加珍爱。我小的时候父母对我的爱超过了所有人，譬如1940年前后，有一次不知什么原因，我和妹妹吵架，她那个时候还不懂事，吵架的时候用一个秤砣来打我。这件事被父亲发现了，他非常生气，说我是家里的继承人，是家里未来的依靠，要是把我打伤了怎么办，狠狠批评了我妹妹一顿。这也说明当时我家重男轻女的现象很严重。

现在想来，我10岁前是一个贪玩的孩子。父亲是老师，我很早就跟着他学习。其间我进过蒙馆、读过短期小学，也上过保国民学校，但常常是三天打鱼两天晒网，很不认真。初小基本上没有系统读过，《三字经》我也没读。父亲给我一本书叫《小学韵语》，四个字一句的，我现在一点印象都没有了，好像也没读完。

记忆中，我最早读书是在离我家只有二里地的三清观。所谓“观”，一般是道教的场所，但有的地方好像也没有分得很清楚，三清观里面也供奉着佛教的释迦牟尼。我印象很深的是三清观的释迦牟尼像前面还摆了一个金黄色小孩像，赤身裸体，是宣统皇帝的塑像。宣统皇帝三岁登基，虽然早已逊位，但在乡下还是像菩萨一样被供奉。我的祖母信佛，从我记事起，她就是个背驼得很厉害的老人，每逢农历初一、十五，她总是拄着拐棍到三清观里去拜佛。

由于当地没有学校，政府就在三清观辟出几间屋子办学，我父亲也在那里教过书，我就跟着他教的学童们一起学。他讲课的地方在佛堂的厅堂里面，一张长桌子，两边坐着学生，他坐在北面正中间讲，我印象比较深的是他讲《孟子》的课。我在三清观大概读了一两年，学校里除我父亲教书外，还有两位老师，一位叫刘云宴，一位叫喻玉光。那时读书的人不多，开始大概有三四十个学生，以后就越来越少，小孩都不愿读书，只喜欢玩。始祖永富公妻子唐氏的坟就在村子的西南角，背后有块大草地，我们几个小孩经常到那边的草地去摔跤，特别是太阳不大的时候。有一个叫乾柏的，他比我大两岁，按照辈分来说他是我爷爷辈，我们两个人经常摔跤。有一次他不小心把我左肘弄脱臼了，过了一个多月才好。多年之后我回去看那个地方已经变样了,唐氏的坟变成了文物,周围什么都没有了。

大约在1939年时,为普及教育,家乡开办了一所短期小学,是一年制,免费读书,并编有短期小学的课本。教短期小学的老师叫程光启,他是武冈西乡人。学校在船田铺,校舍是一个通间,中间堂屋两间连起来,形成一个很长的房间,大家都在一起上课。学生有六十多个人,我在那里学习了一年。

我儿时有一个优点,就是热爱劳动,农活基本上都做过,放牛啊,砍柴啊,插秧啊,收谷的时候帮着割禾,等等。到了读书的年龄,父母为了保证我读书的时间,不让我去做农活,例如到田里去插秧,但我总是主动地给家里人帮忙。我家门前有一条河,背后就是山,山上可以放牛,可以砍柴。那时我们的燃料主要是柴和煤,烧柴是主要的,煤炭是冬天生炉子烤火用的。我十来岁的时候曾经去挑过一次煤,因为管煤的那个人和我较熟,他把我的两个篓子装得满满的,让我挑了回来。挑柴更难,我老家附近有个黄茅岭,满山只长黄茅不长大树,离我家有十多里路。我也曾经去黄茅岭砍茅草,因为捆得不好,下山的时候茅草都散了,掉在地上。刚好有个亲戚家在附近,那个亲戚我喊表叔爷,他马上来帮我把稻草重新捆了起来,然后我再挑回家。

捡稻穗更是我儿时的活,农村一到割禾的时候,就有小孩子去田里捡稻穗,把割禾时落下的稻穗捡起来带回家。但有的小孩在捡稻穗时顺手抢稻穗,就会把人家没割的稻穗拉下来。我当时想了个办法,我对小伙伴们说,我们一起捡,到了装谷子的时候,我给你们一人一把,但你们不要去抢,不然的话,你们虽然抢了一点,但地下甩得到处是,得不偿失。我的这个办法当然不能完全奏效,不过也起了一点作用。

我家门口有条小河,可以下河抓鱼,也可以在岸边钓鱼,还可以在河里面游泳,这些都是我小时候常玩的。后来我进城读小学,即使寒暑假回去,父母也把我关在家里学习,不让我出去玩耍,更不让我做农活了。家里只希望我好好读书，出人头地，农活由他们来做。

我儿时还有印象的另一件事是老人的安葬仪式。我祖父是1937年去世的，他活了78岁。他死后的祭奠仪式比较隆重，棺材被放在正堂屋里面。因为正是天气炎热的时候，为了防止尸体腐臭，棺木被土堆封起来。然后请人诵诗吊唁，诵诗声音很洪亮，周围村子都可以听到。那次我印象最深的是祖父的棺材摆放在家的时间特别久，至少放了一个月。为什么要摆放这么长时间呢？当时我没有问，后来才知道这在当地属于厚葬[①]。祖父去世的时候，我大概六七岁，所以当时不理解。祖母是1943年去世的，她去世的时候，棺材很早就做好了，做得很精致。伯父是1947年去世的。总体看来，当时人们对丧葬是比较重视的。

三、战乱记忆

七七事变后，日本开始全面侵华。上海、南京先后沦陷，到1938年下半年，武汉、广州也相继沦陷，中国东南一大片土地都被日本占领了，但农村还没有被完全控制，东北流亡的人也逃到我们那儿来了。武汉沦陷前后，我家乡整个都乱了，社会失序，政府机构运转失灵，土匪横行。离我家十多里路远的地方有个土匪叫李松卿，他本来是个流氓，后来组织了一支队伍，其他地方还有很多小土匪。这些土匪到老百姓家里来，先把人抓住，然后问家属要钱，逼迫家属拿钱去赎人，叫"叼羊"或"钓羊"，用现在的词叫"绑票"，闹得人心惶惶。

我姐姐急于出嫁估计也与这个形势有关。她是1938年5月的时候提前出嫁的，当时只有14岁，但个子长得很高。姐夫比她大三

① 《礼记·王制》规定，"天子七日而殡，七月而葬。诸侯五日而殡，五月而葬。大夫以下三日而殡，三月而葬"。这里的"殡"指的就是停柩不葬，"葬"是指将棺木埋入土中。这种礼制最后演变为风俗，遗体搁的时间越长，越表示隆重。

岁，1921年生。当时他在武冈简易师范读书，他家就在我家斜对面的桂花井，离我家就两三里路。姐姐出嫁的时候轿子比较大，四人抬着从家里出发，一直到婆家，她一路哭哭啼啼，为什么哭她也搞不清楚。也许这只是一种习俗，表达一种恋恋不舍的心情吧。我在轿里陪她，虽不到9岁，但我对此印象很深。本来在他们结婚后，我随时都可以回来的，因为姐夫家比较热闹，就在那里住了几个晚上。

为了躲避土匪的绑票，周围稍微有点钱的人都纷纷往武冈城里跑。我家里当时也还算比较富裕，但1938年11月时也顶不住了，父亲带着我和妹妹逃进了城。祖母和伯父没有来，母亲也没有跟着来，她舍不得这个家，坚持要待在家里。她虽然留下来了，但实际上不敢在家住，东躲西藏，如藏在放稻草的草窝里和牛栏顶上。有一天晚上为了躲土匪，她一着急，左额头撞了很大一个包。直到正月她到城里来看我们的时候，额头左边还有一个比鸡蛋还大的黑色肿块，据说是碰到柱头所致。

那是我第一次进武冈城。武冈是明代封王之地，明代有个藩王分封于此，所以武冈城的城墙修得不错。朱元璋在1368年称帝，1369年决定封王。为什么要封王？因为他认为宋、元两朝的灭亡是因为没有藩王屏护，所以在1369年做了个决定，把自己的儿子封到各个地方。武冈本来不是封王的地方，而是原来云南封的一个王[①]迁到这里了。朱元璋有26个儿子，一共封了24个王，武冈是其中一个藩王的居所，所以武冈这个地方，建有王城。武冈城当时分为内城和外城，内城在北边，城南是商业区，在内城住的人数不是很多，因为皇族本身人数就不多。内城有个广场，叫王城坪。王城坪是一块很宽阔的平地，足有200米长、80米宽，后来建成体育场。

刚到武冈城，我们还没有找到合适地方，就借住在远房亲戚

---

① 即朱楩（1379—1450年），明朝第一代岷王，明太祖朱元璋第十八子。

家。亲戚叫萧乾玉，号白珩，族谱里记载他是大学生，但没有多少事迹。他家那时在我们萧姓家族里是比较富裕的，有百多亩地，是一个比较大的地主，在城里买了一个四合院式的宅院。他大儿子萧坤育是原配妻子生的。小儿子叫萧坤厚。萧坤厚的母亲原是家里请的帮工，在萧白珩原配妻子死后，成了萧白珩的妻子，生了三个女儿和一个儿子。我们在萧白珩家靠近前面的小院子里寄住了一个多月。记得当时萧白珩已经去世了，我跟萧坤厚一起住在主楼顶上，下面住的是他的母亲，我们就在楼上的木板上铺床。冬天很冷，要起来小便很不方便，床边有坛子罐子，我们屙尿找不到地方，就屙在坛坛罐罐里面。有一次屙尿时，尿溢出来了，流到了楼下萧坤厚母亲的床上，床被弄湿了，萧坤厚的母亲不好说我什么，只好把她儿子痛打了一顿。

后来，我家与一个姓周的邻居在水西门合租了戴家祠堂中的一间大房。周家的两个儿子叫桐春和芳春，都不在家，两个儿媳妇跟婆婆一起住在我们那里。戴家祠堂附近有个武陵井，离武冈王城很近。武冈王城当时是县政府所在地，县政府机关坐北朝南，从南门进去右边是牢房，一间间隔开。一间牢房有的关着十几个人，有的只有二三个人，屙屎屙尿都在里面。我父亲有个学生叫萧乾赞，不知因为什么事情坐牢了，我们去看过他一次。当时给我印象最深的是打官司。我住的地方斜对面有一个律师事务所，那个时候叫作歇间，就是休息候审的地方。村子里有个王姓女子，夫妇俩闹离婚，告到政府，由于离得近，我也跟着去看了。审判还是旧式样子，县官即审判官坐上面，被审的人坐在下面，讲话、禀告时要跪着。朴实忠厚的农民怕官，说话颤抖不清，表现出一脸可怜相。

1939 年二三月，农村要春耕，我又回老家了。1938 年这次进城我共在城里住了三四个月，在这期间幸好土匪没有去骚扰老家，老家没有受到多大损失。

四、发愤读书

我是十岁以后开始发愤读书的。一方面,随着年龄的增长,我慢慢地懂事了,知道嬉戏度日是虚度时光。“少壮不努力,老大徒伤悲。”古人一些发愤读书的故事给了我不少启发。另一方面,有件私事给了我强烈的刺激,成了我后来发愤读书、立志成才的直接动力。原来,我父亲曾和姓周的老友为我和他家的女儿订了一门娃娃亲。可是,那位老友不幸早逝,他的妻子看到我家比他家穷,而且我家的劳动强度大,怕她的独生女吃不了这份苦,就想悔婚。这时,我已开始明白一些事理。从旁人口里听到这些情况后,我十分气愤,于是暗下决心,默默发誓:一定要努力学习,发愤向上,争一口气。从此,我开始认真学习,学业上也有了突飞猛进。以前我虽然断断续续读了三四年书,却没有一本书是从头至尾读完的。在十岁那年,在父亲的指导下,我把《幼学琼林》一书从头至尾读完了,而且能全文背诵。我当时读的是石印的大字本,字很清楚。这本书在各种启蒙读物中,称得上是一本小百科全书,天文地理,岁时人事,器物日用,鸟兽虫鱼,珍宝花木,无所不包。我读了这本书后,不仅学到了许多知识,而且学会了怎样待人接物。这本书对引导我步入广阔的天地,的确起了重要的作用。父亲见我学习有起色,很高兴,又指导我读《诗经》。此外,我还听了一些父亲对“四书五经”的讲解。

大约是 1942 年春,我和同村刘正中、刘正明、龚德宝等一起进城,入延光小学读高小五年级一期。当时语文教师是刘克球,数学教师是女老师,姓曹。延光小学是刘寿祺①办的,他在新中国成立前就是地下党,新中国成立后曾任湖南省文教厅副厅长,还当过湖

---

① 刘寿祺(1901—1990),湖南洞口人,教育家。曾任湖南省文教厅副厅长、湖南师范学院院长,主持编写了“文革”后全国第一部《教育学》教材。

南师范学院院长。延光小学当时师资不是很好，所以到五年级下学期的时候，我就转到了鸿基小学读五年级二期，语文教师是许仁杰，数学教师是许月评。鸿基小学在茅坪里许氏宗祠，初小是一至四年级，高小是五至六年级。初小四年的课程，我之前基本上没有学过，一进城就读高小，按理来说是有困难的。可能是开了窍，我学习起来并不费力，高小学习成绩竟然名列前茅，特别是数学，曾深得数学教师许月评、欧阳春山的赏识。记得高小毕业那个学期，教我数学的是欧阳春山老师，他是武冈城里有名的数学教师，对学生要求很严。他特别喜欢测验学生学习成绩，每个星期都要测验一次，而且题目有一定难度。我的测验成绩只有一次是98分，其余都是100分，欧阳老师看到我的成绩稳定，总评时给我打了100分，最后我以各科总成绩全班第一名毕业。

鸿基小学是许姓家族兴办的。许家有个大地主叫许仁章，是武冈最大的地主，学校主要是由他出钱兴办的。[1] 这所学校办得比较好，所以又续办了鸿基初级中学。我在鸿基小学连续读了三个学期（五年级二期及六年级一、二期）。这个时候，我已经十三四岁了，学习比较自觉，成绩一直不错。

当时小学毕业也是一件大事，因为小学的普及面很小，鸿基小学除武冈籍的学生外，还有隔壁绥宁县的学生。由于当时能读到小学毕业的人很少，小学毕业时还会来祠堂庆祝，把周围的人都请来，仪式很隆重。学校里的工友要到每个学生家去送"喜报"，毕业生家里要给送喜报的工友一笔钱并请他们吃饭。我家对门有一个叫刘正明的和我一起毕业，我记得喜报先送到他家，后送到我家，他家答谢礼好像还比较重。

---

① 据萧致治的首届研究生许增纮所述，该小学为许增纮族人所办。详见许增纮《我的半生简历》一文。

第二章　中学岁月

一、鸿基中学三年

按照当时学校规定，小学毕业成绩前五名可以免试升入鸿基初级中学。这样，我没有参加考试，就以第一名的成绩，保送升入鸿基初级中学。我的初中读了三年多，从 1944 年春读到 1947 年夏。为什么读了三年多呢？因为初中刚读了一学期，1944 年秋，日军就从新宁侵入武冈。为了躲避战乱，我不敢进城上学，1944 年下半年就休学了，到了 1945 年安定下来才复学。当时不像现在这样只有秋季招生，春季也招生，我所在的五班跟六班就差一个学期。我原来在五班，复学后转入六班。因为五班的学生很多休学，都转到六班来了，所以六班就扩充到六十多人，原来一个班是三四十个人。我是 1945 年上半年读一年级第二学期，下半年则读二年级第一学期。1946 年上半年读二年级第二学期时，校教导主任兼班主任石璜（号少华）老师让我当班长。班长主要是抓学习纪律，负责记迟到早退。这期间，发生了一件事对我有很大的刺激。有一天，一个同学迟到半分钟，他原来当过班长，但我还是按照规定给他记了迟到，当然他迟到的时间很短。他就去找班主任告状，石老师竟然判他不算迟到。这个判决我不服气，我说明明他迟到了，不管是不是一分一秒之差，他是上课铃响了之后才进来的。这样判冤枉了我，我心里很不服气，就不想干了，所以我只当了半年班长。

在鸿基初级中学，我一直读到 1947 年夏才毕业。这所中学虽是一所私立中学，但很注意教育质量，不惜以高薪聘请水平较高的教师来校任教。当时武冈城里的教师大多数是外地人，有些是长沙的，有些是从江苏、浙江等地来的，本地人很少。1938 年 3 月，黄埔军校第二分校从武汉迁到武冈，改名为中央陆军军官学校第二分校，又称武冈分校。军校教官的家属要找工作，就到当地学校去教书。我小学读五年级一期的时候有个教数学的曹老师，估计 30 岁左右，是一个军官家属，长得很漂亮。后来我在初中读书的时候，很多老师都是江浙人，我们称之为下江人，他们都是很有水平的老师。教过我语文的石易安、刘文修，教过我数理化的张化南、董公健、欧阳春山，教过我历史的鄢祖絜，教过我音乐的王国民，以及教过我英语的石璜等老师，富有教学经验，是武冈教育界的名流。

我在学习方面逻辑思维比较强，但不喜欢死记硬背。小学语文要背课文，我一篇都背不得；唱歌，我一首歌的歌词都记不全。初中有个姓叶的英语老师，有一次上课点名时点了我，专门对我说："你很聪明但是不努力，你要努力学习。"还有一个同学叫张士齐，比我年纪还小一点，也经常受到叶老师的"关照"，叶老师常说我们两个人都是很聪明的人，要好好学习。

有段时间我迷上读旧小说，如《隋唐演义》《三侠五义》《三国演义》《红楼梦》等，只要能借得到的就如饥似渴地读。因为看小说容易入迷，有时看到屋里都没有光亮了，就到外面的屋檐底下去看，天完全黑下来后又回到屋里点灯看。最初是桐油灯，后来是煤油灯，即使是煤油灯也不是很亮。就这么看了一段时间，有一天我忽然发现眼睛都肿起来了，视力很明显下降了。我觉得不能这样继续下去了，于是"悬崖勒马"，不再阅读这类小说，并注意保护视力。我的视力至今还很好，近两年才开始老视，但只要光线好，不戴老花镜仍然可以看书写字。

有一定的自制力是我另一个特点，例如少年时期的戒酒。当时乡下有一个传统，到了过年的时候，亲戚朋友都要互相请客喝酒。我十一二岁的时候,也不晓得酒的厉害,结果喝醉了两次。有一次喝多了,睡着了吐出来的都是血。还有一次是在我二爷家里吃饭的时候,喝了酒后人就有点糊涂了,我从外面拿了点草,要给周围的人吃,这是很不礼貌的行为。我酒醒后十分后悔,从此就不再喝酒了。这种自制力对我培养好的习惯是有益的。

1947年夏天初中毕业,我面临升学考试。当时我对考上高中很没底气,生怕考不上失学。出于保险起见,就想多报考几个学校碰碰运气。当时我和同学戴常有[①]都想考省立十中。省立十中在湘西中部的洪江,我们家在湘西西南部,两人决定翻山越岭去投考。当时没有交通工具,完全靠两条腿走路,我们翻过大山到了绥宁县武阳镇时,已累得筋疲力尽,爬不动了。正好武阳有我们的同学,于是在这里住了一两天,再从武阳折回到高沙镇。高沙在武冈城北边60里,有所私立高中——蓼湄高中,我们在这里报名考了试,然后再回到武冈城里考试。我最早投考了安江高农,安江在我们北边,离洪江较近,学校在武冈城里招生,我正好在城里,就报考了。另外我还报考了省立第六师范学校和洞庭中学。省立第六师范学校最早在衡山,后迁到新宁,最后是被周调阳迁到武冈的。周氏曾在湖南省教育厅当过主任秘书,是比较开明的一个人,他希望在武冈发展教育。随着战火的蔓延,许多学校纷纷搬迁,在周氏的协调与动员下,省立第六师范学校又从新宁迁到了武冈。除此之外,周氏还私人出资建了个图书馆,叫都梁图书馆,他把自己收藏的书都捐给了图书馆,还投资将近五千元。都梁图书馆后来演变成武冈图书馆。因此,把省立第六师范学校搬到武冈来,周氏有功劳;在湖南武冈建图书馆,周氏更有功劳。新中国成立后,周氏作为民主人士,在湖南省文史馆任研究馆员。

洞庭中学主要是靠黄埔军校第二分校支持办起来的。李明

---

① 中华人民共和国成立后在湖南省文史馆工作。

灏①是湖南醴陵人，他的思想一贯开明，比较清廉，是第二分校主任。可能是受到办第二分校的启发，李明灏决定在这里创办洞庭中学。洞庭中学最开始在许家大湾里借了一座大房子用来办学，后来转到城郊法相岩。抗战时期，武冈的教育有了较大发展，有县立中学、洞庭中学、鸿基中学、延光中学、省立第六师范学校以及县立简易师范学校，形成了较为完整的基础教育体系。

与好友杨章健合影

我的成绩还不错，共报考了4所学校，全部被录取。其中，安江高农考的是第1名，洞庭中学第5名，省立第六师范学校第26名。

① 李明灏(1897—1980)，湖南省醴陵县(今醴陵市)新阳横田人，曾为国民党陆军中将，后加入中国共产党，新中国成立后曾任湖北省副省长、湖北省政协副主席等职。

蓼涓中学因距离太远，考后没有去看榜，不知第几名，只接到了录取通知书。到决定学校的时候我犯愁了，到哪里去读呢？省立第六师范学校是中级师范学校，学费膳食皆由公家供给，但毕业后要服务8年后才能改行。我那时年少，意气很旺，觉得自己成绩不错，壮志满怀，只希望由高中而大学、由大学而留洋。因此，按照个人心愿，我很希望进入洞庭中学学习。父亲觉得省立六师为公立学校，是免费的，不但不交学费，而且吃饭也不要钱，所以他希望我上省立六师。当时情况特殊，大部分人毕业即失业，找不到工作，而省立六师毕业后能当小学教师，但是如果没有背景也很难找到工作。我想上大学，为此必须上高中，不想去省立六师。父亲坚决不同意，他的几句话令我印象很深刻："不要钱的书你不读，偏要读要钱的书，绝对不行！"我为此愤而自杀，未遂。最后还是屈服于家庭压力，读了省立第六师范学校，当时同窗好友有杨章健、唐创业、邓隆荣、唐启儒等。

那是1947年暑假的一天上午。当时，家里忙于晒谷。致治母亲正在剁猪草，突然外面有人报：晒谷坪上有鸡在吃谷子！致治母亲立即吩咐致强（萧致治胞弟）看住猪草，防止鸡儿糟蹋，自己丢下菜刀，抽身往晒谷坪去了。就在这时，致治气呼呼地冲了进来，掐起菜刀坐在灶前，就要破腹自杀，把致强吓得脸色惨白。于是他边往外跑边喊："救命呀，我哥要破肚子！"致治的姐夫刘锦章恰好在他家，赶忙跑过来，果断地夺下了菜刀，致治才化险为夷。之后，致治父亲严肃表示，不要钱的书不读，偏要读要钱的书，绝对不行。致治见父亲意志坚决，才勉强屈从于父亲的压力，读了省立六师，不过大学梦一直未泯。

——摘自萧致强《有志者事竟成——萧致治先生求学轶事二三》

二、日军入侵

初中时我曾休学半年，那是 1944 年上半年。我刚刚上初中读了一个学期，日军就从新宁侵入武冈。1944 年 8 月 20 日，我在后山放牛，看到前面马路上一匹匹高头大马、一辆辆马车和一支日军队伍从东安那边过来。那次日军没有进武冈城，只到了离我家二十里路的小泽镇。这支日军在小泽杀牛宰羊，烧杀抢劫。[①] 他们在离我家五六里地的匡家桥住了一夜，一个中国邮差被打死。那天有一个日本人抄小路经过我们村子，村里有六个人被他抓去当了民夫。我的二爷坤堂公当时已年过五十，也被抓去充当挑夫，半年后历尽千辛万苦才逃了回来。我的父亲也差一点被抓。那天父亲和二爷是同时出村的，刚到村头，父亲抄小路往后山杉木坳方向走，侥幸躲过了日本人；而二爷往高山岭方向走，正好碰上了。如果两人继续同行，一定会同时被抓。被抓的人也有逃回来的，譬如我的堂叔萧坤琴，当晚就逃回来了。那天黄昏的时候，他借口去解手，跑到稻田里。那时早稻田还没收割，他就躲在稻田里，不声不响。等到天黑，夜深人静时，日本人都睡了，他便偷偷从稻田里逃出来，跑到我家屋外面。我父亲的小名叫秋生，他喊“秋哥”，喊了几声。我当时跟父亲睡在一个房子里面，听到他的喊声，就赶紧给他开门了。坤琴叔半夜到我家，把见到日军的情形告诉我们，父亲考虑到留在家里也不安全，第二天就带全家转移到高山岭下一个大岩洞里藏身。当时兵荒马乱，各顾各的，缺人挑东西，我只有 14 岁，也挑了一个担子，里面装了一些吃的穿的。我高一脚、低一脚地走着，走了半天走到一个山坡上休息一下，然后躲在山旁边的岩洞里。那个岩洞还比较大，叫黄泥凼，同村很多人都躲在那里，耕牛就被拴在旁边的树下。我当时站在高山上面放牛，可以看到远

① 陈升魏：《日寇暴行实录》，载《武冈文史资料》第一辑，第 56—60 页。

处日本人从路上经过。我们在那个岩洞里住了一个多月,然后搬到高山岭南边一个姓闵的山民家里。他是从外地搬来的,修了个茅草屋,我们就借他的茅草屋住了一段时间。就这样,我们一家在外面住了两个多月。

那时母亲腹中怀着致远弟已有八个月,为了保护家产,她坚持住在家里照料一切。她这个人的性格就是不怕死,我们在外面逃亡,她坚决要留下来看守家,还炖了一只鸡送到我们借住的闵家给我们吃。鸡汤异常鲜美,一直到现在我还记着那个味道。

日军侵占了东南沿海之后,盐变得很贵,我们那里没有盐吃,只得从还没被日军占领的广西走水路进些盐,那边还没被日军占领,水路可以把盐运到桂林。当时到广西桂林去挑盐,一般一个人只挑 60 斤,一天只走 60 里,360 里要走 6 天。挑 60 斤对于身强力壮的人不算什么,但是远路无轻担,要连续挑 6 天才能到家,这是很不容易的。那条路上的住宿条件很差,蚊子很多,有些人因为一路被蚊子叮咬,挑盐回来就"打摆子",染上了疟疾。那个时候没有特效药,奎宁不容易买到,有好些人就患疟疾死了。我的弟弟萧致强为了躲避兵役,曾经被过继给堂叔萧坤琴。坤琴叔就是挑盐的,他到广西桂林去挑盐,结果得疟疾死了。那时致强已经从我家里离开,到他家里去吃饭了,大概生活了一年。坤琴叔死后,致强又回来了,因为他那边有两兄弟,也没什么财产,家里没人管,坤琴叔的妻子也改嫁了,所以致强就再次回我们家。

1945 年春,我回到学校上初中一年级第二学期的课程,日军第二次来了,这次是从北边来的。据说,在武冈城北边有一个叫扶冲的地方,两边是山,中间有一条小路,日军到了扶冲后,国民党的军队从两边围过来,把日军的一个连全部消灭了。[①]

---

① 据许超凡《抗日战争中武冈扶冲追击战始末》一文记载,1945 年 4 月,日本侵略军发动了以夺取芷江为目标的湘西战役,其左翼关根支队在绥宁武阳受到国民党军第九十四军的歼灭性打击,其中第一一七大队的残部辗转逃窜到离武冈城不远的扶冲,国民党军第九十四军第五师第十四团跟踪追击,将日军团团包围,经过 5 月 7 日至 10 日三天三夜的激战,日军 700 多人全部被歼。参见《武冈文史资料》第一辑。

关于关根支队及其在1945年四五月间的作战

1945年3月5日，日军第二十军为将南方地区的作战统一起来，编组关根支队，由其支队长指挥此前决定编组的木佐木支队（即步兵第二一七联队）与步兵第五十八旅团参战部队，支队长是第五十九旅团长关根久太郎少将。当时，根据关根的强烈要求，又从第六十八师团补充了2个大队。当时，关根久太郎的司令部在零陵。

按照第二十军的作战计划，关根支队对东安—新宁—武阳—瓦屋塘方面展开进攻，在武冈西北地区捕捉中国军队主力。

4月15日，木佐木支队先头部队从会龙桥开始行动，关根支队主力也在当天从东安以西地方出发。先头部队攻占新宁，而后向瓦屋塘推进。4月20日早晨，先头部队开始向武阳进攻。激烈的战斗是从25日开始的，当时该支队对珠王山附近守军进攻。

26日黎明，日军先头部队在武阳以南1公里附近遭侧面中国军队奇袭，被击退后没有进入武阳而迂回北进，在武阳以北2公里附近遭六王庙附近中国守军抵抗，第二大队2名军官被击毙。

29日，第三大队在山炮兵大队配合下进攻梅树山阵地，中国守军斗志旺盛，不仅抵抗，而且反击，甚至一度造成日军军旗几乎不保的局面。但最终在19时，征马坳山顶的中方碉堡被攻破，第三大队占领其地。同日，第二大队向瓦屋塘南面推进，伏击了从唐家坊方面后撤的中国重火器部队。

30日，木佐木支队第三大队向瓦屋塘西面推进时，遭遇高地守军，攻不能克。

5月1日，第三大队突袭茶山附近守军，并利用当时的大雾占领耀子岭附近两侧高地。守军得到水口方面的增援要夺回阵地、猛烈反击,双方围绕山顶争夺,展开激烈战斗。

5月4日,守军主力陆续翻过山顶向日军左翼迂回,进攻第2大队阵地,到处有手榴弹战。日军山炮在守军炮击下完全不能射击。这天,第二十军令关根支队后撤到花园市附近,日落后该支队各部分开始撤退,中国军队迅猛追击。

5月5日,关根支队各部分陷入混乱。独立步兵第一一五大队在万福桥附近遭中国军队突袭而溃败,继而遭到有更大优势的中国军队围攻。

5月6日,关根支队各部翻越雪峰山及南面的麻子山,向花园市北面及高沙市后退。但是,独立步兵第一一五大队大部分难以突围而被歼灭,其中一部分向武冈及高沙市方向溃逃。

——李少军根据日本防卫厅防卫研修所战史室著《昭和二十年之支那派遣军》一书内容简化整理

对于这件事也有些莫名其妙的传闻。日军那个连的人死了之后都没人埋,当时是四五月份,正是温度比较高、尸体容易腐烂发臭的时候。扶冲里面种了很多桃树,人死了之后死尸就被蚊蝇叮咬,四五月份正是桃子成熟的时候,尸体上的细菌之类的就转移到了桃子上面。当时传言,有些人吃了桃子就拉肚子,死了不少人。

三、东塔下的“三杆”教育

武冈城有三座塔,最早的一座是北宋熙宁九年(1076)建于城东郊的泗洲塔,因塔身外围有很多字画,当地人习惯称其为花塔。清道光年间,在花塔东向约二百米临近资水处又修了一座塔,被称为凌云塔,因其在武冈城东面,故又称东塔。另外,城南在东塔修建前25年也建有一座塔,则被称为南塔。省立六师位于武冈城东资水之滨、凌云塔畔,校园建在江边的小山头上。从这里仰望云山，巍然屹立；俯瞰资水，碧波荡漾。南山寨犹如一个尖圆锥，耸立在东南方。这里远离闹市，空气清新；周围田地环绕，生机勃勃，是读书的好地方。来到学校后，我发现学校条件很好，不但不收学

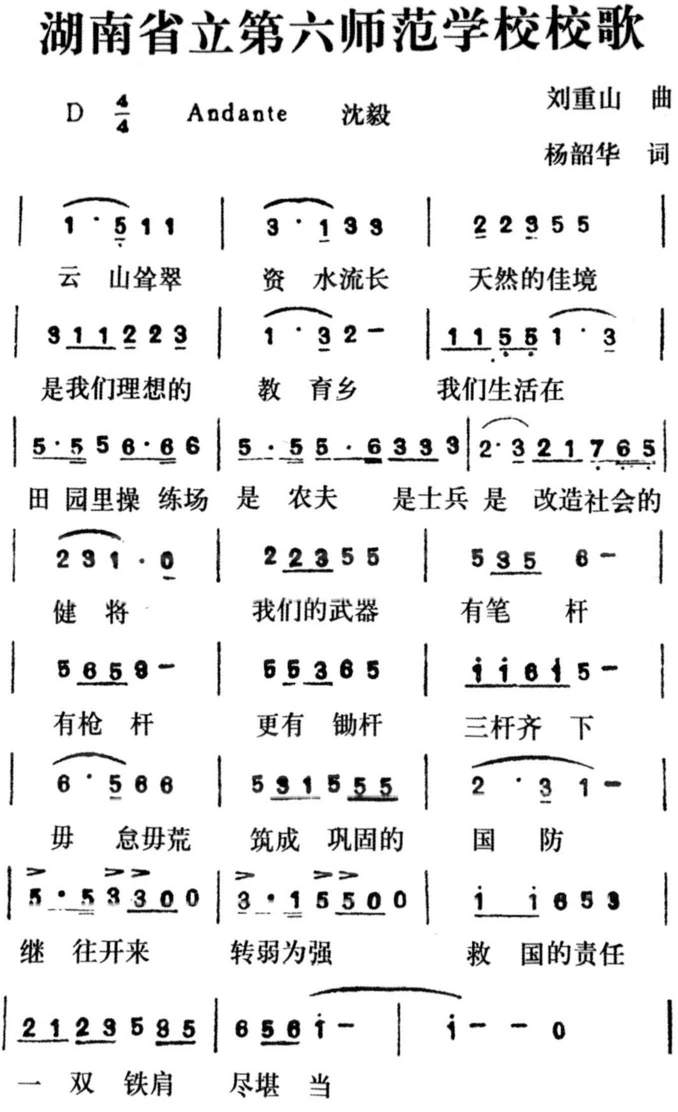

湖南省立第六师范学校校歌乐谱

费,而且还发衣服。省立六师的校长叫杨韶华,跟毛主席同庚,且为校友,都是湖南省立第一师范学校毕业的。他曾在毛主席那里借了书,看后没有还,一直保存着。杨昌济写的《伦理学原理》,新中国成立后他才想起来还。这在《毛泽东早期文稿》里有记载。我入校时,正值校长杨韶华倡导"三杆"(笔杆、枪杆、锄杆)教育。学生除学习必要的文化知识外,还要进行军事训练和劳动锻炼。军事方面有学科和术科,男生一律穿黄色军服,剃光头,戴军帽,扎绑腿,系皮带,穿草鞋。清早起床,要把被褥折叠得整整齐齐;洗脸盆、毛巾和漱口用具一律摆放在洗漱架上,也要摆得有条不紊。劳动方面有农业常识和生产实践方面的课程。"三杆"教育的核心理念是:拿起笔来能够写文章,拿起枪来能够打仗,拿起锄头来能够种地。学生一进校都是全副武装,出校门到城里时也要穿军装、扎绑腿、戴军帽。学校的校歌是杨韶华校长亲自写的,歌词体现了他的"三杆"教育理念。

学校有军训主任,还有军训教员,都很严格。省立六师有两个小山头,一个山头是办学的,另外一个山头是农场,每周我们都有半天农业课。有个农场主任叫夏石泉,每个学期有两节课是由他教授农业知识,然后我们再到农场实践。我们把整片山都开垦了,种满了蔬菜水果。

"锄杆"教育有两件事让我印象很深。一个是校园里种了很多柚子树,每年到了柚子成熟的时候,每个班都要发些柚子吃。还有一个是整个农场都是按计划安排生产的,有的种各式各样的蔬菜,有的种玉米、黄豆、绿豆和其他一些杂七杂八的农作物。

一开始,我们对"三杆"教育很不习惯,但是后来发现"三杆"教育对当时的抗日救亡具有重要意义,对我们的全面发展也十分有必要。

1950 年快毕业的时候,很多学生都没有上学了。最初我们进校时有六七十个人,分为三十四班和三十五班两个班,一个班三十几个人。毕业时两个班合起来叫三十四五班,最后只有 12 个人。

当时的地很多都没人管了，于是让我们每人包种一块地。每块地宽不到2米，长约5米，种苗由农场提供，大家一起来种丝瓜。各人分工包干，有的种得好，有的种得差。我种的那块地比较好，一方面因为挖得比较深，另一方面我比较勤快，注意除草，经常施肥浇水，所以长势特好，枝繁叶茂。开始我还有点担心，因为别人的丝瓜先结果了，我的还没有结，担心结不出果，但最后我的丝瓜结的果特别多，而且很长，比人家的长一倍。我对这个印象特别深，这是“三杆”教育的成果。在省立六师三年，我不但学到了科学知识，在军事和劳动方面也受到了一定的锻炼。

在省立六师学习期间，正值全国解放前夕。当时国民党统治区物价飞涨，经济一片混乱；政治腐败，社会一团黑暗。凡是有点正义感的人，无不对国民党的统治切齿痛恨，富有爱国热情的青年学生尤其如此。当时大家都非常关心战争的胜负，听到中国人民解放军连连取胜，无不喜形于色，盼望解放军早日到来。

辽沈、平津、淮海三大战役结束后，解放军胜利已成定局，全国形势大变。当时，毛泽东的《中国革命与中国共产党》《新民主主义论》，以及其他进步著作如艾思奇的《大众哲学》、狄超白的《经济学讲话》等，在进步师生中秘密传读，我也陆续读了一些。《新民主主义论》因为没有印刷本，我还亲手抄了一本，可惜后来没有留存，如果留到今天，则可成为重要的历史文物。

1949年10月初，中国人民解放军陆续进驻武冈近郊，位于另一山头的学校农场被解放军攻占。校门口与女生宿舍因为面对武冈城的城墙，不时遭到国民党军从城内射出的枪弹袭击，全校男女同学只好集中到山头东侧的男生宿舍躲避。大约是10月8日这天，轮到我去监督碾米的工作——在碾米坊看着几个工友碾米。当时我正拿着狄超白写的《经济学讲话》油印本在看，突然国民党军队的一班人冲了进来。一见他们进门，我马上将书藏在床铺的草垫下，幸好没有被他们发现。如果他们看到我在读这些进步书籍，后果是不堪设想的。这些军人随即找到一根长绳，把我和碾米的工人每人捆一只手串在一起，逼着我们在前面带路。我们宿舍离碾米的地方大概相差 100 米，军训教官吴彦俊看到了，他当时穿着军装，对那些国民党的士兵说这是他的学生。在他的证明下，我们才被释放。

过了两天，解放军正式攻城了。吴彦俊教官让我们躲在宿舍里。大概是八点半钟的时候，解放军从北边向南边进攻，大炮轰鸣。武冈城的城墙比较牢固，都是大块石头砌起来的。南面的城墙又高又厚，差不多有两层楼高，北面的城墙就差一点。当时解放军有很多大炮，威力比较大，很快就在北边打开了一个缺口，全部的人就冲了进来，不到两个小时，全城就解放了。同学们眼见战斗很快胜利结束，无不兴高采烈，兴奋异常。这天是 10 月 10 日，比新中国成立晚了 9 天。

武冈解放以后，大家都很兴奋。特别是解放军纪律严明，秋毫无犯，给大家留下了良好的印象，受到群众的热烈拥护。

"从头学起"，这是武冈解放后我的第一个任务。过去，我主要沉迷于数理知识，对于社会科学缺乏兴趣。武冈解放后，我感到埋头学数理化，不懂马列主义，会迷失政治方向，便开始注意阅读马列主义著作。当时干部必读的马列主义著作有《共产党宣言》《国家与革命》《论列宁主义基础》《社会发展史》等，我都想系统读一遍。由于时间不够，1949 年的寒假我决定留校专门阅读这些著作。通过学习，我对马列主义、毛泽东思想有了一些初步的认识，在思想认识上有了一定的提高。

这些学习对我帮助很大，首先是树立了共产主义世界观。解放前，我也喜爱历史，但只知道一鳞半爪的历史知识，对于历史发展的规律性可以说是一无所知。学了马列著作和社会发展史相关著作后，我的思想豁然开朗，进而充分相信：历史发展是有规律的，是不以人们的意志为转移的，人们只能认识它、掌握它，并顺应历史潮流，做历史发展的促进派；逆历史潮流而动，必然不会有好结果。有了这种认识，我对顺应历史潮流就主动多了。我对社会主义、共产主义坚信不疑，并把为共产主义事业奋斗作为自己的最高奋斗目标记牢在心，落实到行动上。

其次是确立了全心全意为人民服务的态度。以前学习的动力，说到底是为个人名利奋斗。这和全心全意为人民服务的宗旨是水火不相容的。通过学习，我认识到个人主义是十分可耻的，只有全心全意为人民服务、为社会谋福利，才是光荣和高尚的。而那些只图个人私利的蝇营狗苟之徒，定将受到人民的耻笑与鄙弃。特别是解放后，我亲眼看到很多党员干部以身作则，严格要求自己，为人民服务的事例。记得新中国成立初期，武冈县城东区区长是个姓李的女同志，北方人，过去从未下过水田，但她为了发动群众搞生产，竟然挽着裤子、打着赤脚到城里挑粪积肥，还和群众一起筑坝灌田。她的行为让我由衷敬佩，从她身上我看到了共产党的干部是真正的人民勤务员，而不是以往那种作威作福的官老爷。我深深感到，如果人人都像共产党员那样，一心一意为人民服务，努力为社会谋福利，中国的富强是指日可待的。有了这样的榜样，我备受鼓舞，从此我也处处严格要求自己，立志为人民服务，做人民的"孺子牛"。

思想是行动的指导，有了为人民服务的思想，我在工作中也就不讲什么条件，只要自己能做到的，从不推诿，并且想方设法把它做好。1949 年寒假，留校同学选我为寒假留校团负责人；1950 年春，中国新民主主义青年团武冈县委派石专和陈倩林两名干部来校建团，同学们又选举我为建团筹备委员会主任，我都尽心尽力把工作做好。1950 年 5 月 17 日刘全林被批准为正式团员，没有候补期，而其他人一般有 6 个月候补期。我在鸿基中学读二年级时曾被登记入三民主义青年团，但后来听说入团后要交团费，就后悔了。宣誓那天正好下雨，我借口没有雨具就没有参加。后来听参加会议的人说，那天没有举行宣誓，以后我也从未参加过三民主义青年团的任何活动。入新民主主义青年团时我也主动向组织交代了，大概组织上觉得要考验一下，批了 3 个月候补期。当时我虽有点想不通，但因为有了为人民服务的思想，认为自己应当以实际行动接受组织的考验，所以思想很快就端正过来了，未对工作造成影响。后来因为家庭原因，经过28年（1954—1982）的考验才得以入党，我也能泰然处之。

转眼到了1950年，上半年是我们的毕业季。毕业后干什么，这是毕业生都要面临的选择。当时主要有两个选择：一个是参军，另一个是参干。我毕业时本来想读资江公学，因为这是培养干部的学校。资江公学在邵阳市，但是在武冈招考，考取之后凭通知书到邵阳去上学。

省立六师毕业合影（二排左一为萧致治）

在资江公学学习、训练后，就会分配到地方当干部。我当时很想到资江公学去，甚至把在省立六师读书时剩余的米送给了跟我很要好的一个同学，但后来又犹豫了。原因一是我当时身体不太舒服，有个老毛病犯了，我的半规管没有长拢，走路急一点就感觉脑袋中叮咚叮咚响；二是听说到资江公学的路上有土匪，害怕遭抢劫。1950年8月分配时本来准备去参加土改的，结果学校让我留校了，听说就我一个人留校，还有两人被分配到省立六师附小，剩下的人大部分被派去参加土改了。

四、包办婚姻

我的第一次婚姻是父母包办的，是父亲和他的朋友商量后订的娃娃亲。女方叫周碧玉，1929 年农历三月生，我是农历十月生，她比我大半岁多，小的时候我到她家里去拜过年。

岳母是一个很能干的人，岳父去世后，全家靠她一人打理。她生有一儿一女，儿子叫周常正，比周碧玉大十多岁。周常正原来在云山中学读书，后来怀着抗日救国的热情参军了，在江西参加抗战，部队驻扎在龙虎山，他到我家时跟我父亲讲过江西的情况。龙虎山是道教四大名山，东汉中叶正一道创始人张道陵曾在此炼丹，传说“丹成而龙虎现”，山因此而得名。他讲了很多关于张天师的故事，给我留下了比较深刻的印象。周常正当时在部队是个军官，穿的是黄色呢子衣服，很威武。他在参军之前已经结婚，并且生了一个小孩，叫周香莲。全面抗战爆发后，他回来探亲，岳母就不许他回部队了，说家里就他一根独苗。后来他就留下来在乡里经馆教书，讲解“四书五经”。

1946 年清明节的时候，我回家被父母逼迫结婚，年龄不到 16 岁半。当时我很不乐意结婚，有点烦躁，发脾气也没用，因为木已成舟。在那个时代，虽然是我自己的婚姻，但我不能做主，全部由父母包办。周碧玉的娘家为她准备的嫁妆比较丰厚，除花架床和衣柜等东西外，还从她家里划了一亩比较好的秧田，以及几百斤谷子陪嫁。

进省立六师读书后，我很少回家，只是寒暑假回去一下子，而且住不了多久。实际上从 1949 年以后，我和前妻就没有接触了，她在家里，我在城里。虽然只隔 30 里，但她也不来，我也不去，当时感情就不是很好。新中国成立后从思想方面来说，我还是一个坚定的共产主义者，信仰马克思主义。1949 年的寒假本来可以回去，我好像只回去两天就返回学校了。那年冬天我主要是学习马列主义著作“干部读本”，当时规定干部要学习12本书。

> 那时候我们家里只有十多亩田，不富裕，她家相当于中等的地主家庭水平，传承了几代，家境比较殷实。
>
> 我们家还在发展时期，需要攒钱买地，生活省吃俭用，妇女也要参加劳动，因此我前面嫂子的母亲想悔掉婚约。有人把这个消息透露给了我哥哥，这个事情对他的刺激很大，他从此下决心要活出个人样。……六七年后他结了婚，生育了两个小孩，大的是儿子，但在出生后半个月因为脐带感染夭折，第二个是女孩子。那时我们还未分家，但是自从父亲去世后，实际上他已经要负担这个大家庭的生活，而这个大家庭中，我和弟弟仍然要依靠他。
>
> ——萧致强2023年4月30日晚口述于武冈市大甸镇枫木村家中

当时武冈刚刚解放，政府拨给师范学校的经费还比较充足。学生的伙食是免费供应的，标准也很高。那时旁边有条河，有时食堂做鸭子会在河里洗，下游的人还会捡到学校不小心掉在河里的鸭子。除免费吃饭外，学校甚至还给每个学生发了一套衣服。应该来说那时候生活非常好，生活成本非常低，鸡蛋很便宜，一两分钱一个，鸡鸭也很便宜。我毕业留校以后就跟教师吃住在一起。学校的教师不是很多，大概每天开一桌大家一起吃，有很多菜，像吃宴会一样的，也不用出钱。

1952年父亲去世后，我就更少回家了。1953年我到县教育工会工作的时候，把两个弟弟拉到城里的武冈师范附小读书。两个弟弟都要靠我，家里不可能负担。父亲去世后，就只剩我母亲在家，她种田也不行。因为我没有离婚，还要负担在家里的妻子和女儿，所以那时我的负担还是比较重。我没给家里寄什么钱，生活上、经济上也很少来往。两个弟弟虽然暑假、寒假会回去一阵子，但他们很小，家里的事情也讲不清楚，我也很少过问这些事。

到了1955年，我对周碧玉说我们离婚算了。事实上1949年以后我们两个人一直都没有接触。她带着女儿在老家跟我母亲住在一起。所以我对她说："你回去考虑考虑，我不会长久地留在武冈，要是不离婚的话，今后相隔会越来越远。"当时，我家的情况很糟糕，父亲已经去世，土改后的经济环境和政治环境也很窘迫。她大概也考虑到两地分居不是个办法，所以同意离婚，并正式办理了离婚手续。我为了对得起她，离婚时给她买了一套被褥，并给了她100块钱。当时100块钱很不容易，因为我工资是三十几块钱一个月，还要供养两个弟弟在城里读书，没有多少钱。为了筹这100块钱，我把我当时花了25块钱买的一块手表转卖了，七拼八凑凑了100块钱给她。我们有一个女儿叫萧兰华，离婚的时候是判给我抚养的，但是我读书去了不在家，她不在我身边。1957年我上大学后第一次回家，这时周常正的妻子来了，她建议让周碧玉把萧兰华带走。我同意她带走，因为我母亲身体不好，留孩子在家的话，没人照顾。后来兰华就一直在她母亲那边。周碧玉后来和一个姓毛的结婚了。兰华长大后，嫁给了一个叫戴国乐的，1945年生，比她大几岁。他们生了两个女孩和一个男孩。现在这三个孩子中两个女孩都嫁出去了，各生了两个小孩：一个生了两个男孩，一个生了一男一女。戴国乐的儿子留在他身边，叫戴顺成，也有两个小孩，都是男孩子，现在在长沙，一个在读书，一个在当快递员。戴顺成生于1975年，是武冈市大甸镇邮政所的邮递员，勤快老实。2008年我的外孙女朱思敏考上大学的时候我回去见过他，那次他在家只停了一下，吃了一餐饭就走了。2010年我又回去过一次，跟他见了面，那次是戴国乐带他来的。

第三章　初涉社会

一、留校工作

我是1950年8月留校的，留在湖南省立第六师范学校，即后来的武冈师范学校，在这里工作了两年半。最早我们的工资实行的是供给制，这是一种保障型的工资分配方法。政府为了保证供给，稳定物价，每个人的工资都按工薪分来计算，每个工薪分包含着一定量的米、油和盐。①

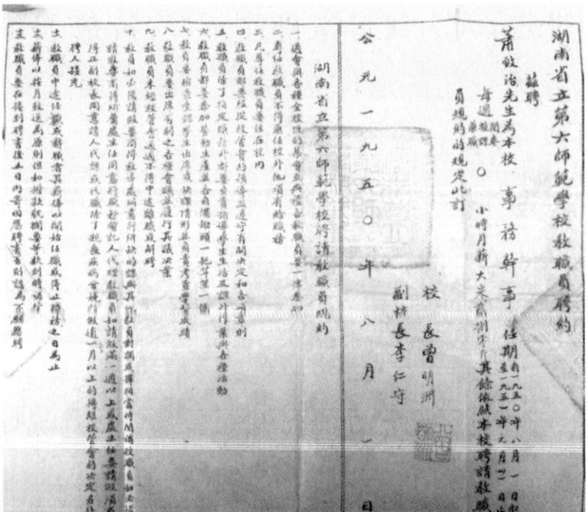
湖南省立第六師範學校教職員聘約
茲聘
蕭致治先生為本校事務幹事
校長曾明洲
副校長李仁守
公元一九五〇年八月一日
湖南省立第六師範學校聘請教職員規約

担任湖南省立第六师范学校事务干事的聘书

---

① 萧致治著《薪火文集》中“自编学谱”部分记载：“8月，因学校需要，留校任事务员，主要负责采购物品，月薪大米280斤，任期至1951年元月31日止。1951年2月1日至7月31日，续任事务员，月薪大米320斤，折合工薪分89分。”

每个学期都有一张聘书，并标明多少工薪分，我的聘书现在都还在。供给制一直到1956年工资改革之后才全面取消，改为薪给制。薪给制则不包含保障物资，仅以货币结算工资。我们因为在学校工作，属于文教人员，政府算是特别照顾，很早就把我们的工资改为了薪给制。最开始的一个学期我是采购员，学校需要买什么东西就去采购，属于后勤工作。不久抗美援朝运动兴起，我第一个报名参加志愿军，但因工作需要没有被批准。到1951年春，上级部门要推广广播，加强宣传工作，省文教厅要求各单位选派人员参加收音员培训班。当时广播很少，我们都不懂广播，但中央的精神和地方上的文件要宣传出去，主要的途径就是报纸和广播。1951年3月，我到长沙参加了省文教厅主办的收音员训练班。训练班主要培训收音转播技术，即如何接收中央和省一级的广播，再转播给全校教师和学生。当时各个公立中等师范学校都派人去了。我在培训班大概学了一个多月，把基本知识都学了，省文教厅给每个学校参加培训的人都发了一台收音机用于广播工作。最后结业考试，我的成绩应该是最好的，考了98分。回武冈后我向校长作了汇报，把收音机也交给了学校。结果，校长把收音机拿去自己听，没有去做学校广播的基本建设，如购买广播器材、搭建喇叭等。因此，学校的收音转播工作未能开展，我则白费了一个多月的学习时间。

学校的广播工作没有做成，我的工作也调整为当班主任。1951年下半年的时候，学校招新生了，初师部是面向武冈招生的，招了3个班，即16班、17班和18班，我担任其中两个班的班主任，同时还负责上思想政治课。那时我有一股热情，无论做什么工作，都想着尽心尽力把它做好。

1951年冬，我参加土改复查队，被派到湾头桥区青龙桥乡，和贫雇农生活在一起。我了解了他们的疾苦，与他们建立了深厚的感情。

1951年8月1日至1952年1月31日，我的月薪涨到了大米

380 斤,折合工薪分 172 分。

到了 1952 年二三月,因为学校数学教师缺乏,校领导希望我去教初师部的数学。当时师范分两级:初级师范和中级师范。学校一开始只有中级师范,没有初级师范。初级师范原来在武冈简易师范学校,那一年该校从 13 班到 15 班 3 个班的学生都转到省立六师,我被安排做教导员兼教师的工作。教导员是学校教务处的工作人员,职责是管教学、训练和指导。我同时还要教书,教初师 16 班、18 班的数学,并兼任这两个班的班主任,实际上我是教导员兼教员,这一工作在 1952 年做了整整一年。据说,我教数学反映还不错,学生认为比原来的老师教得好。我的月薪分于 1952 年 8 月 1 日起从 172 分提升至 210 分。

我参加工作不久,家里发生很大的变故,我不得不担负起一定的家庭责任。我的大弟弟萧致强,在 1951 年秋的时候只有 12 岁,开始和我住在一起。他在城东的省立六师附小读书,附小跟我的学校还隔着两三里路,他每天来回跑,后来寄宿学习,由我供养。

> 那是 1951 年秋天,我记得他的工资还没有实行薪给制,还是每个月给几斗米的,他刚刚从省立第六师范学校毕业并留校,分管了一段时间的生活后勤工作,可能校长通融了,他就用那几斗米养了我,供我读书。后来开始实行薪给制了,他当时的工资是十几块钱一个月,情况就开始好转了,又把最小的弟弟致远也接过去,这样三兄弟就基本上住在一起了。
>
> 当时小弟弟身体不太好,经常尿床,尽管在学校寄宿,但身体一直没有好过来。他听说狗肉对泌尿系统有好处,不顾工资的低微,买了一条狗给小弟弟吃,当然我也跟着吃了一些。小弟弟这个病最后还是没有治好,后来小弟弟因为在县城没有治好又回乡下去了,就单独留我一个人在他身边,他专门培养我。所以在这一点上,他还有一些愧疚感,他曾经对我

说:“因为小弟弟的身体原因,我对不住他,对他的关心比对你的关心多一些。”

——萧致强 2023 年 4 月 30 日晚口述于武冈市大甸镇枫木村家中

二、父亲离世

我们家的经济状况和村子里其他人相比要宽裕一点,但还算不上小康之家,青黄不接的时候也常常吃稀饭。我初中毕业时如果家里有钱,父亲也不会逼着我读师范学校。我父亲和伯父是 1930 年分的家。据说祖父共有 20 亩田,父亲和伯父各分了 8 亩,祖父祖母名义上留了 4 亩,其实这 4 亩也分给了我伯父和我父亲,由兄弟俩来赡养祖父祖母。因此,每家实际分了 10 亩田。我父亲一辈子主要是教书,有时候没有书教他也下地种田。他患有严重的风湿病,有时候风湿病发作两腿都红肿得厉害,无法行走。教书的收入主要靠学生的学费,当时农村都比较穷,读书的人很少,收入也不多,但这对我家来说是一项重要的收入来源。另外,我母亲也特别勤劳,能够自己做的都尽量自己做,所以每年有些结余,积攒下来慢慢地买了一些田。到 1950 年,我家的水田大约有 20 亩,还有几亩土地是种玉米和黄豆的,这不算主田。记得当年毕业填表时,我们家因为有雇工,我估算了一下,应该划成富裕中农。当时土改还没进行,但在青背塘这个范围内,我家不划地主,那其他人都划不上。没有想到后来土改时,我们那个穷地方划出了好几个地主。[1]

我伯父不像我父亲有教书的收入来源,主要靠自己种田来维

---

① 关于阶级划分的标准,参见 1950 年发布的《政务院关于划分农村阶级成分的决定》,中共中央文献研究室编:《建国以来重要文献选编》第一册,中央文献出版社 1992 年版,第 382—384 页。

持家业。他家的田比我家少一点,但一年四季都在耕种,他家有时也请小工来放牛。我伯父1947年就因病去世了,他家后来被划为地主。我姐夫姓刘,他家田不是很多,他父亲是个勤劳的农民,很少放债,我姐夫从武冈师范毕业后一直在小学教书,新中国成立后也在教书,是一名教师,但他家也被划为地主。另外,还有位和我共一个曾祖父的人叫萧坤堂,他完全在家里劳动,小工也请得少,他自己做点小生意,如打豆腐、卖酒、织竹筐等。我们四家在土改时都被划成地主。旁边的龚家院子,离我家大约400米,只住了4户人家,有一个叫龚春二的,他家祖孙三代都以种田为生,很少请人,最多请几个放牛工帮着做点小事,也被划为地主。还有一个与我家隔得远一点,名叫萧乾琛,他也是请了雇工,没有土地出租,也被划为地主。我们村子里的人大部分都是自己种田,自己劳动力不够才请人帮忙,请短工都只是农忙季请一段时间,这种情况比较多。

我家只有20亩地,我记得第一次划成分时,是一个青年书生按照政策文件规定,把我家划成富农,那应该还是合情合理的。但我们这边是穷乡僻壤,没有大地主,相对来说我家是比较合乎划地主的条件的。当时划成分就考虑三个方面,第一个,土地的占有量;第二个,劳动力剥削;第三个,高利贷剥削。如果这三个都占有,不考虑量的大小,就划定这家为地主,我们家就是这么被划成地主的。我们家虽然只有20亩地,但当时测算,大概有两三亩地在山上,下雨才有水,没有雨就旱,靠天收成。这几亩地租给了别人,收成对半开,我家一半,租户家一半,这属于地租剥削。我家里因为我父亲平常要教书,所以家里的农活雇了两个劳动力负责,一个是长工,还有一个是放牛的,所以这是劳动力剥削。我家20亩地一年大概能收80石谷,亩产约4石。再一个我父亲教书的时候,每个学生每学期的学费大概是1石谷,如果教了10个学生,一学期就有10

石，一年下来有20石，他的工资就是这些谷子。所以用这些收入来养这个家绰绰有余，每年都会有一部分结余，这一部分结余在青黄不接的时候借出去，借1石出去，秋冬的时候还1.2石至1.5石，这属于高利贷剥削。这样三个剥削方式都齐全了。在我们这个村，就只有我家这些条件齐全，其他人没有像我家那样省吃俭用，一心想着发家，所以我家是一个比较典型的小地主家庭。我们也没有反感，就像下塘捞鱼，肯定得找目标，这个村就我家标准一点。

——萧致强2023年4月30日晚口述于武冈市大甸镇枫木村家中

我们那里解放的时间晚一点，土改的工作也稍晚一点。《中华人民共和国土地改革法》是1950年6月30日公布施行的，我们的土改在这之后。我记得武冈县是1950年冬天在陶田区开展土改工作试点，然后迅速推向全县。

因为我不在家，当时的具体情况我不清楚，听说1951年土改结束时，父亲被当作地主斗了多次。冬天正是最冷的季节，每次斗的时候都把风车对着他吹，还不准他穿棉衣，只让穿单衣。这样吹，他受不了。

我父亲以教书为业，从不得罪人，根本没有血案。有血案的人是逃不了的。他虽然当过国民小学的校长，但没有贪污，主要是靠教书有点收入。那为什么要斗他呢？据说是因为一头耕牛中暑死了。我家有一头耕牛死了，要逼他承认是蓄意破坏生产。其实和死耕牛有关的人叫龚春癸，是我的一个远房亲戚。他妻子姓廖，是我妈妈的侄女。1950年时我家劳动力不足，就请了龚春癸帮着犁地。那是九十月份比较热的时候，牛犁了地之后非常渴，冲到田里去喝水，结果可能喝多了，就猝死了。龚春癸不小心让牛中暑了，但是他胆小，不敢承认，于是土改队员把这笔账算到我父亲头上，责问他是不是有意害死耕牛，为此批斗了我父亲无数次。知识分子大概有点骨气,可杀不可辱。父亲跑到家门前小河的上游,离我家一里多路的地方有一个坝,他就在深水处投水自杀了。具体时间是1952年2月8日上午。

2月16日,住姐妹桥的一位姓戴的学生,他在鸿基中学读书,路过船田铺时,受某人之托,专程前来告诉我父亲投水自尽的事。我父亲没有什么罪状,本来不应该死,他胆子小,是被吓死的。我父亲的事,从他参加土改,到挨批挨斗,一直到死,我都不知道,因为要站稳立场,和家庭划清界限。

据我胞弟致强讲,土改之后,我家原来住的房子被封,一家人搬到屋前左边的灰草屋里。灰草屋四周是石头墙,上面通风,当时连吃饭的碗筷都没有,生活陷入绝境,以卖煤和卖草鞋维生,靠少量米加野菜花煮汤饭喝。有时遇几个好心人偷偷送点大米来接济,其中有三个人特别值得感激:一是船田铺的萧乾明,二是在我家放过牛、帮过工的刘方明,三是枫木街的龚春芳。他们在我家极端艰难时给予接济,使家里得以度过最艰难的岁月,我终生难以忘记。

三、担任县教育工会筹委会主席

1952年底,县里根据上级工会的指示,要在教育界建立工会组织。12月5日至7日,召开了全县第一次教育工作者代表会议。会上成立了武冈县教育工会筹备委员会,通过代表选举,我被选为武冈县教育工会筹备委员会主席,从此我离开省立六师,专门从事教育工会工作。

教育工会筹备委员会主席属于国家干部。我在学校的工资水平,相当于行政干部21级。武冈县总工会主席曾广玉,是行政19级干部,他每个月工资是29元。我在学校的工资是薪给制,拿210工分,折合人民币是45元。总工会的组织委员说,你工资拿得太多了,比县总工会主席还高16块钱,要调整。当时《工会法》有条规定,从部门工会(教育工会属于部门工会)调到总工会工作,工资必须要保持原来的水平,不能调低。组织委员征求我的意见,我当时想,领导1个月只拿29元,我拿45元,不好相处,于是就同意了。降了多少呢?从行政21级调低到23级,降了2级,实际月工资是每月38元,降低了7元。

因为县教育工会筹备委员会里当时没有党员,所以成立了团支部,我兼任团支部书记。在教育工会筹备委员会一年多的时间里,我做了几件事:一是在各中小学校建立了工会组织。武冈县有不少学校,我们帮助每个学校建立了教育工会。二是办学校。当时教师水平不一样,有的水平很差,为了提高他们的教学水平,我们办了一个星期日学校,每逢周日便将各地教师集中到武冈县城,请省立六师的教师给他们讲课,由县教育工会筹备委员会给讲课的老师一点补贴。三是学俄语。此前只有英语通行,中华人民共和国成立后向苏联学习,要学俄语,但当时武冈县找不到俄语教师,最后在县城里找到一个劳改犯,他学过俄语,我们请他来教短期俄语班。他的俄语还可以,我跟着他学了一点,现在还记得俄语字母。四是办刊物。刊名叫《教工月刊》,是不定期的刊物,一年办了6—7期,差不多两个月办1期。五是办工人培训班。那时候工人地位提高了,工人当家做主,在暑期或寒假,我们就把一些工人集中起来,办工人培训班,时间一般只2—3天。工人原来受压迫,地位不高,把他们组织到一起学习,他们很高兴。

在1953年秋天的时候,全省召集县教育工会主席开过一次会,各个县的教育工会包括工会筹委会的主席都参加了。会议的一个重要内容是总结,会议通报说,湖南省70多个县市中9个县市的教育工会活动开展得比较好,武冈县教育工会(筹委会)是9个先进教育工会之一。1953年秋天起,我又兼任县总工会的宣传干事,除根据上级精神配合中心工作进行宣传外,最有意义的工作是主办了一个"想过去,比现在,看将来"的大型文物图片展览。展览通过新旧对比,展望未来,提高工人觉悟,激发工人建设中华人民共和国的积极性，坚定跟共产党走的信念。展览把县里工人过去受苦受压迫的种种惨象，以及新中国成立后的幸福生活和未来的光明前景（以当时的苏联为榜样），展现在广大观众面前，使观众受到了一次具体、生动、深刻的政治思想教育。我本人通过展览，也更深刻地了解了许多工人们过去受过的难以想象的苦难，受到了一次阶级教育，更加坚定了走工农结合道路的决心与信心。

我从1953年1月1日开始在武冈县教育工会筹委会当主席，一直到1954年3月14日，前后1年2个多月。后来因为要压缩编制，有些人调离了筹委会，如伍德教，他本是县教育工会筹委会的秘书，后来调到邵阳地区总工会工作去了。我就调到武冈县城关镇任文教助理。

四、担任城关镇人民政府文教助理

城关镇相当于区一级，但各个区是派出机构，不是一级政府。武冈县城关镇政府文教助理相当于区一级管教育的干事。城关镇为什么有文教助理呢？因为城关镇有它的特殊性。文教助理除小学外，中学也都要管。武冈县当时有几所中学，省立第六师范算中等师范学校，还有洞庭中学（后改为武冈二中）、一中、三中和云山中学，这些中学都归文教助理管。

城关镇人民政府文教助理还有正式的任命书，是县长任命的。我名义上是文教助理，实际上是跟其他干部一样的一般干部。我从1954年3月14日开始任文教助理，一直到1956年8月，其间还以文教助理的身份干了好几种工作，但本职是文教助理，就是管中小学教育。这个工作就是有时到各个学校看看，布置一下工作，除此之外我还承担了相当于镇长助理的工作。当时中心工作一个接一个，我也要一个接一个地参与。在这近两年半的时间里，我大概做了这么几项工作：第一个就是贫民救济工作。城关镇有六条街，包括城东、城南、西直、城北及六合街等，还有一条街记不起名字

与城关镇人民政府同事合影于法相岩

了。当时武冈县城里大约有三万人，主要是做小生意的，开小卖部卖些零碎东西。那时刚刚解放，贫民救济工作需要一户一户去摸底。我在西直街就是深入每家每户，去了解贫困户有什么困难，有什么可生产自救的，想办法让他们能够维持生活。

第二个是征兵工作。当时要劝人参军，这个工作要到六合街去。六合街在武冈县城南门外面，只有城门外面比较热闹，人比较多。那个时候的工作主要就是分工包干，一定要保证征兵的对象是合格的。我是镇里面的干部，当时做这个工作的还有各街的干部和组长等。确定哪些人是征兵对象之后，就尽量做好家属和征兵对象本人的工作，主要是做好思想工作，另外还有检查身体等工作。

第三个是成立蔬菜合作社。当时武冈县城里蔬菜供应主要靠农村的菜农，城东街有一块菜地专门用来种蔬菜，我们就组织人成立蔬菜合作社。当时只是初级社，有点合作性质，不像后来搞合作社是很大的运动，最后全部变成了人民公社，当时是真正意义上的生产合作。具体来说就是把十余户菜农组织起来，搞蔬菜合作社，帮助他们解决蔬菜销售的问题。

第四个是治安方面的工作。当时城里面还是比较乱的,各种各样的人都有。一些流落到武冈的人、一些无职业的人,对社会秩序产生消极影响,所以治安工作很重要。我们当时要配合派出所一起抓罪犯,事先确定对象,抓捕的时候分工,几个人去对付一个人。这项工作主要由派出所负责,城关镇政府有个公安助理,配合派出所管治安。我作为文教助理有时候要配合他们工作,因为派出所的人手有时不够。譬如,有偷窃案报案时,派出所要在外面调查、摸底,发现小偷的时候,就要进行教育,屡教不改的要扣押起来进行审查。每个县的城关镇都有个派出所,它一方面归城关镇人民政府管,另一方面也归县公安局管。派出所有所长、副所长,底下还一些工作人员。

还有一个工作是开展工商业普查。在邵阳地区,武冈是仅次于邵阳市的大城镇,工商业相对比较复杂,调查项目繁多。当时工作人员很少,但工作还是做得比较细致,有条不紊。邵阳地区工商局派人前来检查,这里的工作受到好评。普查后接着搞工商业改造。武冈的工商业是比较发达的,跟周围几个县不同,周围几个县的县城就是一条街,武冈的县城就像一个城市,城区规模比较大。当时搞这项工作的主要有三个人,我、刘金堂和何世训。我们当时就住在工商联的办公楼里,跟工商联的工作人员一起,帮助搞工商业改造。1956年农村搞合作化,城市就搞工商业改造。1956年年初的时候我被派到中共邵阳地委党校学习,还没有学完,工商业改造就达到高潮,于是党校暂停上课,我们又都回来搞工商业改造。

工商业改造其实是一种赎买政策,大企业搞公私合营,小企业搞合作社。像武冈城里面,大多是小商小贩,没有大资本家,比较有名的是绸布店,工业较少,就只有一个小型发电厂。工商业改造主要是搞公私合营。当时有很多商店,经营各种东西。瓷器店、书店及其他各种各样的杂货店,都属于工商业改造的范围。原来是私营,现在变成公私合营,还有些变成国营。

总之，在两年多的文教助理的岗位上，包括教育工作，我主要干了六类工作。这些工作让我得到很多锻炼，使我广泛接触了社会各个层面的人，也让我在工作中增长了见识，为后来从事历史研究打下了基础。

五、难忘的1956年

1956年有三件大事发生在我身上，这一年是我人生命运大转折的一年。

第一件事是考大学。1956年1月14日至20日，中共中央召开了关于知识分子问题的会议，周总理在会上作了《关于知识分子问题的报告》，十分强调知识分子在社会主义建设中的作用。不久周总理在全国政协二届二次会议上提出了"向科学进军"的号召。搞建设需要各种各样的人才，当时人才很不足，大学学生都招不满。为了向科学进军，中央向各级组织部门下发了通知，称凡是符合条件的人，有一定基础，都可以报考大学，同等学力人员也可以报考大学。只要学生自己愿意报考，任何人都不得阻拦。我本来就有考大学的梦想，所以在中央的号召下，我动了报考大学的念头。

国务院关于保证完成今年高等学校招生计划的指示(摘录)

为了保证高等学校招生任务的胜利完成，必须尽最大可能扩大报考学生的来源。除了应该动员高中毕业生全部报考高等学校以外，还应该广泛地动员机关在职干部、小学教师、中等师范学校毕业生、复员建设军人、转业军人、公私合营企业职工、工商界知识青年、停学待业知识青年和有计划地抽调在职的中级专业干部、中等专业学校毕业生报考高等学校。

对于保证完成高等学校招生任务的有关问题，作如下指示：

一、关于扩大高等学校报考学生来源的问题，各有关部门和各省、自治区、直辖市人民委员会，必须保证做好下列各点：

……

（三）各级国家机关、事业和企业单位应该广泛动员在职干部（包括财经、农业系统的专业干部，不包括中央各部门所属厂矿和卫生系统的专业干部）报考高等学校。凡是合乎报考条件的在职干部，只要本人自愿，就可以报考。各单位对他们应该积极支持，给以热情帮助，不得用任何方式和任何借口加以阻拦。

——《中华人民共和国国务院公报》1956 年第 14 期，第 334—336 页。

当时工商业改造（即公私合营）正进入高潮，我只能一边工作一边复习。复习的时候就要考虑是考文科还是考理科，或者考艺术科。我的长处应该是数学，但是，从 1950 年开始工作以后，除了教过一年数学，其他时间基本上都在搞社会工作，数学都淡忘了，优势已经失去。除了数学，我对历史也比较感兴趣，所以最后决定考文科。我大概是 5 月正式提出申请。我属于干部，报考要组织部批准，这个过程很顺利，只用了两天时间，我记得是 5 月 15 日批准的，离 7 月初考试只有一个多月。那一年统一考试的时间是 7 月 3 日、4 日、5 日三天。我那时还在搞工商业改造，工作非常紧张，只能利用业余时间来备考。一直到 6 月 16 日，离考试只有半个多月了，我停止从事工商业改造的工作，跟一个叫雷乐耕的人一起到邵阳市，关起门来集中精力复习。因为我对历史比较感兴趣，所以就选择了历史专业。第一志愿可以填三个学校，我填了北京大学、武汉大学和中山大学，结果被中山大学录取。我印象很深刻，邮递员把通知书送来时，看到我那个通知书很厚，就知道我考上了。一般来说，没有考上的只有一张纸，通知你没考上；而考上的通知书的内容就比较多，不仅有入学通知书，还有入学注意事项，包括应准备的东西等。所以,邮递员一看到我就说:“你考上了!”这份录取通知书决定了我一生的命运。我庆幸选择历史选对了,当时有几个考理科的都没考上。和我结伴报考的雷乐耕也考上了,他考上了东北师范大学政治教育系。

赴中山大学前夕与家人合影

1956年,我国的政治环境比较宽松,虽然也有政审,但更看重现实政治表现。因为我表现不错,积极响应党的号召,工作表现也很出色,同时又是县里的干部,所以当时武冈县委组织部很快就批准了我报考大学的申请。如果是1956年以后,情况就很难说了。

我是8月20日才接到入学通知书的。接到通知书当然非常高兴,但我当时对中山大学的情况很不了解,甚至是读了录取通知书中的介绍才知道它在广州。此前我没有离开过湖南,最远只去过长沙,只听说过广州比较热,其他情况都不了解。接到通知书后,我急急忙忙准备了一下,29 日早上坐长途汽车离开武冈前往邵阳。现在武冈城到邵阳两个小时就够了,而那个时候武冈城里就只有一趟长途汽车,早上搭车,下午才到邵阳。那辆汽车速度很慢,不是用汽油,是通过烧木炭产生动力的。我在邵阳停留了一天,再搭车到衡阳,最后搭火车到广州。一到火车站,就有学校的工作人员把我接到中山大学。

第二件大事是我和张萍结成终身伴侣。张萍不是武冈人,她家在邵阳市,而且是回族。她 1936 年出生,毕业于偕进小学,这是一所回族小学,然后考上了邵阳师范学校初师部。她在学校也比较优秀,是学生会的干部,1955 年 12 月毕业后被分配到武冈。她开始在武冈不是很适应,因为武冈城里只有她一个回民。所以每次吃饭时,大家吃肉,厨房的师傅就给她煎个鸡蛋,算是给点补偿。当时分配到武冈的有四个人,一个分在城里,其他分在农村。她算是分得最好的,分到了武冈师范附小,武冈师范附小当时是很有名的小学。因为我们都在城里,她在城的东部,我的工作单位在城中心地区;又因为我们都在一个系统,我是文教助理,小学、中学都要管,经常要到学校去看看,于是渐渐对她产生了很好的印象。我的第一封信是怎么寄去的我也记不清了,总之我给她写了一封信,征求她的意见。她的回信也很简单,就说先了解情况。于是我们开始有信件上的来往。当时城关镇妇联主任李一姣跟我刚好是一个乡的,知道我在跟张萍联系,就主动跑到附小去跟她介绍我的情况。我也把我的情况跟张萍说了,我说我曾经结过婚,已经离婚了,有个小孩,现在在我家里。当时我正准备考大学,没有很多时间跟她接触,实际上没有谈什么恋爱,就是很坦诚地跟她通过书信交流。后来她在一封写给我的信上署名"你的爱华"("爱华"是张萍的号),我明白她同意了。我一直保存着这封信。我认为这就是缘分。如果她不到武冈来,我就见不到她,她到武冈来后我们才可能认识,才会有这份爱情。

我们结婚事先没有很多准备,十分仓促。我是 8 月 20 日接到大学入学通知书的，8 月 29 日就要到中山大学报到。在离开武冈的前两天即 8 月 27 日我们才去登记结婚。我们结婚是非常非常简单的，她在登记后请她在附小的朋友吃面，算是婚宴了。当时在附小她们是两个人一间房，她让室友把那间房子让出来，28 日我们在那里住了一个晚上，29 日一大早我就走了。当时真的是“激情燃烧的岁月”，我没有花一分钱，实际上也花不出一分钱。

张萍是一个很老实很本分的人，她同意嫁给我是顶住了很多压力的。从年龄来说，我已经快 27 岁了，她才 20 岁，我比她大 6 岁多。而且我结过婚，还有个小孩，小孩判给我管。另外，回族与汉族的生活习惯不同，生活方面会有很多问题，当时回汉是不太通婚的。张萍的妹妹叫张美华，也跟一个汉族人结婚了。她爸爸知道后就打了她，认为她不应该跟汉族人结婚。我跟张萍最初没有告诉她家里我们结婚了。我去上大学的时候，路过邵阳，跟她哥哥见了一面。她哥哥叫张彬如，小我一岁。我在他工作的邵阳市立医院跟他见了一面，简要地跟他讲了我们的情况。1957 年寒假我回武冈老家，张萍也留下来没有回邵阳，直到 1958 年以后回邵阳她才和她家里人见了一面，这时结婚已成事实。她爸爸开始还是有点生气，后来看到我是大学生，应该来说还是不简单，也没多说什么。

张萍的父亲叫张先德，新中国成立前是做小生意的，主要是做豆豉生意。这个生意做得好的话还是不错的，需请人来帮忙。张萍家有一人家人，她哥哥张彬如 1930 年生，姐姐张荣华 1932 年生，她是老三，她的下面还有一个妹妹叫张美华，另外还有两个弟弟。张萍跟我讲过，1944 年抗日战争时期，日本人来了，他们一家人外出逃难，逃难时她背着她妹妹(她妹妹 1943 年生，比她小 7 岁)往湘西走。那个时候非常艰苦，她常常讲起这件事。

新中国成立后，她爸爸先是在一个餐馆里工作，当会计，后来因为高血压被辞退了，一次性拿了一笔退休费，以后就没有钱了，从 20 世纪 50 年代到 70 年代都没有经济来源。我们结婚时张萍的哥哥也已经结婚，在外面单独生活，姐姐也出嫁了，所以张萍除了自己吃饭，工资几乎都用来接济她家里。我当时要养自己全家，也没有很多钱接济她，她也不问我要。她爸爸妈妈也很感激她，因为全靠她这个女儿来养家。

张萍的哥哥是邵阳市立医院的化验员，他的妻子先是在农村，后来调到邵阳来了，在银行工作，应该说生活勉勉强强。他们结婚以后一共生了三个小孩，家里负担重。张萍的姐姐原来是开餐馆的，后来不开餐馆了就在家里，她姐夫是干部，在商业局当副局长。她姐姐家因为有几个小孩，也不能够接济娘家。张萍的两个弟弟，一个参军，当了营级干部，后转业到银行，他可能会寄点钱回去。另外一个小弟弟眼睛不好，高度近视，在化工厂当工人。张萍调到武汉来之后，每个月都寄钱给她父母，当然寄得不是很多。我岳父岳母当时全靠张萍，没有她的话，他们便没有办法生活。她大弟弟张捷如本来可以上大学，就是因为没有钱，只好参军。张捷如的爱人是烟草公司的，原来是医院的护士。她的小弟弟本来成绩不错，可以上大学，但是眼睛不好，五十几岁就去世了。那个年代的艰苦不堪回首，一分钱一毛钱都要计较。现在都好了，生活大有改善。

和张萍的结婚照

1956年通过自由恋爱解决了我的终身大事，这是第二件事。

第三件事是走出了武冈，离开了故乡。读大学是我的理想，但我当时已工作了6年，成为家里的顶梁柱。两个弟弟完成学业需要我支持。我不读书也不行，读书的话弟弟怎么办？我的小弟弟最后看到我没有办法，就到一个农业寄宿学校去读书了。农业寄宿学校是半工半读的，就不要我负担了。但我的大弟弟萧致强在武冈一中初中部读书，这个我要负担。我在大学读书时作为调干生，每个月有26元，我吃饭大概要十多元，回家探亲还要点钱，剩下的钱就给萧致强。最初，学校还可以给我们一些助学金，以补贴家用，不久后因学校压缩经费开支，取消了助学金。有时我实在没有办法，就向别人借钱。我曾写信给我一个很要好的同学杨章健，跟他讲我弟弟读书没有钱，让他借点钱给我弟弟，我要弟弟到他那里去拿。除了杨章健，我跟唐咏高也借过一次钱，我写信给他，要我弟弟去找他，他也借了一点钱。那时非常艰苦，萧致强辛苦，我也辛苦，我是在生活很拮据的状况下供养他读书。如果不供养他读书，他就没有今天，也写不出厚厚的三卷本小说。

1957年反右以后，当时有一个规定，工作5年以上的可以拿60%的工资，学校也不给生活费。我哥当时大概可以拿到三十几元，60%的工资大概是二十多元，而且他还要买书交生活费，是比较困难的。他没要我去勤工俭学，虽然那时提倡勤工俭学，去做挑夫或者去卖煤炭，因为我们这边有些煤窑，但他从来不让我去干那些体力活，还是坚持每月寄5元。偶尔每月5元也有困难的时候我也想去勤工俭学，周日给供销社挑担子，但他还是不要求我去，说让他自己去想办法。他找朋友借，给同学写信，我就拿着信，好像拿鸡毛当令箭，去找他的那些熟人借。帮助最多的就是赞同他去考大学的那位朋友，叫杨章健，当时杨章健也有个弟弟读书，经济也不是很宽裕，但每次他还额外多给我5元，而且叮嘱我下个月继续过去拿。他后来担任过副县长。

我读书的10年间,从1951年进城到1961年高中毕业,主要是我哥负担了学费和生活费。母亲只给我做了一件白土布衣服,所以我哥真正做到了长兄如父,他像父亲那样抚育我。

——萧致强2023年4月30日晚口述于武冈市大甸镇枫木村家中

在人生的旅途中,常常有几个时间节点很重要,1956年我发生了三件大事,我是很难忘记的。

第四章　大学时代

一、中大印象

我们来到中山大学后就开始分班，这一届中山大学历史系一共招了 112 个人，分为甲、乙、丙三个班，每个班 37 人左右。我被分到乙班。我不知道班上的排名有没有规则，是不是与分数有关，学校公布的名单中我是乙班第一名。这一届的学生有两个特点，一是年龄悬殊，最年轻的是 1939 年生，最年长的是 1925 年生，相差 14 岁。我们班年龄最大的是 1926 年生的，叫张春波，安徽人，甲班还有一个 1925 年生的，姓杨。二是考生背景差异很大。一部分是应届毕业生，直接从中学到大学；一部分是毕业进入社会后再考的；一部分是参加工作多年的调干生①。这些人中有的是参加革命多年的老干部，例如我们班的女同学罗畹华，她是历史系党总支的组织委员，也是调干生。罗畹华原来是搞地下工作的，后来考上了大学，提前毕业留校后直接当了学校人事处处长，一直当到退休。

我们班 37 个人中，有 20 个是调干生，调干生占一半多。调干生的工资待遇稍微好一点。当时我们调干生的工资分两级，一级是 26 元一个月，我当时属于这一级；还有一级算是行政级别 20 级以上的，每个月拿 29 元。当时学生的助学金，甲等是 10 元，乙等 8

① 从 1953 年开始，凡是国营企业、事业单位和机关、团体以及中国人民解放军系统的正式职工，经组织上调派学习或经本人申请组织批准离职报考中等专业学校和高等学校的，都称调干生。

元，丙等7元，分三级。7元钱够吃饭，但零用钱就不一定够，甲等就是还有点零用钱，用来买牙膏牙刷等。

分班以后还要分组，因为很多活动需要以组为单位开展。我们班37个人，分成3个组，我所在的组一共有12个人，其中男生10人，住在同一个寝室，女生住女生宿舍。我记得我们的寝室有5张铁床，都是上下铺，我当时睡下铺。小组集中开会时都是在寝室里进行，我们组的两位女生马秀清、李淑芳也需到我们寝室来开会。当时学校的寝室大小不一，我们的寝室算是中等大小，有的寝室比我们的大，好像住的人更多。当时中文系的宿舍在前面一栋，后面一栋是历史系的，中间是厕所，旁边还有图书馆、食堂。

我到广州最不适应的是语言，广东本地人都不讲普通话，他们讲粤语，也就是讲白话，我大部分听不懂，我更多的是和其他省的人交流。中山大学的学生来自各个地方，慢慢熟悉了环境之后，我和湖南老乡的交往最多。湖南籍的大约有七八个，都讲湖南话，很亲切。当时讲湖南话的有段云章、李叔华以及刘法生等。还有一个叫张春波的是安徽人，是南下干部，在湖南工作，并且在湖南结了婚，他爱人是湘乡人。另外还有湖北天门的李正华，我们接触得比较多。

当时新生进校没有军训，但有两个星期的学前培训，主要是介绍学校的一些基本情况和需要注意的事项。这期间我们拜访了陈寅恪先生。当时他身体已经不是很好了，主要是眼睛不行，散步时看不见路，所以学校专门把他屋前的小道漆成白色，并在阶梯两旁装上了扶手护栏，以便他能出来散散步。中山大学的小房子都是别墅式的，一栋里面住一两家人，我们访问他的时候，站在阳台下面，他就站在比我们高半层多的台子上。他开口说的第一句话，我印象最深。他问："你们这次来中大的，有几个人第一志愿报北京大学的？"大概有十来个人举了手，他就讲："没有关系，北京大学的教师，不是我的学生，就是我的朋友。只要你们自己努力，在中大同样可以取得成就，希望大家努力向学，好自为之！"他原来是清华大学国学院四大导师之一，并在北京大学兼课，被称为“教授的教授”。他有这个资格说这样的话，他在学术上的地位是极高的。1939 年，陈寅恪被英国皇家学会授予研究员称号，牛津大学特聘他为汉学教授，他曾准备赴任，因欧洲战事吃紧，地中海不能通航，未能成行。抗战胜利后，他再次应聘去牛津大学讲学，并顺便到伦敦治疗眼睛，由于手术不成功，目疾反而加剧，他不得不辞去聘约回国。中华人民共和国成立前夕，他来到广州，蒋介石委托傅斯年请他去台湾，他说“我不走了”，就留在岭南大学。后来中山大学和岭南大学合并了，陈先生才到了中山大学。现在中山大学的校址是原来岭南大学的校址，中山大学原来不在这个地方，中山大学的老校址在广州石牌。

陈寅恪先生在学校是很受尊敬的。我们班的李叔华是高中毕业直接上大学的学生，年轻好学，跟我们在一个组。他喜欢英语，也喜欢钻牛角尖。那次访问以后，我们一般不去打扰陈先生，他则不管这些，跑去听陈先生的课，还跟他学英语。当时学英语的人不是很多，大部分人学俄语。

两个星期的学前培训结束后，就开始正式上课了。我们大学第一年的授课还是比较规矩的，从中国古代史到世界史，还有政治课。学习期间，考试有笔试和面试。我对两件事的印象最深，一是学生要求换老师。当时大家都是听老师讲课，也没有很多意见，但有一位姓邓的女老师教世界史，大家对她评价不是很好，要求换老师，最后换了一个留美的教授，叫蒋湘泽，让他接着讲。这是第一次因学生反映把教师换掉的事，出现了一个小风波。二是董家遵老师的教导。董家遵教授给我们讲授隋唐史，他讲课慢吞吞的，走起路来也像文弱书生一样。他在讲课时谈到如何做研究，他说，从事学术研究要随时留心，既要了解学术研究的进展，又要注意发现问题。有心得时就要抓住这个苗头，努力钻研，广泛收集资料，抓紧把自己的观点进行论证，加以完善，争取尽快发表。他的这番话给我留下了深刻的印象，使我终身受益。我一生做学问，都遵循他的教导。

二、1957年风云

到中大的第二学期，政治氛围开始出现了一些变化。从1957年四五月开始，世界社会主义阵营的风向有了变化。开始是波兰的领导人哥穆尔卡反对苏联干涉内政，接着民主德国也起来搞民主运动，随之东欧一些国家也开始搞民主运动。我记得当时甲班有个学生叫周中坚，他在世界社会主义阵营出现分裂势头之后，写了一张很长的大字报，叫《向哥穆尔卡致敬》。此前，1956年2月24日，赫鲁晓夫在苏共第二十次代表大会上作了反斯大林的秘密报告，让社会主义阵营中的一些国家对斯大林体制产生了怀疑。经赫鲁晓夫这样一搞，大家安静不下来，到第二年四五月的时候，同学们的思想十分活跃，这时中央又号召大家提意见。

中国共产党中央委员会关于整风运动的指示(摘录)

（一）

我们的党一九四二年开始的第一次整风运动，取得了伟大革命胜利的结果。

中央认为有必要在全党重新进行一次普遍的、深入的反官僚主义、反宗派主义、反主观主义的整风运动，提高全党的马克思主义的思想水平，改进作风，以适应社会主义改造和社会主义建设的需要。

这次整风运动，应该是一次既严肃认真又和风细雨的思想教育运动，应该是一个恰如其分的批评和自我批评的运动。开会应该只限于人数不多的座谈会和小组会，应该多采用同志间谈心的方式，即个别地交谈，而不要开批评大会，或者斗争大会。不论在座谈会、小组会上，进行批评的时候，或者个别交谈的时候，都应该放手鼓励批评，坚决实行“知无不言，言无不尽；言者无罪，闻者足戒；有则改之，无则加勉”的原则，不应该肯定自己的一切，拒绝别人的批评。

非党员愿意参加整风运动，应该欢迎。但是必须完全出于自愿，不得强迫，并且允许随时自由退出。

（五）

这次整风运动，应该首先从县级以上、军队团级以上的党的组织以及大的厂矿和大专学校的党的组织开始，并且应该首先从检查领导干部的思想作风开始。各省委、市委、自治区党委可以同时选择若干基层党委进行整风学习，以便取得典型经验，逐步推广。

——中共中央文献研究室编：《建国以来重要文献选编》第10册，中央文献出版社2011年版，第196—200页。

经过动员，大家都行动起来了，在学校主要体现在大字报上。大家各写各的大字报，一些人写世界形势方面的内容，强调我们要向哥穆尔卡学习之类，反对苏联共产党。还有一些大字报牵涉到国内党内。中山大学开始有点无政府状态，各人想写就写，没有限制，大字报到处贴，包括我们住的宿舍、教室、办公室，整个校园贴满了大字报。当时各种各样的思想都体现出来了，各种各样的倾向都反映出来了。我个人的思想比较朴素，坚持维护党的威信，维护社会秩序，不太赞成这样搞。不久《人民日报》就发表了社论《这是为什么?》，从此风向又变了，反右运动开始了。

实际上反右斗争是1957下半年才开始的。反右斗争主要是批判有反党言论的人。当时我作为学生代表参加了历史系反右核心小组。核心小组一共5位成员，唯一的学生代表是我，其他都是系里的党政领导和老师。反右核心小组开会很少，我实际上是挂名的，大概只开了两三次会，具体工作还是各个党支部在做。反右时各个单位的情况也不一样，我们1960年毕业时历史系三个班的反右结果也大不一样。划右派最多的是甲班，甲班有个房间叫“黑色309”，该房间里的12个人9个被划为右派。我们这个班比较好，划了两个右派,丙班也是两个。后面定案的时候,历史系反右核心小组开会,我参加了。他们说右派的比例不超过5%,按照这个比例,历史系56级学生最多划5个右派,但甲班一个班就划了12个,加上丙班和乙班各两个,共有16个,是规定的3倍多。反右核心小组中我实际上是做陪衬的,当时学生被划为左、中、右三派,我被划在左派,在反右运动中我没提什么意见,即使提了一些意见,那些意见总是维护党的威信,维护社会主义的,所以才让我作为学生代表参加反右核心小组。因为不清楚情况,反右核心小组开会我只是听着,轮不上我发言。

我们班划的两个右派,一个叫蒋炳光,是我们乙班原来的班长,调干生,他还有一些体育特长。我跳高、跳远还是可以的,但他更厉害,我记得他跳远在我们历史系运动会上夺得了第一名。1957年给党提意见,他也没有讲什么过头的话,把他划成右派,当时我也不知道是什么原因,是上面划的,我也没有吭声。还有一个叫刘法生,18岁高中毕业考上大学,在班上最年轻,他是湖南临湘人,和我在一个小组。他不太合群,不喜欢跟人讲话,一讲话就直来直去,经常流露出一些落后思想。他家是地主,毕业后他被分配到一所中学,我再也没有和他见过面,听说他后来自杀了。

蒋炳光的情况不同,后来很快就被纠正了。他实际上没有什么反党反社会主义的表现,为什么把他划成右派?据说是解放前乡,他为工作队带路去剿匪,工作队在路上出了一点问题,后来有人怀疑他是内线,是他有意带路搞破坏,但没有任何证据,只是怀疑他有历史问题,结果把他划成右派。不久后可能问题弄清楚了就纠正了。他后来跟我们一起毕业,被分配到广西桂林的一所中学里,他教书教得比较好,因为他口才很好,后来还当了校长。因为他校长当得很不错,学校升学率很高,他还当选为全国人大代表。2004年我去他家里看他的时候,他把在人民大会堂开会的照片放在他的会客室里。

反右时教师中划了多少右派,我不太清楚,因为进校时间不长，很多老师都不认识。我知道历史系最有名的右派是端木正，是回族人，武汉大学政治系本科、清华大学法学硕士、法国巴黎大学法学博士。他 1951 年回国，1957 年被划为右派。他原来是系副主任，被划成右派后到我们历史系的资料室担任资料员。摘帽以后，在 20 世纪 80 年代，他曾担任过最高人民法院副院长。其他被划为右派的老师还有教历史文选的曾纪经教授，因没有端木正那样有名，我没有什么印象。

我没有经历武大的反右运动，后来听说了一点，比较而言，中大的反右比武大这边好一点，稳一点。反右期间，中山大学一直没有停课，或很少停课，每个学期还在上课，后两年只是考试少了一些，有的课程就不考了。一年级的时候每门都要考，有些是必修课，有些是选修课。考试有口试，也有笔试。第一学期口试和笔试都有。口试就是老师出一道题，让你回答，给你 15 分钟，回答得好就给你 5 分，回答不好就给不合格。我们一开始就这样，向苏联学习。后来，因为政治运动变多了，从 1957 年第二学期也就是下半年开始，口试不打分了，很多课都没有考试。我记得我曾经去查过学

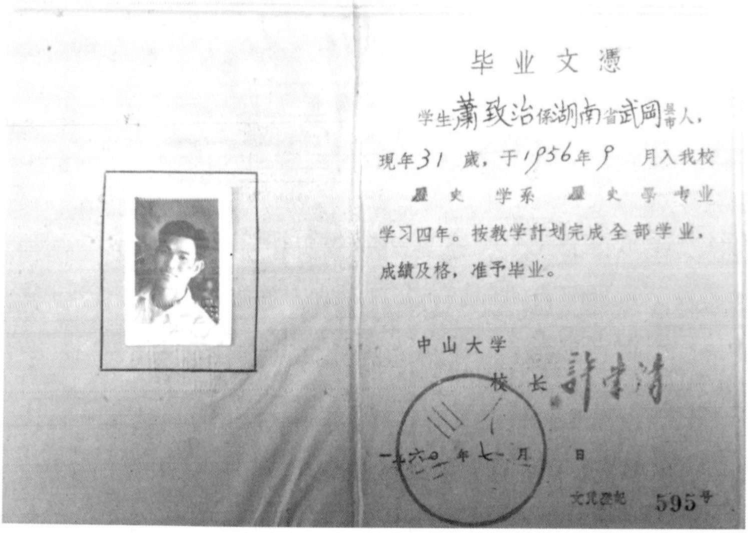
毕业文憑
学生萧致治係湖南省武岡县人，
现年31岁，于1956年9月入我校
歷史学系歷史学专业
学习四年。按教学計划完成全部学业，
成绩及格，准予毕业。
中山大学
校长 許崇清
一九六〇年七月 日
文凭登记 595号

中山大学毕业证书

习成绩,当时每个人都发了本学生手册,上面记着每个学期上了几门课,每门课得了多少分。那时是5分制,等级是5分、4分、合格、不合格四档。我发现一、二年级有分数,三、四年级就没有记载。这表明一、二年级的课基本上是正常的,三、四年级有些课上了,有些课没怎么上。最后毕业证书是发了,我的毕业证书现在还保存着。

总结这四年的学习,第一学年是认真学习,认真考试。到了第二学年,教学秩序已经维持不下去了,反右运动已经高涨了,后来学习不声不响,考试也不考了,虽然教学活动还在进行,但以开展运动为主。应该说从反右运动开始,学校的教学秩序逐步被打乱了。

在校期间我一直积极要求进步。大学二年级时系里动员大家选学生会主席,结果我被选上了。学生会主席一般每年改选一次,第二年改选的时候,我又再次当选。当然学生会主席不是官,主要是做些跑腿及上传下达的工作。当时比较具体的工作首先是办墙报。历史系办的墙报叫"火焰报",由历史系学生会主办。其次就是传达上面的通知,如在哪里开会,或者去哪里劳动,到哪里集合等,都是些事务性工作。当时没有电话,也没有喇叭,历史系四个年级的男生都住在一栋楼里,每次要开会或者有什么通知,我就在楼下喊。四年级时我不能再当学生会主席了,就回乙班当班长。

虽然我一直表现很好,但是在中大时没有入党。我们这个班学生党员有六七个人,其实当时我有发展成为党员的机会。我在武冈城关镇工作的时候曾经几次申请入党,但因我家成分是地主,且我父亲又是投河自尽的,所以一直处于培养考验期。1956年,在我准备到中山大学报到的时候,城关镇党委书记杨天明同志告诉我,关于我的入党问题,镇党委已经同意,转到县委组织部也同意了,只是因为要报地委批准,时间来不及了,所以决定把我的情况及镇党委、县委的意见签上一并转到中山大学党委去。到中山大学以后,因为城关镇的同志特意介绍了我的情况,加上我在中山大学表现也不错,我就开始当调干生组长。中山大学曾经也发展我入党，那是在反右以前。1956 年 12 月 30 日，中山大学历史系党支部会议通过了我的入党申请。申请到了校党委组织部后，组织部派人找我谈话，谈话人是我们的总支书记黄瑜。但最后还是没有批，说根据我的情况要长期考验。因为我父亲土改后期投河自尽，需要我接受长期考验。考验了多长时间呢？一直到改革开放以后，到 1982 年才同意。那时组织部对这样的问题不再强调。1981 年 11 月左右讨论了一次，接受我为候补党员。1982 年 4 月 19 日正式批准我入党，候补期半年。我申请入党时间比较久，从 1953 年开始申请，一直到 1982 年，前后近 30 年。

其实，他的入党经历也很曲折。他 1956 年考上大学前申请入党，邵阳地委已经批准。那时候被镇压地主分子的后代入党需要地委审批，他已经通过了审批，只是没有举行仪式，没有宣誓。因为考上了大学，镇党委就把他的情况介绍到录取他的中山大学去了，准备去那里宣誓，结果因为反右推迟了，接着入党的事因为“文化大革命”又推迟了，直到 1982 年才最终入党。他入党入了好几次，从 1956 年，1966 年，1976 年……花了近 30 年才入了党。尽管屡受挫折，但他痴心不改。

——萧致强 2023 年 4 月 30 日晚口述于武冈市大甸镇枫木村家中

二、“大跃进”与教育革命

1957 年年底，反右运动基本告一段落。1958 年，“大跃进”运动开始了。“大跃进”是全国性的运动，涉及各行各业，教育方面就是搞教育革命，拔白旗、树红旗。

当时毛主席多次讲到了插旗帜的问题。他说，凡是有人的地方都要插旗子，不是无产阶级插红旗，就是资产阶级插白旗。在大学,批判“资产阶级学术思想”,就成为“拔白旗”运动的主要内容,当时比较有影响的学者,都是拔白旗的对象。

当时中共中央、国务院有一个关于教育工作的指示,其中一个重要内容是教育与生产劳动相结合,就是要理论联系实际,不能照书本说,要联系实际搞社会调查。

中共中央、国务院关于教育工作的指示(摘录)

(三)党的教育工作方针,是教育为无产阶级的政治服务,教育与生产劳动结合;为了实现这个方针,教育工作必须由党来领导。……共产主义社会的全面发展的新人,就是既有政治觉悟又有文化的、既能从事脑力劳动又能从事体力劳动的人,而不是旧社会的只专不红,脱离生产劳动的资产阶级知识分子。

在一切学校中,必须把生产劳动列为正式课程。每个学生必须依照规定参加一定时间的劳动。现在勤工俭学的运动已经普遍开展起来了,事实证明,只要领导得好,参加生产劳动对学生来说,不论在德育、智育或体育方面都有好处,这是培养全面发展的新人的一条正确道路。今后的方向,是学校办工厂和农场,工厂和农业合作社办学校。……在缺乏劳动的学校里强调劳动,在缺乏基础课程的学校里强调基础课程,使两种学校都向自己所缺乏的方面发展,逐步向理论与实际的更完善的结合前进。为了训练大量称职的师资,县以上的各级党委和人民委员会都必须发展师范教育。

——何东昌主编:《中华人民共和国重要教育文献》,海南出版社1998年版,第859页。

按照这个要求,到1958年下半年,我们三年级就开始搞教育和生产劳动结合,我们就下乡去劳动锻炼了。劳动锻炼的地点先是在广州,后来在东莞,虎门销烟就发生在东莞。我们被安排在东莞城附近一个叫篁村的地方，在那里劳动锻炼，进行教育与生产劳动结合的实践。那个时候推广农业"八字宪法"，"八字"即土、肥、水、种、密、保、管、工。其中土摆在第一位，就是要深耕，改良土壤。当时我们在深耕上下了很大功夫，把土挖了几尺深，人力挖不是办法，用牛也不行，当时用的是机械。我们还分成两个组举办生产竞赛，搞得热火朝天。另外就是密植，最大限度地发挥地力的作用。我们当时还被组织到一个稍远的地方去参观那里的高产田。那个地方不知是怎么搞的，一般水稻田的水稻只有 3 节，那里的水稻有 4 节，4 节上面结一串稻穗，但是多一节也到不了万斤呀！我当时就很怀疑。

中山大学开展教育革命，主要有两个活动，一是劳动锻炼，我们到东莞劳动锻炼了 3 个多月，1958 年 11 月开始，到 1959 年 2 月回来。

还没回学校，学校就给我们安排了第二个活动，到外面搞调查，进行教学实习。当时有一部分同学被分配到海南岛去推行教育与生产劳动的结合，我们则留在广州，因为系里安排了一个社学调查的活动。1959 年 3—4 月，系里把我安排在广州市的北郊进行社学调查。当年三元里抗英斗争之所以能够发生，与社学有很大关系。社是古代社会的基层组织，在先秦时期已经出现。社学是中国乡村的一种初级教育机构，主要承担当地百姓的启蒙教育，传授日常知识、伦理规范。社学后来又和里甲制、乡约制结合，增加了更多的社会职能。三元里人民就是以社学组织为单位的。当时三元里有个东平社学，还有个昇平社学。有一部分人在进行昇平社学的调查，我重点选择一个叫燕塘的地方进行东平社学的调查。我带的小组由十多个人组成，我们进村调查主要想了解当时社学是怎么组织抗英斗争的。由于事隔一百多年，隔了几代人，有些都讲不清楚了。这次社学调查我也有一些收获，那就是较详细接触了鸦片战争的历史。社学调查搞了一个多月，我当时本来写了篇小文章，还有一些调查的心得，但回来之后被新的活动耽搁了，最后没发表。

其实教育革命还有一个任务，就是在批判所谓资产阶级学术思想的同时，组织学生编教材、编讲义。当时北京师范大学曾被誉为“教育改革中的一面红旗”，他们的经验就是发动学生在很短的时间内编了很多教材。于是，各高校都开展了师生结合编教材的活动。这是“树红旗”的具体行动。记得在东莞篁村劳动锻炼时，我作为历史系学生会主席还专门回中大一趟，因为如何“拔白旗、树红旗”，系里要有一个规划。我以历史系王裕怀书记的名义写了一篇文章，专门讲历史系的教育革命，即历史系要出多少书，要编多少讲义，以及怎样进行规划。这篇文章发表在油印的报纸上。王裕怀是工农干部，山东人，他看到文章后很高兴。我作为学生会主席，学校里要我抓这个工作，我就写了，但这个规划其实没有执行，我们没有精力更没有能力编写教材。后来，其他学校学生编教材也不是很成功，教育部及时叫停了这件事。

我参与了学校布置的多种关于教育革命的活动，还参加了勤工俭学活动。在中山大学学习期间，我有三次得奖，一个是勤工俭学奖，一个是青年社会主义建设积极分子奖，还有一个是社会主义建设积极分子奖。

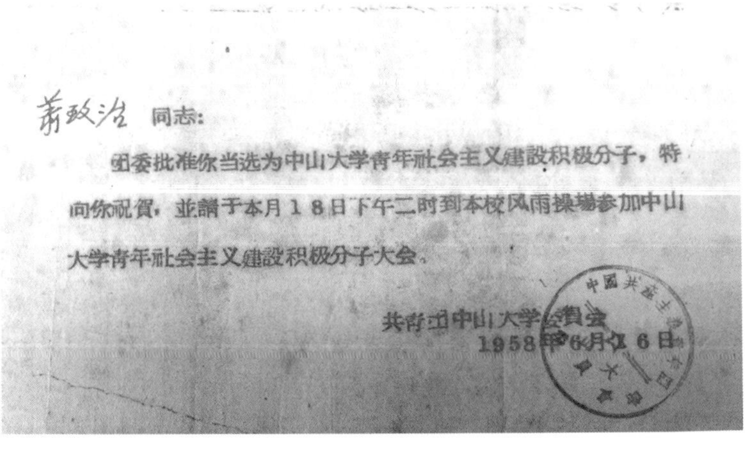

萧致治 同志：

团委批准你当选为中山大学青年社会主义建設积极分子，特向你祝賀，並請于本月18日下午二时到本校风雨操場参加中山大学青年社会主义建設积极分子大会。

共青团中山大学委員会

1958年6月6日

中山大学青年社会主义建设积极分子奖状

虽然1958年和1959年学校运动较多，但我们还在坚持上课，就是上得不多。中山大学校领导对这些运动的态度不激进，不搞停课闹革命，而是边教学边搞革命，坚持上课。当时世界古代史是梁作干讲；中国古代史先秦这段是丘陶常副教授讲；魏晋南北朝隋唐史是董家遵教授讲；明清时期是哪个老师讲的我没有印象了；中国近代史是陈锡祺老师讲；中国现代史是金应熙老师讲；世界近现代史是钟一均老师讲，他是留美的系副主任；世界现代史是谁讲也记不清楚了。总之课还是讲了一点，从古代史到现代史都还有老师在上课。有许多课后来毫无印象，有些是后来自己自学的，但好多东西没有学到，现在想起来仍觉得可惜。直到20世纪60年代，中央提出了"调整、巩固、充实、提高"的方针，学校的政策也跟着调整，需要编新教材，吴于廑先生的《世界通史》就是这个时候编的。

四、大学毕业

1959年下半年我们开始了第七学期的生活，我们很快就要毕业了。这时候庐山会议结束，掀起了全国性的"反右倾"运动。学校里当然也有"右倾机会主义者"，也要反。但谁是"右倾机会主义者"，我们印象不是很深。反右运动主要是针对党外的，是全民性的运动，而"反右倾"运动主要是针对党内的。我当时没有入党，很多活动没有参加。

1960年上半年是我们四年级的下学期，刚刚开学，毕业工作就启动了。最早毕业的是资历较深的调干生，例如我们班党支部的组织委员罗畹华，她以前是个地下党员，提前毕业后被留在学校，后来当了人事处处长。我们班的张春波是南下干部，他留校任基建处处长。我当时也提前毕业了。1960年3月时学校就准备把我留下来从事考古工作。当时中山大学还没有考古专业，但梁剑韬老师是搞考古的，研究原始社会历史，因为他，学校考虑设立考古专业，这就需要一批人来充实教学与研究的力量，所以学校准备安排我做考古研究，我当然服从分配。当时考古活动很少，我印象最深的就是在广州的白云山，老师带我们到那里做新石器时代遗址的调查，发掘新石器时代的文物。我们整个班学生都去了。我在山上很幸运地发现了一个小石子，大拇指般大，像石斧，一般石斧都是很大的，但这个很小。我后来把它交到考古教研室，现在它还留在那里。上次我去中大参观展览的时候，他们还把它放在展览室展出。因为那次考古发掘，我至今对考古也是很留恋的，印象很深。

考古搞了不到 3 个月，5 月 18 日，学校组织毕业生体检。体检发现我有肺结核，而且是浸润型的，具有传染性。学校接到通知后于 5 月 24 日将我转到校内荷花池疗养所隔离治疗。浸润型肺结核是很危险的，传染性很强，如果恶化了还可能要命，所以学校决定马上把我从学生宿舍转到荷花池疗养所治疗。那里离我们宿舍没有多远，我在那里休息调养了近三个月。当时吃饭是单独开餐的，营养特别好，三个月我长了十多斤。那时治疗肺结核的技术有了很大提高，我身体恢复得比较快。隔离期间，为了丰富生活，我有时看看画报，并写了一篇《百代画圣吴道子》的小文，8 月 13 日在《羊城晚报》上发表。到了 8 月 20 日我去复查，发现肺结核已被吸收，没有传染性了，我又可以参加各种活动了。这时教育部的分配方案正式下来了，学校必须按教育部的方案重新制定方案，可能是这个原因，我需要重新参加分配。

当时教育部的分配方案很细，比如中大历史系毕业的学生，多少人分配到湖北，多少人分配到湖南，多少人分配到教育部直属学校，多少人留在中大，都有明确的指标。或者说，教育部的指标主要分为两部分，一部分给各省市和中央部门，另一部分给教育部直属学校。教育部的分配方案公布后，要求个人根据自己的情况填报志愿。当时同学们普遍的看法是：云南最远，河南最苦。他们都不愿意选择这两个地方。我因为是学生干部，觉得自己应该到最艰苦的地方接受锻炼，所以第一志愿报了河南，第二志愿报了云南。当时我的思想充满了革命浪漫主义，热血沸腾，激情燃烧，满脑子想的就是拼命干革命，什么都不管。党指哪里，我就到哪里；叫我干什么，我就干什么。

当时分配的程序是每个人先填志愿，再根据情况来分配。分配的时候，先分各个地区的；难分配的先公布，教育部直属学校和中央部门后公布。分配方案是个别通知的，不在大会上宣布。

我们这一届被分配的地方从省的范围看，有湖南、湖北、河南、河北、云南及浙江等地；从部门看，除教育部直属学校的比例较大外，中国社会科学院历史研究所的比例也很大，分去了六七个人，此外中国社会科学院世界史研究所也分去了几个人。加起来共有十几个人。中国社会科学院近代史研究所好像没有分配指标。我们班的谢济，还有丙班的周年昌和王贵民都分在历史研究所。我们年级年龄比较大的杨日祥和乐耀湘原来分在中国社会科学院亚非研究所，后来把他们下放到安徽去了。中国社会科学院是分配人数较多的单位，有十几个指标。而分配少的单位只有 1—2 个指标，如人民日报社，这类单位的指标较少。

中山大学原来想多留点人搞“大跃进”，但可能指标有限，只留了六七个人，其中有 5 人搞行政工作去了，前面说的罗畹华当了人事处处长、张春波当了基建处处长，甲班的梁超武、乙班的陈志雄、丙班的陈松江都做了总支书记，只有李松生继续做考古研究。还有一个留校的后来考取了陈锡祺先生的研究生，叫段云章，跟我的关系很好，我们一直有联系。

在分配方案里，湖北省有 4 个指标，都在武汉师范学院①。这个学院规模较小，但仍属于省里的高等学校。我们年级有 4 个人被分到这个地方。后来有 1 人对这个分配不满意，就跑了。他是个华侨。另外一个张桂枢从武汉师范学院又被分到武汉一中，后来又调回广州的暨南大学。坚持留在武汉师范学院的是戴永玲，“文

---

①　武汉师范学院即湖北大学前身，1984 年武汉师范学院更名改建为湖北大学。

革”期间,武汉师范学院的各项工作受极大影响,戴永玲就去了武汉教师进修学院,后来江汉大学兴办,她又去了江汉大学。那时毕业生由教育部统一分配,有些人可能会对分配方案有想法、有意见,但一般还是服从分配。

中山大学毕业留影(1960 年 6 月)

我们这届历史系有两个指标分配到武汉大学,学校把这两个指标给了我和孔祥征,孔祥征是年级的党支部书记,我是乙班的班长。组织上这样安排,可能有照顾我的意思。

我为什么能够被分到武大呢?现在回想起来,大概有两个原因:第一是在校期间我一直表现很好,做了两届学生会主席,学生会换届后又任乙班班长。第二是我的身体状况不是很好,因为肺结核病休养了三个月。要是以前,得了肺结核等于判了死刑。后来我的肺结核虽然被吸收,没有了传染性,但这个病顽固得很,“文化大革命”时体检,肺部还有个钙化点。因此,组织上的分配肯定有照顾我的意思。能被分配到武大也有一点运气的成分。当时的教育改革使大学本科学制出现两种制度，一种是五年制，像武汉大学就实行五年制，即从 1956 年开始，大学本科要读五年，到 1961 年才能毕业。但是北京大学、中国人民大学和中山大学等学校仍然是四年制。我是 1956 年入校，1960 年就毕业了，正好武大这一年没有毕业的学生，所以四年制高校毕业的学生进武大的指标就多了一些。仅武大历史系，当年分配来的有十几个人，如中国人民大学的吴德华，北京大学也有几个人，复旦大学也分来了三四个，我们中大则把我和孔祥征分过来了。到历史系后又有一些调动，最后也没留下来几个人。中国人民大学的吴德华留下来了，复旦大学的留了一个人做资料员，中大的两个人都留下来了，其他人后又被分配出去了，有很多人分配来了后都没有见面。孔祥征被分到中国现代史教研室，我被分到中国近代史教研室。具体研究哪一段历史，我自己原来没有很明确的想法，来了之后，既然分配我研究中国近代史，我就服从分配，认认真真研究中国近代史。

第五章　初上珞珈山

一、"冷、热、饿"

武汉对我来说是完全陌生的。虽然早就知道武汉，却没到过这里。我们从武昌站下车之后，就坐公共汽车到水果湖，然后问当地人武汉大学在哪个方向，他们告诉我："武汉大学建在珞珈山上，它的屋顶有绿色的琉璃瓦，朝着那个琉璃瓦的方向走，就能到达武大。"那时公共汽车很少，没有公共汽车到武大，从水果湖走过去大概要三十分钟。

我们这一届中山大学的学生，分到武汉大学的有二三十个人，历史系就分了我和孔祥征。我托孔祥征把我的行李先带来，我则回家住了几天才来。接待我们的地方就在现在的万林艺术博物馆附近，我们把行李等东西都放在那个地方，然后再报到。我们等了几天，后来就到历史系来了。有些人因为历史系不愿意接收，就在那等待，等了一个月后又被重新分出去了。我记得北京大学的童家良，还有中国人民大学的许明正，都是被分到武大后武大不愿意接收，又把他们分出去了。比如童家良最后分到河北邯郸的一所中学去了。复旦大学分来一个人，被认为不适合教学，就被安排在资料室当资料员。我和孔祥征能顺利被武汉大学接收，估计是因为我们的政治条件比较好。孔祥征是支部书记，我虽然不是党员，但是政治表现一直都很好。当时刚刚经历了反右派斗争，非常强调政治表现，所以武大接收了我们。我被分到中国近代史教研室当助教和秘书，孔祥征被分到中国现代史教研室。

刚到武汉，我面临的第一个问题就是气候的考验。武汉的夏天居然比广州还要热。广州在南方，本应该更热，但它离海较近，受海洋气候的调节。武汉位于河谷地带，导致散热极为困难。同时，武汉的水域面积非常大，高温情况下会产生大量水蒸气，易造成明显的温室效应。另外，武汉属于亚热带季风性湿润气候，夏季受副热带高压影响，高温少雨。号称“三大火炉”之一的武汉夏天有一个奇特的景象，即大家都睡在外面。汉口街道上，天没黑人们就把竹床、躺椅摆出来了。武大这边稍微好一点，因为是郊区，温度可能略低一点，但是也很热。当时分给我一个一楼的房间，位于湖边的五栋五号，一楼没有太阳直接照射，稍微凉快一点。我在那里只住了半年，接着被调整到湖边四栋三〇三。那是一个三层楼的房子，三楼最热。当时睡的木制单人床，摸着都是热的。我经常晚上热得睡不着觉，有时只好出去走走，或者到湖边游泳池的预制板上休息。那时还没有电风扇，晚上热得睡不着觉，第二天精神也不好。我当时身体不好，患有肺结核，身体还在恢复中，这样的气候对我是一大考验。

除热之外，还要接受寒冷的考验。武汉的冷与北方不同，北方的冷是干冷，只要没有风，即使零下二三十度也感觉不到冷，屋里屋外温度有很大的区别。武汉是湿冷，有风没风都冷，屋里屋外温度没有多大差别。1962 和 1963 年的冬天还好一点，1964 年的冬天特别冷，冷到东湖湖面都结冰了，湖上可以滑冰。这种气候是我以前在湖南和广州都没有遇见过的。

除了气候的考验，还有生活环境的考验。我 1960 年来到武汉大学，正是三年困难时期，那时给我们的粮食不断减少。我们刚来的时候月粮是 28 斤，最艰难的时候，也就是 1960 年 12 月和 1961 年 1 月，粮食减少到每月只有 22 斤半，一天不到一斤粮食。本来每个月给的油是半斤，不久就减到只有二三两了。当时人们都饿着肚子，我当时因为有肺病，还有个特殊补贴，一个月凭肉票可以到肉店去买半斤肉吃，其他人就更艰苦了。

二、进入武大中国近代史教研室

来到武大中国近代史教研室后，我最大的感慨就是一个教研室有三位教授，这样的阵容是很少见的。那时教研室一般很难有教授，因为教授很少，不像现在教授甚至比讲师多。武大中国近代史教研室的主任是姚薇元先生，他生于1905年，是陈寅恪先生的嫡传弟子。他1926年高二时考入清华大学，初学物理，后转攻历史。他有两本重要的历史学专著，一本是《鸦片战争史实考》，这是他在郭廷以的指导下，充分利用清华大学图书馆所藏的中英文资料，对魏源的《道光洋艘征抚记》逐段进行考订而成的大学毕业论文。他1931年考入清华大学历史系读研究生，跟随陈寅恪先生研究魏晋南北朝隋唐史，毕业论文就是《北朝胡姓考》，主要研究胡姓怎么改成汉姓的历史，这是中国第一本研究胡姓的专著。他这两本书都是由毕业论文改成，并成为他的代表作。1936年他毕业之后在中央大学教书，1940年起先后在大夏大学、贵州大学、中央大学、金陵女子文理学院、国立政治大学、国立师范学院（今湖南师范大学）、湖南大学任教。1953年全国院系调整时，国立湖南大学撤销，历史系部分师生转到武汉大学，他也被调入武汉大学历史系任教授，本来他的专长是魏晋南北朝隋唐史研究，到武大后根据教学需要，研究重点转向中国近代史。姚先生年纪比较大，任教授的时间比较长，他搞教学，还要编教材，在教学方面要有助教。因此，我一来就做他的助教，跟着他搞鸦片战争史。

另一个教授是汪诒荪先生，安徽怀宁人，1904年出生，比姚先生还大一岁。1936年被聘为国立武汉大学史学系讲师，讲授日本史。全面抗战时在国立师范学院任教。1949年，国立师范学院并入国立湖南大学。1953年全国院系调整时，汪诒荪先生也转到武大历史系任教。

再一个教授是彭雨新先生，他是湖南浏阳人，1912年生。他先后在中央政治学校大学部财政系、中央研究院社会科学研究所、曼彻斯特大学经济学院学习，1949年回国后在岭南大学任教授。1952年院系调整，被调整到武汉大学经济系任教。1954年，因李剑农双目失明，他的名著《最近三十年中国政治史》《中国古代经济史稿》亟待整理出版或再版，彭先生愿意协助李剑农教授整理，于是1956年由经济系转到历史系，并任历史系副主任，编制归入中国近代史教研室。

从当时历史系中国近代史专业的强大阵容看，武大应该把中国近代史作为一个重点学科来建设。一是从全国来说，近代史在过去没有得到很好的研究。二是近代史跟湖北省密切相关。太平天国运动与武昌关系密切，清末张之洞在湖北实施新政，辛亥革命的发源地是武昌。所以在近代史研究方面武大占有地利优势，加上我们近代史研究的力量这样雄厚，是值得重点抓一下的。但是，在历史系我只是一个普通教师，只能尽力而为，要组织人力去研究近代史有困难，只能先从一个方面入手。所以我跟姚先生搞鸦片战争史，就是这样确定下来的。

三、科研与教学

我刚到中国近代史教研室不久，分管科研的历史系副主任彭雨新老师对大家说，第二年是辛亥革命五十周年，准备开个学术讨论会，希望大家提供论文，积极参会。大家也认为纪念辛亥革命五十周年，武大历史系应该积极参加，因为辛亥革命爆发于武昌，武昌是打响辛亥革命第一枪的地方。我虽然是刚入职的新人，但也认识到了纪念辛亥革命五十周年的意义。我认为武昌起义在中国历史上是划时代的重大事件，纪念辛亥革命五十周年是个很好的机会，应该好好准备这个学术纪念活动。从当时中国近代史研究力量来说，武大在全国还是比较有地位的。因为搞中国近代史阶段性研究的学校中,一个研究室一般只有一个教授,有些不但没有教授,甚至连讲师都没有。武大历史系有这么多学术水平高的人,如果都来写文章,积极参会,将是一个很好的发展机遇。但是我发现除了部分人比较热心,真正动手写文章的不多。11月的时候开了一次筹备会,会上提交了一些论文。当时彭雨新先生提交了关于辛亥革命中资产阶级的论文,汪诒荪先生提交了关于辛亥革命时的农民运动的论文,还有经济系吴纪先老师也提交了文章。为了保证出几篇高质量的文章,湖北省社会科学界联合会决定将作者集中到洪山宾馆去修改文章。彭雨新先生是专门研究经济史的,他的文章主要从经济学角度研究资产阶级革命。汪诒荪先生收集了很多资料,但是还没有组织好文章内容。吴纪先老师的文章已经写成,但还需要修改完善。他们都集中去洪山宾馆修改。我初来乍到,没有提供文章,彭雨新先生希望我帮着收集一些盛宣怀的资料,我便仔仔细细地按照他的要求,把《愚斋存稿初刊》全部看了一遍,并做了笔记。彭雨新先生在他文章的最后还提到了我帮忙收集资料一事。纪念辛亥革命五十周年的学术讨论会于1961年10月16日到21日召开,地点在汉口的德明饭店(现在叫江汉饭店)。省委对这次会议特别重视,虽然当时粮食紧张,但这次会议的食物是供应充足的。一些全国著名的历史学家来参会,包括中国人民大学校长吴玉章、中共中央党校教授吕振羽,另外还有一些马克思主义史学的代表性人物。所以这个会的影响很大。我没写文章,但作为工作人员参加了会议,受到了很多启发和教育。我始终认为在历史系搞中国近代史研究,辛亥革命是主要的研究内容之一,但是我当时人微言轻,我的看法没有得到重视。我们中国近代史教研室也安排了几个人写文章,比如姚先生让李天松老师写了一篇关于辛亥革命时湖北新军的文章,因为他的硕士毕业论文就是研究新军的,后来部分发表在《江汉学报》上。

和武大相比,华师做了更精心的准备,措施比较得力,人也比较能干。后来华师也一直把辛亥革命作为研究的重点。所以在武

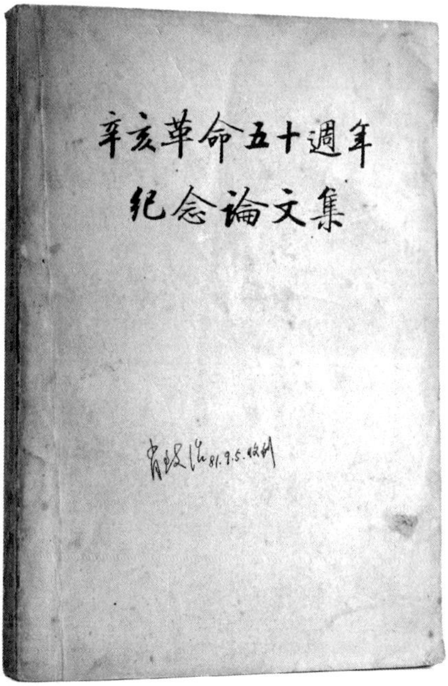

《辛亥革命五十周年纪念论文集》书影

汉谈辛亥革命研究，大家只会想到华中师范大学。武汉大学没有集中力量组织团队来研究这段历史，实力较弱。

我当时刚大学毕业，要走上大学老师的岗位，至少有两个关要过。一个是教学关，另一个是研究关。到近代史教研室，首先要聚焦一个领域，要有研究方向。中国近代史有政治史、经济史、思想史、文化史几个方向。按照历史发展的顺序，则有鸦片战争史、太平天国史、洋务运动史、戊戌变法史、义和团运动史、辛亥革命史等。做什么方向的研究是首先要考虑的问题。当时彭先生对我比较看重，希望我跟他搞经济史；但姚先生年龄大了，希望有一个助教。最后，我就跟姚先生做鸦片战争方面的研究。

在研究方面，我曾是承受了一点压力的。我是中山大学毕业的，武汉大学跟中山大学是平级的学校，不写几篇文章出来我很难站住脚。所以当时我就结合学习开始考虑写什么文章。1962 年春，我作为助教随堂听过汪诒荪先生的课，觉得他评论龚自珍的思想有独到的见解，于是写了一篇报道《汪诒荪论龚自珍思想》，在《光明日报》1962 年 5 月 20 日“学术动态”专栏发表了。这年秋冬，学校举办了第三届科学讨论会，汪诒荪教授在会上作报告，内容是他的论文《论龚自珍思想》，引起了与会者的热烈讨论，我作为教研室秘书记录了讨论情况，会后整理成《关于对龚自珍思想的评价》，发表在《江汉学报》1963 年第 1 期上。同时我也开展了对龚自珍的研究，先是摸清龚自珍研究处于什么状况，龚自珍有什么观点，有什么立场。在这个过程中，我发现龚自珍的社会改革思想的性质还值得考虑，具体来说就是他的社会改革思想中有没有包含资本主义萌芽的因素还值得讨论，而资本主义萌芽是当时全国讨论的一个热点问题。此前北京大学易梦虹发表过一篇文章，他认为龚自珍思想“包含有一定资本主义生产方式的萌芽因素”。山东大学的吴松龄[①]教授也写了篇文章，他认为龚自珍没有资产阶级思想。我的观点是，在当时阶级斗争激烈的情况之下，龚自珍应该还是站在统治阶级这边，他的思想基本上是从维护统治出发的，尽管他当时批评清朝很厉害，实际上是恨铁不成钢。所以我就写了一篇关于龚自珍社会改革思想性质的文章。这篇文章从阶级斗争观点出发研究龚自珍的社会改革思想，我认为他的思想中没有资本主义萌芽的因素，他也不是中小资产阶级的代表，而是地主阶级改革派的代表。为了写这篇文章，我把能够找到的龚自珍的文章都仔细读了。文章是在 1964 年夏写出来的，彭雨新先生看后对这篇文章比较肯定，就把它推荐给了《武汉大学学报》。当时《武汉大学学报》的主编是吴于廑，是研究世界史的大家，他看了之后对这篇文章很欣赏，觉得这篇文章讲得很有道理。让我印象深刻的是，1965 年 8 月 20 日我从邵阳探亲回来，在历史系门口碰到吴先生，他把我喊到一边，说：“你这篇文章我看了，写得不错。”听到吴先生的评

① 吴松龄即路遥，1927 年出生，山东大学教授，著名义和团运动史研究专家，主要著作有《义和团运动研究》(与他人合著)、《山东民间秘密教门》等，主编《山东大学义和团调查资料汇编》等。

价，我既高兴又紧张，紧张的是当时的舆论强调“又红又专”，写文章的压力很大。

见了吴先生之后我就去搞“四清”了，文章还在《武汉大学学报》编辑部，1964 年 11 月的时候，《历史研究》编辑部给我写了封信，希望我把文章寄给他们，让他们看一下能不能发表。我想可能是《历史研究》编辑找吴先生推荐稿子，吴先生就推荐了我的文章。由于我正在搞“四清”，收到《历史研究》编辑部的信之后，我把它先给我们支部书记崇汉玺看，后来我又把这封信寄给汪诒荪先生。汪先生年纪大了，可能没管这件事，没有表态，这件事就不了了之了。1966 年 5 月汪先生突发脑出血，昏迷不醒，此后卧床五六年，于 1972 年去世。那篇文章没有寄给《历史研究》，最后发表于《武汉大学学报》1965 年第 3 期。这是我的第一篇学术文章，是研究方面的起步。现在来看，这篇文章仍有历史价值，经得起时间的检验。我把有关龚自珍思想研究的主要文章、相关观点都系统研究了之后，联系当时社会环境的实际情况，再根据马克思主义观点进行分析，所得出的结论是站得住脚的。

另外，在研究方面我还写过一本小册子。我在大学时曾对东平社学做过调查，知道三元里人民抗英斗争是社学组织领导的。我在调查的基础上写了一本通俗读物，叫《三元里人民抗英斗争》。这也是上海人民出版社准备出的“中国近代史丛书”中的一本。稿子寄给出版社后，按他们要求修改了一下。修改之后，我又有一些犹豫，我既希望它出版，又担心它被说成是走“白专道路”。在这种情况下，另外一个老师又代我修改了一次，但我没把它寄回出版社，然后“文化大革命”来了，它就没有出版。

当教师必然要过教学关，教学是教师的天职。1959 年 5 月 24 日，中共中央批转了教育部党组《关于高等学校学生编写讲义问题的意见》，但武大好像没有立即执行这个文件，还是提倡教师和学生合编教材。我先是参加了一个毕业班边劳动、边学习、边调查、边编教材的活动。我来的时候其他人已经去搞党史调查了，我在学校跟一些“老弱病残”在一起。后来因为中央方向调整,“高教六十条”出来了,这是对教育革命中出现的问题进行调整。① 文件强调高等学校必须以教学为主,贯彻执行百花齐放、百家争鸣的方针,强调在教学中起主导作用的是教师,课堂讲授是教学的基本形式,同时对劳动的时间进行了限制。这样一来,之前的调查工作都半途而废了。搞党史调查的人去调查了好几个月,但调查资料最后就堆放在资料室里面,没有得到很好的整理。

中华人民共和国教育部直属高等学校
暂行工作条例(草案)(摘录)

(一九六一年九月)

第一章　总则

一、高等学校的基本任务,是贯彻执行教育为无产阶级的政治服务、教育与生产劳动相结合的方针,培养为社会主义建设所需要的各种专门人才。

……

二、高等学校必须以教学为主,努力提高教学质量。

必须正确处理教学工作与生产劳动、科学研究、社会活动之间的关系。生产劳动、科学研究、社会活动的时间应该安排得当,以利教学。

在教学中,必须发挥教师的主导作用。高等学校必须继续努力培养又红又专的教师队伍。

三、在高等学校中,必须加强党的领导,加强党和非党的团结合作。

……

四、高等学校必须贯彻执行百花齐放、百家争鸣的方针,

① “高教六十条”即1961年9月15日中共中央批准试行的《中华人民共和国教育部直属高等学校暂行工作条例(草案)》。

在毛泽东同志“关于正确处理人民内部矛盾的问题”中提出的六项政治标准的前提下，积极发展各种学术问题的自由讨论，以利于提高教学质量，提高学术水平，促进科学文化的进步和繁荣。

……

第二章 教学工作

八、为了保证以教学为主，高等学校平均每学年应该有八个月以上的时间用于教学。学生参加生产劳动的时间一般为一个月至一个半月。在教学计划以外，不对学生规定科学研究任务。生产劳动过多、科学研究过多、社会活动过多等妨碍和削弱教学工作的现象，应该纠正。

……

十三、在教学中起主导作用的是教师。课堂讲授是教学的基本形式，教师必须努力提高课堂讲授的水平。其他各种教学环节，都要在教师的指导下进行。

……

三十、切实保证教师的业务工作时间。严格执行中央关于保证知识分子至少有六分之五的工作日用在业务工作上的决定。教师的政治理论学习，应该根据自愿原则，学习时间不作硬性规定。党团工会的会议和社会活动，在通常情况下，应该控制在六分之一的工作日以内。必须大力精简会议，改进工作方法，提高工作效率。尽量减少教师的兼职，兼任行政职务的教师也必须保证必要的业务工作时间。

……

——何东昌主编：《中华人民共和国重要教育文献》，海南出版社 1998 年版，第 1060—1066 页。

1961 年，姚薇元教授开设中国近代史课程，我作为助教协助姚先生教学，曾向学生作期末复习辅导报告。1964 年上半年，我大学毕业之后第一次上台讲课，讲课地点不是在本系，而是在中文系。

我考虑到中文系是搞文学的,文学是历史的一个方面,我就把历史和文学创作结合起来,这样可以引起中文系学生的兴趣。这次讲课反响比较好,同学们觉得我讲得不错。因此,1965 年下半年我又被安排去教本系二年级本科生的中国近代史。这届学生素质还比较高,中学阶段学习基础比较扎实。胡德坤[①]就是这一届的。从教学方法上看,我还是坚持系统教学,"高教六十条"强调以教师为主,主要是以教师讲课为主。我主要是从爱国主义方面来讲中国近代史,讲中国人民受帝国主义压迫、受封建统治阶级压迫,讲农民起义、人民反抗。我是湖南人,虽然有口音,但学生们还是可以接受的,他们对我的授课比较满意。

四、"四清运动"

1963 年全国开始搞社会主义教育,为了响应号召,当年 9 月我带着一些学生到武昌县茅店公社新民大队搞社会主义教育。茅店这个地名现在还存在,但是该地现在已经变成城区的一部分了。搞社会主义教育,一方面要宣传中央的文件精神,一方面要搞社会调查,同时参加生产劳动。我们在茅店公社搞了两三个月,和当地百姓同吃同劳动。这个地方很多人得了"瘌痢头",他们到了三四十岁头上便没有头发了,是光头。那时卫生条件差,他们头上都是寄生虫。我在这两三个月中写过一篇文章,是反映贫下中农辛苦生活的小文,但没有发表。

当时全国各大中城市正在开展反对贪污盗窃、反对投机倒把、反对铺张浪费、反对分散主义、反对官僚主义的"五反"运动,学校也要按照中央要求,开展清账,搞反贪污腐化、反铺张浪费、反官僚主义。学校把我抽调到学校一个食堂去清账。清账一共由两个人

---

① 胡德坤,1946 年生,湖北随州人。曾任武汉大学副校长,主要从事第二次世界大战史、中日战争史、现代国际关系与中外关系史等的研究。

负责，另一位是经济学院的刘光杰老师。那个食堂位于现在图书馆总馆处。我们在膳食科查了两三个月，没发现什么问题。

到农村搞“四清”，是从 1964 年下半年开始的。学校规定一部分教师带学生到孝感地区姜窑公社搞“四清”。当时彭雨新先生、刘绪贻先生都去了，领队的是童云扬，他是历史系的副主任，他们带着四、五年级的学生去了。8 月下旬开了动员会。“四清”的概念前后是不一致的，一开始“四清”的内容是“清账目、清仓库、清财物、清工分”，是围绕经济问题开展的小“四清”，后来的内容变成了“清政治、清经济、清组织、清思想”的大“四清”。具体来说是看政治上有没有“退化变质”，经济上有没有贪污腐化。我们下去的时候，都带着学生一起工作，学生是主力，老师主要作指导。我们被分在姜窑公社联合大队，联合大队下面共有十几个小队，我被分到十一队。一般小队有二三十户的规模，十一队只有十几户。我们和七队在一起，七队有童云扬、崇汉玺他们，规模大一点。我们两队位置紧邻，他们在山坡上面，位置稍微高一点。我们在山脚，有时散步都可以走到他们那边去。他们的学生多一些，我只带了一个学生，叫刘旭(后来他到湘潭大学去了)。这个队由我、刘旭及黄陂的两个干部负责，后来黄陂的干部临时被撤回去了，最后结案的时候，就剩下我一个人，因为刘旭是四年级的学生，要准备毕业，1965 年 5 月回去了。

“四清运动”的声势很大，从 1964 年 10 月到第二年 5 月，搞了半年多。当时生活非常艰苦，只能在队里贫下中农家里轮流吃“派饭”，伙食只够勉强填饱肚子。十一队的贫下中农只有七八户，我们每天轮换着在这几家吃饭。我们吃饭是有严格规定的，一天交两三毛钱，交的钱不多。当时生活水平不高，城市居民每月人均生活费只有 10 元钱左右。在别人家里吃东西，只能吃萝卜白菜，不能吃荤菜，连别人家的鸡蛋都不敢吃。我们这样做，对自己来说是生活上的锻炼，政治上就是接受贫下中农的再教育。但是长时间的清汤寡水让有些人受不了了，他们往往利用干部集中到公社学习的机会买点肉加餐。

当时我们的工作重点是“清账目、清仓库、清财物、清工分”,我那个队查得比较清楚,因为我给每家都列了一个清单,加上队小,人数不是很多。当时主要是我们这个队的队长沈作平引起的民愤很大,大家对他有意见。他有些作风方面的问题。虽然他在经济方面问题不是很大,但我们还是搞了一次斗争。我们本来没有通知队外的人来,结果有队外的人来参加,不知道是联合大队通知的,还是他们听到消息自愿来的。大家都集中火力批评沈作平,揭露他的男女作风问题。我们不管这些事情,因为这些事情与账目无关。开批斗会的时候,另外一个队的一位女同志揭发说他搞运动的时候强奸了她。对于这件事我感到很吃惊。那位女同志一直哭着控诉他,情绪很激动。这件事让众人反应很强烈,但这不是经济上的问题,所以我们只做了简单的处理。我们来十一队时,就把他的队长职务“挂”了起来,并且另外找了几名积极分子开展工作。我当时住在一个叫沈渭堂的农民家里,他家比较贫困,但他年纪比较小,后来我们让他当了队长。

十一队的“四清”搞完后,中央的“二十三条”颁布了,按照“二十三条”的精神,“四清”中处理过头的案件允许翻案。沈作平还特意到鹏兴大队找过我一次,我劝他说:“你们这个队的情况很清楚,你经济上没有什么问题,但引起的民愤很大,不要去翻案了。”他最后听了我的意见,没有去翻案。我那个队的“四清”算是很顺利就结束了。

在“四清运动”中,黄陂出现了一些典型案例。姜窑公社有个姓乔的干部,脸上有麻子,他当了公社主任后,生活过得很不错。他家里人口不多,只有夫妻两人。我们带学生到他家参观过一次,看到他住的房子比较大,家里的设备也比较多,可能有贪污腐化的现象。哪来的钱买这么多东西?当时姜窑公社属于黄陂县,后来这个乔姓干部便成了黄陂县抓的一个典型。

“四清”工作队的管理体制是以当地政府为主。当时黄陂县刘副县长负责整个祝站区的“四清”工作。祝站区姜窑公社联合大队的试点由黄陂县王家河区的书记李建国负责。我们以学习为主，主要工作还是黄陂的干部负责，王家河区的干部包括下属粮店的工作人员，与我们合作的那位姓何的干部就是粮店的，后面他被调回去了。粮店来的另一个干部后来也被抽调回去了，这个队就由我和我的学生两个人负责搞“四清”。

王家河区的书记李建国比较能干，他后来被调到汉川当了副县长。20世纪90年代后期，他已经退休了，我当时因为在省残联当评议委员会主任，和省残联的同志一起去地方检查工作时到了孝感，就问孝感残联的负责人李建国同志在不在，如果有机会，想见他一面。李建国曾经在孝感市民政局当局长，残联工作属于民政工作的一部分，所以市里把他请来见了一面。他的年龄比我们大不了几岁，是一九二几年出生的。当年我们一起工作的时候大家都很年轻，现在都已白发苍苍，回忆起当年的“四清”工作，我们都感慨万分。

我1965年5月到了鹏兴大队，它是另外一个大队，我在那当了片长。几个分散的小队，组成一个片，片长负责管几个小队。思想教育究竟该怎么搞，我们都不太清楚，只知道要培养共产主义接班人就不能贪污腐化。“四清”的主要目的就是把贪污腐化干部“清”出来，以保持干部队伍的廉洁。“四清运动”开始没有统一标准，一些人搞得比较厉害，过了头。中央发布“二十三条”之后，放宽了一点，没有那么严，问题改为“清政治、清经济、清组织、清思想”，实际上还是清经济。经济具体一些，其他三个“清”比较虚，政治、组织、思想就是上纲上线地批判一下，生活方面的贪污腐化是批判的重点，令我印象最深的是当时大家不敢吃名贵东西。

我们在外面搞了将近一年，1964年10月出去，到1965年7月底回来。回来之后就给二年级的本科生上中国近代史课。1965年下半年开始，从鸦片战争讲到义和团运动，课程没有讲完，评《海瑞罢官》就闹得沸沸扬扬，大家的兴奋点转移了，课没法继续讲下去，学校就停课了。

第六章　停课闹革命

一、评新编历史剧《海瑞罢官》

在孝感搞了将近一年的“四清”工作后，我于1965年7月29日返校了。9月开学，系里就安排我给本系二年级本科生上课，给刘秀庭、胡德坤那个班讲中国近代史。上了两个多月，11月10日，上海《文汇报》发表了姚文元《评新编历史剧〈海瑞罢官〉》一文。开始大家没有注意，虽然火药味很浓，毕竟只是登在上海的报纸上，后来《人民日报》转载了，大家就注意了。不久学校通知课不上了，要停课，要评《海瑞罢官》，把它当作一个重要的政治任务。

随着评《海瑞罢官》运动的进一步发展，其他的讨论也出现了，如清官问题、农民起义、让步政策等，都是那个时候的热门话题。虽然带有浓厚的政治色彩，但总体还是把《海瑞罢官》当学术问题讨论。后来《人民日报》《光明日报》《解放军报》等全国性的报纸和各个地方的报纸都转载了姚文元的文章，于是形成了全国性的运动。停课闹革命，这是历史上没有过的事情，全面抗战时期都没有停课；1958年教育革命的社会劳动也是作为课程的一部分安排的。学校让大家评《海瑞罢官》，先是学习，查资料。省里当时还印发了一些关于《海瑞罢官》的资料给大家。1966年全年没怎么上课，就搞运动。“五一六通知”下达，北京大学的一张大字报出来，轰动全国，很快大字报就盛行了。一停课，大家就转到政治学习上去了，一般一个星期有一次政治学习，集中在教研室以开会的形式进行，主题是"评《海瑞罢官》"。

当时就是要从学术上挖掘政治问题，最早遭到批判的是吴晗，后来扩展到批判"三家村"，包括邓拓、廖沫沙等人。

二、"革命大串联"

到了1966年九十月的时候，整个学校乱成一团。这时中共中央、国务院发了一个通知，要组织高校和中等学校的师生到北京参观"文化大革命"运动。[①] 但是各地组织都瘫痪了，这个通知就成了动员大家"串联"的号角。

其实，六七月的时候，有些人就不在学校里，他们跑到外面去看大字报了。到了10月20日以后，学校里已经完全是"无政府状态"，学生也跑空了，我和李存训也想随大流出去看看，见见世面，就决定出去"串联"。我们是10月29日出发的，先到火车站搭火车去江西南昌，然后换乘去上海。由于坐火车不要钱，也就没有票的限制，所有车厢都挤满了人，密不透风。火车虽然拥挤，但照样供应伙食，每个人都可以吃到饭。到了上海后，我们在一个中学住了二十几天，到上海许多地方逛过，没有明确的目标，只是到处瞎跑，看看大字报，参观一下上海的市容市貌。大概11月17日，我们就决定到北京接受毛主席的接见。

在上海等车很有意思，我们在火车站外排队等了两三天才等到去北京的火车，终于，11月20日傍晚的时候，队伍开始动了，我们跟着大家到处跑，跑了好几个站台都不对，最后看到一列火车空着。有些人消息灵通，说那列车要开了，大家就跟着跑上车。到北京下了火车，就有解放军接，我们被安排在中国地质大学的学生宿舍里面。当时全国各地"大串联"的人都是统一由财政负担吃住费

① 参见《中共中央、国务院关于组织外地高等学校革命学生、中等学校革命学生代表和革命教职工代表来北京参观文化大革命运动的通知》，国防大学党史党建政工教研室编：《"文化大革命"研究资料》（上册），1988年版，第112—113页。

用。虽然每天都是白菜萝卜稀饭，但在当时来说，不饿肚子已经很好了。那时的北京和现在不一样，现在蔬菜很丰富，应有尽有，那时基本只有大白菜和萝卜。每家在冬天到来之前，都会买很多大白菜和萝卜堆在门口。当时我们有同学在北京生活，有时到同学那里去看看，发现他们生活也比较简单，青菜只有大白菜。

我记得11月26日那天，好多人都在传一个消息，说"今天毛主席要在西郊机场接见我们"。大家清早就出来了，跑到西郊机场附近的一块平地上，这个地方两边低，中间高。我们站在两边，等待毛主席接见。太阳快下山了，才见毛主席乘一辆车子从中间的路上过来。我现在想起来仍然感觉热血沸腾、激动万分。虽然我们站在很远的地方，但当时在场的所有人都疯狂了。11月26日是毛主席最后一次接见"串联"学生，以后就不接见了。

1966年于天安门广场

我11月20日到北京，12月8日才离开。那个时候，到了北京就到处看大字报，到处跑。北京著名景点如天安门等我们都去看了，不过现在印象不深了。

我和李存训到北京就是为了看毛主席，看过之后就老老实实回去了。12 月 8 日我们两个人就由北京回武汉了。

过了一段时间,学校放寒假,我就回湖南老家去了。

三、"斗、批、改"

我们系的老教授在"文革"初期都受到了较大冲击,唐长孺和吴于廑先生都被挂着牌子在武汉游过街。但在后来的"斗、批、改"中,他们总体上没有受到太大的伤害,在学校层面也没有怎么被批。虽然我们系教授比较多,但没有什么批斗。因为批斗要有充分的理由,他们的著作或者论文里找不出什么错误。况且真正有教材、有讲义的在职老师不是很多,仅几个有名的教授如谭戒甫、唐长孺和吴于廑有一些著作。吴于廑先生的《世界通史》是 1958 年以后教育部组织全国力量编的,他负责最后统稿。这是套国家级教材,批不了。

谭戒甫先生是我们系最老的教授,他是毛主席的老师。我记得我们在"斗、批、改"的时候,他把毛主席写给他的信及寄给他的 30 块钱拿了出来。他说:"这是我保存作纪念的,我没用,现在交给上级,交给组织。"这事是我亲眼所见的。谭戒甫先生的东西也是不容易被批的,他主要研究先秦诸子和金文,对墨子、管子、庄子都有研究,他的《墨辩发微》《庄子天下篇校释》《屈赋新编》,都是考证史实,很难有被攻击的地方。那时李剑农先生有几本书,如《政治学概论》《中国经济史》《中国近百年政治史》《先秦两汉经济史稿》《魏晋南北朝隋唐经济史稿》《宋元明经济史稿》等,是可以从鸡蛋里挑骨头的,但老先生 1963 年底就去世了,也批不起来。

唐长孺先生写有一本《魏晋南北朝史论丛》,主编了《中国通史参考资料·魏晋南北朝》。他从 1963 年起主持二十四史中北朝四史(《魏书》《周书》《北齐书》《北史》)的点校工作,这项工作是中央批准的,所以唐先生在学校活动很少。他在襄阳分校住了一个学期,那时眼睛不好了,韭菜和葱都分不清楚了,大家对他很照顾和尊重。

姚薇元先生也没有被批过。他的两本书《鸦片战争史实考》《北朝胡姓考》当时流传并不广,我都没看到过。两部书都属考证性质,这怎么批呢?所以,武大历史系被点名道姓批判的人我没有看到过。

当然,不是说我们历史系的教授没有受到冲击,冲击还是有,说他们是资产阶级、是反动学术权威,给他们扣帽子的比较多,写大字报这种情况还是有的。但是,真正有组织的批判会,有理有据地说这或那不对的情况很少。小规模的批斗会可能有,即小组开会,大家相互批评与自我批评可能是有的,但我印象不深。总之,系里没有专门组织过批斗。当时学校里面有些批判文章,但都是批判"让步政策""历史主义"的,历史系老教授写的考证文章较多,与"让步政策""历史主义"无关,所以,这些批判文章只能找外面的批判对象。

四、漫长的两地分居

1956 年 8 月我和张萍结婚以后,很长一段时间处于两地分居状态。首先是我到广州的中山大学读书,然后毕业被分到武汉大学。广东省和湖北省离我老家很远,加上交通很不方便,我们一年之间总是聚少离多,只有寒暑假才能聚在一起。我离开武冈后,张萍一个人在武冈,生活十分艰难,况且她是回族,饮食习惯与汉族不同,很不方便,长年累月如此,艰苦备尝。1961 年,组织照顾她,将她调回邵阳市府后街小学,和家人在一起,生活算是有了点改善。那时我们两家人的经济条件都不好,张萍的父母都没有工作,张萍承担了他们很大一部分的开支。我家被划为地主家庭,母亲身体不好,两个弟弟毕业回农村当了农民,受尽歧视。我从 1961 年开始拿工资,每个月 59 块钱,一直到 1978 年改革开放后才有所提高。那个时候生活非常艰苦,只能在力所能及的情况下给家人一些微薄的资助。

> 我毕业后，因为生产队每年结算都没有钱，生活很苦。1961年每人只有三尺布票，苏联人笑话中国人一家人共用一条裤子。当时的实际情况是虽然我们兄弟两人已经在生产队出工干活，自食其力，但是生活很困难。我哥让我最感动的一次是给我们两人寄了两丈八尺布，很大一捆，那时候做一件衣服用布八尺，做一条裤子用布六尺，相当于给每人一身新衣服。从我走上工作岗位以后，甚至转正以后我才逐步脱离他对我的抚养。十六年里我从没离开过他的支援，其中读书的十年，生活和学习费用全依赖他，可以说，没有我哥的帮助，我至今是个农民，甚至可能是个文盲。
>
> ——萧致强2023年4月30日晚口述于武冈市大甸镇枫木村家中

在依靠书信沟通的日子里，最苦的人是妻子张萍。尤其是孩子出生以后，全靠张萍一人抚养。1965年5月6日凌晨4时，大儿子邵武在邵阳地区人民医院出生，我正在孝感祝站区姜窑公社十一队搞“四清运动”，直到16日才收到内弟建如来信，得知孩子出生的消息。学校通知我们结束“四清”工作返校已是7月29日。女儿萧莉出生于1966年10月11日，而我则按照学校安排，于1966年9月29日和部分高年级学生赴随县洪山区新阳公社劳动学习，听农民讲怎样活学活用毛泽东著作，直到10月中旬返校。两个孩子出生时我都不在张萍身边。

两个孩子全靠张萍及其父母亲照料，我是远水解不了近渴。1971年3月，张萍从邵阳市府后街小学调到武大襄阳分校附小任教。我们至此才得团聚，此时已结婚15年。但这个团聚是短暂的。

1971年7月18日晨，小儿子学东在襄阳地区人民医院出生，当时是我把张萍送去医院的。本来岳母可以来襄阳照顾她坐月子,但岳父在邵阳患高血压及糖尿病,岳母需回邵阳照顾岳父。我要在9月初回武汉编写中国近代史教材,张萍一人无力同时带三个小孩。我岳父当时糖尿病很严重,高血压也很严重,一天一封信催我岳母回去。岳父需要人照看,这边的三个孩子也要人照看,怎么办呢?我们就把大儿子留在我身边照顾,把女儿萧莉和出生不到一个月的小儿子学东送回去,让岳母帮忙照看。我这个岳母不是岳父的原配,张萍的亲生母亲在新中国成立前一年就去世了。张萍只好把萧莉和学东带回邵阳。那天是8月16日,我带着大儿子邵武在襄阳送他们上了火车。因为我们的驻地隆中离城里比较远,当天赶不回去,我们就在城里住了一晚上。我带邵武在街上玩,他在一个瓷器店里看到一个小玩意,求我给他买。那个小玩意也不贵,但我就是买不起,口袋里没有钱,没有办法。这给我留下了非常深的印象:一个几毛钱的东西,我都买不起。

1972年春季,学校重新调整了部署,襄阳分校中文、历史两系的师生返回武汉,只留哲学、经济两系。因此我随系返回武汉,张萍却因分校附小工作需要,仍留襄阳。所以1971年的第一次团聚,严格地讲只有半年。

1972年,邵武到了上学的年龄,为了不影响他的学习,我把他接到了武汉。那时我在武大编近代中国人民反帝斗争的教材,事情不是很多,开始承担部分带孩子的任务。中秋节的时候,按风俗都要吃月饼。邵武跟我说:"爸爸,能不能买个月饼吃?"我很无奈地跟他说没钱。真的很可怜,买个月饼都没有钱!当时非常艰苦。1971年萧莉从襄阳被带到邵阳,跟外公、外婆一起生活,两个老人没有经济来源,主要靠我们寄的一点生活费度日,生活条件极差。我有一次出差到了邵阳,把萧莉偷偷带到餐馆里,买了一碗肉给她吃。因为岳父家是回族,只能买点牛肉给她吃。我最寒心的是什么事呢?是经济条件太差,不能给孩子基本的生活保障。最可怜的是老三学东,还没有满月就被抱到邵阳去了。在那边没有母乳,一天只订半磅牛奶,再吃点米粑粑,喝点稀饭,他就是这样长大,营养缺乏。学东在出生前，大脑受到压迫。为什么受到压迫呢？据我分析是因为张萍睡觉姿势不正确，所以他生下来后骨瘦如柴，左边脑袋有点扁。那时候没有医学常识，我们并没有到医院去给他做检查。张萍怀学东时在吃的方面特别注意，不敢吃多了，怕孩子大了生起来很困难。吃得少，营养不足又造成他先天不足。预产期是7月初，结果到7月18日他才出生。生下来之后，不到一个月就到了外婆家里，没有母乳，靠喝牛奶和稀饭长大，导致后天不足。我们对他的病没有足够重视，一直到现在，我都非常同情他。

当我们发现学东的脑袋左边有点扁时，没有意识到这会带来严重后果，认为他长大了就会变得正常。1976年把他接回武汉后，我们也没发现什么异常。他读一年级时，也没发现问题，因为语文、数学两门课他都考了86分。一直到1978年他在武大附小读二年级的时候，我们才发现问题。一个是他爱动，上课爱做小动作；另一个是他智力跟不上同龄孩子。当时他只有六七岁，我们就想尽办法带他去看医生。章开沅先生的小舅子黄怀钧是中南医院脑科的医生，我们请他亲自做检查，照了X光。他告诉我们学东的大脑组织没有问题，可能就是左脑曾受压迫，没有发育起来。左、右脑的功能不同，左脑主要负责语言、逻辑性思维和各种认知行为，所以他的智力就比较差一点，计算能力差一点。

他有些多动，自己不好好学习，还影响别人学习。有时候老师在前面上课，他跑到别的地方找同学玩，所以他的班主任特别讨厌他。到了三年级班主任再也不肯接受他了，我们跟班主任好说歹说也不行。在那之后，我只好到附小把小学语文、数学课本买回来，在家里教他。一开始，他身体发育缓慢，我们给他买了一些促进身体发育的药。后来，他身体发育快了，长到一米九二，但是智力还是补不起来。现在他的右脑比较正常，语文能力还比较好，他买了很多书，喜欢看小说，但数学能力差一点。他有时候很懂事，我2022年因病住院，他不得不一个人在家里生活，他哥哥把钱给他，他自己在外面买饭吃。这说明他有独立生活的能力。当然，他和正常人比还是有较大的差距,这对他是终生遗憾,对我们也是终生遗憾。

我的另一件憾事是对我母亲尽孝不够。1974 年 6 月 26 日(阴历五月初七),母亲在家病逝,享年 73 岁。她老人家从小到我父亲家做童养媳,一生勤劳节俭,为了养育我们姐妹兄弟,历经千辛万苦。

全家福(1977 年摄于武汉)

她老人家病重时我正带着学生在襄阳农村调查农民起义历史,远隔千山万水,未能回家告别,真是遗憾!我母亲去世之后,大弟致强写信把整个过程告诉了我。村里的人以为我在外面很有钱,逼着他大请客,不然就不让棺材上山,不准下葬。我没有很多钱,最后是张萍寄了 10 块钱回去。听说丧事一共用了五六十块钱,这个钱不知道他们是怎么七凑八凑凑成的。那时我弟弟致强只是个农民,家里根本没有钱,家徒四壁。当时农村实行的是工分制,听说一天就几毛钱,听说最少的时候一个工分只抵八分钱,真不知道他们为了把母亲的后事办完吃了多少苦!

1976 年，我和张萍终于熬过漫长的分居生活团聚了。这一年暑假，张萍从襄阳分校调到校本部。后来教育工会恢复，她被调到工会工作，我们这个家才开启了正常的生活。从 1956 年结婚到张萍调到武汉工作，一家人真正在一起，用了整整 20 年的时间。

第七章　复课闹革命

停课闹革命带来的直接后果是大家都出去“串联”，学校没有多少人了。1967 年 10 月 14 日，中央发出《关于大、中、小学校复课闹革命的通知》，要求“全国各地大学、中学、小学一律立即开学”。开学后主要做两件事，一是一边进行教学，一边进行改革，逐步提出教学制度和教学内容的革命方案；二是要在革命的原则下，按照教学的班、级、系的系统，实现革命的大联合，建立革命三结合的领导班子。总的原则是从停课闹革命回到复课闹革命。

一、工农兵大学生

《关于大、中、小学校复课闹革命的通知》第 6 条的要求是“各大、中、小学校都要立即积极筹备招生的事宜”。紧接着各中、小学都恢复了招生。但是大学该怎么招生，中央没有明确的指示，大家都只能观望。1968 年，上海机床厂为了培养工程技术人员，举办了一次培训，他们的经验得到毛主席的肯定。7 月 22 日，毛主席亲自在《人民日报》刊载的《从上海机床厂看培养工程技术人员的道路》一文上写了一段编者按。他说：“大学还是要办的，我这里主要说的是理工科大学还要办，但学制要缩短，教育要革命，要无产阶级政治挂帅，走上海机床厂从工人中培养技术人员的道路。要从有实践经验的工人农民中间选拔学生，到学校学几年以后，又回到生产实践中去。”这是对大学招生产生深刻影响的“七二一指示”。这个指示明确指出，要从工人、农民中选拔大学生，大学生完成学业后再回到生产实践中去。1970年5月，按照这个设想，北大、清华拿出了一个招生的意见，得到中央的批准。它的总体思路是从工农兵中选拔、推荐学生。招生办法实行群众推荐、领导批准和学校复审相结合。[①]

北京大学、清华大学招生(试点)具体意见(修改稿)(摘录)

(一九七〇年五月二十七日)

一、培养目标

遵照毛主席"我们的教育方针，应该使受教育者在德育智育体育几方面都得到发展，成为有社会主义觉悟的有道德的劳动者"的教导，培养……全心全意为社会主义革命和社会主义建设服务的有文化和科学理论，又有实践经验的劳动者。

二、学制

根据各专业具体要求分别二至三年。

另有一年左右的进修班。

…………

五、学生条件

(1)政治思想好。……

(2)有实践经验。具有三年以上实践经验，年龄在二十岁左右，有相当于初中以上文化程度的工人、贫下中农、解放军战士和青年干部(一般只招收未婚者)。还要招收一些有丰富实践经验的工人、贫下中农，他们不受年龄和文化程度的限制。理工科学员原则上专业对口。

从农村中招生，应注意招收那些有三年以上劳动锻炼，表现较好，受贫下中农欢迎并为群众所推荐的上山下乡和回乡

① 详见《北京大学、清华大学关于招生(试点)的请示报告》《北京大学、清华大学招生(试点)具体意见(修改稿)》《中共中央关于北京大学、清华大学招生(试点)请示报告的批示》等文件。

的知识青年。

(3)身体健康。

六、招生的办法和地区。

招生的办法:废除修正主义的招生考试制度,实行群众推荐、领导批准和学校复审相结合的办法。

招生地区:北京、上海、天津、东北、广东、江西等地区和中央有关所属厂矿、解放军部队。

按照这样的招生原则和办法,1970 年全国高校开始重新招生。当时全国高校从 1965 年以后就没有招生了,最晚入校的学生到 1969 年便全部毕业了。武大和全国大多数高校一样也是 1970 年下半年开始招生的,由于招生的对象主要是工农兵,所以这批大学生又被称为"工农兵大学生"。

1970 年工农兵大学生进校了,他们来自全国各个地方,是由各个地方推荐的。由于各个地方推荐的标准和办法不同,有的政策掌握得比较好,有的则浑水摸鱼,所以进来的人比较杂。对大学教学而言,文科的矛盾还不是很明显,理科则特别突出。

历史系七〇级只招了一个班,大概三十几个人。人数虽然不多,毕竟招生了,从这时起,才是名正言顺地叫复课闹革命了。1970 年工农兵大学生进校后,教育改革就提上了议事日程。怎么改革教育制度呢?就是要将教育与生产结合、与实践结合。按照这个思路,在学校里面很难做到这一点,因此,校革委会决定把文科的一部分单位迁到农村去办学,这样就办了一个襄阳分校。学校把中文、历史、哲学、经济这几个社会科学相关的系都迁到那边去办学,所以入校的新生都去了襄阳。

襄阳分校当时没有校舍,主要利用一些旧的房子,那里有一个广德寺,成为我们办学的主要地点。另外在那里还建了些房子,都是临时建筑。1971 年 2 月,我的爱人从湖南调过来后,就住在广德寺,那里还住着很多学生。

怎么进行教育改革？谁也不清楚。为了探索教育改革，学校在襄阳一个地区搞了个教改小分队，我曾经被派到那个教改小分队，但小分队实际上没有搞教改，只是在搞调查，做些宣传工作。学生们来到襄阳分校的第一门课就是劳动锻炼，或学习做农活，或帮忙修校舍，也上一点历史方面的课，但是很不系统。过去的教材大部分都批判过，不好用，老师们也没有心思去编教材，甚至讲义也不敢写，担心被抓辫子。学生们还要学军，搞拉练。真正学习历史的时间不是很多。

1972 年春季，学校重新调整了部署，让在襄阳的中文、历史两系师生返回武汉办学。回到武大后我们主要从两个方面来开展教育革命。

第一个是开始考虑怎么和实际结合带领学生走出去，到社会上去。我们最早找到拖拉机厂，搞了一段时间发现教学没有对口目标，结果又撤回来了。然后就是结合中国近代史，调查武汉近代的斗争情况，这样至少可以和历史学科对口。

第二个是编教材。讲课不能想到哪里就讲到哪里，历史和政治密不可分，不能随心所欲地讲。另外，老师讲课不系统，就造成了有些学生听得懂，有些学生听不懂。武大历史系的中国近代史教学从 1950 年起就没有教材。姚薇元先生和石泉先生讲过这门课，那时没有统一的教材，但他们都自己写讲义，讲义体现了每个老师独有的教学视角与体系。他们按照自己的讲义在课堂上讲，考试的内容大体在讲义的范围内。后来老师们不敢写讲义了，怕犯政治错误，所以要编写统一的教材。当时北京大学出了一本《近代中国人民反帝斗争史》，我们就仿照它编了近代史教材。

工农兵大学生是教育改革的产物，他们是教育改革的实验者。工农兵大学生总体看素质差一点，但也有一部分人很优秀。七八级的首届研究生中有相当一部分来自工农兵大学生。比如杨维，他是我校七三级的学生，是工农兵大学生，他文笔流畅，学习能力很强，研究生毕业后去过很多部门工作，表现都很好，最后当了广东商学院的党委书记。我对七〇级的学生相对要熟悉一点，他们后来留校的几个，表现都不错。一个是吴友法，他开始被分到《红旗》杂志，就是现在《求是》杂志的前身，在那里当了很多年编辑之后，又调回《武汉大学学报》当编辑，后来当了主编，最后以二级研究员的职称退休。留下来的还有聂文明，后来任武大工会的副主席。陈志鸿也当过《武汉大学报》的主编。虞崇胜在马克思主义学院当教授。其他年级也有一些人干得很出色，例如，何祥林是七五级的，毕业后一边做行政工作，一边从事教学，后任华中师范大学党委副书记、教授、硕士生导师，主编和参编了几十本书；还有刘华才，是考古专业七六级的，曾任武汉科技大学党委书记、二级教授。总之，在工农兵大学生中，有不少的人后来都在不同的岗位取得了卓越的成就。

二、教育与社会实践相结合

当时教育改革的一个方向就是教育与实践结合。与生产结合，与社会结合。历史学怎么去结合呢？我们觉得最好的办法就是将社会调查与当地的历史结合起来。

1972年，原来在襄阳的中文、历史两个系师生返回武汉办学，襄阳只留哲学、经济两个系。虽然回校了，但教育改革的探索不能停止，搞社会调查是一个不错的选择。湖北是一个农业大省，深入农村去开展一些调查可以发现很多值得研究的问题。当时"帝国主义侵略"是一个热门的研究课题，帝国主义侵略湖北省具体的标志就是天主教的传教活动。传教士在农村活动比较多，所以我们选择调查天主教的活动情况。2月27、28日，我们先赴光化、老河口调查天主教活动情况，对这个问题进行了摸底。5月9日始，我们到樊城、光化、谷城、枣阳、随县等地调查天主教在这些地区的传播情况，与当地百姓座谈，了解传教的细节。记得谷城县有一个沈家垭子，它在一个高山里面，那里有一个天主教堂，我们在那里搞了一次调查。那个教堂比较老，大概在18世纪就有了。教堂修得不错，有个大院落，周围的土地都被教会买了，之后租给农民种。我们发现那里的人信仰天主教的还比较多。我们的调查搞了整整半个月，充实了教学的内容，1972年春，我们为七〇级学员开设"近代中国人民反帝斗争史"课程，这些调查还是起到一点作用的。

接下来，我们重点开展了对武汉社会的调查。武汉自古以来就是九省通衢之地，"九省"是虚指，表示很多地方的意思，通衢不只是指陆路，甚至主要是指水路。武汉的水系繁多，长江、汉江两条大河在此交汇，而这两条大河贯穿了中国广大的腹地。汉口作为繁荣商埠的历史始于明代成化年间，当时汉水改道，在龟山北麓冲开一条水道汇入长江。嘉靖年间，汉水北岸地面开阔，形成天然良港，汉口镇成为长江中游的水运集散地，大量商人汇集于此，将货物在汉口周转，当年就有"货到汉口活"的美谈。武汉三镇的码头很多，需要很多人把船上的货物搬到岸上，或把岸上的货物搬到船上，于是形成了一批以搬运为生计的职业码头工人。这段历史很少有人去研究。我们觉得码头工人最苦，于是决定根据武汉商埠形成的历史，到汉口去搞两个调查，一个是码头工人斗争史的调查，另一个是三轮车工人斗争史的调查。我带了一个组，主要去调查码头工人；李天松、胡德坤老师带学生调查三轮车工人。暑假期间，我们在那里住了1个多月，听到了很多此前未曾听闻的事情。他们也讲了些斗争的事，特别是收回英租界的斗争，老年人都晓得一点，因为调查是20世纪70年代，收回英租界是1927年的事情，只相隔40多年。当时调查的时候，那些老码头工人、老三轮车工人都还健在，都还可以讲述他们亲历、亲见、亲闻的事情，有很多活生生的东西，都是在书本上都没有接触过的。

新中国成立前，码头工人比较松散，一个码头一个帮。所谓"打码头"，就是工头之间为争抢货物搬运权挑起的一个帮和另一个帮的械斗。新中国成立后，这些码头工人都组织起来了，成立了武汉市装卸公司。我们通过装卸公司再到各个装卸站去接触装卸工人。武汉市装卸公司给我们提供了一本《武汉码头史》,虽然写得比较简单,但为我们的调查提供了很大的帮助。我们调查的内容主要是武汉码头工人的苦难和工人的斗争,以及参加收回英租界、罢工等活动。我们调查的方法主要是走访老码头工人,请他们谈自己的经历和他们亲闻的上一辈人的事,按今天的说法,就是做口述历史。

经过1个多月的调查,我们把武汉码头工人斗争的历史弄清楚了。这次调查的成果经整理后,形成了武汉码头工人斗争史资料以及一部分码头工人斗争史,共30万字左右。开始没有写成书稿,后面才把码头工人斗争的历史写出来,其中一部分文章在报纸上发表,还有一部分收在《武汉城市发展轨迹》这本书里。这本书由武汉市社会科学界联合会主席杨蒲林、武汉市社科院副院长皮明庥两人主编,他们把我的文章收在里面。1990年,我在《求是》杂志第14期发表《爱国主义与中国人民的历史使命》一文,文中就引用了我们这次对武汉码头工人进行调查获得的资料。

这是我们探索教育改革的一次实践,因为当时教学要和工人结合,要和生产实践结合,搞武汉码头工人斗争史的调查就体现了这两个结合。通过调查,我们了解了工人斗争情况,了解了工人的苦难,了解了工人反对工头的斗争情况,然后把它们编成资料,这些资料后来都放在历史系的资料室里。

1972年时搞社会调查比较频繁,当时我主要带七〇级。第二年我被安排搞教学,没有带七一级参加调研。1974年我又带七二级到襄阳开展关于农民起义的社会调查,那时学校正在开设“中国人民反帝斗争史”的课程,结合课程需要,我们调查了1856—1857年鄂西北的农民起义运动。

过去,我们讲中国近代史,第一讲讲鸦片战争,第二讲讲太平天国运动。讲太平天国运动时,各个地方的农民起义也讲一些,但是对于湖北的农民起义基本没讲。近代鄂西北的红巾军起义,实际上是农民起义。1856 年南京发生天京事变，杨秀清被杀。同年 8 月，襄阳的高二先发动了起义。起义开始于襄阳樊城，然后扩展到河南邓县一带，再到襄阳光化、十堰，以及鄂西北，再向南边发展，一直到宜昌，席卷了湖北的西北部，共有十几个县。鄂西北红巾军起义延续了大半年，直到 1857 年三四月才被镇压下去。当时我们调查选择的地点是襄阳牛首高中，因为红巾军当年是从襄阳竹条铺发动起义的。

1974 年 6 月 8 日—8 月 5 日，我和七二级学生李仁清等赴襄阳县竹条铺，对发生于 1856—1857 年的鄂西北红巾军起义进行社会调查。调查分为两阶段进行。第一阶段是 6 月 8 日至 23 日，以竹条铺为中心就近进行访问调查。第二阶段从 6 月 28 至 8 月 5 日，分为：1.保康、南漳线；2.光化、谷城线；3.伙牌、古驿线；4.龙王、薛集线；5.襄樊市线。这次调查不仅有采访，还查阅了各个地方的地方志等文献资料，我们进行了认真的整理。调查完毕，又与牛首高中的卓坤老师到襄北各地重点进行复查。应该说这一次的调查研究成果很丰硕，一是编辑了《太平天国时期鄂西北红巾军起义资料汇编》，共计 146 页，约 18 万字，油印成册，供研究参考。二是武大历史系 1975 年编印《中国近代史稿》时，即把“鄂西北红巾军起义”列为一节，丰富了教学内容。三是我后来又写成专文，以《太平天国时期鄂西北红巾军起义》为题，在《武汉大学学报（哲学社会科学版）》1993 年第 2 期发表，随后又收入《太平天国研究论文集》（武汉大学出版社 1994 年版）。四是我写《鸦片战争史》一书的时候，在书中也收了这一节。这些成果，也可以算作开展社会调查的成果。

三、编写历史教材

教育改革还有一个重要的内容就是编教材。此前的教材在“文化大革命”的视角中或多或少都有问题，需要重新编。那时搞社会调查都与编教材有关。我最早编教材大约在1971年下半年，当时我还在襄阳分校，系里决定抽调力量编写中国近代史教材，便把我调回了武汉。当时没有新的教材可参考，只有北京大学编的《近代中国人民反帝斗争史》。北大、清华是教育改革的先锋，我找到那本书作参考，和教研室的老师一起编写了《近代中国人民反帝斗争史(1840—1919)》教材。第二年春季我们就开设了“近代中国人民反帝斗争史”这一门课。

1974年，我们近代史研究室计划编另一部更大的教材——《中国近代史稿》。大家首先一起讨论了章节，然后把中国近代史教研室的老师都集中起来开始分工，每人写一部分，最后由我和王承仁两个人负责统稿。我们两人又作了分工，一个人负责一半，分别统稿。最后这本书正式印出来是1975年5月。这是一本比较厚的书，全书共有37万字。这本书有个明显的历史印记，即它的署名是“武汉市三轮车合作社、武汉大学历史系中国近代史稿编写组”。为什么会这样署名呢？因为当时强调工人阶级要占领上层建筑，工人要登上讲台，教育和工人结合是方向。所以，我们请了一些三轮车工人到学校来参加我们的教改。这本教材实际上是我们教研室分工写的，但必须署工人的名。这本书真正属于教改的内容就是增加了鄂西北红巾军起义调查的内容，这是以前教科书没有的，历史书也很少提及。这是我们根据当时掌握的资料，一个地方一个地方去采访、核实，然后进行编写的。

大学要不要统一的教材？我觉得是不需要的。有了统一的教材就容易被限制住，老师就需要围绕教材来讲。其实，每个老师按照自己的视角、自己的归纳、自己的体系去讲课是最难的，这要求老师看很多的书，去收集最新的科研成果，只有这样，才能讲出自己的特色，才能创造学术上的百花齐放。没有统一的教材，对学生而言，有利于提高他们的自学能力，没有教材就没有标准答案，就避免了死记硬背，学生就需要主动地去翻阅更多的资料、论文，需要积极地做课堂笔记，需要更多的独立思考。国外的大学大多没

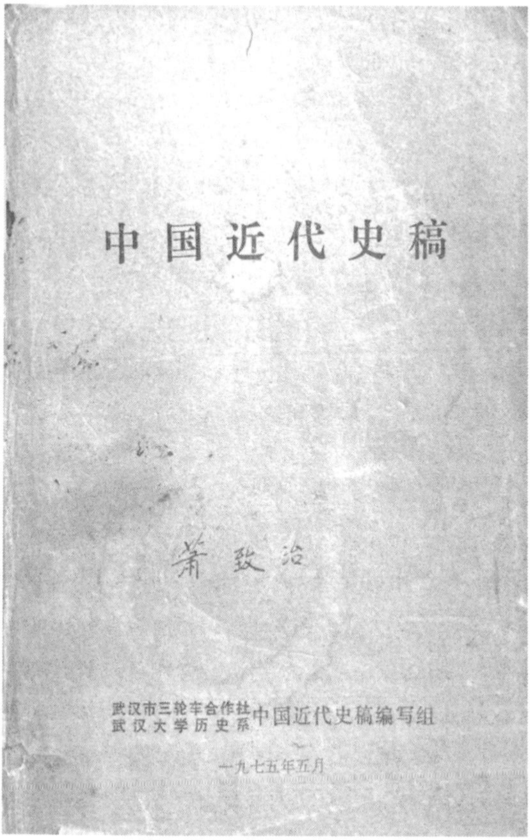

《中国近代史稿》书影

有标准教材，民国时期也大多没有标准教材。教材的唯一好处就是有利于教育的标准化，可以用一种标准来衡量学生的成绩和老师的教学水平，但我认为教育不能照套工业化的标准方法，有教无类、因材施教才是我国优秀的教育传统。

我国有两次大的教材改革运动，一次是 1958 年“大跃进”时期的教育革命，动员学生编教材，“拔白旗，树红旗”，以群众运动的方式在极短的时间里编了一批教材。第二次是“文化大革命”的“斗、批、改”时期，这个“改”落实到学校就是教育改革。教育改革的重要内容是按照“七二一指示”的精神办学，按照这一时期的意识形态和价值观编教材。第一次编教材的主体是学生，第二次的主体是工人，但好在强调工人与教师结合，真正编教材的人是教师，是知识分子，它的成果比1958年的成果质量要好一点，但是仍然有浓厚的时代印迹。

第八章　参编《辛亥革命史》

一、《辛亥革命史》的来龙去脉

参与大型学术著作《辛亥革命史》的编著，研究辛亥革命史，对我个人来说是一个偶然，但对武汉地区来说，又有必然性。辛亥革命爆发于武昌，我作为中国近代史专业的学者，自然会涉及辛亥革命史研究。

中华人民共和国成立以后，很少有人研究辛亥革命，因为那个时候主要讲大革命、大解放。1954年，民主德国有个历史学者贝喜发博士专门来武汉调查辛亥革命中的人和事。湖北省政府外事部门帮他找了一些辛亥老人，也找了华师的章开沅、武大的汪诒荪和姚薇元先生，商量辛亥革命史的研究。从当时的研究力量来说，武大这边当然比较强，汪先生从20世纪三四十年代起就开始收集辛亥革命史的资料，姚先生是中国近代史专业的三级教授，但他们当时对辛亥革命史的兴趣都不大。章开沅原来不搞辛亥革命史研究，是搞中国近现代政治史的，但民主德国学者的来访给他的触动很大：一个不熟悉武汉的人，专门跑到武汉来研究辛亥革命，而在辛亥革命的发源地武汉，本身有地利之便的中国近代史学者却不关心。辛亥革命对中国的历史而言，是划时代的大事件，它结束了延续几千年的君主专制制度，建立了中华民国。辛亥革命可以说是中华民国的起点，也可以说是民主共和制的起点，意义非常重大。从政治制度来说，从君主到民主是个大转变，章开沅由此感到辛亥革命有研究的价值。我们系的姚先生、汪先生一起接待了那位民主德国的学者，参加了座谈，二位先生或许是年纪大没有精力，或许是对这个方向没有兴趣，所以没有重视。章开沅先生当时年轻，思维敏锐，1959 年的时候，章开沅向华中师范学院领导提议，两年后就是辛亥革命五十周年，建议届时开个全国纪念性的学术讨论会。他的这个建议得到华中师范学院领导的支持，院领导把他的意见上报到省委宣传部。省委宣传部认为这个建议很好，马上要求湖北省社会科学界联合会负责此事，并向中央写了报告。同时湖北省社会科学界联合会开始积极为大会的召开做准备，组织了一批参会论文。1961 年春，章开沅和省社科联秘书长李得仁、学术秘书欧阳女士一道去北京争取中央的支持，在黎澍的办公室，章开沅得到了肯定的消息：中央已经正式同意在武昌举办纪念辛亥革命五十周年学术讨论会。于是他们就在中央各单位请著名的学者来参加这个学术讨论会。学者们都很高兴，说辛亥革命是件大事，应该来参加。当时因为和国外学术界还没有多少来往，就在国内各个地方都做了一些酝酿，邀请全国各地的专家学者写文章参加这个讨论会。召开这次讨论会的建议是华师提出的，也是华师在主导。我当时刚刚大学毕业，对辛亥革命确实没有什么研究。我们这里有研究的，除姚先生和汪先生外，还有一个是陈仲安，他调查过武昌起义，曾给过我一本他的调查报告。另外石泉先生也做过一些研究，他原来不是搞历史地理的，而是教中国近代史，他大概与政协有关系，是民主党派人士。但是他们俩都没有继续研究下去。我来的时候，他们都已离开中国近代史教研室，搞其他领域的研究去了，陈仲安跟着唐长孺先生搞魏晋南北朝史去了，石泉先生则专注于湖北历史地理的研究。所以武大只准备了几篇文章。彭雨新先生写了一篇关于辛亥革命时期资产阶级的文章，汪诒荪先生写了一篇关于辛亥革命与农民起义关系的文章，吴纪先写了一篇关于盛宣怀与辛亥革命的文章。

当时，省社科联组织对参会的文章进行了初审，觉得这些文章基础都不错，但有的文章需要作一点修改补充。于是他们采取了一个措施，就是把写了文章的这些人都召集到洪山宾馆，集中精力修改。彭先生为了修改好他的文章，邀请我和李天松帮他找一些资料，我按照彭先生要求，从头至尾看了盛宣怀的《愚斋存稿初刊》，并做了翔实的笔记送给他。经过集中修改，参会的论文总体质量都比较高，特别是章开沅的两篇文章很有分量。一篇文章叫《从辛亥革命看民族资产阶级的性格》，这是他和刘望龄合写的。一篇是《武昌起义与湖北革命运动》，这篇文章的初稿是武汉师范学院的陈祚津写的，陈祚津以前是我们学校的研究生，这篇文章原来的题目是《论武昌起义》，这个题目很好，但内容不足，观点不突出，主要是史事陈述。陈祚津自己改了几次不行，最后决定请章开沅和陈辉一起来写这篇文章，由章开沅执笔定稿，题目改为《武昌起义与湖北革命运动》。

这次学术讨论会对中华人民共和国学术史来说非常重要。中华人民共和国从1949年成立到1961年的十多年间，像这样的学术讨论会开得不是很多，过去曾开过一次关于太平天国的讨论会，还开过一次关于戊戌变法的讨论会，但那些会都是局部的，没有这次这样大的规模。

这场全国性的学术讨论会定在汉口的德明饭店举行。德明饭店在原法国租界里，是一个比较有名的宾馆，装潢漂亮，格调也很高。当时给我印象最深的是，开会的伙食很好，吃饭不要钱，不交粮票。当时粮票很紧张，到哪吃饭都要拿粮票，而这次会议用餐不收粮票，显然省政府是花了很大力气来支持这个会的。这是中华人民共和国成立后以辛亥革命为主题的第一次学术盛会，受当时条件限制，未能邀请国外和港澳台地区学者参加，但史学界的著名学者吴玉章、李达、范文澜、吕振羽、翦伯赞、黎澍、白寿彝、何干之、邵循正等均参加了会议。

吴玉章是参加过辛亥革命的老人，在大会的开幕式上，吴老专门讲了话。他说："利用历史事件或历史人物的周年纪念来进行学术活动，是推进学术研究的一个很好的方法。”这可以说是对召开纪念辛亥革命五十周年学术讨论会的充分肯定，这次会议正是以历史事件为主题的全国性学术讨论会。

吴老还希望将来能有“辛亥革命的大著作”问世，他说：“我们现在讲辛亥革命，就要求将来会有辛亥革命的大著作出现。这对于提高我国历史科学的学术水平，是有重要意义的。”我对这句话印象非常深刻。

当时，全国有名的学者齐聚武汉，他们除参加会议外，还分别向武汉地区高等学校师生作学术报告，规格甚高，影响很大。记得当时到华中师范学院作报告的是胡绳，他本来是武大请来的，却被华师抢了先机。他建议我们请刘大年，系里让我去请，我当时刚去武大没几年，也不知道该怎么请，最后是把李新请来了。武汉师范学院请了何干之，中南民族学院请了吕振羽。请这些人作报告产生了很大影响。所以纪念辛亥革命五十周年这个会，实际上是中国近代史研究的开创性会议，在武汉乃至全国影响很大。对辛亥革命史研究而言，纪念辛亥革命五十周年讨论会应该是划时代的事件，武汉也因此由首义之区变成研究辛亥革命史的重要基地。章开沅先生作为这次会议的策划者、组织者，以及高质量论文的提供者，为会议的圆满召开作出了杰出贡献，功不可没。

这是一次极好的历史机遇，但是武大没有抓住。我当时刚到武大工作，对辛亥革命还没有什么研究，只是在1960年11月的学术讨论会上讲过辛亥革命时期的立宪派。章开沅认为我讲得很好，专门写信给彭雨新先生，建议我写成文章参会。可惜我当时因为要协助彭先生查资料，没有时间写而放弃。后来我一方面协助姚先生工作，一方面从事中国近代史教学，很难聚焦辛亥革命研究。李天松在姚先生指导下写了一篇关于辛亥革命时期新军的文章，新军在武昌起义时是起了很大作用的。吴剑杰写了本《辛亥革命在湖北》，由湖北人民出版社出版，后来又增订再版，但他后来也没有继续在这个领域发展。其他人有些研究太平天国，有些研究洋务运动，都没有继续研究辛亥革命。总之，在辛亥革命五十周年学术讨论会后，武大没有人专注于辛亥革命的研究。

就全国而言，这次会议对辛亥革命研究起了很大推动作用。中央文史研究馆比较重视辛亥革命的资料收集，他们系统地组织编写辛亥革命回忆录。因为当时只有五十周年，好多辛亥老人都还在，就请他们回忆辛亥革命时期的活动。那时很多辛亥老人的记忆还很清晰，于是写了一些关于辛亥革命的回忆录。回忆录出了很多本，开会的时候已经出了两本，以后又陆陆续续出了不少。湖北省也组织编写了《辛亥革命首义回忆录》。组织撰写这些回忆录实际上是对历史的抢救，这些书的出版提供了新的史料，使辛亥革命研究的影响慢慢扩大了。

辛亥革命五十周年学术讨论会后，华师抓住了机会，进行了开拓性的研究。他们写了一些有分量的论文，以及一些宣传性的小册子。原华中师范学院院长杨东莼，先调到国务院当副秘书长，然后调到全国政协文史委员会任副主任。他不知从哪里听说章开沅要到北京进修，便把他借调到他身边，协助征集北洋时期史料。北洋时期与辛亥革命紧密相连。辛亥革命是1911年发生的，1913年有个“二次革命”，此外，还有袁世凯复辟帝制、张勋复辟、护国运动等，这些历史事件华师都在组织力量研究。所以，华师以辛亥革命五十周年为起点，开辟了研究辛亥革命的新天地。

1975年，邓小平开始在各行各业搞整顿，恢复正常秩序，所以在这种情况之下，人民出版社也有他们的规划。他们想从辛亥革命的研究入手，恢复学术著作的出版。他们看到华师已经有一些研究成果，所以就找到了华师的章开沅。当时人民出版社负责这一工作的编辑叫林言椒，他建议章开沅组织一批学者写一部关于辛亥革命的大型研究著作。

1975年秋天，我回武汉之前，林言椒为我饯行。席间，他问我：“你回去之后，有没有什么规划？”

我说："没有。"

他问："那么，你是不是可以出面组织一些学者来写一部大书？"

"写什么大书？"我一脸狐疑。

"辛亥革命史。"

那时候，邓小平还在主持工作，大刀阔斧地整顿，各行各业都想有所作为。林言椒之所以会提出撰写一部大型辛亥革命史的设想，恐怕与此有关。我当时虽然对前路依然有些迷茫，但也有"想做点事"的冲动。听到林言椒的建议之后，脑海中又浮现起纪念辛亥革命50周年学术讨论会上吴玉章关于将来要有辛亥革命"大著作"的讲话。心想：林言椒的这一建议，不就是撰写一部辛亥革命的大著作吗？我心头一热，应承下来。

——摘自《章开沅口述自传》，北京师范大学出版社2015年版，第267—268页。

二、《辛亥革命史》的编写工作

那时已到"文革"末期，人们都希望恢复正常的学术环境，要写一部"大书"，不是章开沅一个人能完成的。武汉研究辛亥革命的学者也不多，于是章开沅便与林言椒商量，要发动全国力量来做这件事。在林言椒的协调下，该书得到湖北、湖南、贵州、四川、河南等省有关部门和高等学校领导的大力支持。大家得知《辛亥革命史》即将着手编写，无不感到振奋。经过协商，最后确定由华中师范学院、武汉大学、湖北财经学院、湖南师范学院、四川大学、贵阳师范学院、河南省历史研究所和中山大学的部分研究中国近代史的学者，联合组成编写组。但这样还不符合那个时代的要求，当时要求编书必须要有工人阶级参加，这是政治正确的基本要求，因此，在人选问题上，最犯难的是要有“三结合”的写作班子。

> 那时依然要“三结合”，即党支部、工农兵、专业人员相结合才能写作，否则没有“合法性”。这一制度使搭建写作班子一事变得复杂，使我们被迫做了不少“虚功”。
>
> 党支部好解决，当时华师的领导机构是革委会和临时党委，党委书记为本校教师能主持编写这么一套由国家最高一级出版社出面组织的著作感到高兴，表示鼎力支持。
>
> “工农兵”的问题不好解决，不是找不到工农兵，而是我在《历史研究》编辑部工作的经历使我明白，工农兵理论工作者的写作水平大多很低。他们进来之后该如何开展写作？
>
> 在武汉可以联系的企业很多，我们最后决定找武昌造船厂，因为据了解，武船的技术人员里，有一些是清华大学或哈军工（中国人民解放军军事工程学院）毕业的，文化素质较高，而且正在下放车间劳动，已经拥有工人师傅身份。我请善于公关的林言椒出面联系。果然，武船一看是人民出版社的重点出版计划，马上答应，派了好几个上过大学的“工人”，并答应在他们那里举行编写组的成立大会。
>
> ——摘自《章开沅口述自传》，北京师范大学出版社 2015 年版，第 269 页。

那个时候强调工农占领上层建筑，要有工人参加，所以请了武昌造船厂作为“三结合”的一方，一起策划，商量这个会怎么开，这本“大书”怎么写。武昌造船厂的领导积极性很高，于是《辛亥革命史》编写组的成立大会于 1976 年春季在武昌造船厂举行。当然这个会开得比较草率，召开这样的学术会议，厂里是毫无经验的。学校虽然有经验，但毕竟十年没有开展学术研究了。好在第一次会议参加的人不少，湖北、河南、贵州、四川等地来了许多专家学者，我们武大参加这次会议的人也不少。彭雨新先生、崇汉玺，还有我、李天松、柏盛湘等几个搞近代史的老师都参加了。在这次会议上大体上确定了写作计划及联合研究的模式。为了调动各地积极性以及分摊经费开支,决定每一次会议由不同地方的参编单位负责筹办。

这第一次会议林增平没有参加,据说他那时正在一个茶场接受“改造”。章开沅认为这样大部头的书由他一个人来当主编不太合适,因为他当时只是一个讲师,在学术界的影响力不够,就提议让林增平和他共同担任主编。林增平的职称是副教授,当时在中青年教师中副教授是很少的。而且,林增平对辛亥革命有研究,写过一本《辛亥革命》的小册子,并出版过60多万字的《中国近代史》,科研能力较强,写作经验较丰富。经过林言椒的努力协调,林增平得到了“解放”,与章开沅共同担任《辛亥革命史》的主编。

《辛亥革命史》成都会议全体同志合影

为了保证《辛亥革命史》的顺利推进,编写组开始在各地召开编写会议。首先是在湖北武汉召开,接着就在湖南长沙开,然后到贵州贵阳开,后来又到四川成都开,最后到河南开封开。1976年到

1977年间，连续开了5次会。由于每个单位的经费都很紧张，会议开得极其简朴。

怎么写《辛亥革命史》，刚开始大家心里都没有底。当时我们没想过《辛亥革命史》究竟要做多大，一开始并没有三卷本的想法，目标只是一本大型著作。吴玉章在纪念辛亥革命五十周年学术讨论会上提出要写一本大部头辛亥革命史著作，但是并没有讲要写三卷本。经过几次酝酿，大家把章节拉出来后，觉得只有三卷本才容纳得了。在这个基础上，才确定人选和课题分工。为了开拓思路，编写组开会总是"开门讨论"，请一些编写组以外的老专家、老教授参加会议，开阔我们的视野和思路。

最大的困难还是"左"的干扰，"四人帮"才下台，"文革"的遗毒还很深，很多人的思想一时解放不了。"左"的干扰非常大。

开会讨论的时候，仍然有人提出，对于辛亥革命的领导者，一定要"立足于批"……

有人提出，要强调工农群众的作用，甚至说工农群众在辛亥革命中所起的是主体乃至主导作用……

在人物评价上，有人按照"文革"后期的"路线斗争"逻辑，简单地给人贴上"好"与"坏"的标签……

在对待国外势力的问题上，有人仍然坚持"文革"遗留下来的盲目排外倾向，认为凡是介入中国革命的外国人，都是"别有用心"，一切外来力量，都是"侵略势力"……

诸如此类的"左"的干扰，明里暗里给我们的编写工作造成很大困扰。我们当时解脱的办法，是召开"扩大会议"，进行"开门讨论"。也就是说，开编写组会议的时候，不限于编写组的人员参加，同时邀请编写组以外的已经"思想解放"了的专家学者来讨论。这样做的最大好处，是不但能够更有效地消除编写组中"左"的倾向，并且能较好避免编写组内部出现无谓争吵。积极参加讨论的“编外”人员有陈旭麓、陈庆华、戴逸等人，其中尤其是陈旭麓，几乎每会必到，为我们提出了很多非常中肯的建议。为了统一编写组的认识，形成共识，在大家讨论的基础上，我撰写了《解放思想，实事求是，努力研究辛亥革命史》一文，作为编写组共同秉承的指导思想。不过，总还有个别人，在反复辩论之后，始终不肯放弃“左”的成见，离开了编写组。

——摘自《章开沅口述自传》，北京师范大学出版社 2015 年版，第 271—273 页。

在讨论编写的过程中，编写组中工人成员的缺陷逐步暴露了。虽然武昌造船厂党委很支持这件事，派来的也都是名副其实的大学生，但是他们没有历史学功底，对辛亥革命的历史不清楚，更不懂得如何开展历史研究，和我们对不上话，写出来的稿子基本不能用。后来，章开沅他们终于在贵州平坝飞机场找到一个叫冯祖贻的，他毕业于北京师范大学历史系，并跟随何兹全读研究生，攻读魏晋南北朝史，毕业后被下放到贵州平坝飞机场劳动。因为有文化，他被安排到子弟学校教书，但由于单位的性质，他自然也属于工人。冯祖贻毕竟是历史专业出身，上手很快，最后成为编写组的成员。

我当时本来不想参加《辛亥革命史》编写组，因为在这方面开展的专题研究不多，到武大后虽然教中国近代史，但重点是协助姚先生做鸦片战争史研究。然而我们系里没有合适的人，大家都对辛亥革命研究不多，这么一部重要的大型著作没有武大参加好像也说不过去，所以系里动员我参加了。编这本书从 1975 年底提出意向，1976 年酝酿与讨论书的框架，经过几轮的讨论，在编写组的最后一次会议即郑州会议上，才正式确定全书统稿、定稿人选。会议决定由章开沅和林增平主编，吴雁南、隗瀛涛、王天奖、刘望龄、冯祖贻和我参加统稿、定稿工作。按照会上商定的方案，全书分上、中、下三册。上册由林增平和我统稿;中册由隗瀛涛、吴雁南统稿;下册由王天奖、刘望龄统稿。各册统稿后由章开沅、林增平最后定稿,冯祖贻协助。真正集中力量编写是在1977年和1978年。当时,林言椒、章开沅和林增平根据各个地方编写的情况,确定了一个编写流程和大致的完稿时间。原来的计划是三册一起推出来,这样影响力最大。林言椒带着这个计划回到北京之后把情况向出版社作了汇报。出版社觉得这三册书同时定稿出版难度较大,所以建议先集中力量把第一册搞出来。第一册原来确定的是林增平和我负责统稿,为了保证第一册先出来,于是又把刘望龄、冯祖贻也调了过来,共同为上册统稿。为了加快步伐,我们四人与章开沅先生于1978年暑假集中到北京师范学院进行改稿、统稿和定稿工作。一开始我们是借用北京师范学院学生宿舍和教室开展工作,后来章开沅通过关系在学校里借了两间房子,他和林增平住一间,我们其他人住一间。上册的主编增加成四人:林增平、我、刘望龄和冯祖贻。一个人负责一章。由于是第一册,只能在探索中渐渐形成标准,修改的难度很大,时间也很紧,我们不得不常常修改稿子到深夜。

这册定稿以后,人民出版社十分重视,1980年3月上册就出版了,我收到这本书的时候是1980年8月26日。因为上册打下了较好的基础,中册和下册的定稿轻车熟路,后两册分别在1980年12月、1981年7月出版。

1981年正好是辛亥革命七十周年,这三册书的出版正好赶上纪念辛亥革命七十周年。和辛亥革命五十周年学术讨论会范围有所不同,五十周年学术讨论会参与人主要是国内学者,七十周年学术讨论会邀请了十几个国家研究辛亥革命的学者。大会给每一位参会者送了一套《辛亥革命史》,所以这个会一开,我们的书就传播到世界各个地方。这厚厚的三卷本反映了中华人民共和国研究辛亥革命的最新水平,评价比较高。

三、应邀访问美国著名大学

1976年粉碎“四人帮”后，中国的社会、政治、经济、文化开始发生很大的变化，一切都慢慢恢复了正常，中断了的国际交往也开始恢复。1977年春天，美国西雅图华盛顿州立大学组成了一个教授代表团来中国来访问。他们到武汉来的目的地之一是武汉大学，在学校是我负责接待的。这个教授代表团中有个比较年轻的学者叫柯白(Robert A. Kapp)[①]，他是华盛顿州立大学的讲师，也是《四川和中华民国》一书的作者。因为负责接待，我和柯白得以结识并彼此通信。当时正值《辛亥革命史》编写之际，他从来往的信函中得知我们正在集体编写《辛亥革命史》，便邀请我和章开沅到美国访问。我说你们发函来，我们这边研究同意之后就可以去。柯白很有号召力，1978年他已是《亚洲研究》杂志的主编，与各大学有广泛的联系。他很快就跟加州大学伯克利分校、斯坦福大学、威斯康星大学、密歇根大学、普林斯顿大学、马里兰大学、哥伦比亚大学、耶鲁大学和哈佛大学这些学校的同行联系好了，并给我们发出了邀请函。那时到国外进行学术访问是很少见的事情，访问的手续很复杂，而且最大的问题是学校没有钱。柯白就提出了一个方案，让我们只需支付往返美国的路费，到了美国之后由各大学分别接待。比如我们到了华盛顿州，就由华盛顿大学西雅图分校负责接待，费用由该校出。到了加州之后，则由斯坦福大学和加州大学分别出。主要的费用是住宿费和餐费，还有参观费用等。由九所大学联合邀请我和章开沅先生赴美进行学术交流，这样的规格也是

---

① 柯白(Robert A. Kapp)，美国学者，曾在休斯敦莱斯大学、华盛顿大学西雅图分校和华盛顿州立大学担任教师，担任过著名杂志《亚洲研究》的主编。20世纪70年代初柯白开始频繁到中国访问交流，80年代开始从学术研究转向致力于促进中美贸易，曾担任美中贸易全国委员会主席十年之久，为推动美中经贸合作，构建稳定、强健的美中经贸关系作出了重要贡献。

与柯白合影

很少见的。经过一番努力，我们终得成行。

1979年9月下旬，我们到达北京办理出国手续，住在教育部招待所。教育部负责对外学术交流的领导接待了我们，听取了我们的访问计划，交代了一些注意事项。9月29日早上，我们乘坐中国民航班机由北京起程，历时4个多小时，于下午2时到达日本东京成田机场。由于换乘飞机的缘故，在机场候机室停留了4个小时，直到黄昏时候，才得换乘美国西北航空公司班机重新登程。飞机以每小时850公里的速度向东飞驶，不到8小时，就到达了目的地——西雅图。当地正是凌晨，东道主、时任《亚洲研究》杂志主编的柯白携夫人早已到机场迎候。他们一见到我们步出机舱，就远远地招手致意。见面后他紧紧握住我的手，激动地说："成功了。"这简短的话语，包含了双方为这次访问所作出的艰苦努力，也显示了他盼望我们访美的友好之情。

这一站的东道主是华盛顿大学西雅图分校东亚研究中心，具体负责接待的是柯白和该校国际关系研究院副院长兼中国部主任杜敬轲（Jack Dull）教授。西雅图是柯白工作所在地，他替我们考虑得很周到。鉴于我们第一次到达西半球，需要一个倒时差的适应过程，他让我们在西雅图停留了一个星期。除了和华盛顿大学西雅图分校的学者进行了广泛交流，我们还参观了波音公司总部。据波音公司华人工程师陈先生介绍，全公司共约 8 万职工，其中科研人员和管理人员占相当大的比重。总装车间由电子计算机控制装配，操作全部自动化，既精确又快捷。我们发现，车间虽大，却看不到几个工人。另外，我们游览了离西雅图 150 公里的森林公园。汽车在高速公路上疾驰，举目外眺，忽而是一望无际的田园或草地，忽而是连绵不断的山林。那一栋栋小巧精致的房舍，或掩映于翠绿丛中，或点缀在金色的原野上，使人心旷神怡。据柯白介绍，华盛顿州以渔业、木业和畜牧业著称，我们去的森林公园就坐落在一个林木丰富的大林区。瞭望山区，只见山顶白雪皑皑，山下林木葱葱。山沟里的溪流，清澈如镜，成群的鱼儿在溪流里自由自在地嬉戏。森林中的许多朽木，横七竖八地卧在林木丛中。若不是一些现代化设施错落其间，真有点"世外桃源"之感。

离开西雅图，我们飞到旧金山，相继访问了斯坦福大学和加州大学伯克利分校。这两所学校在中国史研究方面的力量都很强，斯坦福大学负责接待的是中共党史专家范斯立（Van Slyke）与清史专家康无为（Harold Kahn）。加州大学伯克利分校的中国史研究亦侧重于近现代，接待人是魏斐德（Frederic Wakeman）与杜维明。在这里杜维明向我们介绍了美国对中国史研究的概况。

接着我们横穿美国中部，经芝加哥到达威斯康星大学。该校是当时美国接受中国学者、学生最早亦最多的高校，接待人为弗里曼（Edward Friedman）、周策纵和林毓生。弗里曼以研究中华革命党见长，周策纵以研究五四运动见长，林毓生是研究中国思想史的。弗里曼、林毓生还分别邀请我与章开沅到他们家中住宿，以便加深对美国社会的了解。

然后我们飞到芝加哥，转赴汽车城底特律附近的密歇根大学，接待人是费维凯（Albert Feuerwerker）。他在美国有"小费"之称

（“老费”为费正清），对中国近代经济史造诣颇深，因研究盛宣怀而知名。该校参加接待的还有秦汉史专家张春树与对袁世凯有深入研究的杨格（Ernest Young）。在此期间，我们印象很深的是张春树夫妇的热情接待，让我们有宾至如归的温馨感。

访问密歇根大学后，我们再往东飞行，到了美国东部纽约，第一站是哥伦比亚大学。该校的汉学研究实力极强，设有“丁龙汉学讲座教授”一职，丁龙是美国纽约的一个普通华工，他用他的全部心血和至诚推动了哥伦比亚大学对汉学的研究。该校东亚研究中心的负责人黎安友以研究现代中国政治见长。具体接待我们的则是历史系的清史教授、师从魏斐德的曾小萍（Madeleine Zelin）。我们在纽约除了访问还参观了许多重要单位，如联合国、自然博物馆等，并在黄昏时登上世界贸易中心大楼，观看纽约景色。在纽约我们还结识了哥伦比亚大学博士研究生罗威廉，他带着我发表在《武汉大学学报》1978 年第 4 期上的《汉口租界》一文来见我，我很意外，没想到那时远在大洋彼岸的学者也对中国的学术动态那么关注。

在普林斯顿大学，接待我们的是著名宋史专家刘子健。刘子健毕业于燕京大学历史系，他十分热情地向我们介绍了学校情况。普林斯顿大学是一所私立研究型大学，是美国大学协会的 14 所始创院校之一，也是常春藤联盟、全球大学校长论坛成员，是美国大学中排名非常靠前的学校。我们在普大停留时间虽然较短，但参观了世界闻名的爱因斯坦实验室，以及胡适曾任馆长的葛思德（Gest）东方图书馆，该馆收藏中国的地方志甚多。

马里兰大学，全称马里兰大学帕克分校（University of Maryland，College Park），始建于 1856 年，坐落于美国马里兰州，是美国首都华盛顿特区城市圈（Washington Metropolitan Area）中唯一的大型综合公立高等院校，被誉为“公立常春藤”。该校负责接待的是政治系教授薛君度，他的妻子黄德华为黄兴之女，他们对我们的接待更为热情。由于他们的推动与鼓励，我在回国后开展了对黄兴的研究,后来他们又寄来了许多有关辛亥革命及黄兴的资料,促使我回国后加强了对黄兴的研究,出版了许多论著,终使武汉大学成了黄兴研究的中心。

离开马里兰,我们由华盛顿乘火车北上,到达纽黑文的耶鲁大学,雅礼协会(Yale in China Association)负责接待我们。协会主任石达(John Start)对毛泽东思想有很深的研究,著有《毛泽东继续革命论的基本原理》,并曾参与编辑《解放后毛泽东的著作:书目和索引》。在耶鲁,我们还结交了历史系教授余英时、经济系教授费景汉,两人均系台湾"中研院"院士,我们与他们愉快地开展了学术交流。

我们的最后一站是位于波士顿的哈佛大学,接待部门是费正清东亚研究中心。该中心由费正清教授于1955年创办,费正清是美国的"头号中国通",在美国有"中国学研究的奠基人"之称。费正清于1973年退出中心主任职位,我们访问时,主持中心工作的是费正清的得意弟子孔飞力(Philip Kuhn)。哈佛大学的费正清东亚研究中心在美国学术界有很高的地位,这与费正清的努力是分不开的。哈佛的中国史研究力量雄厚,有许多著名的中国问题研究专家。访问期间,中心曾为我们举行新英格兰地区中国问题研讨会,有来自新英格兰6个州的30多位学者参加。

这一次访美,我们受到了同行学者、华人与美国友人的热烈欢迎。由于当时中美之间隔绝已整整30年,他们对中国发生的变化和近况特别关心。当时我们是中国大陆高等学校文科的第一批访美学者,美国的同行们迫切希望了解30年来中国的学术状况,以及交流彼此学术见解,有些学者甚至从阿拉斯加或数百里以外的地方连夜开小车赶来和我们交谈,其情其景,的确令人终生难忘。比如,加州大学伯克利分校"中国研究中心"为我们举行了一次学术座谈会,有位研究宋教仁的学者普来斯就是远从加州大学戴维斯分校赶来的。在座谈会上,章开沅介绍了中国近代史与辛亥革命研究的情况及近期计划,我则讲述了国内对孙中山研究的进展与动态，我们与美国同行彼此就许多问题交换了学术见解，引起了与会学者的高度重视和注意。

这次长达一个月的学术考察和交流首先让我们广交了美国学界的朋友，为促进中美学术交流打开了通路。由于中国大陆与美国关系中断了 30 年，我们与美国学术界的交流也几乎完全断绝，除少数老一辈美国学者如费正清、萧公权、邓嗣禹我们略有所知外，其他学者尤其是在美国学术界十分活跃的壮年和青年学者我们几乎一无所知。这次访问，我们和美国大学中从事中国史教学与研究的学者有较多的接触，增进了彼此之间的了解，建立了初步的友谊，为以后进一步的交流奠定了基础。譬如结识薛君度教授，不仅让我对黄兴的研究产生了浓厚兴趣，而且他对黄兴研究的一些看法对我也有较大的影响。还有与陈志让的结识。在一次闲聊中，陈志让听说我在做鸦片战争研究，特意把他收藏的有关鸦片战争后中英关系的资料寄给我，这是很难得的。广交朋友，广泛交流，使我能够在学术上得到更多国际同行的支持。

其次是增长了学术见识，开阔了学术视野，有利于今后的学术研究。美国的学术研究自由度很大，派系也很多，有利于学术的繁荣。访问美国，我们才了解到美国大学对中国历史研究的现状。如我们了解到，美国研究中国近现代史的学者有两派，一派以韦慕庭等为代表，反对中美建交；一派以周锡瑞、黄宗智为代表，属于 20 世纪 60 年代末出现的“新左派”。又如对中国史的研究，费正清学派注重政治制度与中外关系；史华慈学派则注重思想史，继承发展传统汉学。学术研究常和政治有联系，但不等同于政治，具有相对独立性。美国和中国，由于社会政治制度不同，学术研究无论在内容和方法上都有许多不同。但是，他山之石，可以攻玉，美国学者的研究课题与研究方法对我们来说，具有借鉴作用，具有启迪功能。互相取长补短，才是推进学术研究的正确选择。这次访问，尽管是走马观花，了解不深，但对美国的研究动态及研究成果有了较多的了解，对扩大我们的学术视野、确定我们今后的研究产生了长远的影响。

最后是资料的收集、保存与运用上，学到了不少经验。这次学术考察，我们每到一地，都要参观那里的图书馆，听取他们介绍图书的收藏情况和特色。对人文社会科学尤其是历史学来说，资料是必备的条件。巧妇难为无米之炊，没有丰富的资料，就不可能写出高质量的学术论著。当时我们觉得美国的图书馆有三个特点，一是藏书丰富，二是各有特色，三是可以在全国范围内相互借阅。有些中国史的资料，即使在中国国内也不容易找到。美国图书馆的资料索引工作做得很完备、很及时，有些图书馆当时已运用计算机检索，查起来十分方便。资料如何为学术研究服务？美国图书馆这方面的经验颇值得我们学习。在参观哥伦比亚大学图书馆时，图书馆的华裔负责人表示，他们有许多台湾出版的书籍有复本，表示愿意把这些复本寄给我们作为交流。回校不久，我就收到他们寄来的许多台湾出版的书籍，都是大陆少见的。这对增进对台湾学术界的了解很有帮助，我们也和华师分享了这些书。

这次访美让我感触最深的有两点。第一，美国人民对我们的热情友好令人难忘。在交往中，他们有的表示要设法为中美学术交流提供经费，有的一再希望我们推荐学者去美国作学术研究，有的提出要发动学术界为中国捐赠书籍，有的希望建立经常的学术联系。威斯康星大学的校长表示愿意接待一千名中国的留学生或学者去该校学习和研究，阿拉斯加大学已着手向他们的州政府申请从石油收益中提取百分之二作为经费，接纳中国学生去学英语，为进入美国大学作准备。一天，我们乘出租车去中国餐馆用餐，按规定应收车费 2.75 美元，可司机发现我们是中国来的客人，便高兴地说：“你们来自社会主义国家，只收 2 美元就行了。要赚钱就到机场去赚那些大亨们的钱吧！”还有一天，我们在纽约街头漫步，经过一个印象派画店。陪伴的朋友说，这是美国最新的一个画派。我们好奇地进入画店，正碰上画家诺曼也在里边。他马上热情地接待我们，给我们介绍了这个画派的发展前景。参观后，我们告别主人，离开了画店。可是没想到，当我们走了一段路程后，画家的助手匆匆赶来，硬是往我们手里塞了两幅画家亲自签名的画作。

第二，我对美国的现代化印象深刻。20 世纪 70 年代，美国的先进科学技术已给人们的工作、生活带来了极大的方便。回国时，我临时改从波士顿起飞，要改订飞机票。西雅图航空公司立即用电子计算机向波士顿传送消息，一会儿工夫便得到了波士顿方面的答复：飞机票已经订好。按照美国的规定，在公共场所停汽车是要收取停车费的。凡是允许停车的地方，均设有收费机。停车如不缴费，机器就会发出信号，管理部门得到信号就会加倍收缴违章款。街头和公共场所的公用电话，收费也是自动的。只有按规定投入电话费，电话线路才能接通。这种管理既省人力又省物力，还可以防止违法行为。我们那次接触最多的图书资料的管理，也是非常科学和便捷。我们进入美国国会图书馆，请求查询有关我国辛亥革命的书籍。负责人按一下电钮，辛亥革命书目索引就在电子显示屏上显示出来。不到两分钟，我们所需要的一份三页纸的资料便打印出来了。虽然这些现象今天我们也能实现，但在 45 年前，它们像神话一样。

这次学术访问，一方面成果丰硕，另一方面对我来说，也多少有点遗憾。我在美国生活很不适应，不能接受西餐，连闻到味道都会不舒服。特别是进美国食堂，一进去就要作呕。加上我又有晕车的毛病，更使我感到生活不适。东西吃下去又吐出来，无法消化。为此，章开沅先生曾征求我的意见，是否提前回国。我考虑到这是一次难得的机会，最后还是决定坚持下去。幸好，美国各地的中国餐馆多，美国朋友请我们吃饭，也常常安排在中国餐馆。这样，虽然饱经一个月的肠胃煎熬，但最后还是熬过来了。按计划完成最后一站哈佛大学的学术交流后，我即飞越大西洋，于 11 月初取道巴黎、卡拉奇回国；而章开沅先生又顺道访问芝加哥大学，然后赴日本京都大学讲学，直到 11 月中旬才回到国内。这次美国之行，对我俩来说，恐怕都是一生中难以忘怀的一段经历。

四、《辛亥革命史》出版及其轰动效应

从美国访问回来后不久,《辛亥革命史》就开始陆续出版了,1980年3月上册出版,12月中册出版,1981年7月下册出版。这套书出来正好赶上了辛亥革命七十周年。七十周年和1961年的五十周年相比,情况发生了很大的变化。1961年时经济困难,缺衣少食,开会的物资都是以特保的方式,举全省之力实现的;1961年的国际环境也很恶劣,中国与以美国为首的西方国家的关系没有缓和,而且与苏联的关系也很紧张,国际学术交流也基本没有;1961年时国内对辛亥革命的研究也十分薄弱,当时的出版物都很薄,辛亥革命研究没有引起学术界的关注,开学术研讨会都是急急忙忙准备几篇文章。1981年是改革开放的第三年,对外交往不再是禁

《辛亥革命史》书影

区，对外学术交流成为一种新趋势，所以纪念辛亥革命七十周年的学术讨论会不再是对内的闭门讨论会，而是开成了国际学术讨论会。这一次在武汉召开的辛亥革命七十周年学术讨论会除了邀请国内知名学者，还邀请了30多个外国学者参会。另外，这个会是在思想解放的大环境下召开的，辛亥革命研究的成果也比20年前多了很多，特别是我们编写的三卷本《辛亥革命史》为大会增色不少，它成为会议的热点，影响很大。

> 在毕业前夕，致治师多方联系，让我们参加了1981年10月在武昌东湖举办的辛亥革命70周年国际学术讨论会的会务工作，为的是使我们了解辛亥革命史研究的最新信息，并向参会的史学前辈、各路专家学习。在这次会上，我认识了国内外近代史研究领域的一批知名学者，如魏建猷、李侃、龚书铎、陈绛、汤志钧、李时岳、隗瀛涛、夏东元、法国的白吉尔、加拿大的陈志让等。
>
> ——许增纮：《师之楷模，人之圭臬》，摘自萧致治《薪火文集》，岳麓书社2010年版，第308页。

《辛亥革命史》问世于改革开放初期，这样一部大书的出版，在史学界可以算得上一枝独秀。它全面梳理了过往的史料和观点，在理论上有很多的创新。例如，辛亥革命是一场什么性质的革命？有人说是“国民革命”，有人说是“绅士革命”，有人说是“全民革命”，还有人说是“工农革命”，但更多的人认为是“资产阶级革命”。我们是坚持辛亥革命是一场资产阶级革命的，为了论证这个观点，我们用了很大的篇幅论述了中国资本主义的形成、发展及特点，探讨了近代中国的资本主义和资产阶级问题。另外，我们对辛亥革命时期的许多人物的评价也更实事求是，更客观公正。同时，对学术界比较关心的问题，如辛亥革命为什么爆发在武昌、“二次革命”的意义及失败的原因、湖北军政府的性质、辛亥革命的意义和失败原因等，都提出了自己的见解。所以这部书是一部集辛亥革命研究之大成的书，是辛亥革命史研究的一个丰碑。

《辛亥革命史》的出版推动了全国学术界对这段历史的研究。大家以辛亥革命为中心，编辑出版了许多相关的书籍，比如一些个人文集，包括孙中山、黄兴等人的。还有其他辛亥革命的著名人物，包括蔡锷、黎元洪等，都陆陆续续有人做学术研究。有出版武昌起义档案资料的，还出版了多辑《辛亥首义回忆录》这样的书。所以《辛亥革命史》的编写实际上对整个学术界特别是对历史学界起了很大的促进作用。

大部头的《辛亥革命史》不仅是辛亥革命史的开山之作，也是中国近代史的开山之作。过去中国近代史的断代史都是一些小册子，主要是以宣传为目的的通俗读本，这套《辛亥革命史》的出版成为推动中国近代史学术研究的一个信号。《辛亥革命史》的成功给人民出版社很大的激励，他们接着策划了一套"中国近代史研究丛书"，计划以辛亥革命为开端，对近代史上的每次重大事件都写一部大部头的学术著作，包括鸦片战争、太平天国、戊戌变法、洋务运动和义和团运动。他们组织姚先生和我来写《鸦片战争史》，还分别组织专家写《太平天国史》《洋务运动史》《戊戌变法史》和《义和团运动史》。人民出版社和我联系的是邓卫中，他不仅和我有较多的书信联系，还专门来过武大。但最后因为人事变动，邓卫中调回四川老家去了，他走后人民出版社没有人来接手这件事，他们的"中国近代史研究丛书"也没有下文了。虽然人民出版社没有继续出他们曾经列入计划的这些书，但相关的学者没有放弃，这些书后来都在其他出版社出版了。我们的《鸦片战争史》、崔之清的《太平天国战争全史》、夏东元的《洋务运动史》、汤志均的《戊戌变法史》，每个重大事件都有一部书出版。应该说这也是《辛亥革命史》在学术上产生的带动效应。

这套书出来之后，两位主编章开沅和林增平名气大增。那时正好是改革开放初期，国家"拨乱反正"之后需要大量人才，要提拔和培养革命化、年轻化、知识化和专业化的干部。首先是章开沅被任命为华中师范学院(后改名为华中师范大学)院长。章开沅是通过群众无记名投票方式选出来的,投票的时候,他不在学校,但是,《辛亥革命史》的主编使他名声大振,他1983年起任国务院学位委员会历史学科评议组成员,有很高的学术地位,加上他群众关系好,所以在群众投票中获票最多,得到教育部的认可。另一个是林增平,他是湖南师范学院(后改名湖南师范大学)的老师,1981年被任命为学院副院长,1983年被任命为院长。吴雁南是贵阳师范学院(后改名贵州师范大学)的老师,是中册的主编之一,他后来被任命为贵阳师范学院院长。还有隗瀛涛,是四川大学的一位老师,也是中册主编,后被任命为四川大学的副校长。除以上四人当了大学的领导外,下册的主编之一王天奖后来担任过河南省社会科学院历史研究所所长。贵州省的冯祖贻本来是作为工人代表进编写组的,由于参编《辛亥革命史》,后来被调到贵阳,当了贵州省社会科学院副院长。《辛亥革命史》的8名主编,没有一个教授,林增平的职称最高,是副教授,其他都是讲师、助教。《辛亥革命史》出版后,大多数人的职称、职务发生了改变,其中6人走上了学术领导的岗位,所以编这部书不仅出了成果,更出了人才。

《辛亥革命史》出版后获得了很多的荣誉,如1984年获湖北省社会科学优秀成果一等奖,1988年获国家教委优秀教材一等奖,1992年获孙中山基金会优秀著作二等奖。这部书从现在来看,是划时代的、有代表性的著作,它促进了中国近代史的研究,促进了整个历史科学的研究。2010年辛亥革命一百周年即将来临之际,《辛亥革命史》又进行了修订,收入"中国文库"出版。一本书出版以后,如果在三十年内还能够再版的话,就说明这本书是有学术价值和保存价值的。《辛亥革命史》这本书1980年出了第一版,2010年又出了第二版,充分说明了这本书的价值。"中国文库"主要收集20世纪以来,中国出版的哲学社会科学研究、文学与艺术研究、科学文化普及等方面的优秀著作,这些著作对我国百余年来的政治、经济、文化和社会发展产生过重大的影响,有重要价值,是中国各界必读、必备的经典性、公益性的名著。所以,《辛亥革命史》这部书的影响不可低估。

第九章　教育的春天

一、恢复高考

1977年7月16日至21日中共十届三中全会在北京召开，会议通过决议，决定恢复邓小平的中共中央委员，中共中央政治局委员、常委，中共中央委员会副主席，中共中央军委副主席，国务院副总理，中国人民解放军总参谋长的职务。邓小平的复出加快了拨乱反正、改革开放的步伐。

1977年8月4日至8日，邓小平在人民大会堂主持召开了科学和教育工作座谈会。就是在这个会上，邓小平拍板作出了恢复高考的决策。这个座谈会武大有两个人参加了，他们对恢复高考的决策起到一定作用。一个是刘道玉，他原是武大的党委副书记，1977年4月借调到教育部工作，一个月后改任教育部党组成员兼高教司司长。这个座谈会是中国科学院和教育部联合筹办的，其中教育口的参加人员由刘道玉负责选定。刘道玉对全国教育的宏观情况比较清楚，他还是这个会议的秘书长。另一个是查全性，他是武大化学系的一位副教授，他与刘道玉有共同留苏的学习经历。座谈会上查全性最先提出了恢复高考的建议，这个建议是与刘道玉商量讨论的结果。现在关于恢复高考的建议有很多版本，根据当时的环境看，我比较认可刘道玉的说法。

座谈会是在8月4日上午9时开始的。邓小平同志做了一段开场白。说实在的,当时这个会议,刚开始大家思想上还是有顾虑的,心有余悸,刚开始还不一定敢讲。于是邓小平同志反复启发,希望大家畅所欲言,他说:"'四人帮'粉碎了,不会再'抓辫子''戴帽子'和'打棍子'了,大家如果有什么问题由我负责。"经过小平同志的反复动员,大家开始讲话,并逐步活跃了起来。……

我作为高教司司长,心里有点焦急,因为没有人提到恢复高考问题。当时的大学招生就是从工农兵里招,有一个"十六字"招生方针,即"自愿报名、群众推荐、领导批准、学校复审"。……武汉大学代表查全性副教授晚上来找我,他说:"我坐了两天了没有发言,一直在听,我想讲的别人都讲了,我不知道讲什么好。"我说:"虽然大家都讲得不错,但有一个问题大家都没讲到,就是推翻'十六字'方针,恢复高考的问题。"其实当时提这个问题是非常冒险的,弄不好就要被扣上"反革命"的帽子,因为"两个估计"还没被推翻。但是我这个人历来胆子很大,我敢说。我说你就讲这个问题,他同意了。

当时刘西尧是教育部部长。邓小平同志问他今年恢复高考怎么样?刘西尧说,要改就得推迟,现在是8月6日,当年6月29日到7月15日的招生会已经在太原开过了,还是按照"十六字"方针布置的,招生报告已经给国务院送去了。邓小平同志说,"既然今年还有时间,那就坚决改嘛!把原来写的招生报告收回来,根据大家的意见重写。招生涉及下乡的几百万青年,要拿出一个办法来,既可以把优秀人才选拔上来,又不要引起波动。重点学校要统一招生。今年下决心按要求招生,招的学生要符合要求"。教育部说那我们今年就改。

——摘自迟福林主编《口述改革历史(上)》,广东经济出版社2019年版,第6—9页。

当时的教育部部长刘西尧也与武汉大学有缘,他是武汉大学的校友，是在武汉大学求学时期走上革命道路的。因此，“文革”后全国恢复高考，武大人是作了贡献的。

恢复高考的第一届大学生被称为77级大学生，其实他们是1978年进校的。为什么叫77级呢，因为他们参加高考的时间是1977年。1977年8月中央决定当年恢复高考，时间紧迫，为了解决相关技术性问题，教育部开了40多天的会才把具体方案定下来。10月国务院批转了教育部的《关于1977年高等学校招生工作的意见》，然后各大报纸广而告之，全国各地抢在12月举行了高考。这反映了中央恢复高考的决心。

恢复高考是国家拨乱反正的一个强烈信号，它改变了当时全国的人才选拔制度，强调择优录取，破除唯“成分论”。

由于高考中断了11年，1977年包括应届生共有12届的学生共同参加了高考。国家原计划招生20万人，后来因为报考的人达570万人之多，且有许多都很优秀，最后扩招至27.3万人，录取率是4.8%。

这一届大学生绝大部分是下过乡、扛过枪、进过厂的有丰富工作经验的年轻人，应届生极少。这些学生的特点是社会经验丰富，求知欲极强，有较强的理解能力，对老师特别尊重。他们的到来使学校的学习风气焕然一新。

二、协助姚薇元先生带研究生

几乎是在恢复高考的同时，教育部也研究了恢复研究生招生的问题。1977年10月，国务院批转了教育部的《关于高等学校招收研究生的意见》。在完成第一届高考工作后，研究生的招考立即就启动了。这是顺理成章的事情，因为要培养国家需要的建设人才、研究人才，光靠大学生还不够，还要有更高层次的人才，需要培养研究生。

如果说高考被停了11年，那么研究生招生考试则被停了12

年,当时国家特别需要解决大学和科研院所中人才青黄不接的问题。当然,不是所有高校都可以招研究生,当时限定重点高校及教学条件和科研基础较好的科研院所才有招生资格。

为了广揽人才,当时国家对研究生招生对象的要求放得比较宽。一是在学历上,原则上要具有大学毕业文化程度,但具有专业特长和研究才能的工农兵、在职职工不受学历限制。所以有很多“老三届”的高中生都以“同等学力”考上了研究生。教育部给予专家选择权,使他们可以根据招生条件积极推荐有研究才能的青年参加考试。武汉大学的王素只是一名恢复高考后刚刚迈进大学门槛几个月的年轻人,因被唐长儒先生看中,他随即便考了唐先生的研究生。二是年龄条件,当时规定考生最大不得超过35岁。最后这个规定也突破了,我的第一届研究生许增纮是1941年生的,1978年参加考试时已有37岁了。

学校对招研究生也很慎重,只批准了极少数的老师可以招研究生。我们历史系只有三位老师,一个是唐长儒先生,一个是吴于廑先生,再一个就是姚薇元先生。但学校研究生的招生导师名单上我和姚先生放在了一起。学校是怎么定的我不清楚,我是在看到研究生招考简章后才知道我和姚先生一起招研究生。这可能是从年龄上考虑的。唐先生是1911年出生的,1978年时为67岁,吴先生是1913年出生的,当时65岁。而姚先生是1905年出生的,当时已经73岁了,年纪大一些,需要一个年轻的老师来协助,于是我成了历史系第一批研究生导师。做研究生导师是要有资历的,而我在历史系中国近代史教研室里面资历是较浅的,到学校工作的时间也很短。我1960年才来到武大,王承仁是1956年毕业后留校的,崇汉玺也是1956年毕业的。李天松是姚先生的研究生,是1959年本科毕业后留校读研究生的。让我和姚先生一起招研究生也可能是因为我分配到武大历史系后就协助姚先生教中国近代史课,当过他的助教。再一个可能是当时我正在与章开沅等人编写三卷本的《辛亥革命史》,这是一个全国重点项目。另外,我的一篇与鸦片战争时期有关的论文《关于龚自珍社会改革思想的性质问题》这时也发表了。具体与哪些因素有关，我就不得而知了。

自从分配到武大以后我就给姚先生当助教，在他的晚年我又帮他一起带研究生，和姚先生接触的时间较长，耳濡目染，受他的教诲很多，对他的治学之道略有体会。薇元师学养深厚，治学严谨，擅长考据。他教书育人循循善诱，引而不发。我能在他身边与他共同带研究生，不仅是我的荣幸，也是珍贵的学习机会。

第一届研究生招生报名的考生很多，因为报名的条件放得很宽，这样竞争就非常激烈。我们通过层层筛选，最后录取了许增纮、丁济康和杨维三位。

由于是刚刚恢复研究生招生，录取的人数很少，也没有制定新的制度，研究生的培养方法仍承袭着过去的传统，类似于带学徒的方式。除了必要的几门公共课，大家都是在姚先生家里上课。师生围坐在一张桌子前进行交流，按现在时髦的话叫“零距离接触”。这种教学方式下教师没有居高临下的姿态，学生没有心理隔阂，研究生们是在轻松愉悦的环境下开展学习的，效果自然很好。

三、终于评上了讲师

从 1960 年下半年来到武汉大学，我一直被安排在教师岗位上。“文革”前学校只组织了一次小规模的职称评定，比我先留校的老师那时都还没有资格参评，数十年来便积压了一大批年轻的老师没有评职称。直到 1979 年恢复教师职称评定后，积压的 26 名老师才全部被评为讲师。这次却不是评的，而是一起认定的。此时我已经在校工作了 19 年，也于此时评上了讲师，当然这与时运有关。

教育春天的到来与邓小平的再次复出密切相关，缘于 1977 年夏天科学和教育工作座谈会上邓小平拍板作出的恢复高考的决策。高考的恢复掀起了全社会的学习热潮，紧接着 77 级本科生进校，78 级高考、研究生招生考试。

这股学习热潮对我的学术研究有很大的推动作用。首先体现在辛亥革命史的研究。1975 年,关于开展辛亥革命研究之事被提上日程。正式成立《辛亥革命史》编写组是在 1976 年夏秋之际,真正实施是在 1977 年以后。这期间我参与了在武汉、长沙、贵阳、开封、成都召开的 5 次编写工作会议,并作为上册主编统筹修改书稿。同时,我们受当时太平天国史研究会成立的启发,认为也应成立一个辛亥革命史研究会,于是倡议成立“中南地区辛亥革命史研究会”,得到湖北、湖南、广东、河南、广西等省区有关高等学校和研究机构的响应。1978 年 12 月底,研究会在广东正式成立。在此基础上,我们创办了《辛亥革命史丛刊》,我作为编辑之一参与了该刊第一至十辑的出版工作。

其次是带研究生。这对我来说是头一回,研究生教学的压力也逼着我强化学术方面的训练,以便为研究生讲授鸦片战争史专题。由于姚先生年龄较大,我自觉担当起教学管理的工作,为研究生安排相应的课程。当时我们做了一个计划,以打基础为前提:一是打好专业基础,二是要打好马克思主义理论的基础。当时我们还专门把研究生带到华中师范学院请章开沅先生授课,指导大家如何加强理论学习。在专业方面,我们主要是指导研究生读相关的史料和专著,引导他们围绕鸦片战争的问题写文章,并带他们参加一些学术会议。

最后是我和章开沅先生应邀到美国进行学术访问。我们于 9 月 29 日早上 9 时从北京出发,先后访问了华盛顿州立大学、加州大学伯克利分校、斯坦福大学、威斯康星大学、密歇根大学、哥伦比亚大学、普林斯顿大学、马里兰大学、耶鲁大学、哈佛大学等十所著名学府,进行学术考察,交流研究情况,参观各校图书馆藏书。此行开阔了眼界,结识了朋友,推进了国际交流。

这个阶段高校的教学和科研氛围很浓,我赴各地参加学术讨论会的机会及发表的论文的数量也逐步多了起来。如 1979 年从美国回来后不到半个月,就赴广州参加了孙中山和辛亥革命学术讨论会，并在会上提交了《论孙中山早期思想的基本倾向》一文。

1980年我参加了两次学术会议。一是10月参加在大连举行的东北地区中日关系史研究会成立大会暨第一次学术讨论会，我提交了会议论文《评魏源的〈海国图志〉及其对中日的影响》。另一个是11月26日至30日参加在长沙召开的辛亥革命史讨论会。

1981年我参加了两次学术会议。一是10月15日至18日参加纪念辛亥革命七十周年学术讨论会，这次会议我提交了论文《黎元洪在辛亥革命后的转变初探》，这是我第一次涉及黎元洪的研究。二是12月5日至8日参与指导了在长沙召开的纪念辛亥革命七十周年青年学术讨论会。

1982年我参加了两次学术会议。9月16日在广州暨南大学参加鸦片战争史学术座谈会，并和姚薇元先生赴中山大学访问。11月，于福州召开林则徐与鸦片战争学术讨论会，姚先生带领杨卫东、李少军前往出席。我因被板车撞断两根肋骨住院，未能前往，但会前已做了充分准备，提交了会议论文《林则徐在两湖的政绩》。林则徐五世孙女林子东在会上对我的文章高度认可，她说："希望林公工作过的省都能有一篇这样有质量的论文。"

1983年8月26日，据鄂教人〔1983〕149号文件，我晋升为副教授。从讲师到副教授，我用了4年时间。

这一年主要的学术活动之一是接待日本大阪外国语大学伊原泽周来校讲学，他的讲题主要有：孙中山的大亚洲主义、单一税制对于中日两国的影响、日本研究中国近代史的现状和今后的新课题等。

1984年的学术活动主要有四项：一是1月赴北京参加纪念中国国民党"一大"六十周年暨孙中山研究会成立学术讨论会，我宣读了论文《论孙中山建党思想的发展》。二是11月3日刘大年来校作学术报告，他强调理论研究是历史研究不可缺少部分，创新是历史研究的生命。三是11月赴广东参加孙中山学术讨论会，我宣读了论文《孙中山与黄兴》，提出"辛亥革命离不开孙中山，也不可没有黄兴”,受到与会学者赞同。中国社会科学院近代史研究所副所长李新在大会上说:“我原来也想写一篇关于孙中山与黄兴的文章,现在有人写了,我就不用写了。”四是12月赴南宁参加西南军阀史研究会第四次学术讨论会,我和梁开平合写了《黎元洪与护国运动》并在会上宣读。

1985年,我参加了三次学术会议:一是3月22日至28日参加孙中山研究述评国际学术讨论会,我宣读了论文《孙中山与黄兴关系研究述评》,《人民日报》报道会议情况时对本文的观点作了重点介绍。二是10月赴福州参加纪念林则徐诞辰200周年国际学术讨论会,我提交了论文《试论鸦片战争时期的改革派》。三是12月赴昆明参加护国起义70周年学术讨论会,我提交了论文《黄兴与护国运动》。

1986年,我参加了三次学术会议:一是5月赴浙江湖州参加陈英士生平与事业研讨会,我提交了论文《陈其美与黄兴》。二是6月参加两湖地区纪念孙中山暨辛亥革命75周年学术讨论会,我提交了论文《黄兴与辛亥革命》。三是8月1日至13日赴新疆伊犁参加纪念林则徐遣戍伊犁145周年学术讨论会,我提交了论文《林则徐领导下的禁烟运动在新疆》。

陈英士生平与事业研讨会上参会人员合影

1987年，我参加了四次学术活动：一是4月3日至7日赴湖南桃源县参加纪念宋教仁诞辰105周年学术讨论会，我提交了论文《民国初年宋教仁的政治活动平议》。二是4月9日应湖南益阳师专历史系主任陶用舒之邀，赴该校作学术报告，讲题为“明清时期中国文化对西方的影响”。三是9月20日至24日带研究生张奇赴安徽绩溪参加19世纪中国教案、义和团学术讨论会，我提交了论文《19世纪的湖北教案》（和萧莉合写）。四是12月21日至24日赴长沙参加纪念魏源逝世130周年暨中国近代文化史学术讨论会，我提交了论文《魏源与西学》。

1988年3月，经武汉大学专业技术职务评审委员会评审通过，我晋升为教授。在职称评定上，我应该说一直是按部就班地上升的，受时势的影响，评上讲师花了19年，评上讲师4年后被评为副教授，然后又过5年被评为教授，评上教授那一年我已59岁。对这些我没有太多想法。若论资排辈，还有不少资格比我老的人排在前面。在这个问题上，我一直安之若素，不愿意去争。前面列举的学术活动一定程度上可以反映出我的学术水平。另外，我每年都会发表四五篇论文，大部分都是发表在重要期刊。

1988年扬州学派暨林则徐学术讨论会参会人员合影

1980年到1988年间,我一共出版书籍4部:《辛亥革命史》(上册主编之一),《鸦片战争前中西关系纪事》(与研究生杨卫东合撰),《鸦片战争研究》(与姚薇元等合著),《黄兴新论》(与薛君度合编)。发表论文和其他文章大约有35篇,这些论文大部分研究的是鸦片战争和辛亥革命中的相关人物。其间也偶有其他领域研究文章发表,例如我和吴守一、彭鲜旗合写过一篇《天门籍华侨述略》,发表在《武汉大学学报(社会科学版)》1983年第4期上。为什么我会去研究这个问题呢?我认为历史研究要与现实结合。当时我国刚刚开始对外开放,1979年7月15日,中共中央、国务院批转广东省委、福建省委关于对外经济活动实行特殊政策和灵活措施的报告,决定在深圳、珠海、汕头和厦门试办特区。深圳经济特区于1980年8月26日正式成立,开放政策真正得到落地。这4个特区主要的优势是与香港、台湾、澳门比较近,而最早的开放对象主要是境外的中国人,包括华侨。怎么利用华侨来发展内地经济,这也是各地政府比较关心的事情。所以,1981年6月3日至4日,我赴天门对天门籍华侨在国外情况进行了调查。通过这次调查,我们找到了很多一手资料。特别是对老华侨的采访,让我们直接感受到了他们的经历。天门华侨历史的调查事实上具有以小见大,举一反三的作用,对我国华侨史的研究、中国近代史的研究都具有重大意义。

四、20世纪80年代的武大

我国的改革开放一般认为始于1978年的十一届三中全会,其实,1977年恢复高考,应该是最早的改革开放。恢复高考否定了"文革"中倡导的教育路线,带动了整个教育制度乃至社会制度的变革,是教育体制恢复与重建的突破口,使当时的教育界成为全国最早推进思想解放的战线之一。1978年的全国科学大会把教育的发展放到了重要的位置。科学技术的传播、发展、应用并转化为生产力，要依赖于教育；经济要转型、民族要崛起，必须大力发展教育。如何发展教育，成为各级政府和教育部门探索的热点。例如，1980年武汉市政府开始筹办江汉大学，他们创建了合作办学的模式，以武汉大学、华中工学院、湖北财经学院、武汉工学院分校的名义进行招生，第二年经教育部和湖北省政府批准，才开始以江汉大学名义招生。江汉大学就是教育改革的产物，它的很多办学理念都和当时的大学不同，受到各界广泛关注和好评。

20世纪80年代是武汉大学最有生气、新生事物不断涌现的时期。刘道玉是1979年5月从教育部回武汉大学担任党委副书记和常务副校长的，1981年开始任校长。在他的领导下，武汉大学焕发出新的青春活力。首先是开展了学分制改革。早在1872年，美国哈佛大学就率先实行了学分制，它是在选课制的基础上逐渐演变而来的。学分制(credit system)和学年制(academic year system)不同，它是以修满所需的学分作为毕业的依据，而学年制则以完成所规定的年限为毕业的依据。学分制改变了大学教学的制度，学生根据自己的兴趣爱好制订学习计划，学校不再制定统一的课程表，同年级的学生不再按照班级进行学习。20世纪20年代，学分制开始传播到世界其他国家。在中华人民共和国成立以前，我国各大学基本上是实行学分制；1949年以后，我国开始学习苏联，实行学年制。

刘道玉回学校后就力主推行学分制，于1979年秋季在武大选择了两个系进行试点，一个是物理系，另一个就是我们历史系。推行了一年，大家反映很好，特别是历史系的学生纷纷跑到其他系去选课，扩大了视野，拓展了兴趣，大家一致认为学分制优于学年制。于是，自1981年秋季开始，武汉大学全校各系都普遍实行了学分制，首开我国自1950年以后实行学分制的先河。

学分制调动了学生的积极性，少数学生能较早地修满规定的学分，提前毕业。学分制在学生和老师中间都引出了一种竞争机制，让好的学生可以更早毕业，好的老师可以吸引更多学生选课。

学分制带来的另一个改革是主辅修制。所谓主辅修制,就是主修一门专业,另外辅修一门专业。有的学生出于兴趣,也有的是考虑毕业后的适应面,愿意在学好本专业的同时,再修一门专业。由于每个专业都规定需要修满一定量的学分,只要能获得规定的学分,还可以取得第二个学位。这项改革也是得到广大学生的欢迎。

还有一个是自由转换专业的制度。学生专业的录取虽然有学生的志愿作参考,但考生的成绩和招生计划对决定学生的专业有很大的影响。过去,专业一旦确定便是终身的,不可更改,而有相当一部分学生可能会一直对自己学的专业提不起兴趣。武汉大学率先推行了大学生自由转换专业制度,这也是对大学教育体制的一个突破。记得我们历史系77级的一个学生王小村就申请转到了生物系。一个是文科,一个是理科,相差是很大的。王小村转到生物系后由于理科基础较差,多门课不及格,但是他凭着强烈的兴趣,最后取得了不俗的成绩,成为英国皇家学会会员。

插班生制度也是我们武大首创的。武大经过反复努力得到教育部和国家计委的支持,实行插班制度。插班生招生对象是具有大专文化水平的自学青年,或是在读的大二学生。当然插班生也要考试,但考试规则不同,考试成绩只占总分的40%,考试前考生所取得的成绩占60%,即重点不是看你的学习成绩,而是看你分析和解决问题的能力,尤其是创造力。插班生进校后直接读三年级。在这个制度下,武大还诞生了作家班、摄影班等。在对外开放方面,武大与法国政府合作开办了中法数学实验班。这都是走在全国前列的。

20世纪80年代的武大校风非常好,思想解放、百家争鸣,各类社团众多,各种学生刊物百花齐放,被称为"高等教育战线上的深圳"。对此我是深有感触的。

1985年美国马里兰大学的教授、黄兴的女婿薛君度先生来武大访问。他向武大提出了希望与我共同带研究生的建议,旨在通过此举在国内推动对黄兴的研究。他希望按照国外大学的惯例，让学生在武汉大学学习一段时间，然后到马里兰大学学习一段时间。这样的学习安排在当时国内还没有先例，但学校很快就批了。1985年武大的研究生招考公告中就列出了我和薛君度两个人联合培养中国近代史研究生的招生计划。然而，这批研究生最后没有按预期的计划到美国马里兰大学学习。那时国家开放得还不够，老师出国的都很少，何况学生！但无论如何，当时学校还是很开放的，实现了研究生的中美联合培养，这在那个时代也是具有开创性的。

20世纪80年代武大能开创出改革的新局面与当时的国家大环境有很大关系，1985年，中共中央出台了关于教育体制改革的决定。

中共中央关于教育体制改革的决定(摘录)

(1985年5月27日)

中发〔1985〕12号

一、教育体制改革的根本目的是提高民族素质，多出人才、出好人才

教育必须为社会主义建设服务，社会主义建设必须依靠教育。社会主义现代化建设的宏伟任务，要求我们不但必须放手使用和努力提高现有的人才，而且必须极大地提高全党对教育工作的认识，面向现代化、面向世界、面向未来，为90年代以至下世纪初叶我国经济和社会的发展，大规模地准备新的能够坚持社会主义方向的各级各类合格人才。……

…………

四、改革高等学校的招生计划和毕业生分配制度，扩大高等学校办学自主权

高等学校担负着培养高级专门人才和发展科学技术文化的重大任务。我国高等教育发展的战略目标是：到本世纪末，

建成科类齐全，层次、比例合理的体系，总规模达到与我国经济实力相当的水平；高级专门人才的培养基本上立足于国内；能为自主地进行科学技术开发和解决社会主义现代化建设中重大理论问题和实际问题作出较大贡献。为了实现这个目标，当前高等教育体制改革的关键，就是改变政府对高等学校统得过多的管理体制。在国家统一的教育方针和计划的指导下，扩大高等学校的办学自主权，加强高等学校同生产、科研和社会其他各方面的联系，使高等学校具有主动适应经济和社会发展需要的积极性和能力。

…………

——《最新学校教务工作手册》，光明日报出版社 1997 年版，第 1079—1084 页。

这个决定是对“文化大革命”中形成的教育路线的全面拨乱反正。它遵循教育的规律，总结了各地教育改革的成果，为我国的教育改革指明了方向。这个决定造就了教育改革的春天，使武汉大学满园芬芳。

第十章　鸦片战争研究

一、早期的探索

协助姚先生培养研究生，实际上推动了我对鸦片战争的研究。自从我来武大以后，在选择研究方向时，曾经有几个考虑。最后因为姚先生讲中国近代史的课需要助手，我便当了他的助教。当时姚先生为这门课编了一部很不错的教材。我结合教学和协助姚先生工作的需要也做了一些鸦片战争方面的研究。

我在大学期间曾对广州市北郊的社学进行调查，积累了一些当年三元里人民抗英斗争的资料。到武大后，这段经历对在中国近代史教研室工作是有帮助的。大约在1963年，上海人民出版社组织编"中国近代史丛书"，其中有一本关于三元里人民抗英斗争的书约我写。我按照要求写好后寄给了出版社。不久，出版社对书稿提了一些意见并寄回给我。我根据他们的意见又作了一些修改。这时"文革"已经开始，正常的工作都打乱了，组稿一事不了了之。这应该算我在"文革"前对鸦片战争史研究进行的最早探索。

我还对鸦片战争时期人物开展了一些研究。如对龚自珍的研究，1965年我在《武汉大学学报》第3期发表了《关于龚自珍社会改革思想的性质问题——兼与易梦虹、吴松龄等同志商榷》的论文。中国人民大学附属剪报资料图书卡片社于1965年12月转载了全文。

另外我还写了一篇关于魏源《海国图志》的研究文章。《海国图志》是鸦片战争失败后魏源编辑的一本介绍世界各国科学技术、历史地理的书籍,是一部“开眼看世界”,以“师夷、制夷”为目的的书。这套书最初为 50 卷,1842 年编成刊印。此后十年中不断再版及扩编,最后形成 100 卷,含各种地图 75 幅,西洋船炮器艺等图式 42 页,于 1852 年出版,成为当时中国最完备的世界知识巨著。该书对尚在闭关锁国的中国和日本产生了极大的影响。1979 年我在美国访问的时候见到了台湾学者王家俭,就向他索赠其著作《魏源年谱》,这本书里介绍了日本学者对魏源的研究。王家俭告知哈佛大学有藏,到哈佛大学访问时,哈佛大学图书馆随即送了我一本《魏源年谱》。这本书提供了很多信息,给我启发很大。1980 年 10 月,大连举行了东北地区中日关系史研究会成立大会暨第一次学术研讨会,我提交了《评魏源的〈海国图志〉及其对中日的影响》的论文,受到与会者的广泛关注。全文后来收入《鸦片战争史论文专集续编》,由人民出版社 1984 年出版。1987 年为纪念魏源逝世 100 周年,杨慎之、黄丽镛合编了一本《魏源思想研究》,由湖南人民出版社出版,也收录了此文全文。

萧老师在做学问方面,对于找原始资料是非常重视的。你看萧老师的文章,里面一定会找到一种别人没怎么用过的新资料。比如萧老师研究魏源,在我们国内的学者还没能注意日本的研究动向的时候,他在美国遇见《魏源年谱》的作者王家俭。《魏源年谱》反映了日本方面在德川幕府末期、明治初期的时候关于魏源的一些资料。当时研究魏源的学者中能够把外国的资料拿来用的很少。萧老师多次给我讲龚自珍那篇文章,我们历史界眼界很高的吴于廑老师看了萧老师的那篇文章也给予高度赞扬,说:“哟!你这个青年教师还不错,还做这个。”萧老师告诉我他写龚自珍的这篇文章不是一般性地看看别人的观点来做研究,而是很认真地把能够收集到的龚自珍的全部文字和研究龚自珍的文章都读过一遍。

——李少军 2023 年 2 月 18 日下午在武大办公室口述

总之，在给姚先生做助教和一起带研究生的初期，我便开始接触和研究鸦片战争及与之相关的课题。之所以让我协助姚先生带研究生，可能与此有关。因为我们中国近代史教研室没有人在研究鸦片战争方面的成果比我更多。

二、夯实学术基础工作

1982 年 5 月，人民出版社来信并派人前来约姚先生和我合著"中国近代史研究丛书"之一《鸦片战争史》，并希望 1985 年出版。姚先生非常重视，和我商量后决定接受这项工作，但不能按照他们的时间要求完成。人民出版社的同志说，《辛亥革命史》是 7 年之内完成的，1975 年决定出版，到 1981 年就全部出版完成，也就搞了六七年。你们写《鸦片战争史》这本书，也要趁热打铁，希望出得快一点，能不能在 1985 年或 1986 年出来？我说恐怕有困难，因为我们有很多基础工作要做，要是质量太差了不好交差。我们想还是先打好基础，因为我自己知道这个基础不牢。招来的研究生读的书还不够多，我自己也没有很多的研究，姚先生又年老力衰，在这种情况下要搞得太快的话，肯定没有好效果，于是想先打好各个方面的基础再来写这本书。我们当时决定把撰写《鸦片战争史》的准备工作和研究生培养结合起来，所以第二届研究生招进来之后，我就起草了一个对应的培养计划。姚先生也同意了，决定把基础打好之后再来写《鸦片战争史》。

我们计划的第一步是让研究生尽快熟悉鸦片战争史研究的情况。一方面有计划地布置他们学习鸦片战争史研究的论文和专著。1982 年牟安世的《鸦片战争》一书正好出版，这是当时鸦片战争史研究的最新成果。我们就让李少军、杨卫东认真学习这本书。

关于鸦片战争的书,中华人民共和国成立后也出过几本,最早是鲍正鹄的《鸦片战争》,1954 年由上海新知识出版社推出。1962 年中国青年出版社出版过刘培华编写的《鸦片战争》。1972 年上海人民出版社也出版了一本《鸦片战争》,署名是《中国近代史丛书》编写组。此外,中华书局出了一本宗华世编写、范曾插图的《鸦片战争》,姚先生也写过一本通俗读物《鸦片战争》,由湖北人民出版社出版。虽然看上去各出版社在与鸦片战争相关的内容方面出了不少书,但都是科普性的读物,真正称得上学术著作的,只有牟安世这一本书。我们要求他们两人读完这本著作后写一篇书评,带着思考、带着问题去学,指出该书的特点、优点和不足。

另一方面,我们带着研究生去参加全国性的学术讨论会,并要求他们带文章去参会。例如,1982 年 11 月 22 日至 26 日,福建省历史学会和福建省社会科学院举办了林则徐与鸦片战争学术讨论会,我提交了《林则徐在两湖的政绩》一文。当时招收的第一届研究生已有三年的研究基础,撰写论文参加会议没有问题。许增纮就提交了《鸦片战争与清朝吏治》,杨维则写了《论道光帝在禁烟运动中的地位与作用》,但第二届研究生因入校时间较短,写论文有点困难,我就让他们写一篇《新中国成立以来林则徐研究述评》来练笔。要写好这个述评,首先要穷尽新中国成立以来关于林则徐研究的所有书籍和文章,由于时间较紧,这是一项强化学习的任务。其次,他们要对这些书籍和文章的观点分类并进行点评。我认为,培养研究生,让他们做一些研究领域的述评是使他们尽快熟悉和进入某研究领域的一个很好的训练方法。

我们的第二步就是收集鸦片战争研究方面的资料。历史研究说到底就是对历史资料的研究。胡适讲"有几分证据说几分话,有七分证据不说八分话",只有史料越多,证据越多,才能厘清历史。收集资料我们也是从两方面入手,一个是查档案资料。我们让李少军、杨卫东到中国第一历史档案馆去查找鸦片战争时期的档案,那些档案都已拍成微缩胶卷,他们只能通过阅读器来查看。他们俩在北京待了一个多月，抄录了很多历史档案。我们还通过各种渠道收集鸦片战争前后中英交涉文书、英国公私档案及其他有关资料。在收集资料的同时，我们还对资料进行鉴辨和分析，去伪存真、去粗取精，把研究工作建立在可靠的资料基础上。

第三步是开展专题研究。鸦片战争的研究，前人已有不少成果，但仍存在不少薄弱环节，还有一些重点问题需要深入探讨。为了加强对这些薄弱环节与重点问题的研究，我们分工协作对这些问题做了探讨，有些还写成文章，在报刊上公开发表。综计十多年间，共发表有关文章约50篇。这些文章或者发前人之所未发，或者补了前人之不足。

第四步是收集和翻译外国学者的研究著作。当时，国外研究鸦片战争的论著不少，他们在观点上虽存在一些偏见，但在利用外文公私档案和当事人著作方面，有不少值得我们借鉴的地方。为了充分汲取国外的研究成果，我们很注意收集外国人的论著，对其中重要的部分还组织人力进行翻译，供研究参考。这些译著后来都经我联系由福建人民出版社出版。其中，《外国学者论鸦片战争与林则徐》内容较多，我们决定把日本学者的内容做一本，其他国家学者的内容做一本，分两册出版。再如《林钦差与鸦片战争》是我组织翻译的，我们学校的英语教师徐梅芬翻译了四章，我翻译了其中一章(第五章)，还找福建师范大学的老师翻译了两章。1989年至1991年间，这两种译著由福建人民出版社陆续出版。一般来说，出这类学术著作出版社是要收费的，但这两种书出版社还给了一点稿费。应该说福建人民出版社很慷慨，当然也与我坚持不懈的努力分不开，否则这些书可能一本都出不来。

除此之外，杨卫东也翻译了一本书——《大门口的陌生人》。作者魏斐德和我在学术上有交往。1979年我和章开沅先生到美国访问时，加州大学伯克利分校负责接待我们的人就是魏斐德。他是美国的汉学家、历史学家，加州大学伯克利分校教授，与孔飞力、史景迁并称为“美国汉学三杰”，也是第一个担任美国历史学会会长和社会科学研究委员会主席的汉学家。这本书的书名很形象,清代中国的“大门”主要是广州,“陌生人”即外国人。顾名思义,《大门口的陌生人》是与外国人闯入广州(中国大门)的历史有关,是一部关于鸦片战争时期外国人来中国的历史著作。该书以社会史、地方史的研究视角,还原了这一历史时期广州以至广东省的社会动态,关注了朝廷、官府、绅士、团练、农民、秘密社团和外国侵略者之间的互动及变化,从而展示了中国近代史开始阶段的部分历史。翻译这本书既属于杨卫东专业英语课程的一篇大作业,也是为撰写《鸦片战争史》作准备。这本书大致是1983年底至1984年初翻译完成的,正好遇上译著图书出版审核趋严的时期,加上杨卫东研究生毕业后被分配到武汉市政府研究室,工作重心转移,所以放弃了出版译稿的想法,仅仅把它作为撰写《鸦片战争史》的资料予以留存。

我们还编了一本《鸦片战争与林则徐研究备览》,该书分为7个部分:第一编为鸦片战争史研究述评;第二编为有关重大问题研究概况;第三编为林则徐研究述评;第四编为有关人物研究概况;第五编为大事年表;第六编为战争前后重要职官年表;第七编为1950—1994年论著索引。这是一本鸦片战争史研究的工具书,它对鸦片战争时期的相关学术研究进行了收集与总结,这样的准备工作对《鸦片战争史》的编写是非常重要的。

三、编写鸦片战争史事长编

过去人们写书,一般先编大事记或大事年表。鸦片战争的发生蓄谋已久,为了理清它的来龙去脉,我曾经跟姚先生商量了一个比较详细的计划,决定把做大事记放在第一位,只有把鸦片战争前后的史实搞清楚,理出头绪,才便于写鸦片战争史。李少军、杨卫东两位研究生招收进来之后,我们给他们分了工,杨卫东负责编写鸦片战争前的大事记,李少军负责编写鸦片战争经过的大事记。

同时,我们带领他们外出搞调查、查资料,到各个地方考察地理,进行实地走访。这都增长了他们的见识,为研究打好了基础。

我们花了不少力气编写了《鸦片战争前后史事纪要》,共 80 多万字。鉴于鸦片战争前 300 多年间的中西关系前人尚无系统研究,我们准备先把这一部分的内容编一本书。为此,我花了很大的功夫从头到尾对其进行修改与补充,并将书名定为《鸦片战争前中西关系纪事》。当时我们完全没有出版经费,也没有途径找到经费,开展鸦片战争研究也只得到学校社科处拨的 1000 块钱启动费。当时我们要编写《鸦片战争史》没有钱,就向武大社科处申请,找到了负责人杨健。他说你们成立一个鸦片战争史研究室,我们只能提供 1000 块钱经费。所以我们编《鸦片战争史》这样的大部头的书,武汉大学实际的支持就是 1000 块钱,这点钱只能用于某些非常必要的开支如购买或复印资料,出书是远远不够的。为了这件事我就跟湖北人民出版社联系,当时有武大历史系的毕业生在那里做编辑。

在湖北人民出版社的积极支持下,《鸦片战争前中西关系纪事》一书在 1986 年就出版了。这本书有 41 万字,作者是我和杨卫东。这本书出版后曾受到广泛好评,胡思庸、李希硕(即李喜所)、周溯源、易学金、晓桥(乔还田)等人还专门著文评介,认为这本书是研究明清之际中西关系的力作,在体例上亦有创新。这本书出版后反响很好,被认为填补了鸦片战争前三百多年间中西关系缺乏系统研究的空白,具有大事记、工具书等多种功能。在编撰体例上别具一格,既有叙事,又有评论;既有史论,又有考证;既继承了历代史学著作编撰的优秀传统,又有所创新。这本书的出版适应了改革开放形势的需要,为渴望了解中西关系发展由来的人们提供了一本简明扼要的早期中西关系著作,因而初版即受到人们的欢迎和重视,多次被征引。如中共中央党校出版社 2001 年出版了一本《落日的辉煌——17、18 世纪全球变局中的"康乾盛世"》,书中征引本书 14 节,近 2 万字。

在《鸦片战争前中西关系纪事》出版18年后,该领域学术研究有了深入发展,许多观点需要重新认识。有关鸦片战争前的中西关系,国内外又发表了不少新成果,如刘鉴唐等主编《中英关系系年要录(公元13世纪—1760年)》第一卷、沈定平著《明清之际中西文化交流史》、万明著《中葡早期关系史》、张西平等主编"大航海时代丛书"6种、李喜所主编《五千年中外文化交流史》5卷均相继问世,马士编《东印度公司对华贸易编年史》、龙思泰著《早期澳门史》、张天泽著《中葡早期通商史》、佩雷菲特著《停滞的帝国:两个世界的撞击》均于20世纪80、90年代翻译出版,这些都对本书提出了进一步修订的要求,也为本书修订提供了更为有力的支持。为此,湖北人民出版社与我商量,决定在原书基础上修订再版此书,但由于杨卫东研究生毕业后主要从事行政工作,公务繁忙,所以修订工作由我独立承担。这次再版共增补了20节,约8万字,主要内容为中西贸易与西方天文历算、火器与军事理论、地理、物理器械、生物医学、哲学等的输华情况,以及中国古代经籍、历史地理、中医中药和特种工艺的西传,兼及由此引发的欧洲的"中国文化热",同时对原有某些章节也作了必要的修正与补充。为了使本书更加丰富多彩,给读者以更具体、更形象的印象,此次再版还在相应章节增补了数十幅插图。为了适应市场消费趋势的变化,书名调整为《西风拂夕阳:鸦片战争前中西关系》。

在提出修订《鸦片战争前中西关系纪事》的时候,初版责任编辑就建议续撰鸦片战争后中西关系,以成完璧。我觉得这个建议很好,曾计划在修订完后继续编撰《西潮袭神州:鸦片战争后中西关系》。李少军于研究生期间在这方面做过大量工作,也写了一部很厚的书稿,但要整理出版还需要花很大的力气。后来,他的研究兴趣发生转移,重点放在近代中国与日本关系的研究上,没有时间来做这件事,书稿就丢在一旁了,真有点可惜。

四、《鸦片战争史》的编撰与出版

很早以前，姚先生和我就想撰写一部叙事周详、史论结合、全面分析鸦片战争前后社会经济、政治、文化思想领域深刻变化的鸦片战争史专著，计划由于"文革"爆发被迫中止。粉碎"四人帮"以后，1977 年我们即拟订了一个撰写《鸦片战争史》的初步计划，1978 年又招了三名以鸦片战争史为研究方向的研究生。但是因那几年姚先生忙于修改《北朝胡姓考》《鸦片战争史实考》和《鸦片战争》等旧著，我则忙于《辛亥革命史》的编写与定稿工作，难以坐下来研究此事。直到 1982 年 5 月，在人民出版社前来约稿后，才有计划地启动这项工作，开始收集资料、翻译资料、编写鸦片战争大事记等。1984 年底，姚先生病重住进了医院。1985 年 1 月，为了安慰姚先生，我们在他床前对《鸦片战争史》编撰工作进行了分工，杨维、许增纮、李少军、杨卫东每人写一部分（后来杨维从事行政工作，不得不退出了编写组），最后由我来定稿。许增纮对这件事一直很积极。1985 年，杨卫东毕业被分到武汉市政府研究室，他特意请了两个月的假来完成他负责的部分。由于他已经写下几十万字的《鸦片战争前中西关系纪事》，基础比较好，所以他负责的部分最先完稿。

这本书前期进展很顺利，但是天有不测风云，姚先生不久就去世了，《鸦片战争史》的权威性受到挑战，更重要的是人民出版社主要负责这项工作的编辑换了人。最初极力主张把近代史的每一个重大事件都写一本学术性很强的专著，以形成大规模"中国近代史研究丛书"的林言椒从人民出版社调到了东方出版社，人民出版社负责近代史图书策划方面的主角没有了。人民出版社还有一位叫邓卫中的编辑，他对此是很热心的，《鸦片战争史》这本书主要是他来联系的。他首先专门到武大来和我们商量此事，然后又写信向我和姚先生正式约稿，请我们两个合作编著，现在我还保留着当时的信件。但是,不久后邓卫中也调走了,从人民出版社调到四川搞文史资料去了,他一走这件事就断线了。人民出版社负责近代史研究的还有一名编辑叫乔还田,是南开大学毕业的。我们有一面之交,但不是很熟,想和他联系此事又担心没有把握。在这种情况下我给人民出版社的王能雄写信介绍了人民出版社约稿的前后经过。王能雄是我们学校的毕业生,是和张海鹏同时毕业的。他分在人民出版社,我们有一面之缘。在信中我表示了自己的担忧:姚先生作为主要撰稿人已去世了,《鸦片战争史》是邓卫中约的稿,现在他也调走了,这个书还能不能出?人民出版社认不认可我?我有点担心。王能雄回信说你继续写,只要这个书有质量,出版社是会出的。但事实上人民出版社再也没有和我们联系过出版《鸦片战争史》的事。

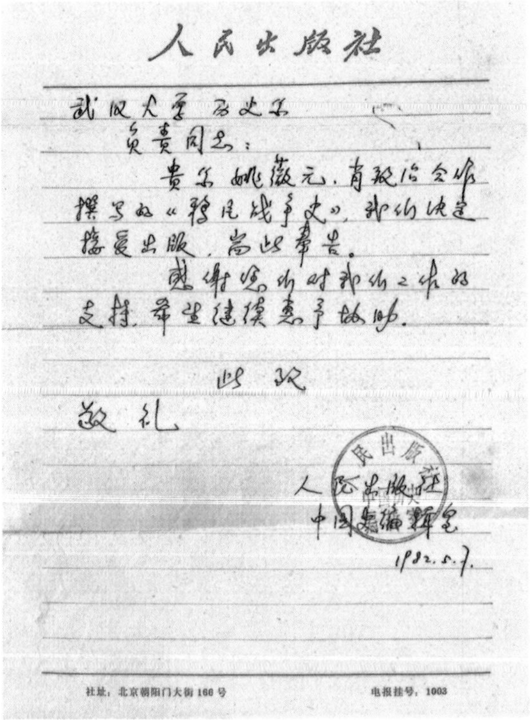
人民出版社

武汉大学历史系
负责同志:
贵系姚薇元、肖致治合作撰写的《鸦片战争史》,我们决定接受出版,特此奉告。
感谢您们对我们工作的支持,希望继续惠予协助。
此致
敬礼
人民出版社
中国史编辑室
1982.5.7.

社址:北京朝阳门大街166号　电报挂号:1003

人民出版社约稿信

不过我们确实也没有放弃，而是按照既定目标往前走。实地考察、查阅资料、翻译资料、整理大事记，所有工作都没有经费支持，我们请人帮忙都是要别人打义工。例如七七级的何仲，他帮忙翻译了一些文章，都没有向他支付稿费。就这样，前期基础工作就花了不少时间。

1983年，我们向武大出版社申请出版《鸦片战争研究》。当时武大出版社不积极，又没有一个懂历史的责任编辑。我们没有出版经费，到处申请，直到1987年才总算得以出版。这是一本鸦片战争史的专题研究，将姚先生与我的研究成果以及研究生们的相关成果都吸收进去了。后来我们围绕鸦片战争史研究逐年出了一些书，如《外国学者论鸦片战争与林则徐》(上、下)、《林钦差与鸦片战争》及《鸦片战争与林则徐研究备览》。

到了1991年的时候，许增纮有些着急了，他说姚先生去世6年了，《鸦片战争史》的出版不能拖了，要抓紧时间赶快实施。我也考虑到在鸦片战争中割让的香港要回归了，这本书要尽量赶在香港回归以前出版。但那时候，教育部抓爱国主义教育，有一本《中华民族魂》向我约稿，出版社催得很紧，我只好组织李少军和我们系的陈宁生老师一起来写这本书，这也耽误了一些时间。到1993年我才集中精力来做《鸦片战争史》的定稿工作，到1994年才基本上完成。与此同时，我们也开始联系出版的事情，本来这本书是人民出版社约的稿，理应给他们出，但我写了两次信给他们，他们那边没有回信。不得已我才跟林子东联系此事。福建的林子东是林则徐的后裔，我们是多年的好友。她原来是福建人民出版社的负责人，对出版社的情况比较熟。我跟林子东讲，《鸦片战争史》这本书的出版出现了一些问题，人民出版社本来是有约在先，但是现在责任编辑换了，彼此不甚熟悉，他不同意的话，我们这本书的出版就无法推进了。林子东说："你把这本书写好的部分寄给我，我跟福建人民出版社的同志讲一下。"我就把书稿中由杨卫东、许增纮写的及我写的各一章，相当于是《鸦片战争史》上册的一部分稿子寄去,由林子东再交给李瑞良。林子东跟李瑞良是同一辈人,而且在出版社共过事。李瑞良是个老编辑,他一看就说这本书可以出。一是他觉得这本书写得不错,二是香港要回归了,配合香港回归这一重大历史性时刻出版这本书是个好时机。李瑞良跟我说,香港回归时间很近了,出版工作还要抓紧。他们很快就把这本书列入重点出版计划。列入重点出版计划有什么好处?最主要好处在于他们有资金支持,而当时出书最难的是经费。出版计划落实之后,我才抓紧开展下册的定稿工作。现在看来,后面的定稿还是比较仓促,有一些重点问题在研究上花的功夫还不够。我们这本书的上册讲的都是鸦片战争前的内容,基本上就是把鸦片战争前的中西关系理了一个脉络出来,讲清楚英国、荷兰、葡萄牙、西班牙怎样实施侵略,这段历史在过去是一笔糊涂账。杨卫东利用郭廷以编的大事记把鸦片战争前的中西关系拟了个初稿之后,我又进行了加工增补。鸦片战争的过程这一部分的研究,主要是由李少军完成的。我们大约是 1995 年上半年才定稿的,共 66 万字。这本书 1996 年 12 月由福建人民出版社出版。

《鸦片战争史》第一版书影

这本书最大的特点不是就事论事，而是把鸦片战争放在中华民族漫长的发展史中来研究。它的名字叫《鸦片战争史——中国历史发展中第三次社会大变革研究》，我们认为影响社会性质的重大变革在鸦片战争前只发生过两次。第一次发生在距今约4000年前，即夏代初年。那是由原始社会过渡到奴隶社会的大变革，也即由原始公有制过渡到私有制的变革。第二次社会大变革发生于距今2500年左右，即春秋战国时代。这是由奴隶社会过渡到封建社会的大变革。由鸦片战争引起的中国历史大转折，是中国社会发展的第三次大变革。这次社会大变革，和前两次大变革有着显著的不同。

第一，所处的历史时代大不相同。前述两次变革，中国尚处于独立发展时代，几乎都是在和中国以外的世界隔绝的情况下发生的。而鸦片战争爆发时，西方资本主义已经有了巨大的发展，几乎整个世界都卷入了新兴的资本主义体系。中国当时正面临西方列强侵略的严重威胁，时势已大不相同。

第二，前述两次大变革，都是中国社会内部矛盾斗争的产物，几乎没有受到任何外来因素的影响。鸦片战争后的大变革，除了社会内部矛盾斗争是其前提，主要是以英国为首的西方资本主义列强侵略的结果，外力在这里起了关键作用。

第三，前述两次大变革，从社会发展角度考察，都是中国社会发展规律的必然结果，是巨大的历史进步。鸦片战争后的大变革，虽然也有社会内部发展规律的作用，但主要是受西方列强侵略的影响。它不是历史发展的进步，非历史发展的一般规律。它对中国封建社会的瓦解起了巨大的加速作用，却没有让中国本身的资本主义势力顺利成长。

第四，经过前两次社会大变革，由于生产关系得到调整，社会生产力有明显的进步，经济趋向繁荣，人民生活水平有一定的提高。而鸦片战争之后，虽然西方先进的科学和生产技术被引进来，生产力有了一定的发展，但它变成了西方侵略势力残酷压迫人民的工具,使中华民族遭到了空前浩劫。在文化意识领域,一方面,封建文化大量保存,严重束缚着人们的思想;另一方面,资本主义思想在社会上产生了越来越大的影响。

这样一次空前的社会大变革,无疑是由鸦片战争引发的。鸦片战争为什么会引起如此巨大的变革?鸦片战争究竟是怎样发生的?以往人们对鸦片战争的研究,往往局限于把它作为一个历史事件来研究,虽然也谈战争发生的原因和影响,但很不深入,流于一般化。只有联系鸦片战争前后的中外时势,从经济、政治、军事、文化、思想、中外关系等方面进行全方位多层次的考察,才能深刻阐明鸦片战争发生的必然性及其重大影响。

为此,我们拟定了撰写的几点原则:

1.突破以往把鸦片战争单纯作为一个历史事件来研究的局限,从分析西方殖民扩张和当时世界形势入手,阐明鸦片战争是英国殖民者对中国实行殖民扩张政策的必然结果,是中英矛盾由经济贸易发展到政治军事冲突的必然产物。

2.把鸦片战争置于中国历史发展的总进程中定位,从具体分析战前清朝统治下的中国入手,揭示清朝封建统治的腐朽反动,已隐伏着无法解救的深刻社会危机,从而论证清政府在战争中节节失败的必然性,阐明战争失败对中国及中外关系带来的巨大影响。

3.实事求是地叙述和歌颂爱国军民英勇反抗外国侵略的光辉事迹,既要充分肯定其正义性,也要如实指出其局限性,总结正反两方面的历史经验,为世界被压迫民族和革命人民争取反殖、反帝、反霸斗争的胜利提供借鉴。

4.述论鸦片战争以后中国被迫对外开放,中国的独立主权逐步沦丧,中国开始卷入世界资本主义的旋涡之中,从而使君主专制的中国开始沦为半殖民地半封建的中国,改变了中国社会的性质与历史发展的进程,中西关系也发生了180度的大转变,迫使中国出现空前的巨大转折。

5.尽量搜集有关鸦片战争的第一手中外文史料,如档案、文物、当事人记述、主要官书、中外专家著作，同时外出考察鸦片战争的遗迹，为研究奠定坚实的基础。

6.注意吸收中外学者的研究成果，同时努力探索，形成自己的独立见解。对于不同的观点敢于提出自己的意见，坚持摆事实、讲道理，以理服人，力求在前人研究的基础上有所补正，有所创新。

本书在编写过程中，国内外同行邓嗣禹、陈志让、吴文津、罗威廉、魏斐德、小野信尔、陈锡祺、陈胜粦、章开沅、胡思庸、牟安世、段云章、杨国桢、林庆元、苑书义、戴学稷、邱远猷、王尔敏、林言椒、邓卫中、邱捷、吴友法、黄宇和、何仲、何祥林、章文钦、袁立春等，都曾给予热情的关怀与支持。他们或提供有关资料，或介绍有关信息，或协助翻译外文资料，给本书的写作提供了非常有益的帮助。特别是陈锡祺、章开沅还分别为这本书作序，给予充分肯定。

这本书从撰写到出版前后经历了18年，是“鸦片战争研究”系统工程的总结性成果。本书出版之际，适值在鸦片战争中被英国强占的中国领土——香港回归祖国前夕，因而受到中央领导和社会各界的广泛关注。中共中央主要领导同志通过中共福建省委告知福建人民出版社，点名索览。中国史学会会长戴逸教授在推荐书中，盛赞本书“对发生在19世纪中叶的这一重大历史事件及其深远影响做了精心细密的研究。该书很有说服力地从多方面阐明鸦片战争是英国殖民者对外扩张侵略的必然结果，指出战争使中国遭到巨大的冲击，蒙受深重的损害，但也激起了中国人民反对外国侵略的爱国主义精神。此书搜集了很丰富的中外文史料，吸取了以往海内外学者的研究成果。在此基础上积累创新，历时十多年，带领几位中青年学者，勤奋工作，全力以赴，完成了这部著作。此书观点正确，文笔流畅，不少地方有所创新，是一部优秀的历史学著作，也是进行爱国主义教育的好教材。”本书出版后，《人民日报》《光明日报》《中国新闻出版报》《近代史研究》以及香港《大公报》等十数家报刊，相继发表评介文章，认为此书是“研究中国近代史开端的新突破”，“以其翔实史料作扎实基础，既充分吸收国内外已有的研究成果,又提出不少新见解”,“颇有说服力,令人耳目一新”,“将鸦片战争史的学术研究提高到一个崭新的阶段”,“是迄今为止篇幅最大的一部鸦片战争史,是目前鸦片战争史研究发展到一个新阶段的重要标志,是一部水平颇高的学术专著”,“为这一课题研究开辟了新天地”,“对由鸦片战争引发的中国历史发展中第三次社会大变革作了精辟的阐述”,“堪称经典的《鸦片战争史》。这是一批有着强烈历史责任感的历史学家。他们为我们这个时期以及中华民族的后人留下一份警世录”。1997 年 9 月,本书先后获得第六届“五个一工程”奖和第三届国家图书奖提名奖,10 月,又获华东地区第十一届哲学社会科学优秀图书一等奖。能得到这样高的奖项很不容易。我查了《中国新闻出版报》的报道,1995 年至 1996 年,一共出了 12 万种图书,而纳入“五个一工程”奖的只有一百零几种,获奖率不到千分之一。这本书及它获得的奖项是我一生研究鸦片战争史的重要成果,能得到这样高的荣誉,是值得欣慰的。十分遗憾的是,薇元师虽然参与“鸦片战争研究”计划的制订,但未来得及见证鸦片战争研究这一重要成果的出版就因原发性肝癌去世。

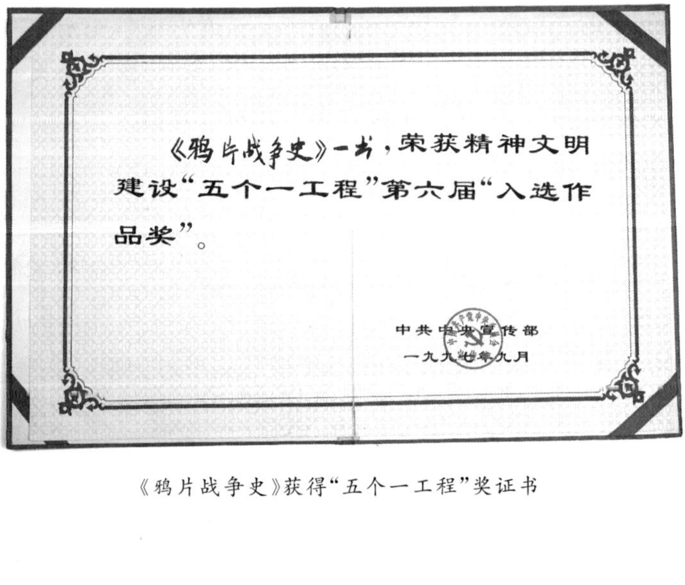

《鸦片战争史》获得“五个一工程”奖证书

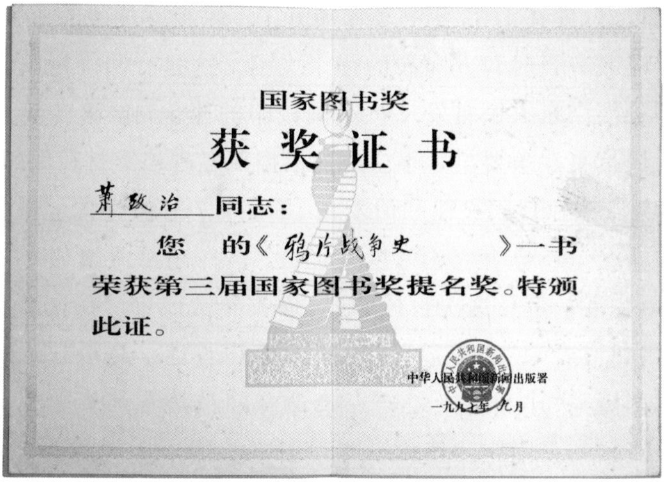

国家图书奖

获奖证书

萧致治同志：

您的《鸦片战争史》一书荣获第三届国家图书奖提名奖。特颁此证。

中华人民共和国新闻出版署

一九九七年九月

《鸦片战争史》获第三届国家图书奖提名奖证书

《鸦片战争史》的出版能获得殊荣，或许与天时有关，但更重要的是它的内在品质和价值，所以在出版20年后，这本著作得以再版。这本身就证明了它的价值。由于时代的进步，一些新的史料被发掘，新的成果不断涌现，为此我对《鸦片战争史》又进行了新的补充和完善。鉴于该书第一版对中西文化交流有所忽视，以及出版后十多年间又有许多相关著作相继出版或再版，为了弥补相关缺陷，我特地在第二版里重点补写了明清时期中西文化交流的内容，叙述了明清时期近三百年的中西文化交流的概况。同时，我还补充了一些新的研究新成果：

1.17世纪的中荷关系。荷兰是继葡萄牙、西班牙之后于17世纪前期称霸世界的海上强国，当时由于缺乏资料，除详述了荷兰侵占台湾及郑成功收复台湾的历史外，其他只能一笔带过，这次则对荷兰和清初中国的关系做了适当的补充。

2.1833年珠海淇澳人民的抗英斗争。位于珠江海口的淇澳岛，是外国船只进入珠江的必经之地，外来商船经常在这一带停泊。到了19世纪初，英国商船曾对此岛进行过勘测，并在淇澳岛的南端修建存货的简易栈房，还不时去岛上渔村抢劫财物。淇澳人民忍无可忍,就在1833年与英商展开了一次反对抢牛的斗争,英国档案馆还藏有当时双方交涉的往来文书。这是有明确记载且时间较早的一次广东人民自发反抗英国侵略的斗争,比1841年广州三元里人民抗英斗争要早8年。这是根据新发现档案材料做的补充。

3.英国全权代表义律和伯麦在1841年7月的特大台风中险些丧命的情况。1841年7月21日至23日,广东沿海遭遇了一次特大台风,香港一带受这次台风影响,损失异常惨重。在这次台风期间,义律和伯麦乘"路易莎"号由澳门前往香港。途中"路易莎"号被台风刮破,义律和伯麦差一点丧命并险被清军巡查船俘获。初版只简略提到英国舰队被台风吹得七零八落,不少船舰受损,没有述及义律和伯麦的遭遇,这次做了补充。

4.1841年9月第二次定海之战英军的伤亡情况。第二次定海之战是第一次鸦片战争期间中英双方军事较量持续时间最长的一次,中国方面三总兵和数千战士牺牲。至于英军的伤亡情况,英国方面的记载多讳言隐饰,中国的文献记载又失之笼统。近年因为在舟山发现了英军于1841年建的皇家五十五团死亡者的合葬墓,英文的碑文上明确记载这个合葬墓中葬了伍长、军鼓手13名及士兵403名,共计416名。由此足以证明,英军在第一次鸦片战争历次战役中,死亡人数最多的不是传统所说的镇江之役,而是第二次定海之战。

5.中英军事装备一节的改写。过去介绍鸦片战争,因为缺乏对中英双方枪炮等军事装备具体细致的比较研究,叙述比较笼统。后来鸦片战争博物馆张建雄与河南科技大学刘鸿亮等学者对中英军事技术、船炮等进行了深入调查与比较研究,使这一领域的研究较前深入了一大步。此次汲取了他们的成果,做了一些补充。

6.清代传统海防思想的研究。鸦片战争中清军连遭失败,除了诸多因素的综合影响,海防观念缺失也是一个重要原因。过去对海防思想缺乏重视,海防思想常常在研究中被忽略。实际上,行动决定于思想,清军的节节失败,追本溯源,多与旧的海防思想有密切关系。

7.1856年9月鄂西北红巾军起义。1856年9月,正当石达开率太平军与清军激战于武昌,北方捻军在河南胜利发展之际,湖北襄阳府的樊城以西一带爆发了一次农民起义。几个月之内队伍发展到2万多人,足迹遍及襄阳府、郧阳府、宜昌府,以及河南省南阳、邓州等地,清政府视为"心腹之患"。这次起义前后持续不到一年,但由于事件发生在中国腹心之地,而且适值以太平天国为首的农民起义走向高潮之际,其影响和给予清政府的打击都不宜小觑。鄂西北红巾军这次起义在历史教科书均未提及,特在第二版加以补充,算是拾遗补阙。

8.嘉道咸时期的西学东渐。19世纪前期,向中国传播西学的已经不是天主教系统的耶稣会等,而是英国伦敦会等经过宗教改革的新教组织。他们除了通过和华人合作大量翻译出版宗教与西方科技书籍,还通过创办医院、兴办教会学校等方式来传教。

《鸦片战争史》第二版共有90.5万字,比第一版增加了20多万字,这些补充使鸦片战争时期的历史细节更加丰满。总体来说,关于鸦片战争的研究,环顾国内外的学术成果,我们的《鸦片战争史》研究算是能够占一席之地。在国内以后会不会有人把这段历史书写得更好,还须拭目以待。国外主要是英国出了两本书,有一本观点比较老,是由老学者写的。还有一本是作者到北京大学进修做研究生后回去写的《鸦片战争史》。这两本书在学术上很难说有较大进展,但是21世纪之后能够出版两本鸦片战争方面的书也是难能可贵的。

当然,任何一本书都有遗憾的一面,如果现在重新来衡量的话,我感觉这本书深度还不够。有好多问题还应该做深入的研究,但因为种种条件限制未能深入。如17、18世纪的时候,荷兰在全球贸易中占有很重要的地位,是中外关系史方面的重要角色。但17、18世纪与荷兰相关的很多资料我们当时没有掌握。后来,中国人民大学收集的资料里面有一篇17世纪荷兰与中国关系的译稿,于

《鸦片战争史》第二版书影

是我把那一部分增补上去了。

关于中外文化交流方面也还有很多可以挖掘的地方,特别是传教士这一部分,还是有很多内容的,但需要有专门的研究,没有新的资料和研究成果就很难推进现有研究。

要想填补空白还应对一些重点问题做深入的研究。鸦片战争中英国方面的研究我们还比较薄弱,英国这个国家从人口和面积来看,当时在世界上不算很大的国家,但对世界的影响很大。它在世界上到处扩张,变成了“日不落帝国”,是最大的殖民国家。对它的发展历史和运作机制的研究,我们涉及较少。

我们最大的弱项就是对英文资料不熟。鸦片战争主要是中英之间的战事,应对英文档案和资料进行全面收集,但我的英文不好,而李少军又主要是学日文的。我们没有形成固定的团队,也没有新人的加入。近代史教研室进人越来越困难,过去你看中的人,大部分又不愿意留下来坐冷板凳。李少军上次来跟我讲,目前又处于一个后继无人的阶段。李少军1958年生，按照规定武大的教授63岁就要退休，因为他还有个课题，还可以再延长两年。可两年之后怎么办？现在武大中国近代史方面老师不多，鸦片战争史这块我们基本上没有接班人，李少军没接这个班，后面的研究生更没有人接这个班，实际上都是我在独立撑持。现在鸦片战争史研究对我而言是到此为止了，但这段重要历史的研究还要继续下去，需要后继有人。

五、林则徐研究

结合鸦片战争史的研究，不可避免地会涉及那时期一些历史人物，总结起来，我主要对三个人物有一定的研究。对龚自珍的研究是我学术生涯的开端，其次是对魏源的研究。魏源是鸦片战争时期最深刻的思想家，是中国近现代化的启蒙大师，同时也是我们邵阳的先贤，我不仅在推进邵阳开展魏源研究方面贡献了微薄之力，而且在魏源研究方面写过数篇文章，如《魏源的〈海国图志〉及其对日本的影响》《评魏源的〈海国图志〉及其对中日的影响》《魏源与西学》《近代中国改革的先驱——纪念魏源诞辰200周年》《魏源与中国近代改革》《魏源与近代诗人的澳门情怀》《魏源是怎样炼成百代名家的？》《评魏源对当时世界的研究与介绍》，等等。但是在鸦片战争史研究中我最关注的是林则徐，我主编或主持出版了《林钦差与鸦片战争》、《外国学者论鸦片战争与林则徐》（上、下）、《鸦片战争与林则徐研究备览》，另外还有各类文章十几篇，如《林则徐的高尚爱国情操》《林则徐在两湖的政绩》《林则徐领导下的禁烟运动在新疆》《林则徐吏治研究》《关于鸦片战争和林则徐琦善的历史评价问题》《怎样评价鸦片战争中的林则徐与琦善？》《从〈四洲志〉的编译看林则徐眼中的世界》《林则徐和陶澍在江苏》《审时度势　与时俱进——漫话林则徐的改革精神》《林则徐鼎力扶奇才》《林则徐禁烟研究中的几个问题》《评林则徐对两湖盐务的整顿及其成效》《鸦片祸害与林则徐禁烟的辉煌成就》《林则徐与鸦片战争研究再议》，等等，对林则徐最系统的研究是参与《林则徐全集》的编纂。

《林则徐全集》第一次编辑工作会议

在史学界有几个人对林则徐的研究是比较多的，最早系统研究林则徐的是杨国桢，他写了一本《林则徐传》在人民出版社出版。来新夏则编了《林则徐年谱》。还有一个是陈胜粦，写有专著《林则徐与鸦片战争论稿》。该著作 1985 年出版，1990 年又出了增订本。福建史学界研究林则徐的积极性很高，林子东是林氏后裔，希望推动《林则徐全集》的出版。实际上《林则徐全集》这套书是 1996 年开始策划的，当年在福建召开第一次会议，商定《林则徐全集》的主编、副主编。陈锡祺是老一辈学者，而且他编过《林则徐集》，由他当主编，大家都没什么意见，但副主编的排名就有争议了，谁排前、谁排后不好定。有人提出按姓氏笔画确定这个次序，来新夏、陈胜粦和杨国桢三人姓氏笔画数都是 7，当时在会上有些争执。我觉得我对林则徐研究不深，可以不署名。我建议由陈锡祺先生当主编，来新夏、陈胜粦、杨国桢当副主编。但林子东说，你不参加不行。

因为此事的主导者是林子东，于是我也成了副主编。第一次会议确定了一个主编、四个副主编。我是最后一个副主编，但实际上我也做了比较多的工作。编委会一共开了四次会，这四次会议从头至尾都参加的就只我一个人。杨国桢第一次会没有参加，只参加了第三次会议。陈胜粦参加了两次会，召开第三次会时他就去世了。具体工作我做得多一点，因为我除担任副主编外，还兼任编辑部主任。

《林则徐全集》编委会第四次全体会议

林则徐留下的大量著作，以不同的体裁和方式多方面地反映了近代复杂多变的历史背景和林氏的宦海生涯，反映了他在不同遭遇下的崇高思想境界。他的著作是他一生思想和政治实践的记录，也是中华民族的宝贵精神财富。因此，《林则徐全集》被列为"九五"国家重点图书规划项目。《林则徐全集》分奏折、文录、诗词、信札、日记、译编6卷，共10册，计377万字。收录文稿的内容范围和数量都有新的突破，其中奏折的一半以上，文录、信札、译编卷的三分之二以上均为首次整理发表，许多材料出自清宫档案。这套《林则徐全集》从收录范围、全书规模、整理体例到编排结构，

《林则徐全集》书影

都比以往同类出版物前进了一步，基本达到了预期目标。

从1996年到2002年，《林则徐全集》由福建海峡文艺出版社完成出版，共用了6年时间。该成果被誉为“是中国史学研究的一个里程碑，也是我国文化出版事业的一个标志性工程”，得到了业内的高度赞誉，相继荣获国家图书奖提名奖、全国优秀古籍整理图书奖一等奖。

第十一章　黄兴研究

我在参与编写《辛亥革命史》的时候，对黄兴的研究不多，当时的一些观点主要受金冲及和胡绳武两个人的影响。当时讲路线斗争，认为黄兴是右倾路线的代表，我也随声附和，既没有对黄兴在辛亥革命中的作用引起重视，更没有研究黄兴的计划。开始研究黄兴其实与薛君度有关。

一、初识薛君度

1979 年我访问美国，结识了薛君度夫妇，后来在薛君度的鼓励支持之下，才开始了黄兴研究。

薛君度是黄兴小女儿黄德华的丈夫。他学识渊博，对于法律、政治、经济、外交以及国际战略等诸多领域均有很深的研究，历任斯坦福大学、香港大学、马里兰大学、牛津大学、哈佛大学、纽约州立大学、柏林大学教授，美国黄兴基金会董事长，英国剑桥大学丘吉尔学院顾问，美国大西洋理事会理事，俄国国际自然人文学院院士，南京大学校董，暨南大学校董，同时在中国人民大学、复旦大学、武汉大学、中山大学、浙江大学、南京大学等高校担任客座教授。他比黄德华小九岁，黄是 1913 年出生，他是 1922 年出生。他的博士论文研究的就是黄兴，题目是 *Huang Hsing and the Chinese Revolution*（《黄兴与中国革命》），此论文于 1961 年以专著的形式出版。他应该是最早研究黄兴的学者中的佼佼者。

1979 年我们访美的行程都是由柯白与各校联系安排的。薛君度原来与柯白并没有联系，但当薛君度听到我和章开沅要访问美国的消息后，他就找到柯白，要求柯白无论如何挤出几天时间，他要请我们到马里兰大学访问。那时我们没有出国的经费，柯白为了让我们能顺利成行，把我们到美国后所有的费用包给了每一个接待单位，包括交通、住宿、学术活动、旅游活动等的费用，全部由接待单位出。就是因为有这个接待条件，教育部才同意我们去，教育部只负责我们往返美国的机票。

于薛君度宅前

当时薛君度是马里兰大学政治系教授，马里兰大学跟华盛顿的距离非常近，大概只有几十分钟的车程。薛君度住的地方在马里兰大学附近，我们在马里兰大学的费用都是他负责的。薛非常热情地接待了我们，他组织美国新英格兰地区政治学者关心中国研究会成员举行座谈会，听取我们的学术报告，帮忙安排并陪同我们到国会图书馆及中国驻美国大使馆参观。他还请我们在他家里吃过饭。当时我们到美国访问，规定每个人只有 12 美元的零用钱，在每个学校吃饭、住宿的费用都由校方出，不需要自己出钱，而薛君度是按 15 美元标准给我们的。我们在马里兰大学住了五六天，都是薛君度夫妇陪同。我们在一起自然会谈起黄兴。

黄兴一生共养了五男三女，他事实上有两任妻子，第一任妻子是廖淡如（1873 年—1939 年），她是黄兴的原配夫人、长沙地方绅士廖星舫的女儿。他们于 1891 年结婚。黄兴在外革命的几十年里，两人聚少离多，廖淡如在家相夫教子，是贤妻良母的典范。第二任妻子是徐宗汉（1877 年—1944 年），是民国时期著名的女权活动家、革命家、贫儿教育家，她与黄兴于 1911 年的广州起义中结识，是黄兴的秘书和革命战友。

黄兴的长子黄一欧生于 1892 年，1907 年加入中国同盟会，1912 年赴美留学。解放战争时期，他为湖南的和平解放作出了巨大贡献。中华人民共和国成立后，他曾任民革中央委员、湖南省人民委员会委员等职。1981 年 1 月 12 日，黄一欧因病逝世，享年 89 岁。

次子黄一中出生于 1901 年，1914 年到日本留学，1928 年回国任职。他参与并完成了全国第一次人口普查，并参与编写《户口统计》《卫生统计》等书。1957 年，他被错划为“右派分子”，后摘帽。1991 年，退休后的他在苏州家中辞世。

三子黄一美为徐宗汉所生，毕业于巴黎大学，毕业后回国在国民政府任职，随后与国民政府元老张继的女儿张瑛相识并走入婚姻殿堂。中华人民共和国成立后他选择留在上海，不久被国民党特务暗杀。

四子黄一球于 1916 年出生于上海，也是徐宗汉所生，他的妻子程博德是国民革命军陆军一级上将程潜之女，曾在德国和美国学习，后来在中华航空公司担任机械工程师，1964 年在台湾逝世。

五子黄一寰出生于 1917 年，是黄兴的遗腹子，后改名叫黄乃。

他于 1936 年前往日本留学深造，1937 年加入中国共产党。中华人民共和国成立后，黄乃历任教育部盲聋哑教育处处长，中国盲人聋哑人协会第一至三届副主席、第四届常委，中国残疾人福利基金会理事，是第二至七届全国政协委员。1949 年 3 月他双目失明后，潜心研究盲文，1952 年提出《新盲字方案》，经教育部批准后在全国推广。黄乃是现行盲文的创制者、汉语双拼盲文方案的发明人，2004 年因病去世，享年 87 岁。

长女黄振华出生于 1896 年，1912 年随哥哥黄一欧赴美留学，曾任苏、皖、川女子师范学校教员，湖南省教育厅督学，教育部编审，行政院参议，中国国民党中央组织部妇女运动委员会委员，国家总动员会议委员，中国国民党重庆区党部执行委员。1948 年当选为第一届立法院立法委员，1949 年后去台湾，自 1969 年起先后被聘为中国国民党第十、十一、十二、十三届中央评议委员。她丈夫陈维纶原来在台湾创办了一个大学，任大学董事长，陈维纶离世之后，她便出售全部台湾家产再次返回大陆。1992 年，黄振华在苏州去世，享年 97 岁。

次女黄文华是黄兴的养女，出生于日本，毕业于南开大学。她和丈夫黄文山是马来西亚共产党最重要的创始人之一。黄德华在全家排行第六，她曾在金陵大学念书，因抗战爆发转到美国哥伦比亚大学深造。后定居美国，与薛君度结婚。

黄兴去世后，徐宗汉坚持革命的理想，积极从事社会公益事业，是一位进步女性。抗日战争时期，她批评国民党和蒋介石，但对共产党比较友好。黄乃到延安去，她本来都不知道，后来周总理在重庆与她见面时，她才知道黄乃去了延安。徐宗汉是 1944 年因病去世的。

抗日战争时期，廖夫人到重庆和二儿子黄一中住在一起，她是 1939 年去世的。最近人们找到廖夫人的墓，就在北碚西南大学后面的山里。因为坟墓在山林里，不醒目，现在要重新修缮。黄兴的曾外孙阚毅联系我，并寄来相关资料，请我写碑文。几年前，黄一中的女儿和外甥还专门来找过我一次。后来，黄一中的长子黄力工和阚毅又来过一次，他们专门来约我给廖淡如写生平简介。我按照他们的要求写了一个小传，有两三百字，报到了民革中央审批。黄兴的后人中，黄一中这一支的人比较多，黄一中的子女共有七个。黄一欧的儿子黄伟民，一直被当作黄兴的长孙来看待。有人说黄伟民不是黄一欧的儿子，有人说他不是嫡系，但黄一欧承认黄伟民是他的儿子。黄一欧还有黄曼西、黄纯之两个女儿。黄伟民曾任第七至第九届全国政协委员、湖南省政协常委、民革中央委员、民革湖南省委副主委、黄兴基金会会长、湖南省海外联谊会理事，主要从事体育教育事业。黄兴的遗腹子黄乃结过几次婚，也有儿女，具体情况不是很清楚。黄乃的长子黄绍强，移居加拿大，是个画家，创作了一本《辛亥群英谱》，2014 年 10 月由河北教育出版社出版。

黄兴的这些后人中，对黄兴最有研究的是陈维纶和薛君度教授。在推动黄兴研究方面薛君度最积极，发挥的作用也最大。他在 1979 年前就多次到中国，有一次他曾约章开沅到长沙见了一面。那时可能条件不成熟，他也只是到国内来摸底。

1979 年出访美国时，我对黄兴的历史以及与他相关的情况都了解得比较少。当时很少发表关于黄兴的文章，“文化大革命”前，只有金冲及和胡绳武那篇《论黄兴》在 1962 年的《历史研究》上发表，阶级斗争的色彩很浓，是把黄兴作为右派来评论的。我以前看过他们的文章，没有深入研究，是随大流走的。正是在 1979 年与薛君度接触后，看了他的《黄兴与中国革命》，我才对黄兴研究产生了兴趣。但是回国后我一直很忙，首先是参与《辛亥革命史》的编辑出版，其次是为编著《鸦片战争史》作相关的准备。在这期间薛君度专门来过武大，和我讨论过黄兴研究的相关话题。

直到 1984 年我才有余力研究黄兴。这年 11 月，我赴广东参加孙中山学术讨论会。在会上我宣读了参会论文《孙中山与黄兴》，论文的主要观点是：辛亥革命离不开孙中山，也不可没有黄兴。这个观点受到与会学者肯定。中国社会科学院近代史研究所副所长李新在大会上说："我原来也想写一篇关于孙中山与黄兴的文章，现在有人写了，我就不用写了。"后来该文登载在《孙中山研究论丛》第三集和《中山大学学报》增刊上。

接着，我在 1985 年 3 月 22—28 日召开的孙中山研究述评国际学术讨论会上，宣读了我的第二篇关于黄兴的论文《孙中山与黄兴关系研究述评》，《人民日报》报道会议情况时，对本文的观点作了重点介绍。该文修改后曾在《武汉大学学报》1985 年第 3 期登载，后又收入中华书局 1986 年出版的《回顾与展望——国内外孙中山研究述评》一书中。

1985 年 12 月，我赴昆明参加"护国起义七十周年学术讨论会"，提供了名为《黄兴与护国运动》的论文。1986 年 6 月，在两湖地区纪念孙中山诞辰 120 周年暨辛亥革命 75 周年学术讨论会上，我提交了《黄兴与辛亥革命》一文，该文是我与聂文明共同撰写的，并登载于《武汉大学学报》1986 年第 5 期，全文选入人大复印报刊资料《中国近代史》1986 年第 7 期。这些文章中的观点薛君度都比较认同，并多次希望与我合作。

薛君度为什么选择与我合作呢？我想一是武汉大学的名气可能起了作用，武大当时在国际上有一定影响力。二是因为我写了几篇关于黄兴的文章，他都很认可。他希望在武汉建立一个研究点，反而对黄兴的故乡湖南不感兴趣。所以他选定了之后，写信给我，希望我对黄兴做些研究。

二、与薛君度共带研究生

1985 年初，姚薇元先生去世了。对武大历史系来说，姚先生的逝世带来一个问题：中国近代史鸦片战争方向的研究生还招不招？当时武汉大学招研究生的院系还不是很多，所以不能放弃。这时薛君度向武大提出了一个建议，希望武大同意让他和我联合招研究生。那时刘道玉当校长，武大学风比较开放，校方同意了这个建议。1985级研究生是我独立带的第一批研究生，薛君度虽然同为导师，但最后在实际教学中只是挂了名。

与薛君度及共带研究生合影

虽然薛君度只是挂名，没有给研究生讲过课，也没有具体指导研究生的学习和论文，但他对推动我们的黄兴研究是有很大贡献的。首先，是他让我对黄兴研究产生了兴趣，并且我对黄兴的认识与评价有了改变也是受他影响。过去我们的历史学总是先有阶级斗争的框架，再把史料往里面填充。先确立了孙中山的正确、伟大，以此为标准，再来评价其他人物。我跳出这种思想的窠臼，固然主要与改革开放、思想解放的大环境有关，也或多或少受到薛君度的启发。我在写《孙中山与黄兴关系研究述评》的时候，就开始有所改变，对孙中山和黄兴的评价更加客观。除了《孙中山与黄兴关系研究述评》，另外发表的几篇文章，如《孙中山与黄兴》《黄兴与辛亥革命》等，当时在史学界也都引起了关注。

其次，薛君度推动了武大黄兴研究室的成立。大约是1987年3月的时候，他特意写信给我，希望武大成立一个黄兴研究所。他的意思是，中山大学有孙中山研究所，武汉大学应该成立黄兴研究所。其实，那时我对黄兴的研究还不够深入，碍于他的面子，我写了封信，把他的信附上，转给学校科研处。学校科研处处长当时是娄延常，他把信交给管科研的副校长童懋林，童很快就批了，于是在 1987 年 5 月正式宣布武大要成立黄兴研究室，挂在中国近百年史研究室，两个招牌，一个班子，房子也不增加。当时武大历史系的中国近代史研究设有三个部门，一个中国近代史教研室，一个中国现代史教研室，还有一个中国近百年史研究室。我和王宗华、张光宇、陈宁生、刘曼容编在中国近百年史研究室，王承仁、李天松、吴剑杰他们在中国近代史教研室，张影辉、孔祥征、吴德华、樊蕴珍、敖文蔚他们在中国现代史教研室。我所在的中国近百年史研究室不是教研室，但是教研室和研究室没有什么区别，实际上，我还是做了不少教学工作，如开设选修课、必修课，还有指导研究生、本科生。当时中国近百年史研究室各成员的研究方向都不同，只有我一个人重点研究 1919 年前的中国近代史，其他人主要是研究中国现代史的。王宗华研究大革命，出了《中国大革命史》（上、下册）和《中国大革命史纲》，张光宇、陈宁生、刘曼容他们几个都是研究五四运动以后的历史，如他们写了一些有关黄埔军校的文章。当时教学和科研也没有分开，每个老师都各搞各的。1987 年，根据童懋林的批示，在中国近百年史研究室的基础上挂了黄兴研究室的牌子，为此科研处拨了 1000 块钱，作为研究室的开办费用。除了这 1000 块钱，学校没有其他支持，没有增加人，也没有增加办公室。

最后，薛君度为黄兴研究室捐了一批书，提供了一定的经费。薛君度的书，他生前寄了一部分到我这里，包括在台湾出版的书，他寄了好几麻袋过来，可能他考虑到年纪大了，而且在美国开展黄兴研究没有什么条件，所以他把希望寄托在武汉大学的黄兴研究室。这些书实际上对我研究黄兴是起了作用的。因为我这里没有多少有关黄兴的资料，两手空空怎么研究？他提供的那些资料，对我的研究工作是很有帮助的。武汉大学黄兴研究室有这些成果，当然离不开我的努力，但是也有薛君度的支持。没有薛君度的支持，没有他把那些资料寄来，没有他出钱支持黄兴研究著作的出版，就不可能有今天的成果。他一次性捐款6万元人民币，设立了黄兴研究奖，奖励对黄兴研究有贡献的人。我们对黄兴的研究，大部分都得到了他的支持，没有他的支持，有些书就出不来。如果不是他的提议，我可能最多写几篇文章。出了这些书之后，我的名声大些了，他也更愿意支持出版。我为纪念自己80岁出版的《薪火文集》反响不错，我觉得还是出得比较好的。

《薪火文集》书影

我院2008级博士生曹强新于2010年7月12日写信给我，他说：

学生近获萧老惠赐《薪火文集》，拜读再三，抚书长叹。先生一生致力于史学，严师育人，著作巨丰，实为我辈学习之楷模。尤先生之淡泊名利，一生浩然，高风亮节，更为吾后辈高山仰止。无名学子当表真切之敬意！灿然史学，精华博大，探无止境。学生当铭记先生之殷殷之望，激励而行，亦无愧焉。他日有缘，学生当求教于门下。

信笔所随，再表谢意。祝健康。

江苏常州市天宁区一位与我素不相识的学者汪一方买了一本《薪火文集》，读了之后，特意把书寄来，请我题字留作纪念。来信中说：

时下出版物数不胜数，标牌各异，花枪种种，但满坑满谷为生猛海鲜之类，既贵又怕吃坏了肚子，而实实在在，如您著作般的五谷杂粮，反倒成了难得一见的稀罕物，叫人无话可说。

拜读《薪火文集》，就如"从山阴道上行，山川自相映发，使人应接不暇。"沏一杯淡茶，书卷在手，时有豁然开朗的好心情。常见皇皇巨著，正襟危坐，高山仰止，总感有些惶惶然。读您的著作，则顿觉心清神爽，获益匪浅。

品味之余，遥想您的举重若轻，虽不能至，心向往之，不禁萌生冒昧之念，托付鸿雁，奉上尊著，恭请题词，以感谢您所赐那一片可贵的清心天地。祝著安。

汪一方拜上

2014年11月25日

我在武大研究黄兴虽然是单枪匹马，没有条件组成研究团队，但我和我的研究生还是为这项研究做了一些事情的。例如，1987年成立黄兴研究室后，我就跟湖南的有关同志讲，湖南长沙作为黄兴的家乡，是不是可以组织召开一次有关黄兴的学术讨论会？湖南的同志开始还有点犹豫，经过权衡他们决定召开这个会。1988年12月29日—1989年1月2日，首届黄兴研究学术讨论会在长沙召开，全国各地的学者都来了。我提供了论文《论黄兴的实业建设思想》。

黄兴与辛亥革命研讨会

在此之前，我考虑要真正研究黄兴，就应该总结过去的研究成果，把研究黄兴的有关文章都搜集起来。黄兴在辛亥革命前后的光辉业绩，是有目共睹的。但是，在国民党统治时代，由于受到"正统"宣传的支配，1949 年以后一段时间，又不同程度地受到国民党史学及极"左"思潮的影响，对黄兴的研究很少，评价也不尽公允。1978 年党的十一届三中全会以后，学者们解放了思想，发扬了实事求是的精神，对黄兴在各个时期、各个方面的活动及思想，均结合当时的历史条件，进行了重新探讨，提出了不少新颖的见解，发表了一批有分量、有说服力、评论公允的论文，对黄兴的功绩和贡献，进行了充分的肯定，对一些不实之词，进行了深入的辨析，对其缺点与失误，也如实地进行了评论。我和研究生们从这些文章中，选择反映研究新进展、有新观点的论文 19 篇，组织撰写一篇《黄兴研究述评》，还编写了《有关黄兴研究著作、论文、资料目录》，一起组成《黄兴新论》一书出版，供进一步开展研究参考。这本书收录了薛君度的两篇文章、我的三篇文章，其他专家都只收了一篇。当时袁立春正好在读研究生，他参与了《黄兴新论》编写的许多工作，《黄兴研究述评》就是他写的，《有关黄兴研究著作、论文、资料目录》也是他编的。薛君度在资金上给予了一定支持，这本书最后署名是我和薛两人合编。在长沙的会议上，我们把这本书带到了会场，得到与会者的高度赞扬，《人民日报》《人民日报（海外版）》《光明日报》《湖北社会科学》，香港的《大公报》，美国的《亚洲研究杂志》《中报》《华府新闻报》等均相继发表评介或报道，称此书为黄兴研究的新成果。

那次会议影响比较大，除了国内的媒体广为宣传，《华盛顿邮报》也登了这个会议的消息。最后，会议将参会的重要论文汇集成册，出版了论文集。

紧接着，我开始筹划《领袖与群伦——黄兴与各方人物》这本书，这是一本探讨辛亥革命时期以黄兴为中心的人际关系的专著。这本书既写了与黄兴同生死、共患难，为了实现共同的革命理想而长期合作的亲密战友，也写了在黄兴教导与影响下成长起来的有志青年，还有倾心支持黄兴从事革命活动的仁人君子。由于黄兴盛德大量，光明磊落，宽容谦让，诚信待人，他们彼此之间也能保持长期的友好关系。他们之间的友谊，大多是在长期合作中建立起来的，而这种友谊的建立与增进，又进一步推进了革命斗争。这本书叙论的重点是辛亥革命时期黄兴与孙中山等志士仁人在共同的革命理想和奋斗目标的指导下，怎样结成以孙黄为核心的领导群体，同心协力，分工合作，群策群力，共同将革命向前推进，终于取得了辛亥革命的伟大胜利；辛亥革命失败后，又怎样继续为挽救革命而坚持斗争。其目的在于把辛亥革命研究引向深入，以推进辛亥革命的研究。

为了加快进度，我除了请一批专家参与写作，还动员了一些年轻的学者和我的研究生，有计划地分别研究黄兴与其他各方人物的关系。如许增纮与人合写了两篇文章，一篇是黄兴与张培爵，一篇是黄兴与邓洁；袁立春写了黄兴与宋教仁；张琦也写了两篇，一篇是黄兴与马君武，另一篇是黄兴与耿毅；张学锋写了黄兴与陶成章；萧莉写了黄兴与田桐；还有萧来荃、梁华平、聂文明也都参加了写作。这本书是武大出版社于 1991 年出版的，为纪念辛亥革命八十周年的献礼。该书也得到许多同仁的赞誉。

三、《黄兴评传》出版

1991 年《领袖与群伦——黄兴与各方人物》出版后，有较长一段时间我的黄兴研究暂停了。主要是被两件事耽误了。一件是 1989 年以后，教育部要进行爱国主义教育，决定编一部中国近现代爱国主义丛书。1990 年是鸦片战争 150 周年，我曾在《求是》杂志 1990 年第 1 期发表了《爱国主义与中国人民的历史使命——纪念鸦片战争 150 周年》一文，提出爱国主义是近代中国人民开展一系列斗争的强大动力。这篇文章产生了较大影响。经戴逸等人推荐，教育部"中国近现代国情丛书"编委会约请我牵头和陈宁生、李少军合撰爱国主义教育读物《中华民族魂》。这本书非常紧迫，我只好把手头的研究放下，集中一段时间写这本书。

爱国主义与中国人民的历史使命
——纪念鸦片战争150周年
萧致治

《爱国主义与中国人民的历史使命——纪念鸦片战争 150 周年》一文

另外一件是《鸦片战争史》一书定稿。经过较长时间的努力,《鸦片战争史》的出版已经落实,那时香港回归比较近了,所以要全力完成《鸦片战争史》的定稿工作。一直到《鸦片战争史》上、下两册出来之后我才有自由的时间。这时研究黄兴出现了一个机遇。大约是1990年时,南京大学前校长匡亚明准备编写一套"中国思想家评传丛书"。他组织了200个人,计划为中国历史上的著名思想家每人写一本传记,一共准备出200本,按照时间顺序编排。原来计划《黄兴评传》约南京大学的一个青年教师来写,已经写了初稿,他们不满意,茅家琦先生提议说这本书应该由萧致治来写,大概因为我对黄兴的研究让他有较深的印象,那时我不仅出版了几本关于黄兴的书,还写了不少有关黄兴的论文和文章,如《孙中山与黄兴关系研究述评》《孙中山与黄兴》《黄兴与辛亥革命》《陈其美与黄兴》《黄兴对护国运动的贡献》《论黄兴的实业建设思想》《论黄兴的建国主张》和《黄兴与湖南辛亥革命》等,所以他们重新约稿,我也不好推辞,就答应了。

写《黄兴评传》,我心里还是有很大压力的。因为南京大学找自己的老师写了,没有通过。接手这本书的撰写,担子很重,责任很重,尽管当时我已退休了,也没有怠慢,有好多问题都是从头至尾进行研究,花了很多功夫去考证、去辨伪、去甄别。在撰写《黄兴评传》期间,我发表了《黄兴家世和早年研究二题》《黄兴首次赴日时间及其思想转变小考》和《黄兴的历史地位与黄兴研究的回顾》等文,全书写成用了两三年的时间。

《黄兴评传》是我的代表作,也是黄兴研究的集大成之作,在学术上有不少的建树。一是我把黄兴的生平和事迹研究得比较清楚。关于黄兴的情况以前有的是模糊不清的,比如黄兴的家世。从他祖先迁到湖南来,一直到黄兴这一代为止,他的家世并不清楚。黄姓的来源以及黄兴的家世,以前有关黄兴的著作涉及很少。讲述较多的,要数黄兴的大女婿陈维纶撰写的《黄克强先生传记》。这本传记于1973年在台北出版,是所有已出版的黄兴传记中篇幅较大、叙论较详的一本。这本书提供了一些鲜为人知的资料，评论也比较客观。但在叙述黄姓源流及黄兴家世上，却与事实真相不符，特别是对黄兴家世的叙述，与事实出入很大。他说：

> 其先世原为国族，发迹于河南光州，绵延蕃衍，遍及秦、晋、齐、楚等地。初避秦乱，迁于江夏（按：今武昌），或仕或隐，概以耕读为主。东汉以后，胡寇为祸，展转洞庭、鄱阳间。迄于明末，金铿公昆仲三人，景慕道州周子濂溪昌明理学之遗风，由南昌迁居湖南长沙府皇仓街，厥后户口增繁，分居长沙与善化之粮塘一带。

这里概述了黄氏一姓的来源与发展，但语焉不详，过于简略。特别是黄兴这一宗支，何时迁到长沙，从何地迁来，因什么原因迁来的叙述与事实完全不符。我利用《经铿黄氏家谱》，对黄兴家世以及族源进行研究。这部家谱纂修于光绪壬辰年，即 1892 年，是第七次纂修。所谓“经铿”，并非陈氏所说的是“金铿公昆仲三人”，而是地名金坑的谐音。金坑位于今长沙县东北部，属福临镇双起乡，距离长沙城 40 多公里，1981 年更名为金坑桥。这个小村之所以著名，是因为明末黄氏九世祖“黄洽中晚年曾卜居于此。洽中是万历癸未（1583 年）科进士，官至知府，生有七子，皆品学有闻德，号‘经铿七贤’。到了清朝定鼎，洽中一宗繁盛兴旺，而黄氏的其他宗房，皆以劫后余生，竞相亲附。地以人名，经铿遂为一族的通称了”。家谱第七次纂修的主稿者黄潭、黄锡焘，均属黄氏第十七世，中过举，做过官。黄兴的父亲炳昆是第七次纂修的 31 位编校之一。这部家谱，为理清黄氏源流和黄兴家世，提供了可靠的资料依据。据这部家谱记载，黄兴先祖迁长沙，不是明末，而是明初，是元末明初的战乱所致，他们也不是从南昌迁来，而是从江西吉安府泰和县迁来的。迁湘始祖是黄国璋，黄兴是国璋这一支的第十九世。我把他们的世系一一进行了排列。

另外,黄兴究竟是读的城南书院还是岳麓书院?陈维纶、李云汉、左舜生、吴相湘、章开沅、李新等人编写的著作中都认为黄兴1888年入岳麓书院,1898年由岳麓书院保送武昌两湖书院。我通过多方考证,认为黄兴是1896年进的城南书院,后来"因湖北两湖书院友人函招往学,遂赴武昌"。还有,黄兴首次到日本是什么时候?以前有三种说法,分别是1899年、1902年、1901年,唯独没有人说他是1900年去的,我经过多方考证,联系当时具体情况,写成《黄兴首次赴日时间及其思想转变小考》一文,在《历史研究》1999年第1期刊发了。我推测黄兴不是1899年去日本,也不是1901年或1902年去日本,而是1900年去的。这个推测在2002年召开的张之洞与近代化讨论会上做了进一步考证,根据新资料他是1900年农历五月初前往日本,农历五月中旬到了日本,实际上已经是公历6月了,不是公历5月。

二是对黄兴的评价比较公平,特别是把他在孙黄关系中的位置摆正了。过去是重孙轻黄,或者是扬孙抑黄。1984年3月,胡耀邦接见了薛君度,薛君度对他说,现在研究辛亥革命,就只讲孙中山,好像辛亥革命就是孙中山的辛亥革命。胡耀邦当场对薛先生表示:以后要讲孙中山,也要讲黄兴,还有宋教仁。胡耀邦讲了这番话以后,情况有了变化,再讲辛亥革命时,除了讲孙中山,重要的文章都讲了黄兴和宋教仁。我在《黄兴评传》中纠正了过去的偏向,考证了黄兴的个人经历和一些似是而非的评论。孙中山与黄兴在辛亥革命中的贡献都是巨大的。孙中山有几个第一:他第一个提出"振兴中华";第一个提出成立兴中会,建立革命团体。黄兴从事革命事业要晚些,我的贡献是研究黄兴思想究竟是在哪一年,因为什么情况转变的。我的结论是黄兴到1900年之后才有革命思想,他原来还有点改良思想。

我在这本书中认为孙中山与黄兴是共同合作、共同推进辛亥革命的。关于孙黄分歧的问题,需要具体问题具体分析,有些责任不在黄兴。不能把好的都放在孙中山头上,把不好的都推到黄兴身上。如同盟会成立的时候，孙中山宣传革命主要在日本、东南亚和美洲一带，与国内基本上没有太多联系，所以在同盟会成立的时候，近百名同盟会会员中80％至90％都是黄兴联系的，孙中山认识的人不超过10个。同盟会成立以后，组织工作、宣传工作也都是黄兴在抓，孙中山主要是号召，实际工作做得很少。为什么孙中山与黄兴有矛盾呢？因为很多同盟会成员只听黄兴的，不听孙中山的。这些人都来自长江流域或北方，与孙中山联系不是很多，孙中山主要与广东的一部分成员有联系。在革命队伍里，指挥、策划、开展革命宣传、组织革命队伍等实际上都是黄兴做得多，在某种意义上说，没有黄兴就没有辛亥革命，这是我的基本观点。孙黄的分歧大家说得较多的是两件事，一件是“倒孙风潮”。同盟会中“倒孙风潮”出现过两次。一次是1907年，日本当局要求孙中山离日，孙一时盘费无着，宫崎和神户一位靠造船发财的商人铃木久五郎和孙熟识，就资助他10000元，日本外务省政务局长山座园次郎也赠款7000元，共得款17000元。孙中山以1000元作告别用费，以2000元作《民报》维持费，其余全部用来供运动潮惠起义急需。对此，本部同人章太炎、张继、宋教仁、谭人凤、白逾桓等极为不满，章太炎“以为铃木送一万元要全交给《民报》，而孙先生过手只交出二千，自己挪用了八千元”，因此大吵大闹，逼迫以庶务代行总理职务的刘揆一召开会议，罢免孙中山的总理职务，改选黄兴继任总理。并且把挂在民报社的孙中山照片撕下来，批上“卖《民报》之孙文应即撤去”。在这种情势下，黄兴的态度至关重要，稍一偏离，就会导致同盟会分裂，革命前途也就不堪设想。在这关键时刻，黄兴表现出光明磊落、以大局为重的态度。当他收到刘揆一的来信后，即日复信：“革命为党众生死问题，而非个人名位问题。孙总理德高望重，诸君如求革命得有成功，乞勿误会，而倾心拥护，且免陷兴于不义。”由于黄兴态度鲜明而且坚决，一场轩然大波得以平息。

还有一次起因于陶成章。1908年夏，陶成章主编了《民报》第20期至22期。由于《民报》经费遇到困难，同年9月，陶成章亲赴南洋向孙中山索款3000元作《民报》印刷费。当时孙中山正在安置因镇南关、河口起义失败后被安南当局驱逐到新加坡的六七百人,经济上也十分困难。孙中山说他没有钱,于是把一只手表给陶成章,说他只有这个手表,让陶成章把手表变卖掉,这手表是华侨送的。陶不理解孙的实际困难,两人发生争执。后来陶提出请孙中山开具介绍信,自己亲赴各地筹款,结果也不顺利。由是,陶对孙中山愈发不满,怀疑孙中山故意作梗,从此萌发了反对孙中山、另立山头、重建光复会的打算。

1909年初,陶成章在东南亚各地到处游说,散播诽谤孙中山的流言,说孙中山将各处筹款据为己有,致使当地革命志士多存疑心。这时,湘人李燮和以从事教育作掩护,正在主持文岛、槟榔屿等地同盟会的会务,对孙中山也有不满情绪。于是两人相互唱和,联袂反对孙中山。两人联络江、浙、湘、鄂、闽、粤、川七省在南洋的办事人,起草了一份《孙文罪状》,罗列"罪状"12条,善后办法9条,主张罢免孙中山,举黄兴当领袖。黄兴态度鲜明地表示不能这样做,他专门写信给革命党的各个报刊,让各报刊不要登攻击孙中山的言论,一定要坚持以孙中山为领袖。这件事显示了黄兴顾全大局、一心为公的胸怀。由此也可见"倒孙风潮"不应该视为孙黄二人的分歧,是黄兴坚决顶住了"倒孙风潮"。

另一件事是成立中华革命党。1913年3月20日,宋教仁在上海车站被刺杀,25日孙中山就回国了。回国之后,在黄兴家里开了一个会,孙中山认为袁世凯这个人不可靠,坚决主张武力讨袁。实际上,"二次革命"的时候,袁世凯的声望还很高,同时,袁的势力比革命势力强许多。因为黄兴总是亲临前线指挥,对军事力量有研究,他知道在当时的环境下,要想用革命力量打败袁世凯的北洋军阀是不可能的。所以他不赞成兴兵打仗,主张采取调和的办法,用法律的办法解决这个问题。虽然他不主张武力讨袁,但他还是做了些安排布置,包括湖南的革命党人和广东的革命党人都做了些准备。孙中山总结"二次革命"失败的教训是大家不听他的指挥。

孙自认为，他是先知先觉，其他人是后知后觉。革命要想成功，就必须绝对听从他的指挥。因此，他决定另起炉灶，成立中华革命党。他说，凡要加入中华革命党，都要盖手指印，宣誓效忠孙中山。他劝黄兴加入中华革命党，服从他的领导，宣誓效忠。黄兴说，这种方法不符合民主原则，我们只服从集团，哪有服从一个人的呢。黄兴为了避免分裂，在中华革命党成立之前到美国去了。到美国后，他也不讲孙中山的坏话，强调领袖只有孙中山一个，他甘居配角。他在美国一方面治疗肠胃病，另一方面带着几个人学习、考察美国的民主制度，批评袁世凯政府。有些人攻击黄兴，说他分裂同盟会。但是黄兴一直没有另外成立什么组织，说他意图分裂是没有根据的。因此，两次分歧都与黄兴无关。事实上，1914 年中华革命党建立之后发展并不好，因为很多人虽然坚持革命，但并不参与这一革命组织。例如李烈钧就拒不参加中华革命党。后来护国运动的时候，李烈钧实际上还是起了重要作用的。

第三点是对以前研究黄兴出现的一些问题进行了评论和纠偏。20 世纪 60 年代初期，金冲及、胡绳武在《历史研究》上发表文章，把黄兴定为右派，带有浓厚的“左”倾观念。在当时的历史环境下，有这样的观点是可以理解的。但是到了 20 世纪 90 年代，《孙中山研究论丛》出版了，其中有一本金冲及、胡绳武两个人合写的书，收入了这篇《论黄兴》的文章，仍然说黄兴是右派。所以我在《黄兴评传》中矫正了过去的一些极“左”思想，评论是非都比较实事求是。

2001 年举办辛亥革命九十周年学术讨论会时，我自费购买了 200 本《黄兴评传》，其中 120 本送给了参加会议的学者，他们拿去看了，反响很好。

台湾学者李云汉是《黄克强先生年谱》的作者，他大概在 2005 年前看到了《黄兴评传》这本书。在南京参加纪念同盟会成立一百周年学术讨论会时，我们刚见面，李云汉就伸出大拇指说：“黄兴研究，你是第一。”这本书问世以后评价比较高，所以在黄兴诞辰一百周年纪念时，这本书作为典藏本再版了。一本书不到十年再版，还有六家网站全书转载，这也是不容易的。

江苏省社会科学院的莫永明曾评论：“《黄兴评传》是一部求真务实、不囿成说的佳作。善于继承，勇于创新，内容翔实，论析严整，这是数十年来黄兴研究的总结性成果，在黄兴研究史上有不少重要的突破。”

《黄兴评传》书影

四、黄兴研究中心在武大

《黄兴评传》出版以后，在学界影响很大，此时我已出版了三本关于黄兴的书，同时对黄兴研究中的重点问题和薄弱环节也做过一些研究，写成专题论文。薛君度建议我出一部论文集，他提供一点资助。当时石彦陶教授和他弟弟石胜文也就黄兴研究的一些重大问题或薄弱环节写过不少论文，并且出版了两人合著的《黄兴传》。2005 年为了纪念黄兴诞辰 130 周年，我把我的文章和石彦陶的文章合在一起，共同选出具有代表性的论文共 15 篇，汇编成《黄兴与辛亥革命》，由岳麓书社出版。鉴于薛君度先生在黄兴与辛亥革命研究方面早在20世纪50年代即已取得重大成就，起到了开拓和奠基的作用，在国内外都有重大影响，同时，由薛氏夫妇及其大姐黄振华集资设立的美国黄兴基金会，十多年来在推进黄兴及各项学术活动方面发挥了重要作用，《黄兴与辛亥革命》一书特收录美国以色列籍学者史扶邻等对薛君度先生著作的评论文章3篇。这本书本来应该在武大出版社出的，但武大出版社对石彦陶的文章有看法，主要是石对孙中山的评价他们把握不准，最后就放到岳麓书社出版了。

从学术的角度看，《黄兴与辛亥革命》一书所收论文，有以下特色值得注意：

第一，开拓了一些研究领域，填补了某些领域过去缺乏研究的空白。史学研究要想深入，必须不断开拓新领域。收入本书的文章，许多领域都是前此没有涉及或很少涉及的。比如华侨与辛亥革命，过去几乎只谈孙中山与华侨，从没见有人研究华侨与黄兴的关系。本书收入《黄兴与南洋华侨》一文，算是第一次。又如黄兴与湖南辛亥革命运动、黄兴与武汉辛亥革命运动，以及他与湖南立宪党人的关系，过去也少有涉及，本书收入的三篇相关文章，也算填补了这个空白。还有，过去都把黄兴视为革命执行家，认为他不懂革命理论，只知盲目执行，其实不然。黄兴不但对革命理论有自己的见解，而且对建设理论也颇具卓见。本书所收《论黄兴的建国理论》，就是依据他在民国初年的言论，对其建国理论作了综合评述。读了此文不难看出，黄兴对于民国的建设，包括政治、经济、军事、文化、教育，以及民族联合等，都有较成熟的见解，如果将其与同时期孙中山的言论作一比较，可以看出，某些方面孙还不及黄。最后，近代化是当时的一个重要问题，对今天仍有借鉴意义，本书所收两篇关于黄兴与近代化的论述，也是这方面的开拓性论文。

第二，对事关黄兴一生评价的重大问题作了进一步研究，弄清了事实真相，纠正了过去的一些偏见。黄兴作为辛亥革命时期和孙中山齐名的主要领导人物,他在辛亥革命前的表现,受到一致肯定。而对于他在民国初年的表现,有些人持否定态度,认为“妥协是其基本倾向”。本书收入的《评民国初年黄兴的基本政治倾向》一文,对民国初年黄兴的政治倾向作了实事求是的评述,指出评价一个人的基本政治倾向,首先必须看他对关系国家前途和命运的大事所持的态度,看他的所作所为是否有利于国家的富强、民族的振兴和社会的进步;其次还应看主流,察本质。根据以上标准,黄兴在民国初年坚决反对外国侵略,对帝国主义的侵略活动保持了高度警惕;坚决反对专制独裁和帝制复辟,维护民主共和;反对人治,主张法治;提倡大力发展工商业以奠立富强之基,倡导各民族平等联合,促进各民族地区协调发展。所以,他的主张是好的,无可非议的。至于赞成民国元年南北议和,以及让位于袁世凯,都是迫于当时形势,而且这是包括孙中山在内的大多数革命党人的共同意见,同时又是以清帝退位、建立民主共和国为先决条件,应是一种有原则的妥协。如果以此为据,就说妥协是民国初年黄兴的基本倾向,是不符合实情的。对于黄兴在反袁护国时期的表现,过去也有人表示异议。我在《黄兴新论》中,已有专文作了评述,本书收录石彦陶等写的《黄兴与孙中山:谁是护国运动的主要领导者?》一文,对此作了进一步分析,足以表明黄兴虽然回国较晚,但对反袁护国斗争,还是作了力所能及的重大贡献。此外,对黄兴的家世、黄兴是否就读岳麓书院、何年首次赴日等问题,本书所收《黄兴家世及其早年研究》一文作了进一步考证,纠正了过去的谬误。

第三,对孙中山、黄兴在辛亥革命时期的表现作了比较研究,还原了历史本来的面目。孙中山为振兴中华奋斗了一生,是伟大的革命先行者,特别是晚年毅然排除各种阻力,实行联俄、联共、扶助农工三大政策,把旧三民主义发展为新三民主义,是值得充分肯定的。但由于种种因素,他去世后被神化了,而在辛亥革命时期与他并肩领导了革命的黄兴,则变得默默无闻,以至谈到辛亥革命时,人们只知有孙中山,而不知有黄兴,完全背离了历史的真相。

本书收入的《孙中山与黄兴比较研究新论》等三篇文章，对孙中山和黄兴在辛亥革命时期的实际表现，作了实事求是的比较分析，讲述了历史真相，有助于人们对辛亥革命时期的孙中山和黄兴作出正确的评论。

第四，总结了中华人民共和国成立50多年来的黄兴研究成果，对一些重大问题作了简明扼要的评论，为未来的黄兴研究提供了基础，指明了方向。自从1949年中华人民共和国成立以来，以1979年为界，黄兴研究分为前后两段。前段不能令人满意，后段则走向了繁荣发展的新时期。本书收录的《50年来中国内地黄兴研究述评》一文，对这段时期的黄兴研究作了综述性评论。特别是对几个事关黄兴一生评价的、有争议的重大问题，对各方观点均作了介绍，这对于今后加深对黄兴的研究不无启发。

第五，对薛君度关于黄兴与辛亥革命以及其他革命领导人物的研究作了评述。在研究黄兴的学术史上，薛君度先生起步较早。史扶邻认为："薛君度先生有关亚洲研究的诸多贡献当中，最引人注目而又影响深远的，是他对辛亥革命的开拓性研究。"薛君度的《黄兴与中国革命》一书，撰写于20世纪50年代，历时8年完稿，1961年辛亥革命五十周年之际，由斯坦福大学出版社出版。他广泛查阅了有关中外文著作250多种，对辛亥革命及孙中山作了不囿成见的评述，对后学颇多启迪。该书的中译本由杨慎之先生翻译，1980年由湖南人民出版社出版，1982年重印。1982年又由香港三联书店改为繁体字出版，1985年重印。从1961年出版以来，总发行量达4万册，对学术界来说，称得上是一本流传颇广的畅销书。《黄兴与辛亥革命》一书附录了两篇文章对《黄兴与中国革命》作了评论。另外，薛君度著的《人物、政治与外交》一书，是一本涉及辛亥革命至当代的历史人物的评论集，他把历史人物和当时的政治、外交联系起来评论，其中颇多灼见。

总而言之，《黄兴与辛亥革命》虽是一本论文集，但对黄兴一生的许多方面均有涉及。因为是论文集，也便于就某一重大问题集中展开评论。所以，相对来说，本书论述比较深入，而且多是经过深入研究后得出的结论，与那些急就章、人云亦云者不可同日而语，称得上是一本有独到学术见解的著作。

在我写的关于黄兴的文章和著作中，除了《黄兴评传》，我最看重的是《湖湘文库》编委会约我写的《黄兴研究著作述要》，该书编入《湖湘文库》乙编第 55 种。我编这本书的目的是从学术研究角度全面、科学、客观地反映近百年来国内外黄兴的研究成果，对过去的研究情况作一次较系统的总结，借以弘扬这位千古名人的丰功伟绩，同时也可激励来者继承先人的爱国传统，为中华民族的伟大复兴献智出力。这本书在结构上分为五大部分：一是生平简介，二是研究概述，三是著作述要，四是重要论文简介，五是著作论文索引。《黄兴研究著作述要》对黄兴研究进行了系统性整理，为后人研究黄兴奠定了基础。

《黄兴研究著作述要》书影

1920 年 9 月 6 日及 7 日，黄兴去世即将 4 周年之际，毛泽东在湖南《大公报》发表连载文章《湖南受中国之累以历史及现状证明之》，赞扬“湖南有黄克强，中国乃有实行的革命家”。就是说，中国“有实行的革命家”，是从湖南的黄兴开始的。在中国，有组织、有领导、有纲领、有目标的革命，严格地说来，是从辛亥革命开始的。首倡这次革命的，当推孙中山，而身体力行，亲自组织、发动、推进这次革命，并最后推翻清朝专制统治、建立民主共和国的，当首推黄兴。所以，毛泽东的话，绝非夸大之词。

在这场使中国由两千多年的君主专制统治转向民主共和的伟大斗争中，黄兴是实际的组织者和领导者。他在推翻君主专制、建立民主共和国过程中的杰出作用，主要表现在以下几个方面：

第一，和孙中山同心协力，创建同盟会，为建立民主中国提供了组织保证。1905 年，联合全国革命志士的中国同盟会的成立，标志着中国民主革命进入了由分散到联合的新阶段，是中国革命进入高潮的起点。同盟会是以孙中山和黄兴为核心建立的。同盟会的建立，孙中山有首倡之功，黄兴更有积极赞助之力。从 1905 年 8 月同盟会正式建立，到 1912 年 8 月同盟会改组为国民党，整整七年，黄兴不仅是同盟会的杰出组织者，而且在维护团结、维护孙中山的领袖地位、巩固和壮大革命组织等方面，起了决定性作用。首先是在实现全国革命力量大联合中发挥了举足轻重的作用。其次是同盟会成立后，黄兴在留学生中积极发展会员，在各地建立起同盟会的分支机构，使同盟会的组织很快遍布全国。这些分支机构散布于全国 21 个省区，为革命运动在全国展开奠定了组织基础。再次是长期主持同盟会本部工作，为同盟会各项活动的开展付出了辛勤的劳动。最后是维护团结，保证了革命工作在同盟会领导下健康发展。同盟会成立后，1907 年先有旗帜之争，接着章太炎等掀起“倒孙拥黄”风潮，提出罢免孙中山，改选黄兴为总理。1909 年，陶成章又发动更大规模的“倒孙拥黄”风潮，要求罢免孙中山，选举黄兴为总理。当时黄兴只要有半点权力欲，就能把孙中山罢免，自己当上总理。但是黄兴以大局为重，从维护革命团结出发，坚决抵制，既维护了孙中山的领袖地位，又巩固了内部团结。

第二,组织领导了一系列武装反清起义,为革命的最后胜利铺平了道路。武装斗争是推翻君主专制统治的主要斗争方式,黄兴是当时武装反清斗争的主要组织者和领导者,他不畏艰难险阻,历经千辛万苦,带领革命党人和人民群众向清朝专制统治发起一次又一次猛烈冲击,为推翻几千年的君主专制统治铺平了道路。其中最突出的贡献,一是从留学日本的陆军学生中选拔了一批革命志向坚定的同盟会会员组成"丈夫团",为武装反清斗争准备了大批优秀的军事骨干,这些人后来在革命中大多成了各地的重要将领;二是亲自上阵,组织和领导了一系列武装反清起义,沉重打击了反动统治,直接铺通了把革命引向胜利的道路。

第三,运筹帷幄,驰骋疆场,为创建民主共和国立下了殊勋。建立开创中国历史新纪元的中华民国,这是辛亥革命最大的成果。在创建民国的过程中,作为革命主帅的黄兴,筹谋划策,奋力拼搏,为共和国的建立作出了杰出的贡献。首先,"雄据一省与各省纷起"的英明战略,是黄兴最先提出的。1911 年武昌起义前,他又具体制定了一个 11 省同时发动的计划,布置各省革命党人积极准备。武昌起义之后,清政府惊恐万状,立刻将北洋精锐组成三个军,一个军守卫北京,两个军猛扑武汉。双方在汉口交战初期,革命军在汉口前线指挥的主将,或因伤退下火线,或暗地通敌,或借故返回武昌。三军无主,汉口岌岌可危,这时正是"千军易得,一将难求",假如汉口前线长期无人指挥,革命军势必立刻崩溃。正是在这关键时刻,黄兴于 10 月 28 日抵达武汉,没有喘一口气,就亲临前线视察,然后返回武昌,和黎元洪等商议战守事宜,当夜即偕同参谋人员返回汉口,设立指挥部,亲临前线指挥抗敌。在敌我力量悬殊的形势下,他主持汉口、汉阳保卫战达一个月之久,尽管未能挽回败局,却歼灭了北洋大量精锐,迫使清政府停战议和,这也为革命胜利赢得了时间,山西、云南等 9 省区得以乘机起义,使清朝统治土崩瓦解。终以一隅之失,换来了全局的伟大胜利。

各省起义独立后,急需建立临时中央政府,以便协调全国革命力量统一行动和对外交涉，争取各国承认。黄兴为了组建临时中央政府，在地点、人选、经费等问题上折冲樽俎，同样煞费苦心。特别是到了 12 月 23 日，各项筹建工作基本就绪，黄兴正打算即日动身前往南京组织临时中央政府，突然得悉孙中山已经回国，于是立即停止出发。待孙中山 25 日到达上海，他即与宋教仁、陈其美等秘密商定，向各省代表示意，选举孙中山为临时大总统，组织临时政府。由于黄兴的积极筹划，南京临时政府在孙中山到达上海仅一个星期，就宣告成立。从此结束了中国几千年来的君主专制统治，开创了民主共和的新时代，在神州大地上建立起第一个民主共和国。

从创建同盟会到中华民国建立，为时不到六年半。在这期间，黄兴不但本人全力投入革命斗争，变卖家产支援革命，还把年仅 14 岁的大儿子黄一欧也交给革命。这一时期，他不顾一切，呕心沥血，到处奔波，无时无刻不在为夺取革命胜利、建立民主共和国而奋斗。因此，人们当时就把黄兴和孙中山并列为开国元勋，称他们为“开国二杰”。

第四，矢志不移，为维护民主共和制奋斗终身。黄兴从 1900 年立志革命起，到 1916 年 10 月 31 日去世，前后共为革命奋斗了 16 年，大体可分成前后两段：1912 年南京临时政府成立前，中心目标是推翻清朝专制统治，建立民主共和国；1912 年后，主要是为维护和巩固共和制竭尽全力。1912 年元旦，孙中山在南京正式就任中华民国临时大总统，那时在北京的清帝尚未退位。袁世凯利用南北对峙局面，凭借拥有强大的北洋军和帝国主义的支持，左右开弓，攫取权位。经过南北议和，南方革命党人在军力不足、财政极端困难的形势下，为了实现民主共和，不得不对袁世凯作出让步，在清政府交出政权后，把临时大总统这个要职让给袁氏。1912 年 3 月，袁世凯宣誓效忠共和，遵守《临时约法》，继任大总统。软弱而幼稚的革命党人，包括孙中山、黄兴在内，起初都轻信了他的诺言，以致当年八九月间，孙、黄应邀相继北上，在袁世凯虚伪的表演下，两人都一再公开表示拥护袁世凯当大总统。孙中山表示,要让袁世凯当10年总统,自己则全力投身实业,修建10万公里铁路。黄兴表示将全力开矿,为修筑铁路提供原料。可是,袁世凯的专制独裁野心很快暴露。不到一年工夫,随着宋教仁被刺身亡,他们的梦很快破灭。孙中山和黄兴在宋死后,为了维护民主共和,都由拥袁转向倒袁,相继发动了"二次革命"和护国运动。在这两次维护民主共和、反对专制独裁的生死决斗中,黄兴都倾注了全部心血。直到袁世凯死后,黄兴卧病在床,还在为维护共和出谋划策,真是把毕生的精力都献给了中国的民主共和事业。

黄兴有许多优秀的品质。首先是革命意志非常坚定,是武装斗争的组织者,指挥者。其次,他顾大局,排解纠纷,汲取了太平天国运动失败的教训,不争领导地位,既维护孙中山的领导,又坚持原则。再次是他能容人,以诚待人。黄兴的人缘很好,在开展革命宣传工作方面,黄兴起了骨干作用,如《民报》就是黄兴提议创办的。革命队伍中,无论是华兴会还是同盟会,绝大多数的成员都是黄兴的朋友。黄兴在同盟会中联系群众、组织群众是做得最好的。最后是一心为公。中国国民党改组以后,各个地方都要建立国民党组织,在成立国民党湖南分部时,没有房子,黄兴就把自己住的房子让出来,当时他的夫人廖淡如怀着孩子,肚子大大的,不得不搬到另外一个地方去。1903年筹划革命的时候,经费最困难,他卖了家里很多田地,筹资万两,把钱拿来做革命经费,这个是破财为国。

纵观古今中国历史,在开创中国历史新纪元中,黄兴和孙中山都立下了不朽的殊勋。孙中山功在首倡民主共和制,并为建国提供了理论,同时为宣传革命、筹集革命经费奔波于世界各地;黄兴则在建立革命组织、开展革命宣传、发动武装起义等许多方面贡献了全部心血。正是由于孙、黄同心协力,紧密配合,战胜千难万险,在全国人民的共同努力下,才推翻了延续二千多年的君主专制制度,建立起中国历史上从未有过的民主共和国。所以宋教仁才说,孙中山和黄兴“同为吾党泰斗”。武昌首义后仅40天就发行的《民国报》创刊号，在介绍黄兴时说，黄兴“为革命党中唯一之实行家”，“革命党最重黄之威望，可与孙逸仙齐驱并驾”。当时日本出版的书、发表的政治评论，都是孙黄并提。后来美国的林百克写了一本《孙中山和中华民国》，书中更说：“没有黄克强的武力运动，中山虽有他的才具，也很难说究竟能否推倒满清。所以，我们大胆地说，没有中山就没有克强；没有克强，满清有了外人帮助，也许到今天（指1925年）还是安然坐在紫禁城里的龙位上受百官朝贺！”可见，黄兴对辛亥革命的贡献是不应低估的。

《黄兴研究著作述要》这本书虽然只是一本工具书，但我为它所花的功夫不逊于传记。它把从黄兴去世之后到此书出版之前有关黄兴研究的内容都做了概括。第一章生平简介，其实是给黄兴写的一个小传，扼要地介绍了黄兴光辉的一生，将最新的研究成果都浓缩在这篇小传里；第二章研究概述，梳理了近百年来国内外研究概况，对黄兴研究成果进行总结，并对未来研究进行展望；第三章对黄兴研究著作进行了逐一评述；第四章是对有关黄兴研究的重要论文进行简介，最后附录了著作论文索引，让研究者一目了然。

1987年武大成立黄兴研究室，虽然名义上有很多人，实际上只有我一个人在，没有形成一个团队。当时我们计划把袁立春留下来重点做黄兴研究的工作，但袁立春想到南方去。后来，薛君度提出来是否可以把袁立春再调回来，我征求袁立春意见，但他已经不可能回来了。好在单干也没有辜负“黄兴研究室”这块牌子，不仅出了一批高质量的论文，还出了几本高质量的专著。

2011年为迎接辛亥革命一百周年，团结出版社出了一套辛亥革命著名人物传记丛书，共计二十本，实际上不止二十个人物，有些书是两个人的合传。因为我写了《黄兴评传》，他们极力推荐我来写黄兴。《黄兴》一书实际上是《黄兴评传》的压缩版，当然这是《黄兴评传》出版10年之后的作品，其中补充了很多新的研究成果。

《黄兴》书影

在我的研究成果中，排第一的是鸦片战争研究，排第二的就是黄兴研究。从 20 世纪 80 年代开始，我开始带领研究生和一些年轻老师研究黄兴的有关问题，经过几十年的努力，积累的成果使武大成为当之无愧的黄兴研究中心。现在我已经退休三十多年了，武大历史学院中国近代史方向进的老师越来越少，后继无人。我不知道黄兴研究室的牌子还在不在，也有很多年没有看到研究黄兴问题的文章和书出来，我估计，自我 1992 年退休离开历史学院后，这块牌子就自动撤销了。

第十二章　黎元洪研究

黎元洪研究是我自己随机选择的一个课题。1981年,《辛亥革命史》已经出版,出课题组回来就遇上纪念辛亥革命七十周年的活动,我作为《辛亥革命史》编写组的一员,自然是要写文章的。我觉得当时有两个题目值得一写,第一个是辛亥革命时期武汉的资产阶级,好像没有人系统研究,第二个就是黎元洪。辛亥革命时期,黎元洪的地位还是比较高的。当时有"开国二杰""开国三杰""开国四杰"之说,"开国二杰"是孙中山和黄兴,"开国三杰"就包括黎元洪,"开国四杰"还包括袁世凯。我认为从1949年以后到辛亥革命七十周年,都已经过去三十多年了,学界对于黎元洪好像没有专门的研究,只是《辛亥革命回忆录》里很多地方提到了黎元洪,所以我认为应该研究一下黎元洪。

一、到黎元洪老家找家谱

当时研究黎元洪也是要冒风险的。因为辛亥革命期间,黎元洪一方面有很大功劳,另一方面也做了一些让革命党人伤心的事。辛亥革命爆发后,为了维持武昌的统一,黎元洪曾杀了不少革命党人,所以一位亲历辛亥革命的老人说:"革命中最大错误之一,就是以黎元洪为都督。"[①]我认为不管黎元洪这个人怎么样,他在辛亥革

① 中国人民政治协商会议湖北省委员会编:《辛亥首义回忆录》第一辑,湖北人民出版社1979年版,第1页。

命中的正反面都是值得研究的。纪念辛亥革命七十周年的时候,我就准备写黎元洪。看了一些史料后,我发现黎元洪在辛亥革命期间以及之后,从事了很多实业活动,并在文化教育、救济贫苦等方面做了很多事。辛亥革命以后,黎元洪也始终坚持民主共和。我觉得这是很可贵的。因为在当时有好多人都是两面派,两边倒,他则一直坚持共和体制,反对帝制,反对专制独裁。

要写好这篇文章,需要查阅大量的史料,我找到历史系1973级的学生任泽全,他毕业后被分配到中国社会科学院近代史研究所。我提出来跟他合作,要他在北京想办法找找新的资料。他在档案馆里查到一个黎元洪的履历清单,这则清单实际上只写到1902年,黎元洪的早期履历清单里有简单的介绍,其他的也没有了。发现这则资料以后,任泽全也写了一部分初稿,最后由我来完成定稿。

该文主要分析了黎元洪在辛亥革命后的思想转变。黎元洪的命运转折点是辛亥革命。1911年10月10日武昌起义,革命党人一夜之间攻下湖广总督署,占领武昌城。当时革命党的重要领袖皆不在场,黎虽向与革命无缘,但为人比较忠厚,在群众中有点声望。革命党人以为推他出来"足资号召",公举他为湖北军政府都督。起初,他顾虑革命不能成功,又受忠君思想影响,不肯就任。随后,汉阳、汉口相继光复,京山、汉川先后起义,革命军又在汉口挫败南下清军,各国驻汉领事宣布"中立",承认民军为交战团,他见胜利有望,才开始转变态度,愿意担任都督,为革命效力。

武昌起义爆发后,清政府为了平息首义之区的革命烽火,集中兵力向武汉反扑。黎元洪配合革命党人,积极组织力量迎击清军,坚持奋战四十多天,为各省独立创造了条件,促进了革命在全国的展开。

在以往的历史著作中,辛亥革命后的黎元洪多被认为是反动势力的代表。实际上,从黎元洪的言行和政治主张看,他已在逐渐转变,仍然说他是反动势力的代表是违背历史事实的。

过去人们责骂黎元洪,将他看成反动势力的代表,主要是因为在袁世凯统治初期，他投入了袁的怀抱，和袁狼狈为奸，杀害革命党人，把北洋军引进湖北，充当了袁世凯镇压“二次革命”的帮凶。假如我们不只是看他的罪过，而是用发展的眼光对他全面进行评估，不难发现他在辛亥革命后的转变。

首先是思想观点上有重大转变。辛亥革命前，黎对清朝专制统治不曾有过异议，封建思想无疑在他心中居于主导地位。经过辛亥革命，他亲身感到民主共和乃大势所趋、人心所向。他心中的民主共和思想逐渐取代了君主专制思想，他本人完成了由帝制党向共和派的身份转变。黎在民国初年对两党制也十分推崇，认为两党制是民主国的富强之道。他说：“查政党公例，以两大党对峙为原则，英之自由、保守，美之民主、共和，互相提携，同臻福利。”当时国民党已经成立，是国内第一大政党，他为了拼凑另一大党，支持孙武等人广事联络。在他的支持下，共和、统一、民主三党合并成为进步党，他被推为理事长。进步党成立后，他觉得“适符初志”，十分满意，表示对国家前途之计划，“皆将于新党是望”。

特别值得重视的是黎元洪倡导的军民分治思想。民国初年，北洋军阀以及地方大小军阀推行军事独裁统治，集军政、民政大权于一身，或者雄踞中央，或者独霸一方，以民国之名，行专制之实。黎元洪虽也出身军界，却反对军事独裁。早在武昌起义之初，他就提出自己只管军事，民政请另举贤能。后来，他一再提出民国新建，可效法日本、美国实行军民分权而治。他痛切指出军人专政、军民不分有十大害处，会导致军界无道德心、无法律心、无责任心，积极主张把军务、民政划为二途，庶政归民政管辖，每省定一都督，专辖军队，悉归中央委任节制，一除干预政治、擅举军官之弊。同时建议改募兵制为征兵制，及年则入伍，满限则归农，实现全民皆兵。为了贯彻这种主张，黎元洪从1912年7月1日起带头在湖北实行军民分治，以为天下倡。

其次是政治态度的转变。推翻几千年的君主专制，建立民主共和，是辛亥革命的主要成果。怎样对待帝制与共和，是政治态度中一个最根本的问题。在对待帝制的态度上,黎元洪在革命党人的帮助下有了转变。袁世凯帝制自为,为了争取黎的支持,一面赠以黎高官厚禄,一面要与黎结成儿女亲家。黎考虑了得失利害,始终不为所动。1915年8月,策划帝制的杨度奉袁意旨前往黎处游说。黎直率地告诉他:“我身为民国副总统,对此违背民国事,非所愿闻。”袁想将参政院作为推行帝制的工具,身为参政院院长的黎元洪不入圈套,从9月6日起,就借口“生病”,不再出席参政院会议,并且一再提出请辞副总统、参政院院长等职,要求回原籍黄陂休养。蔡锷离京前夤夜访黎,探问他对帝制的态度,他表示坚决反对帝制。从11月起,他开始拒绝接受副总统薪俸。11月15日,袁册封他为“武义亲王”,陪伴身边的黎劭平问他如何应付,他说:“反对帝制恨无力,赞成帝制决不可。如果帝制实现,余惟一死而已!”言毕拿出手枪,以示必死之意。帝制派另一首脑梁士诒前来劝说,黎元洪指着大厅一柱对梁说:“你们如再逼我,我就撞死在这里。”梁知没有劝说余地,只得默默离去。袁世凯封他为亲王后,曾经两次派人送册封令前往黎府,均遭到拒绝;三次派人送亲王薪俸,均被退还。洪宪帝制期间,黎元洪闭门谢客,惟以书法自娱。曾笑语人:“项城作皇帝,我倒书法成家,从此可点翰林矣!”黎元洪在帝制与共和的尖锐斗争中,与有些老革命党人如胡瑛、孙毓筠、李燮和等有云泥之别!

再次是经济投资方向的改变。存在决定意识,意识反过来也会影响存在。辛亥革命后,随着政治态度转变,黎元洪的投资方向也由专买土地逐渐转向投资实业,进行资本主义经营。1923年6月,黎第二次从大总统位置上被赶下台。他知道自己的政治主张在军阀割据的形势下再也不可能推行,从此专意经营实业。从1919年起直至去世,黎元洪担任中兴煤矿公司董事长,每次董事会都要出席。根据有关材料考察,黎元洪在辛亥革命前从来没有投资过实业,辛亥革命后,他的绝大部分私人财产均用于投资新式企业。先后投资的银行和厂矿共四十五个,其中银行十七个,煤矿六个，纺织厂五个，食品公司七个，其他行业十个。除了担任中兴煤矿公司、中美实业公司、震义银行董事长，他还担任黄陂商业银行总董（投资占银行股额十分之一），南洋兄弟烟草公司、长兴煤矿、六河沟煤矿、芦汉银公司、中华国民制糖公司、中国轮船公司等企业董事。投资总额没有确切统计，估计至少二百万元。从经济投资上看，他实际上已资产阶级化了。

从上述思想、政治、经济三方面考察，可以明显看出，黎经过辛亥革命的洗礼，思想上封建意识在逐步减弱，资本主义意识在不断增强，政治上逐步由帝制党变成共和派，经济上也慢慢向资产阶级转化。

这篇关于黎元洪的研究论文当时花了不少功夫，写得比较长，最早是在纪念辛亥革命七十周年学术讨论会上发表，题目叫作《黎元洪在辛亥革命后的转变初探》，有两万多字。后来《武汉大学学报》《江汉学报》都刊发了这篇论文。这篇论文还被收入《中国近代史百题》这本书里，这本书发行量很大，共发行了十几万册。这是我写的第一篇关于黎元洪的论文，这篇文章应该在当年产生了很大影响。

由于研究黎元洪困难很多，资料很难找到，开始我只想写篇文章，不再深入研究，后来河南的中州出版社要出一套民国人物评传，他们约我写黎元洪。我当时事情比较多，正好湖北省社会科学院的梁开平在研究黎元洪，于是我和他商量合写《黎元洪评传》。

既然写黎元洪评传，就需要把辛亥革命以前黎元洪的情况搞清楚。黎元洪的祖籍在哪里、他究竟姓什么，自从武昌起义以来，一直存在不同的说法。武昌起义后第七天，即 1911 年 10 月 16 日，《神州日报》上发表了署名鄂中武士的《革命军总统黎元洪小史》一文，说“其先世为皖之宿松人，自其祖与父商于湖北，遂改入黄州府黄冈县籍，故今为湖北人”。同年 10 月 21 日出版的《民国报》第一号，也载有未署名的《黎元洪》一文，除字句略有出入外，内容与《革命军总统黎元洪小史》大致相同。1980 年 8 月，中华书局出版了由李新等主编的《民国人物传》第二卷，载有张振鹤撰写的《黎元洪传》，仍然因袭了这种说法，说“他的祖籍原系安徽宿松，从祖父起即经商湖北，遂入籍黄陂”。

关于黎元洪的姓氏也早有不同传说。辛亥革命时期曾追随冷遹并担任过江苏光复军炮兵团军需长的薛端性，撰有《华阁随录》，内记“元洪祖父国尧实姓洪，原与洪秀全同族，太平军初克武昌，即官于斯”。中华人民共和国成立后，其子薛民见为了编撰《黎元洪年谱》，曾多方搜集资料，写成《元洪姓氏之谜》一文。文中列举了十条“堪作研究”的理由，认为“元洪祖父国尧实姓洪，原系太平天国要员”。我在黄陂县（今武汉市黄陂区）访查时，83岁的退休老教师彭准也说：“当学生时（指民国初年）就听说黎元洪本姓洪，不姓黎。他的名字隐含有原来姓洪之意。”除此之外还有姓雷、姓李等说法。

还有出生地问题。据薛民见考证，黎元洪生于黄陂县北木兰乡沙岭冈，离县城60里。据称太平天国运动失败后，黎元洪的祖父

大悟黎元洪故居纪念馆

带其父亲远走湖北，因其媳（即元洪生母）待产在即，“不得不改名换姓，匿居黄陂僻乡，以避清廷耳目”。于是她在沙岭冈（应为沙地冈）住了下来，不久就生下黎元洪。为此，我查阅了有关资料，并到黄陂、大悟做了实地调查。

关于黎元洪的祖籍，《故宫档案·兵部·武选》第0020〈7〉号案卷中存有一份《呈送三品顶戴尽先补用都司黎元洪履历清单》，里面明确记载，黎元洪“系湖北汉阳府黄陂县寄籍江夏县人”。这是第一手资料，应属可靠。又据李根源《雪生年录》记载，黎曾对李说过：“家本黄陂，生于汉阳。”李根源与黎交情很深。特别是1923年黎第二次当大总统又被直系军阀逼迫下台前后，二人可谓生死之交。李的记载既然来自黎元洪亲口言传，应为可信。此外，台湾出版的《湖北文献》第四期载有李晴芳的《黎元洪故里考》，说得更加具体：黎元洪“祖居黄陂县北乡夏店会黎家河”，“黎家河属夏店五会中的石滚会……门临西大河，村后五老山余脉，背山面水，风景毓秀。黎氏幼年随父外出，发迹后，曾还乡捐资在村中修建黎氏宗祠一座，并在其祖茔附近田家河前，重修黎姓祖墓，上题为‘黎氏远祖之墓’。”

黎元洪故居纪念馆内一隅

带着这些问题，我在1982年探访了黎元洪的家乡。我先在黄陂县城里找了一下，什么也没有发现。找几个人打听了才知道过去黄陂的黎家河早已被划到了大悟。所以，我在城里访问了一些人之后，又跑到大悟去了。我到黎家河所在的村去找几个老人打听黎家的族谱，他们都说不知道，但告诉我有一个姓黎的人可能保存一套。于是我又从黎家河前往大悟城，去找那个姓黎的人。当时的路很不好走，交通工具只有长途公交车，班次很少。我在丰店公社姚畈管理区找到了那位姓黎的人，他告诉我，有一部族谱在他的大哥黎文焕手里面。族谱是不容易保存的，因为“文化大革命”的时候，族谱属于“四旧”，很多都被烧毁了。黎文焕在“文化大革命”期间用油皮纸把族谱很小心地包起来，埋在地下，改革开放之后才拿出来。当时他送来给我看的时候还是用油皮纸包着的，一点也没有受潮损坏。这本《黎氏族谱》是1914年编写的，当时黎元洪正任副总统，从史料价值看这本族谱是比较可信的，看完族谱才弄清楚黎元洪家的世系。我最早发现了黎元洪族谱，并最先在《辛亥革命研究通讯》第十九期上发了一篇访问纪实。

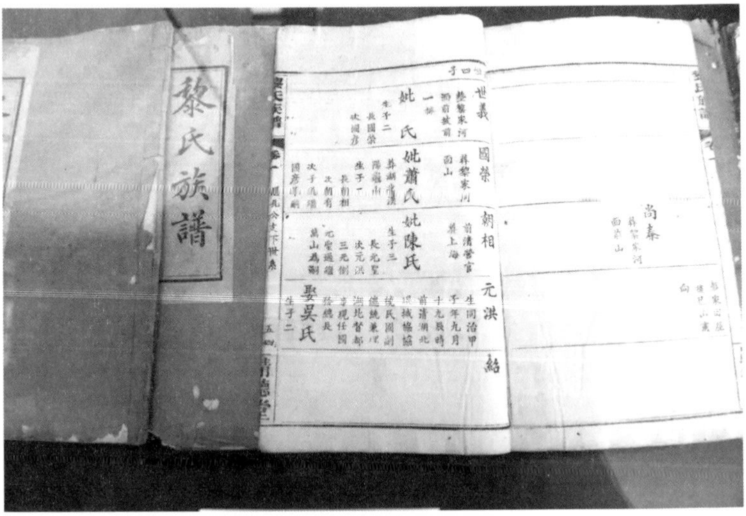

《黎氏族谱》

调查结果证明李晴芳所述完全属实。黎家河原属黄陂县，距黄陂县城180里，现属大悟县新城公社黎河大队。大悟县1949年前名礼山县，以县境内有礼山得名，是1933年蒋介石为了加强对这一地区的统治，把湖北黄陂、孝感二县的北乡，黄安县（今红安）的西乡以及河南罗山县的南乡四县边远之地划出来，合并建立的。当时黄陂县划出来的有河口十会、夏店五会，占新县面积的五分之一。黎家河的老少皆知黎元洪是黎家河人，他们甚至把黎家河称为黎元洪村。据老人黎文明（竹篾匠）说，他亲眼见过黎元洪的儿子黎绍基、黎绍业为其曾祖、高祖立墓碑。这些墓碑是后来补立的，保存完整，字迹清楚。

赴大悟考察

据族谱记载，明代洪武年间（1368—1398），黎旭、黎旦两兄弟住在江西豫章（今南昌）碎瓦墩。黎旦有五子，长子舜臣、三子舜元随其伯父黎旭迁住湖北，其余留居江西。黎旭始居黄陂中和乡，复迁黄陂以北黎家楼；黎舜臣始住黄陂小西门外大板桥，后迁东乡，复由东乡迁到离县城180里的黎家河定居。黎元洪就是舜臣的后裔。

由谱中世系可知，黎舜臣一支从明代初年始迁黄陂黎家河（现属大悟），世代相传，脉络清楚。所谓黎的祖籍为安徽宿松，纯属以讹传讹。至于薛民见撰文提出十大疑点，是不值一驳的。

综观薛氏所提证据，多系传闻与猜测。表面看去，似乎也有一定的道理，实际无一条确凿证据。即使其父写的《华阁随录》，也并不可靠。所谓“随录”，无非是随闻随录。来源既属传闻，其可靠性自然要大打折扣。而且《华阁随录》系稿本，据薛民见称，早在抗战时期即已“毁于日军”，薛民见本人也只是“随侍左右”时看过，仅凭记忆所得，其真实性不免又要打一次折扣。由于时过境迁，记忆失真是常有的事。因此，薛氏所称“堪作研究”的十大疑点，都是猜测、附会之言。如薛民见发现元洪的祖父叫国尧，洪秀全的祖父名国游，就认为他们是同宗同辈。其实“国”在黎氏族谱里是一字辈，有国俊、国横、国贤等。为了弄清国尧是否与洪秀全祖父国游是同族同宗关系，我曾致信中国社会科学院近代史研究所太平天国研究专家王庆成同志，请他代查日本友人复制赠送的洪秀全族谱中有无国尧、国云、朝相之类名字，又请广东花都洪秀全故居纪念馆馆长欧阳国同志代查馆藏洪氏族谱中有无同类名字。回信均说没有。这又从另一方面证明薛氏的推断是错误的。

二、对黎元洪若干问题的考证

《黎氏族谱》的发现解决了黎元洪的家世问题。但这个族谱只讲了黎氏家族的来龙去脉，黎元洪早年的经历基本上仍是模糊的，史料比较少。所以我跟梁开平合写《黎元洪评传》时，让他写辛亥革命以后的部分，这部分资料比较好找，因为那时黎元洪已经成名，当了总统、副总统，许多资料是公开的。但是辛亥革命以前，黎元洪的历史很模糊，因为他的资历不深，有关他的记载不多，例如黎元洪履历清单就非常简短。为写这段历史，我花了很多功夫，基本上把黎元洪早期的情况搞清楚了。

黎元洪的父亲黎朝相早年参加鲍超的霆军，后划入唐仁廉部仁字营，为剿捻军跟从李鸿章转战于河南、山东、直隶、陕西等地。之后，李鸿章调任直隶总督，仁字营跟着调防畿辅。长期以来，黎朝相厕身行伍，东征西战，行踪不定，根本无力照顾妻子儿女。因此，黎元洪母子只有依靠祖父黎国荣在家度日。他们家所在的黎家河，是个很荒僻的村落，为了养家糊口，黎元洪的祖父把他一家大小带到汉阳，到汉阳没有地方住，就暂住在鹦鹉洲滩涂上面的报国庵。我曾到汉阳鹦鹉洲的报国庵那边去访查了一次，当时碰到一个老太婆，正坐在门口，我就问她认不认识黎元洪，她说认识。我问她黎元洪家里现在有没有人，她说黎元洪家里可能没有人了，黎元洪就是在报国庵里面出生的。那个时候还是20世纪80年代，距辛亥革命发生70多年，那个老太婆大概八十几岁。她说黎元洪的姐姐叫黎元平，嫁给了一个在汉阳打鱼的渔夫，一家人一直住在汉阳。黎元洪当了官发达以后，好像和她也没有多少联系。

黎元洪的童年，一直是在坎坷之中度过的。由于黎国荣生意不好，黎朝相又长年征战在外，所以黎元洪的儿时生活十分困苦。据说，黎元洪生下只八个月，其母亲陈氏即患了一场大病，差一点丢掉了性命。在这种情况下，他便早早被断奶，靠喝米汤、吃粑粑活了下来。几年以后，他的祖父、祖母相继去世，家庭生活几乎陷入绝境，年仅五六岁的黎元洪，不得不和姐姐元平一起在街头流浪乞讨。到了七岁那年春天，黎元洪得了天花，奄奄一息，痘病痊愈之后又不停地咳嗽，差不多过了一百天，咳嗽才渐渐停止下来。因为家庭生活无着落，他的姐姐元平被送到汉阳河泊所一户姓苏的打鱼人家作童养媳；他则在八岁那年回到黄陂老家，给住在田家河（与黎家河为上下邻村）的姑父田秀庭放牛。那时他年少不懂事，有时把牛绳捆在树上，自己则躺在草地上睡大觉；有时干脆任牛到处跑，破坏别人的庄稼。田秀庭拿他没有办法，年终只得把他送回汉阳。这是黎元洪一生中在黄陂老家度过的唯一一年。

1874年，唐仁廉就任通永镇总兵，黎朝相也随仁字营调到了北塘驻扎。由于黎朝相有了比较固定的驻地,能经常接济家庭生活,日子总算有了转机。黎元洪从田家河返回汉阳后,不但生活有了保障,而且可以上学读书了。黎元洪一面在汉阳的私塾里上学,背诵四书五经;一面帮助母亲料理家务,生活还算过得去。

1876年,黎朝相已当了把总,薪俸较前有所增加。到了1877年的夏秋之交,黎元洪不幸得了疟疾,朝相得信,特从北塘赶回汉阳看望。不久,黎元洪病情好转,黎朝相乘机替他定下亲事,让他娶同住汉阳的吴敬君为妻,敬君此时年仅八岁。自从黎国荣夫妻相继去世,黎朝相的弱妻幼子无依无靠,生活无人照料,黎朝相乃决计举家迁往北塘居住。汉阳与北塘两地遥隔上千里,将来接亲也不方便,经两家商定,吴敬君也随黎家一起北迁,由朝相妻子陈氏童养于家。正是这一次北迁,为黎元洪的发展带来了机遇,几年之后在黎朝相的鼓励下,他考取了天津北洋水师学堂。

黎元洪在北洋水师学堂的待遇不错,该学堂除供应本人的衣食住之外,还提供一笔养家费:一个月八两银子。但到1884年,黎元洪在北洋水师学堂学习一年之后,他父亲黎朝相去世了。这时候,他家里就只剩下一个继母、一个六岁的弟弟,还有黎元洪从汉阳带过去的童养媳吴敬君。黎朝相一死,黎家主要靠黎元洪在北洋水师学堂读书的养家费来生活,过得非常清苦。黎元洪在北洋水师学堂学习很勤奋,1888年毕业时,24岁的黎元洪被派往北洋舰队的来远号实习。当时北洋水师学堂培养两类人才,一类是负责驾驶的,一类是负责机器管理维修的。黎元洪是学轮机管理,他在来远号实习了一年,表现不错。1884年到1889年,张之洞出任两广总督,他觉得广东是中国和外国最早接触的地方,是中国的门户,却没有一支自己的舰队,所以他和福州船政局商量,花钱在福州船政局定制了四艘军舰。到1890年,广东的第一艘军舰广甲号建成下水,但没有专门的技术人员来管理和驾驶军舰。后来,张之洞与李鸿章商量,从北洋水师学堂要了一批学生,黎元洪被派往广甲号担任“三管轮”,这是清军水师编制中最低等的士官。1894年,中日甲午战争爆发，刚好广甲号开到北方送东西，送完东西之后，李鸿章就直接让它参加了甲午海战。结果广甲号在大连口外的三山岛触礁了，日本的军舰追到这里，黎元洪和广甲号的士兵跳水游到了岸上，从大连跑回天津。到天津之后，他就被水师管理部门隔离审查。两三个月后，他交代了整个逃亡过程。那时，甲午战争也结束了，整个北洋水师全军覆没。这样，黎元洪在海军也就没法干了。1895 年，张之洞在两江招募新军，由于黎元洪曾在北洋水师学堂学习过，不仅具备一定的军事知识，还能听懂英文，所以很快被录用。开始，他被派去监修南京城外幕府山等地的炮台，同时又担任新练自强军的英文翻译。由于表现不错，受到张之洞的赏识，随后被派去做狮子山炮台等处的总教习、专台官。1895 年末，刘坤一回到南京，张之洞便回湖北继续当湖广总督。张之洞离开南京时，已经招募了一千新兵，完全按照新式的方法进行训练。他当时打算继续在湖广训练新军，但在两江训练的新军又不好全部带回来，于是和刘坤一说，要在这 2000 人中带 500 人回湖北，作为编练新军的基本队伍。这样，黎元洪就跟随张之洞回到了湖北。很快，张之洞把这 500 人扩编成两个营共 1000 人，分为前、后营。黎元洪在后营当帮带，相当于副营长。当时营里面的管带有两个人，一个是张彪，一个是岳嗣仪。后来，岳嗣仪调往广西，黎元洪实际成了湖北编练新军的主干力量。

1904 年，清政府提出编练新军的计划，全国要练 36 镇（相当于现在的“师”）新军。张之洞原打算在湖北练两个镇的新军。当时岳嗣仪已经调走，于是第一镇由张彪统领，而黎元洪负责统领第二镇。到 1906 年，清朝要统一编制，根据湖北的情况，提出湖北只能练一镇和一协（相当于旅）的部队。最后确定湖北练第八镇和第二十一混成协，由张彪担任第八镇的统制，而黎元洪则出任第二十一混成协的协统，相当于旅长。从 1906 年开始，一直到辛亥革命前，黎元洪一直都是协统，相当于湖北军界的二号人物。这就是辛亥革命前黎元洪的简单经历。

围绕黎元洪的事情我陆续写了一些文章。如为了研究黎元洪在中日甲午战争中投海的问题,我专门写了一篇《黎元洪投海考》。黎元洪在甲午海战中投海一事,除光绪二十八年(1902)江夏县知县陈树屏等向清廷奏报的《黎元洪履历清单》(《故宫档案·兵部·武选》0020〈7〉)避而不提外,凡是有关黎元洪的传记几乎都谈及此事。但黎究竟在何时何地投海、因何原因投海、当时在哪艘军舰上担任何种职务,则是众说纷纭,莫衷一是。

黎元洪去世后,章太炎于1933年为黎撰写的《大总统黎公碑》记载:"光绪二十年,清与日本战威海,公以广甲管轮自广州赴之,船脆不任战,遂陷。长官乘小艇逸,公愤甚,赴海,水及颏者数矣,卒泅邸大连岸,同行十二人,存四耳。"按照这段记述,黎是在威海之战失败后才投海的,投海地点是在山东的威海附近。查威海之战发生于1895年1月30日至2月11日,即光绪二十一年正月初五至十七日。如果黎元洪在这时投海,应是光绪二十一年正月中旬,章说是光绪二十年,显然不对。威海之战期间,正是一年之中最寒冷的时节,章说黎在威海投海,泅到大连上岸,即使是直线泅行,至少也有六七百里,漂流海上起码要七八天。在这样冰冷刺骨的寒冷时节,不吃不喝,连续泅行七八天,即使是铁打硬汉,也不可能做到,何况大连早在1894年11月7日已落敌手。黎在大连失守后三个多月还泅往大连,岂不是自投罗网?再是章承认黎是广甲号管轮,而广甲号早在1894年9月大东沟海战后已触礁炸毁,哪还能参加4个多月后的威海之战?章说黎元洪在威海之战后愤而投海,显然是错误的。

查1894年是北洋海军第二次校阅之期,5月27日校阅完毕之后,黎元洪所在之广甲号一度回广东,由于要解送贡品荔枝,不久又向北行驶抵天津,将荔枝交接完毕后,仍留威海。9月16日,丁汝昌奉命率领定远号、镇远号等12艘军舰护送刘盛修的铭军在鸭绿江口登陆,广甲号参加了这次护航活动,因而也参加了大东沟海战。章在《大总统黎公碑》中说"清与日本战威海,公以广甲管轮自广州赴之”与事实真相显然相差很远。

黎元洪究竟在何时何地投海？要想彻底弄清这一问题，首先必须判明甲午战争期间，他究竟在哪艘军舰上供职。只有把这个问题弄清楚了，才能依据该军舰在战争中的踪迹查明黎元洪是何时在何地投海。对此有四种不同说法：一说黎当时是镇远号炮兵长；二说在定远号当驾驶；三说充飞鲸号正炮目；四是章太炎、沈云龙、左舜生等都认可的，在广甲号任管轮。黎元洪在天津水师学堂学的是轮机管理，之后又在广甲号上担任三管轮和二管轮。可见，管轮乃是黎之本行。在甲午海战中，黎突改调另舰担任炮兵或驾驶，舍长就短，不近情理，也无实据，属于无稽之谈。而且定远和镇远都是北洋舰队的主力铁甲舰，人员的配备是比较齐全的，黎以前既然长期在广甲号服务，临时调往定远、镇远担任一个他不熟悉的职务，可能性甚小。揆诸当时事势，黎仍在广甲号担任管轮的说法是比较可靠的。

至于黎何时在何地投海，《神州日报》和《民国报》的文章，以及章太炎、李根源等均说是在威海。李新等主编的《中华民国史资料丛稿·民国人物传》第二卷则说：“他从广州北上增援威海卫，遇敌于渤海口，所乘战舰被击沉，黎飘流海上，后在大连附近得救。”刘钟秀说是大东沟，左舜生则说在大连附近。左说：“甲午中日战争，他（指黎元洪）正在广甲兵舰上服务。广甲在大连附近沉没，他是四个泅水逃生而保全了生命者之一。”他们虽然都笼统说是1894年，但这年威海、渤海口均没有记载有海战发生，自然说不上在这一带沉没。如果当时黎确是在广甲号上当二管轮，左舜生的说法是比较符合事实的。据姚锡光的《东方兵事纪略》说，在甲午大东沟海战中，广甲尾随济远逃跑后，“避大洋，傍岸行，夜午已驶至大连湾三山岛外，迫近丛石，管带吴敬荣仍仓皇奔驶，遂搁礁不得出，越日为倭炮所碎”。蔡尔康等编的《中东战纪本末》持论相同。李鸿章奏报黄海战事经过时，也说：“广甲一船，在三山岛搁礁，拖救不起。”日本旧参谋部编的日本战史丛书第九编《中日战争》则云：

"广甲迷航在大连湾外触礁,23日看见日舰浪速和秋津洲巡航而自己炸毁。"

广甲号在大连附近触礁和被炸毁最有力的证据,是广甲号的另一管轮卢毓英留下一本《卢氏甲午前后杂记》(手稿本),这本杂记对广甲逃离黄海战场的情形记载甚详。《卢氏甲午前后杂记》中说:"致远既覆,超、扬既火,广甲尤胆落,急返棹而逃。方广甲之逃也,有敌舰三艘尾其后,追之甚力,相离仅六七千码。广甲惧急,傍山边而逃,时'经远'正傍山边而行,恐水浅船搁,急转开山边,适出广甲之后,挡住敌船,竟为敌炮所中,卒然而沉,船桅皆没,犹见两股浓烟出自水面。哀哉!比及敌船越过经远之前,而广甲去已远矣。广甲设无经远,必然无幸。"此外,卢氏还认为广甲管带吴敬荣为了逃避罪责,在逃跑途中又故意将广甲搁浅。广甲搁浅后,丁汝昌派济远来拖广甲,久拽不起,卢毓英等广甲官兵遂乘济远回旅顺。卢毓英身为广甲管轮,绝不会给自己脸上抹黑,所记广甲畏敌逃跑和故意触礁避罪是可信的。

此外,黎元洪的长子黎绍基所撰《黎元洪传记》中的有关记述,也是一个有力的佐证。《黎元洪传记》中说:"丁汝昌被任命为北洋海军司令。他命令广甲舰即刻驶到旅顺,积极准备应战。战斗持续六小时,到天黑方才停止。在这片海域中,暗礁林立……广甲舰不幸触礁,被搁浅在茫茫大海中。次日,即9月18日,水兵们离开战舰,登上救生艇,打算把弹药搬到一艘布雷艇上运走。但当这艘布雷艇接近战舰时,受到敌人鱼雷艇的攻击,敌人的鱼雷艇愈来愈近,我方仍有13人留在布雷艇上,包括我的父亲。唯一的办法是跳进水中,否则只有束手待擒。他们以为还是跳水为佳,于是13人都跳下水去,其中有些人会游泳,而我父亲不会,幸而他带了一件救生衣,得以在海中飘流三个多小时。到了傍晚,他被滚滚的海浪神奇般地冲到海岸边。在同行的12人中,有8个人被淹死或被敌人打死。"黎绍基写的这本《黎元洪传记》是1925年出版的,当时黎元洪闲居天津,刚过60岁,头脑清醒,且懂英文,想是依据黎元洪的口述所写,至少也经黎元洪看过,若有不实之词,定会得到黎元洪的指正。黎绍基的叙述,基本上和卢毓英的记述是一致的,其中细节则因各人叙述角度不同、具体经历有别而不同,正可互相补充。

最后,黎元洪因何缘故投海,各家说法也大不一致。《神州日报》和《民国报》上的文章均说是"丁汝昌仰药自尽,有汴人牛师(炳)昶者,官副将,冒托丁名送降书于日本……黎见事无可为,投海自毕"。章太炎说是"长官乘小艇逸,公愤甚,赴海";李雍民则认为"为国家及海军羞辱而投海自杀,比愤而因长官乘小艇逃而跳海更近情理"。李根源、左舜生和黎绍基都说黎元洪是因船被击沉被迫泅水逃生。前面的三种说法都是把黎的投海定在威海失陷时,而且均含有褒彰的因素。但如前文确证,黎元洪是在大东沟海战之后投海,那时北洋海军的损失不大,而且广甲号在胜负未分之际即自行逃出阵外。黎当时还不知战争胜负,根本谈不上"为国家及海军羞辱"。至于章太炎说是愤"长官乘小艇逸","长官"指的可能是管带吴敬荣,联系黎绍基的叙述,这是事实。如此,则更可证明黎是在三山岛附近的金门岛投海。结合当时情势来看,黎的投海不排斥含有愤恨长官吴敬荣乘小艇逃跑的因素,而其主要原因则是广甲触礁,又受到日本舰艇的攻击,"官兵均弃舰逃命",他也跟着跳水逃生。后来"步归天津,被惩禁数月释出",才南下投到两江总督张之洞的幕下,以后又跟随张之洞回到湖北。从此黎元洪脱离海军而习陆军,在清末新军中由帮带递升到二十一混成协协统。

综上所述,黎元洪投海的时间应是1894年9月,中日黄海大东沟海战后的第二天,即9月18日,地点是在大连之东的三山岛附近的金门岛,投海原因是他供职的广甲号触礁搁浅,又受到日本巡逻艇的攻击。

根据以上文献,针对章太炎记述黎元洪在威海投海的问题,我写了篇文章名为《黎元洪投海考——章太炎〈大总统黎公碑〉等辨误》,纠正了章太炎这个错误,在《江汉论坛》1990年第9期上发表,可参考。

除此之外,我还对黎元洪在历史上的功与过作了研究。如1985年我与梁开平合写了一篇《黎元洪与护国运动》。护国运动中,黎元洪是被袁世凯软禁在北京城中的政治俘虏。护国运动的政治方向、军事计划和政府组织主要由梁启超、蔡锷、唐继尧、李烈钧等人掌握。所有这些,似乎与困居京城、无所作为的黎元洪不相干。然而,护国运动在全国勃兴之后,西南各省并没有在这些掌握护国运动实际权力的人物中推举出军政府大总统,却是将黎元洪抬了出来。我们认为,原因是多方面的。

其一,黎元洪在武昌起义中因缘际会,获得了"首义元勋"的殊誉,推举黎元洪可以收揽人心,号召全国。

其二,黎元洪与北洋军阀是不一样的。这种不一样主要表现在蔡锷、黎元洪这类人物在某种程度上具有资产阶级意识,或者说受到一些资产阶级思想的影响,他们与北洋军阀有着深刻的矛盾,甚至发展为公开对抗。可以说,他们是当时与北洋军阀相抗衡的一种力量,这就是共同反袁的重要基础。

其三,黎元洪之所以被各省推选为护国运动名义上的领袖,是因为袁世凯在复辟帝制甚嚣尘上时,他明确表示反对帝制的政治态度。1915年12月12日,袁世凯接受帝位,13日,册封黎元洪为"武义亲王"。黎元洪拒受王封。他表示,若冒领崇封,则"生无以对民国,死无以对先烈"。黎元洪的拒封和消极反抗,不仅为他赢得了好的声誉,在打击袁氏气焰、壮大讨袁声威、以利合作讨袁等方面也有积极意义。

其四,护国运动以维护共和、拥护《临时约法》为口号,推举黎任总统,公然宣称"遵照国法",表明"护国军之兴,为拥护国体而起,非为争权夺利而起,袁氏无词非难护国军,又无术可离间护国军"。这样做,使西南各省的行动披上了"合法"的保护衣,按照中国"正名分"的传统观念,就是"以正义伐昏暴",可以收八方景从之效。

其五,推黎元洪为大总统是各种力量相互制衡、相互利用的折衷结果。当时形势的发展，与西南各省设想的不同。云南起义时，原想兵分三路，定四川、下两广、取湖南，会指武汉，底定江南。但出乎意料的是，四川战事极其激烈，相持不下，只好暂时停战。湖南战争也进展不大，无法饮马江汉。西南各省并不能从军事上消灭北洋军阀，必须借助各方面的力量。中华革命党在山西、湖北、湖南等省发动了武装起义，西南要联合他们，自然不能举他们强烈反对的人物为总统，也不能选孙中山为总统，折衷取义议，黎元洪是较合适的人选。各路军阀互相借重，势必以利相诱，但又不愿受制于对方，妥协的结果，黎元洪应运而出。此外，一些失势的政客、议员也想在政治纷争中分一杯羹，但又不愿再受像袁世凯那样的暴君压迫，故对黎元洪表示欢迎。因此，黎元洪继任大总统，说到底是各种政治力量之间的妥协。西南各省只是在反袁这一点上有共同之处的松散联盟，梁启超提议举黎元洪为大总统，第一条理由就是“可以息争”，是有其道理的。

西南四省推举黎元洪为总统，还因为他仅仅是名义上的、不掌握军事实权的总统。黎元洪当时困居北京，暂为“遥戴”，即使将来黎元洪正式就职，也无力驾驭，西南可避免被吞并的危险。

这一历史事件对于护国运动的成败，对于中国近代政治的发展，都产生了相当大的影响。它一方面加速了袁世凯统治的崩溃和北洋军阀集团的分裂，另一方面又埋下了军阀混战的祸根；一方面有利于各种反袁力量的结合，另一方面又不利于资产阶级革命派对护国运动的领导；一方面维护了辛亥革命的成果，另一方面又降低了中国近代民主革命的水平；一方面推动了护国运动的发展，另一方面也加速了护国运动的失败。

我们认为，正如不能将推动护国运动发展的功绩都归于黎元洪一样，也不能将护国运动的失败统统算在黎元洪个人头上。要看到时代的局限性、资产阶级革命派的软弱性和形形色色的反袁力量对护国运动的破坏性。评价黎元洪时，应站在中国近代由封建制度向不完备的资本主义制度发展的角度，充分肯定他对于打击袁世凯复辟帝制罪恶活动、在一定程度上保护辛亥革命成果的历史作用。

此外，我还写了《清朝时期的黎元洪》《民国大总统黎元洪》《孙黎交往与民初政局》《黎元洪的业绩与功过述评》《黎元洪：功过参半的"民国第一伟人"》《为国家的和平统一殚精竭虑——评孙中山与黎元洪的晚年》等，应该说黎元洪的生平事迹我基本弄清楚了。

黎元洪墓

三、合著《黎元洪新传》

我最初和梁开平约定一起写《黎元洪评传》，但不久梁开平研究生毕业，去了武汉市政府研究室，之后又去了深圳，从事行政和企业工作，没有精力来做这项工作。他匆匆写了一个初稿给我，初稿我还留在这里。他的字本来很不错，但不太好认，我认起来很困难，加上当时案头的工作很多，所以就把它停下来了。一直到2011年纪念辛亥革命一百周年的时候，我的文债稍微松了一点，就把原来的稿子翻出来。重新看了梁开平的稿子，感觉其中问题比较多，但他已经到深圳多年，不太好和他讨论那些学术问题，更主要的是他的兴趣已经转移，于是我就决定另起炉灶来完成黎元洪传记的写作。当时正值辛亥革命一百周年,湖北省拨了一笔款,想资助大家出版一批书,我就报了撰写《黎元洪新传》的计划。这本书虽然有较长时间的积累,真正动笔时则是匆匆忙忙的。当时团结出版社在催《黄兴》,《黄兴》实际上是《黄兴评传》的一个压缩稿,加了些新的内容和新的研究成果。为了尽快完成《黎元洪新传》这本书,我还找萧莉帮忙,让她写后面四章,同时负责图片编辑、打印等工作。直到2011年的8月25日稿子才赶出来,我交给出版社的时候,就知道不可能按时出版了,因为10月10日开会,8月25日才把稿子写完,肯定是出版不了的。

这时武汉出版社邀我编辑出版《黎元洪文集》。我就提出既然要出《黎元洪文集》,是否应该先把《黎元洪新传》推出来。这个建议是通过张笃勤转达的,后来张笃勤告诉我,武汉出版社同意我的建议。一个是确定出《黎元洪文集》,再一个就是决定出版《黎元洪新传》,于是我就把这个稿子交给了他们。出版社不仅没有找我要赞助费,还给了我一点稿费。整个书的印刷排版我觉得还不错,加了很多图片,这些图片主要是萧莉提供的,张笃勤也提供了一些。现在出书一般都有些错字,这本书的错字还比较少,我觉得应归功于我的责任编辑方雷。

《黎元洪新传》的撰写实际上分为两段,20世纪80年代,我准备出一本《黎元洪传》,是中州出版社约的稿,由于种种原因没写完就搁下来了,30年后才出版《黎元洪新传》。这本书算是对黎元洪一生的一个总结。黎元洪是很爱国的,我在书里面举了一个例子。黎元洪当总统时财政很困难,下面税收收不上来。当时北京政府的日常军政开支,每月需二千万,而财政部的可靠收入,每月只有关余、盐余、烟酒税、印花税、所得税等,合计不足一千二百万元,尚缺八百余万元。要解决这笔短缺款,唯有依靠借外债。1916年,北京政府曾与美国接洽过四笔借款,皆因日本阻挠未能成功。至此,唯有寄希望于日本。段祺瑞急需财力支持,而日本正愿以财力支持他,双方一拍即合。寺内正毅上台后,表面上声称“尊重和维护中国独立和领土完整”，实际仍在“扩充和增进”日本在华的特权与利益，伺机独占中国。1916 年 10 月，西原龟三和寺内正毅的另一亲信胜田主计等经过密议，向驻日公使章宗祥建议，派一个在中国素有名望的人来日一游，商谈中日联合事宜。段祺瑞接到章宗祥的电报后，即派曹汝霖为专使前往日本。临行前，黎元洪请曹汝霖吃晚饭，并请汪大燮、陆宗舆、哈汉章作陪。席间，曹对黎讲述了中日联合事宜的相关原则，话未说完，黎元洪即拍桌大骂：“你到日本预备卖国。你们这样卖国，还要我随同卖国。这种毫无心肝的人，我不能让你到日本去。”第二天，黎元洪召国务院秘书长张国淦到总统府。黎对张说：“卖国、卖国，说了气死人！你告段总理，决不能让曹某去日本，另外换人。”张国淦把黎说的话转告段祺瑞，并询问曹去日本有何秘密。段祺瑞才告诉张说：“他曾条陈中日亲善不是空言，我们应该将中国关于农工商矿有价值的开列出来，同日本商量，何者中国自办？何者中日合办？何者让日本人办？一方面日本帮助中国，一方面日本亦获得利益，不必枝枝节节，遇事麻烦，以达到中日亲善之目的。他此次要在日本朝野游说，期于实行。”按照曹汝霖的计划，最后结果必将使中国变成日本的附庸国。所以，黎元洪大发雷霆，坚决反对，他是基于维护国家的独立与主权，是一种强烈的爱国行为，与曹汝霖不顾廉耻、放手卖国形成了鲜明的对比。对黎元洪的评价，众说纷纭，但是我觉得在辛亥革命期间，从历史发展角度来说，他的主要方面还是值得肯定的。

黎元洪在武昌首义中作过贡献，被人们誉为“首义元勋”，和孙中山、黄兴并称为“开国三杰”。1912 年 4 月，孙中山访问武汉时，曾口头称赞他是“中国第一伟人”(《民立报》1912 年 4 月 11 日第 3 页)，也有人称他为“泥菩萨”“黎屠夫”“傀儡总统”“柔暗总统”等。无论是肯定他，还是否定他，我认为均不宜采取简单、片面的办法，而且要尽量避免感情用事。对黎氏的评价，一要有历史发展的观点；二要全面地看，从各个角度、各个方面进行考察；三要具体情况具体分析，要联系当时的具体情况进行客观深入的分析，力求作出符合当时实际的结论。该肯定的应敢于肯定，该否定的也要勇于否定。

《黎元洪新传》书影

《黎元洪新传》比较中肯地评价了黎元洪的一生，在许多方面都具有创新性。

第一，对辛亥革命前的黎元洪做了研究，包括他的姓氏、籍贯、早期生活等，这些我在前面已经作了介绍，不再赘述。这部分是独特的，其他人没有做过相关研究。

第二，对黎元洪在湖北军事近代化方面作出的重要贡献进行了研究。这类研究过去也很少。黎元洪从1896年春随张之洞回到湖北，到1911年10月武昌起义前，十六年间，主要是参与湖北新军的编练并兼任炮厂监工。由于黎元洪经过天津水师学堂五年的培养，有军事知识，又懂外语，所以他在湖北练新军时大显身手。张之洞对黎元洪非常赏识，也想着力培养他。甲午中日战争结束后，张之洞认为，日本这样的小国能把中国打败，说明日本学习西方很成功。但要到西方去学习,面临两大困难,一是路途遥远,二是语言不通。而日本离中国非常近,加上语言文字又是相通的,所需经费也比较少,所以从 1898 年起,张之洞就开始派人去日本学习。黎元洪在 1898 年至 1901 年期间就曾三次到日本,或是考察日本陆军部队的编练,或是观看军事演习,其中有一年还专门去日本学习军事知识。1898 年 2 月,黎元洪在日本考察了 3 个月,5 月回汉以后,他向张之洞报告了日本的练兵情况,并且谈了自己的体会,建议派遣青年学生赴日本士官学校学习。张之洞正苦于编练新军缺乏人才,听了黎元洪的建议,很感兴趣。当时清政府推行维新运动,在康有为等人"派游学"的鼓动下,也谕令各省选派学生赴日。最初计划派 200 人,后来计划人数不断缩减,最后湖北只派了 20 人赴日本学习,其中包括张之洞的长孙张厚琨。吴禄贞、钮永建、傅慈祥、戢翼翚等皆因这次官费资助得入日本士官学校学习。他们在日本受到新思潮的熏陶,后来多变成革命派。20 世纪初留学日本的各省学生中,湖北籍最多。1902 年,湖北留日学生近百人,到 1906 年,"留日学生全国各省共计五千四百余名,湖北所派学生即有一千三百六十名,占了四分之一"。这种留学热潮的出现,与张之洞的大力提倡有直接关系,也与黎元洪的建言密不可分。武昌起义后有人甚至说:"至今军界学界人如此之盛,皆当日元洪一言之力也。"

另外,湖北新军在 1906 年赴河南彰德(今安阳)参加秋操时,就被阅操大臣袁世凯和铁良肯定为在东南各省中首屈一指。清政府并谕令江南各省派员来湖北学习操练。这支新军能练得如此优秀,黎元洪作为主要的协助编练人功不可没。湖北革命党人长期在新军里做艰苦、深入、细致的思想工作,用爱国和革命救亡的思想,武装了广大士兵的头脑,使这支本来是为维护清朝统治服务的军队,演变成推翻清王朝的生力军,在武昌首义之夜,经过通宵搏斗,终于一举推翻了清朝在两湖地区的最高统治,成为辛亥革命胜利的起点。

第三,对黎元洪出任湖北军政府都督的作用进行了研究。武昌首义时,留守武汉三镇的新军只有三千人左右。10 月 14 日,即武昌首义的第五天,清政府决定把北洋新军分编成三个军,以一个军的兵力保卫北京都城,而以两个军的兵力共约三万人,分别由冯国璋、段祺瑞率领向武汉扑来,妄图将首义之火尽快扑灭。可想而知,革命军当时面临的压力是无比巨大的,稍有失误,武汉这个首义之地不能保存,各地响应起义也就无从谈起。武昌起义以后,黎元洪犹豫了几天,1911 年 10 月 17 日他穿着大都督礼服在阅马场登坛誓师。武昌起义之初,群龙无首,军心不稳,黎元洪出任都督,给大家服下镇静剂。黎任都督的消息传到军中,士兵们欢声雷动,广大市民看到城内外贴出的都督黎元洪的布告,"往观者途为之塞,欢声雷动。至有艰于步履之白发翁倩人扶持,拥至布告前,必欲亲睹为快"。同时,黎元洪任都督对旧军官及绅、商、学界与各省响应也有一定影响。黎元洪在军中素得军心,声望较高,而且在江苏、直隶、湖南、安徽、河南等地的军队里,无不有他的旧部或学生,在海军中也有不少昔年师友。他被推为都督,自然在军、学、绅、商各界引起连锁反应。例如商人李国镛听说黎元洪当了都督,就"急欲出助"。起义时许多军官逃散避匿,"自黎出之风一播,城内隐匿之军官皆来"。炮兵第二十一营管带张正基,早年随黎由南京来鄂,工程辎重营起义后率残部人员跑到青山,听说黎元洪当上了都督,第二天即至都督府报到。云南李根源"得八月十九日武昌黎元洪起义讯,归省,密议于李仪亭、唐冥赓宅,谋响应"。1912 年 4 月,胡汉民随孙中山到武汉时也说:"非由黎公出而号召,则各省响应不能如是之风起云涌;又非有黎公之谨厚者为之,则北军亦不易赞成共和。"黎元洪出任都督,对清朝统治集团更是一沉重打击。黎一向对清朝忠诚,连他都反了,引起一大批清朝军官倒向革命。

黎元洪当都督以后,一直到 1912 年年底,除主政湖北的事务以外,还联系了各省的革命事宜。特别是孙中山没有当临时大总统以前,黎元洪实际上就是中心,是他在中间上下联系,左右串联,他做了很多事情。

鄂军都督府

首先是军事上，任命黄兴为战时总司令。黄兴到武汉，一没有钱，二没有人，指挥部队是很困难的。黄兴在指挥汉阳保卫战时，黎元洪在后面派军队支援，任命权都掌握在黎元洪手里。黄兴虽然是战时总司令，但部队调动需黎元洪授权。汉阳保卫战中，主持战事的是黎元洪，前线指挥是黄兴。新军里面，实际上经过多年训练的士兵都分散了，革命派不是很多，后来招的都是普通的农民、失业工人。这些人未经训练，根本就不会打仗，冲锋时也不知道怎么掩护，拿着枪就拼命往前冲。在军事方面黎元洪起到了核心作用，正是他的坚持，他的努力，保证了辛亥革命的成功。

其次是政治上。武汉成为辛亥革命的中心后，各省都向黎发电报，求援问计，他也一一回电。1911 年 12 月中旬，北洋军阀要来谈和，他强调要做两手准备：一方面跟他们谈和；另一方面还要做军事方面的准备，一旦谈和失败就要准备继续作战。正是这种坚定的态度才保证了和谈的成功。

保卫武汉是整个革命最关键的一环。武汉后来之所以能守住，与黎元洪的主持策划是分不开的。

第四，研究了黎元洪抵制帝制复辟的事迹。袁世凯当了大总统,又处心积虑想当皇帝。同样,黎元洪也是从旧营垒中蜕化出来的人,而且地位已上升到仅次于袁世凯。袁氏决定做皇帝后,受封为“王”的仅黎元洪一人。面对心狠手辣的袁世凯,如果拒受王封,可能随时有生命危险。宋教仁被刺身亡即为前车之鉴。在这关系个人安危的关键时刻,黎元洪为了维护新建的民主共和体制,表明宁愿当众撞死在厅柱上也不屈服的决心。这种誓死也要维护民主共和的气节,对于一个刚刚从旧营垒中蜕化出来的人而言,是难能可贵的。

第五,对黎元洪潜心投资实业进行了研究。黎元洪在政治上虽然不得志,投资实业却十分成功。黎氏在辛亥革命前,薪俸所得,除了供给家庭食用,余款皆用来购置土地和房屋,未见有投资新式实业的记载。他从事实业投资,实始于1914年至1915年幽居北京瀛台时期。那时山东枣庄中兴煤矿公司大井突遭水祸,公司总经理张莲芬又病故,经理缺人。这时正是第一次世界大战开始的时候,作为动力的煤炭需求量大增。中兴煤矿公司既要扩大投资,同时又需人接办,黎元洪便联合徐世昌等人和黎早年结拜的兄弟徐荣廷在湖北商洽投资中兴煤矿公司。黎元洪自认四十万元(实交二十万元),后来增加到六十万元,加上徐荣廷在湖北招集的商股,共计投资两百万元。这就是他投资实业的开始,也是他在各项实业及金融投资中收益最大、投资最多的。这时因为世界大战爆发,煤电需求量猛增,煤炭供不应求,煤价大涨,利润特别丰厚。比如1918年,公司股本为三百八十万元,除了按照股本的百分之二十分给股东股利七十六万元,另分配花红十四万元;1919年,又按股本的百分之二十五分给股东股利九十五万元,另提花红二十五万元。另据其长子黎重光所言:“有一年发股息四分八厘(现金二分,增值二分八厘)。如此厚利,当时少有。”黎元洪大量投资实业,是在1917年7月被迫辞去大总统职位、寓居天津时期。张树勇在《黎元洪投资金融、实业经济情况》一文中依据天津市历史博物馆等单位收藏的有关黎元洪经济活动的资料统计,黎元洪投资的银行、厂矿共计有七十多家,投资金额不少于三百万元。

黎元洪的实业投资有以下几个特点:

一、投资范围广,重点在矿产和银行方面。黎元洪投资的范围包括银行、证券、保险、煤矿、铁矿、石膏矿、盐业、造纸、面粉食品、贸易、运输、邮船、市政、文化教育等。有据可查的投资金额,共计银圆3019540元(含1920年捐助江汉大学的10万元,十年之后转拨武汉大学建设宋卿体育馆)、港币120000元、美金73000元、日币10000元,总计近330万元。其中煤铁矿等矿产投资1715350元,占总投资的51.5%;银行投资832600元,占25.2%。两项合计共占总投资的76.7%。也就是说,他投资的四分之三以上,集中在煤铁等矿产和银行方面。

二、投资地区分布广。天津、山东、山西、河南、河北、湖北、江西、江苏、浙江、辽宁、黑龙江等地均有投资,而重点则在天津、山东。

三、投资所获的利润十分可观。如1912年黎元洪在担任临时副总统兼湖北军政府都督期间,与徐荣廷等人组建的楚安公司承租了湖北省的纱布丝麻四局,投资仅七十万两,1914年至1919年的五年间,竟然获利五百八十万两,获利超过投资的八倍,称得上是一本万利。

黎元洪投资实业属于什么性质?是官僚资本,还是民族资本?有人认为是官僚资本,有人认为是民族资本。我在《辛亥革命后黎元洪的实业活动》一文中曾经做过分析,要想确定投资实业的性质,主要应该考察他的资本与国家政权的关系,以及所办企业与帝国主义的关系。

其一,所谓官僚资本,是直接和国家政权结合,依靠国家政权发展起来的,构成该政权的经济基础。黎元洪在民国初年,虽然担任副总统和总统长达六年半,而他投资实业,主要是在被逼下台之后,他不是依靠国家政权投资和兴办实业,而是离开国家政权岗位之后才开始投资实业。他投资的实业,不是依靠国家政权的庇护发展起来的，而是抓住第一次世界大战的时机，依靠市场发展的需求发展起来的。中兴煤矿公司的发展是最好的例证。

其二，黎所投资的企业，大多属于民族资本主义企业。这些企业不是帝国主义的附庸，而是和帝国主义竞争的产物。以黎元洪投资的煤矿来说，中兴煤矿在他投资前，早已变为商办企业。怡立煤矿、长兴煤矿皆是民族资本主义企业。中原煤矿则是为了和英国福公司争利而成立的。北票煤矿只有京奉路局股款二百元。六河沟煤矿早年曾借德款，后借比款，已于1919年偿清。从资金的来源看，并无外资插手。至于经营方面，则都是和帝国主义在华企业争利。在银行方面，由他担任董事长的黄陂商业银行，据1922年11月出版的《银行月刊》报道，他拟自出资本一百万元，纯属民营商业银行，和帝国主义毫无关系。他所投资的银行，有些虽和帝国主义关系密切，但投资不多，在他的投资中占的比重很小。

其三，黎投资的实业，和其他的民族资本主义企业一样，走的是一条艰难曲折的道路。比如河南怡立煤矿公司在1926年后，由于军阀混战，运输困难，产量大减。南洋兄弟烟草公司在1914至1919年，每年的盈利皆在一百万元以上，后来与英美烟草公司竞争，1928年至1930年间竟然亏损五百七十五万元。

其四，黎元洪投资最多的中兴煤矿公司在中华人民共和国成立后，不是按官僚资本没收，而是按照民族资本主义企业实行公私合营，每年都拿定息。1982年，黎仲修来看我的时候，他说他还在继续拿。这足以证明黎的投资不是官僚资本，而是民族资本。

第五，黎元洪在辛亥革命前用自己的收入购买土地房屋，之后投资有利于国计民生的实业，为社会造福，这也是一种进步。

第六，黎元洪热心文化、教育和社会福利事业。关于这一点，我在《黎元洪新传》中已有论述。黎元洪因为出身贫寒，对平民百姓的遭遇感同身受，所以平时关心文化教育事业以及社会救济。1908年，长江大水成灾，汉口慈善会筹募赈款，他曾慷慨捐助三千元。1910年，淫雨成灾，湖北咨议局筹设赈灾会，黎元洪和咨议局

中兴煤矿公司旧址

副议长夏寿康都是赈灾会的实际负责人。文化方面,他批准拨地,开创性地在北京建立国家图书馆,他还捐款助建松坡图书馆,这些文化机构对中国的文化事业发展具有先导意义。教育方面,黎元洪委派蔡元培出任北京大学校长,捐款建北塘平民小学、黄陂前川中学办公楼,以及捐助南开大学、江汉大学的开办等,都表明了他对教育事业的支持,同样值得肯定。

当然他也做过一些错事,甚至犯了重罪。他最大的错误是对袁世凯的称帝野心毫无戒备。他在"二次革命"时期,助桀为虐,全力支持袁世凯镇压革命党人,这次革命未及两月,即彻底失败,致使革命党人在国内失去立足之地,孙中山、黄兴等大批革命党要人被迫再次流亡海外。

我对黎元洪的研究还是冒了一定风险的,因为当时部分辛亥革命老人对黎元洪不感兴趣。黎元洪在辛亥革命后为了稳定自己的统治,在湖北杀了不少人。杀的人中有些是对革命有功的,所以引起了众人的不满。为了维护当时的社会秩序和湖北的稳定,他杀了一些人。但不管怎样,不应该杀张振武。最不该杀的是蒋翊武。当时"二次革命"失败了,蒋翊武跑到广西,想从广西到日本去。到了桂林的时候,被当地的警察发现了,就把蒋翊武抓起来了。因为蒋翊武是辛亥首义总指挥官,他们还不敢杀,就把这件事情报告给袁世凯,袁世凯征求黎元洪的意见,黎元洪回复说这个人要杀。蒋翊武这个人还是忠于革命的，张振武则在作风方面有些问题，他对黎元洪也不敬，有张振武湖北不能安定，所以黎元洪把他送到北京让袁世凯处置，借袁世凯之手杀了他。这样一系列的革命党人被杀，黎元洪应该是有责任的。他曾告诉章太炎，杀害“贼猾”近两万人，其中一定包括大量的革命党人。“黎屠夫”的称号，就是由此而来。毫无疑问，大量杀害革命党人，是他一生中最大的罪过。以前我在正式发表的文章里说黎元洪功过参半，实际上还是功大于过。他杀那些人肯定是不对的，应该根据法律，具体情况具体分析，但是从维护民主共和、发展资本主义这个角度来说，是顺应了历史的。

我觉得《黎元洪新传》还是比较实事求是的。这本书是经过认真考虑的，特别是对辛亥革命前黎元洪的活动，对一些关键问题、具体事实的考证，都花了功夫。对“黎屠夫”“傀儡大总统”“柔暗大总统”都作了合情合理的分析与评判。应该说，这是目前研究黎元洪比较中肯、深入的一本传记。

四、主编《黎元洪全集》

编辑《黎元洪全集》始于2011年纪念辛亥革命一百周年时。那时《黎元洪新传》刚刚脱稿，在和武汉出版社的同志打交道的过程中，我提出了编辑《黎元洪文集》的建议。

我认为黎元洪为结束中国两千多年的君主专制统治、建立民主共和国立下了不朽的功绩。他在武昌起义之后，协调全国革命力量、号召各地群众相继发动起义，奋起推翻清政府在各省的统治机构，致使清朝在各地的统治土崩瓦解。仅仅两个月时间，起义独立的省份就占了全国三分之二以上。民国建立以后，袁世凯窃取了大总统职位，他贼心不死，继续推行专制独裁，最后又妄想做皇帝，居然讽刺性地封黎元洪为“武义亲王”。黎元洪誓死不受，在这场君主专制与民主共和的反复较量中，黎元洪的所言所行，都是维护民主共和，其表现是可圈可点的。

黎元洪具有热爱祖国、维护国家统一和主权完整的精神。20世纪初，全国人民痛感国家危亡，各地纷纷发起收回利权运动。此时黎元洪虽身为清军第二十一混成协统领，仍积极投身收回利权等各种运动，以“军界代表”身份加入了铁路协会。进入民国以后，身为国家领导人，黎元洪尤其注意维护国家主权。第一次出任大总统期间，国务总理段祺瑞急想获得日本的经济支持，决定派曹汝霖为专使前往接洽。当黎了解到曹汝霖想通过中日协商出卖中国大量权益，借以换取日本贷款的计划，大发雷霆，毅然制止，表现出一种强烈的爱国情怀。

黎元洪有关怀民众苦难、慷慨捐款救灾的善缘。1908年，湖北大水，千万穷苦民众流离失所，黎元洪当即捐助3000元，相当于他半年的薪金，赈济灾民。1910年，湖北又发生严重水灾，江汉平原顿成泽国。湖北省咨议局筹设赈灾会。黎元洪与咨议局副局长夏寿康成为赈灾会的实际负责人，募集巨款，赈济受苦受难、衣食无着的广大灾民。湖北人民为了感谢他的救苦救难之恩，特在汉口竖立他的大塑像，以示永远铭记。民国建立以后，每逢水害虫灾，他总是慷慨解囊，无所吝惜，因此不少人都把他视为救苦救难的“黎菩萨”。

黎元洪还有热心文化教育事业的情怀。他很重视知识分子，对于有知识的文人，常常给予特别优待，获得了广泛好评。他在第一次出任大总统期间，就曾利用职权，推行了许多有利于文化发展的措施。比如北京城里的三海（北海、中海、南海），原是清朝的宫廷禁区，中华民国建立后，三海仍是禁苑，不能随便游览。黎元洪复任总统后批示：“三海为历朝禁苑，建筑既具规模，经营亦垂久远，允宜公之民众，益表国光，兼示同乐之怀，用见无私之雅。”中国原来没有国家图书馆，1917年1月，他谕令把北京故宫端门、午门一带地方拨归教育部，设立京师图书馆，为公共图书馆事业的发展开了一个好头。蔡锷是再造共和的护国主将，梁启超为纪念这位民族伟人,倡议设立松坡图书馆,黎元洪也慷慨赞助,拨专款支持。对于办学兴教,他更是不遗余力地支持。凡此种种,都是他对中国文化教育事业的有益贡献,值得表彰。

同时,黎元洪勤政清廉,堪作表率。黎元洪在清末任混成协统领,每月薪银 500 两。武昌首义以后,他身为鄂军都督,和大家一样,每月都只领 20 元补贴。特别是 1922 年第二次出任大总统,他事先声明,不支薪金,不带家眷,只自己一人吃公家饭。北京崇文门关税收入,据说每年至少有纹银 80 万两。这笔巨款在清朝时期是划归内务府,供清朝皇室专用,不纳入国家预算。民国以后,袁世凯、徐世昌担任总统期间,都归袁世凯、徐世昌私人掌握。黎元洪再任总统以后,崇文门税金收入除供总统府公费开支外,其他的他个人分文不取。据说,他任总统期间,北京八所高校因经费匮乏,国家不能按时拨款,曾多次发生索薪运动。为了解决断炊之困,他曾动用这笔款项临时接济。对于一些名人,他也曾利用这笔款项资助,如他给章太炎每月拨付 800 元。孙中山在陈炯明叛变后,蜷居上海,经济来源断绝,黎元洪也曾指示给予接济,查阅黎元洪的档案资料,他曾经两次批示拨款,每次 3000 元。1916 年秋季,为民国立下过特别功勋的黄兴与蔡锷相继病逝,黎元洪下令为他们举行国葬,均拨付丧葬费 2 万元。没有黎元洪的主持,这类举措都是不可能实施的。

黎黄陂是黄陂人的骄傲、湖北人的骄傲,作为黎元洪家乡的出版社有义务、有责任编辑整理黎元洪的文集。

实际上,萧老师关注黎元洪、想写黎元洪传记是很早的事。20 世纪 70 年代末 80 年代初他就关心这件事,为此他到处寻访,他走访过黄陂、大悟,到过汉阳鹦鹉洲黎元洪的出生地,甚至还访问过黎元洪的次子黎绍业,当时就准备写一本黎元洪的传记。后来他收集了一些资料,可能因为资料不全,或其他种种原因,没有写成,但是他写过好几篇文章。再后来他在此基础上又进行了修改补充，写了一本《黎元洪新传》。因为我跟武汉出版社联系比较多，就跟出版社的同志说萧老师有这本书，你们看看是不是可以出。他们看后很感兴趣，还是我带萧老师来武汉出版社签的合同。因为出版这本书他们知道萧老师在研究黎元洪，再者萧老师也有意把黎元洪的文集整理一下，于是我和当时武汉市新闻出版局局长兼武汉出版社社长彭小华联系，他很重视这个课题，给了我们3万元的启动经费，表示对这件事的支持。

——张笃勤2023年3月10日下午口述于江汉大学老干处

关于黎元洪一生的言论文章，此前尚无人全面收集整理，尽管先后出版过《黎副总统政书》《黎大总统文牍类编》等书，但收录很不全。最早的是1914年易国干编的《黎副总统政书》，线装34卷，武昌官印局出版，收录了黎元洪自1911年武昌首义被推举为鄂军都督至1913年末离开湖北的重要文书，约80万字。该书流行较广，但局限于1912年至1913年黎元洪出任湖北都督时期的文书。除此之外，还有其他一些版本，现在流传不多，很难找到，如《黎副总统书牍》，汪锡纯编，1912年版；《黎副总统政书》，汪钰孙编，上海广益书局1914年版；《黎大总统政书》，汪钰孙编，新中国图书局1929年版；《黎大总统文牍类编》，上海会文堂书局，1924年版、1929年版。

以上各书都是编者按照自己的意向编辑的，收入了一些黎氏发表的重要文电和政见，但很不全面。本书初编时和出版社商议，拟选择他先后发表的重要文电，编辑一部《黎元洪文集》，而且打算争取在2015年出版。后来在编辑的过程中，武汉出版社的邹德清建议最好编一部《黎元洪全集》，全面收集黎元洪的各类讲话、文章和电文。编黎元洪全集一事定下来后，在出版社跟我们签订合同的时候，确定由我和张笃勤两个人主编，因为我当时已经退休了，就让他代表我签了合同。签了之后出版社拨了3万元编写费，作为武汉市社会科学院的一个项目经费，把钱拨到他那边去了。

当时全集预计分成三编，第一编是黎元洪在湖北军政府做都督时期的文电，时间是1911年10月10日至1913年12月9日，这一部分是我和张笃勤负责的；第二编由周启志和张博锋负责，时间为1913年末至1917年6月，即黎元洪在北京任副总统和大总统的时期；第三编始于1917年8月黎元洪因张勋复辟下台，止于1928年6月他去世，由王钢和程浩华负责编辑。

我们广泛查阅报刊，旁征博引，最后在出版社《黎元洪全集》编辑组的大力支持下，才编成现在规模的《黎元洪全集》，总计300多万字。

黎元洪自1928年6月去世，至今已近百年，一直未见有他的文集编纂出版。他在世时发表的文电，除刊载于当时的报章杂志外，一直未曾系统收集整理和出版。他发表的文电，许多事关当时中国的发展，具有重大的文献价值；他的爱国精神和关心民众疾苦的情怀，值得大力弘扬；他重视文化教育事业，也应该给予肯定。我们收集黎元洪的资料比较困难的原因是报纸的资料很分散，也没有系统的文章，毕竟他是个军人，不是写文章的。报纸上的主要是任命书或者命令等，这方面实际上还不能说是他写的，他只是起了一个点头的作用，要他同意才能发出去。我们编辑组花了很大力气广泛地收录整理，凡是黎元洪的讲话、演说，以及以黎元洪名义发表的文告、通电、命令、批示、信件等，均尽量予以收录。

收录文件的原则是：凡有档案可查的，以档案为准；凡刊载于《政府公报》的，以公报为准；凡编入武昌官印局刊行的《黎副总统政书》1914年版的，以该书为准；未见于档案、公报、政书，而刊载于当时出版的《民立报》《申报》《时报》《晨报》《东方杂志》《民国日报》等的，以报刊为准；凡散见于私人著作的，亦在收录之列；同一文件载于多本著作的，互相比对，择善而从，或在注释中加以说明；电文有来电和复电的，酌情附录于正文之后。

全集就是要“全”，但要把所有重要讲话、文件、报告、批示和其他文稿收齐是很难的。如《黎副总统政书》,只编到 1913 年。于是我们就要重新收集资料,其中包括北洋时期的《政府公报》,因为黎参加了许多全国性的政治活动,我们需要把《政府公报》中与黎元洪有关的内容整理出来。黎元洪在武汉的革命活动这部分由我负责整理,黎元洪到了北京以后当副总统和第一次当总统这段由张博锋、周启志整理,按照时间阶段划分,每个人负责一段。但有些人不太清楚那段历史,这样就找不出来新的资料,只是简单地把《政府公报》里面收的有关黎元洪的文章、命令等整理出来。最早向我交稿的是黄陂的一个中学教师,叫程浩华,他负责的是 1918 年到 1922 年这段时间的内容,但他只是把《政府公报》整理了,没有任何补充,我后来帮他补充了一百来篇东西。还有一段是武汉图书馆的王钢负责的,我本以为他在图书馆工作应该可以找到一些资料,但也没找到什么一手资料。我和他后来又找了一些资料,编进了第三编,主要是 1922 年以后的内容。除程浩华外,1918 年到 1922 年这段时间还由中国故事杂志社的周启志和华中师范大学博士研究生张博锋负责,北京的档案资料都是张带回来的。收集这类史料的难度通常是很大的,常常是踏破铁鞋无处觅,但有时也有意外的惊喜。如武汉大学历史学院副教授左松涛得知我在主编《黎元洪全集》,主动为我提供了一些资料,其中有一篇是黎元洪在清末任第二十一混成协统领期间的呈文,弥补了黎元洪清末无文的缺陷。

《黎元洪全集》最初计划是 2015 年出版,我们是 2013 年签的合同。开始还比较顺利,大概在 2014 年 7 月份,我负责的部分就交出去了。张笃勤进度慢一点,不久也完成了。后来有两个地方出了问题:一个是张博锋负责的那个部分,毕业之后他分到泉州大学去了,这项工作就停了;周启志得了脑出血,所以他的工作也停了。他们负责的部分没有搞完,耽误了。加上后来出版社的编辑也换了人,原来是方雷和杨建文,现在是胡新。因此,这套书是两头都耽误了一下。现在听说出版社正在抓紧审稿。从 1911 年开始到袁世凯当政以及黎元洪去北京这一段时间的内容都已经校对完成。这部分分为第一册和第二册，两册合起来有一百多万字。之后是黎元洪到北京当副总统时期，这部分我还没看到清样，稿子都在出版社。听胡新说，《黎元洪全集》除了作为武汉文献资料的一种，还准备报到省里，纳入《荆楚文库》，出两个版本，他说都要出繁体字版。因为简体字变繁体字还有个过程，比较麻烦，因此我建议《荆楚文库》可以按他们的要求用繁体字排版，若作为武汉文献资料的一种，则可以用简体字。最后他们同意了这个建议，繁体字版收入《荆楚文库》，简体字版放在武汉文献资料里。俗话说"好事多磨"，这一本"磨"了十余年的书凝结了我研究黎元洪的全部心血，我相信它的出版将对黎元洪研究产生十分重要的作用。

第十三章 《林则徐全集》及其他

除了前述研究，我还参与了几本书的编撰、审读，一是编《林则徐全集》，二是编《资政史鉴·革新卷》，三是撰写《中华民族魂》，四是作为高级历史顾问对《明清海防研究论丛》进行审读、把关。

一、《林则徐全集》的编撰

编《林则徐全集》的倡议者是凌青，他是林则徐的曾孙，曾任中国常驻联合国代表、福建省政协副主席，积极促成此事的还有林子东及各方友好人士。

林则徐著作包括奏折、公牍、文钞、诗词、信札、日记以及他主持翻译的《四洲志》等译作。这些著译散藏各地，长期没有经过系统整理。清末及民国时期，曾陆续刊印过《林文忠公政书》《信及录》《云左山房诗钞》《云左山房文钞》《滇轺纪程》《荷戈纪程》等，但未经刊印的著述仍很多。1959 年春，中山大学历史系受中华书局委托，由陈锡祺教授主持，在各界人士支持下，搜集了大量资料，经过整理点校，编为《林则徐集》，分奏稿、公牍、文钞、诗钞、日记、信札六部分，这是第一次比较系统的整理工作。其中奏稿、公牍、日记三部分，于 1962 年至 1965 年由中华书局陆续出版，其余部分由于种种原因，未能编辑付印。20 世纪 80 年代以后，林则徐著作的整理出版进入了新阶段，一些过去未经刊印的著作开始问世。《林则徐书简》（杨国桢编）、《林则徐信稿》（黄泽德编）、《林则徐诗集》（郑丽生校笺）、《林则徐书札手迹选》（刘九庵编选）和《林则徐奏稿·公牍·日记补编》(陈锡祺主编)等相继出版。这些工作为编辑《林则徐全集》提供了有利条件。20世纪90年代以来,编辑出版《林则徐全集》的呼声越来越高。1995年,在福建省政协副主席凌青主持下,成立了林则徐基金会,得到海内外人士的热情支持,这使出版《林则徐全集》的条件日趋成熟。福建省多名政协委员倡议编辑《林则徐全集》,在1995年纪念林则徐诞辰210周年的时候,大家开了个会,商量《林则徐全集》的编辑与出版问题。在福建省新闻出版局和海峡文艺出版社领导的支持下,全集的出版工作正式提上日程。福建省财政厅拨了两百万元,因为林则徐是鸦片战争史上首屈一指的民族英雄,所以福建省政府很支持。

这个书由谁牵头呢?在史学界除陈锡祺先生外,最早系统研究林则徐的是杨国桢和陈胜粦。我当时提议来新夏、陈胜粦、杨国桢作副主编,他们三个人从学术地位以及研究林则徐的深度来说,应该是比较合适的。经林子东的推荐,我也成了副主编。他们主要对林则徐进行全面研究,而我主要从鸦片战争的角度研究林则徐。

第一次《林则徐全集》编辑会议于1996年8月16日至20日在福州举行,这次会议杨国桢没有来。会议正式成立了《林则徐全集》编辑委员会和下属之编辑部,初步拟订了《林则徐全集》的编辑出版计划,安排了编委的工作分工。会后,编辑工作正式启动。1997年12月7日至9日,编委会在福州举行了第二次会议,杨国桢缺席,会议由来新夏和我轮流主持。会议主要内容是交流了北京、天津、广州、武汉、厦门和福州等地编委的工作进展情况,商讨了编辑体例,确定了此后的工作安排和分工。第三次编委会是1998年10月4日至6日在福州举行的,会前我和责任编辑茅林立专门去请了杨国桢,我说你要来一次,你挂个副主编不能一次也不来。这次他来了,但来新夏到加拿大去了。这次会议由杨国桢和我主持,讨论并调整了全集的结构和工作安排。2002年8月26日至28日,编委会在福州举行了第四次会议,对《林则徐全集》文稿作了最后审定，并就有关出版事宜等进行了认真讨论，提出建议。这次杨国桢又没有来，四次会议他只参加了一次；陈胜粦参加了两次，召开第三次会议时他就去世了；来新夏参加了三次会议。我是副主编兼编辑部主任，所以做的具体工作稍多一点。

编辑过程中，文稿资料征集工作花了很大的气力。从1996年起，我们在全国范围内多方搜求。经过努力，许多散藏各地的遗稿手迹得以发现。此次收集范围之广、数量之多，都是以前所没有的。提供资料的有中国第一历史档案馆、中华书局、故宫博物院、中国历史博物馆、首都博物馆、首都图书馆、上海图书馆、上海博物馆、华东师范大学图书馆、南京图书馆、南京博物院、苏州图书馆、苏州地方志编纂委员会办公室、苏州大学图书馆、浙江省博物馆、浙江图书馆、山东省图书馆、青岛市博物馆、甘肃省博物馆、福建省图书馆、福建省社会科学院图书馆、嘉峪关市博物馆、湖北省文史馆、重庆市涪陵区文管所、吉林大学图书馆、厦门大学人类博物馆、福建师范大学图书馆、福州市林则徐纪念馆等单位和上海图书馆梁颖、云南省政府张一鸣、湖南益阳师专陶用舒、重庆西南师范大学许增纮、河北大学黎仁凯、上海社会科学院孟彭兴、苏州张伟振、江苏泰州税务局王申篩、新疆大学出版社周轩、首都师范大学邱远猷、浙江宁波镇海中学炎明、江西胡迎建、福州俞真诸先生，以及林氏后裔等，资料来源比较可靠。

由于各方面的共同努力，全集收录文稿的内容范围和数量都有新的突破，其中有许多散佚已久的文稿和手迹，均为首次发表。奏折卷共收录奏折1138件，加上清单等附件94件，共计1232件。这些奏折绝大部分来自中国第一历史档案馆。文录卷的公牍部分新增了若干资料；文钞部分则以新发现手定的《云左山房文钞原稿》为整理基础。诗词卷以散藏的原件、手定本及刻本为基础重新校订辑补。信札卷综合已经出版的信札，剔除重复的部分，得600余件，这次又增加了中华书局抄存稿和新征集到的大量信件，共收1060件。其他各卷也都有或多或少的新资料。

《林则徐全集》扩大了林则徐著作编辑工作的范围,特别明显的是设置译编卷,收录译作六种。这些译作是在林则徐主持下进行的,经过了他的认可,有些还经过他亲笔润色,反映了林则徐关心国际事务、探求新知的远大眼光,在当时产生了扩大眼界、突破封闭的启蒙作用。

由于编委分散各地,《林则徐全集》编辑工作的分工原则是分片工作与集中讨论相结合,整理、分工与主编分管相结合,编委整理工作与出版社审稿工作相结合,编辑部负责联络、沟通工作。

《林则徐全集》第二次编辑会议人员合影

《林则徐全集》分奏折、文录、诗词、信札、日记、译编六卷,共十册。其中奏折卷有四册,由刘德麟、陈铮整理点校,来新夏审定。杨国桢负责文录卷全卷的审定,序跋、碑铭和其他散文由陈支平整理点校,《畿辅水利议》由林庆元整理点校。诗词卷由黄顺力整理,信札卷由汪廷奎整理点校,原定由陈胜粦审定,后陈胜粦因病委托杨国桢审定。此外,杨国桢还审定了由戴学稷整理点校的《澳门新闻纸》《澳门月报》《华事夷言录要》《滑达尔各国律例》《洋事杂录》和我整理点校的《四洲志》。我既有整理点校的任务,还负责审定由吴义雄、郭小东和黄增章整理的日记卷,由邱捷、吴义雄整理点校的文录卷公牍部分。除复核审读大量稿件,我还承担了编辑部的一些具体事务。

《林则徐全集》到2002年才出版,此时陈胜粦先生已于1998年去世,陈锡祺先生也年事已高。我跟来新夏商量,是否把陈锡祺提为名誉主编。来新夏也不好意思自己当主编,建议干脆把四个人都升为主编。这样,来新夏、陈胜粦、杨国桢和我四人任主编,我心甘情愿排在最后。

《林则徐全集》被列为"九五"国家重点图书出版规划项目。全书收录奏折的一半以上,文录、信札、译编卷的三分之二以上均为首次整理发表,相当数量的材料出自当时的宫中档案。另外,我们在全国各地也搜集了不少有关林则徐的资料,例如我在湖北文史馆查到两副对联。林则徐在担任湖广总督前当过湖北布政使,加起来有两年多,他应该留下了一些资料。有两篇文章,我在《湖北省志》里查到了,分别讲林则徐治水和治田,中山大学编的林则徐集补编也收了,这次又把它们收到全集里来了。《林则徐全集》在当时来说是收得很全的,但后来在档案馆又发现大批资料,这个全集就感觉有点不足了。既然已经发现,从全集的角度看,肯定是应该增补的,将来可以续编,也可以补编。

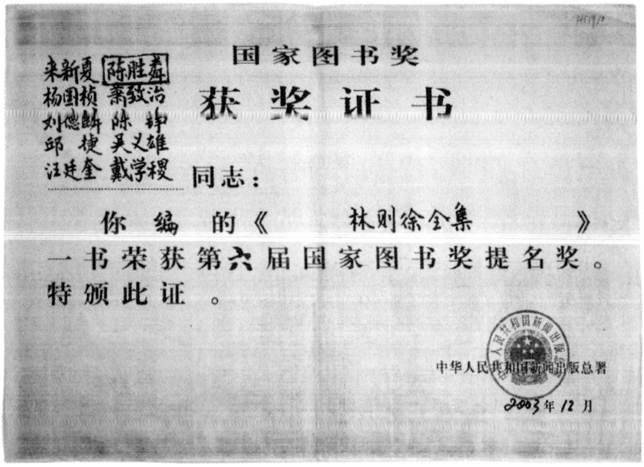
国家图书奖

获奖证书

来新夏 陈胜粦 杨国桢 萧致治 刘德麟 陈铮 邱捷 吴义雄 汪廷奎 戴学稷 同志:

你编的《林则徐全集》一书荣获第六届国家图书奖提名奖。特颁此证。

中华人民共和国新闻出版总署

2003年12月

《林则徐全集》获第六届国家图书奖提名奖

《林则徐全集》获第四届全国优秀古籍整理图书奖一等奖

《林则徐全集》从1996年开始到2002年出版，共用了6年时间，由福建海峡文艺出版社出版。该成果被誉为“中国史学研究的一个里程碑”，也是我国文化出版事业的一个标志性工程，得到了业内的高度赞誉，相继荣获国家图书奖提名奖、全国优秀古籍整理图书奖一等奖。这套书的出版，为林则徐研究打下了一个好的基础。

二、主编《资政史鉴·革新卷》

1995年11月我带着夫人到北京去旅游了一次，住在尚明轩先生正空闲的房子里，在那里住了半个月，自己做饭，自己安排游玩。回汉时，周溯源来火车站送我，他说他正在参与策划《资政史鉴》的编写与出版工作，想请我主编《资政史鉴》中的革新卷。当时《鸦片战争史》已经脱稿，《林则徐全集》还没有启动，正好有一点空闲，了解了《资政史鉴》的策划过程后，我便同意了他的邀请。

我很赞赏他们将《资政史鉴》编成一部现代版的《资治通鉴》的想法。当年司马光编的《资治通鉴》对中国历代帝王将相、文人学士、官吏子民产生了莫大的影响，人们评价它说：“为人君而不知

《通鉴》,则欲治而不知自治之源,恶乱而不知防乱之术。为人臣而不知《通鉴》,则上无以事君,下无以治民。为人子而不知《通鉴》,则谋身必至于辱先,作事不足以垂后。乃如用兵行师,创法立制,而不知迹古人之所以得,鉴古人之所以失,则求胜而败,图利而害,此必然者也。”而这部《资政史鉴》从十大方面对我国有文字以来到清代的相关史料进行梳理,并翻译成白话文。全书共10卷,即为政卷、理财卷、谋略卷、用人卷、革新卷、修身卷、处世卷、治事卷、清廉卷和教训卷,每卷160万字左右,全书总计1600余万字,计划由数百名社会科学工作者集体编撰。

编撰这么一部大部头的书,目的是总结历史遗产,丰富领导科学,增强干部素质,提高领导水平。历史是人类经历的记录,“读史使人明智”。历史是人们的必修课。龚自珍说:“欲知大道,必先知史。”鲁迅说:“我们看历史,能够据过去以推知未来。”“读史,就愈可以觉悟中国改革之不可缓了。”章太炎说:“夫读史之效,在发扬祖德,巩固国本,不读史,则不知前人创业之艰难,后人守成之不易,爱国之心,何由而起?”他还说:“不读史,则无从爱其国家。”梁启超认为史学是“国民之明镜”“爱国心之源泉”。他们把读史知史视为做人和爱国的前提。自觉重视历史的学习,是人类走向成熟的表现。

掌握历史知识是衡量干部素质的重要依据之一。有位英国历史学家写了一本名为《历史的功用》的书,认为文官“如果想跻入高官之列,历史是必经之途”,因为“文官应付的行政问题,历史能提供正确的背景”。希腊著名的史学家波里比阿在其所著《通史》中说得也很明白:“就政治生活而言,最好的教育和训练就是要研习历史。取鉴于前人的覆辙,是教人如何英勇豪迈地面对困难、战胜命运的不二法门,除此以外别无他途。”国学大师章太炎曾指出,袁世凯之所以落得身败名裂的可悲下场,就是因为他不学历史。

历史中存在着丰富的智慧。历史智慧作为曾经存在过的知识的结晶,它永远不会“死亡”,仍有活泼的生命力:它可以使人们拥有一个较高的起点，高瞻远瞩；它可以使人们储备大量的参照体系，彰往察来；它可以使人们从对历代的兴亡盛衰、前人的成败得失的体察、理解之中，学到许多聪明才智，不重犯前人的错误，不重蹈前人的覆辙。历史知识是提高人的聪明才智的重要教材，是训练干部提高政策水平、提高思维能力的重要教材。

领衔主持编纂《资政史鉴》的人，政治地位和学术地位都很高。编委会主任是叶选平，学术顾问有丁守和、白钢、苏星、苏双碧、李学勤、吴建国、启功、张岂之、张岱年、季羡林、金冲及、赵宝煦、袁宝华、廖盖隆，编委有王梦奎、王晨、尤开元、许中田、汝信、关壮民、孙楚寅、李传华、李权时、李源潮、张丁华、张作耀、张明达、陈至立、林炎志、杨崇汇、尚文、房凤友、赵可铭、侯树栋、贾天增、郭超人、顾秀莲、梁金泉、黄远志、韩立成、楚庄、臧恩钰、戴舟，总主编是邢贲思和戴逸，真正操作这套书的人是副主编周溯源、和宏明。

回汉后，我就开始组织编纂班子，邀请了薛国中和李则鸣作为副主编。我的长项是中国近代史，他们两人对中国古代史都有很

《资政史鉴》宣传海报

深的研究。编委会确定了编写宗旨,设定了体例、编写大纲及篇目,提供了主要材料。按照编委会设定的要求,需要一个庞大的班子参与编写和翻译工作,因此,我在校内校外邀请了不少老师加入编写组,并对参加革新卷的编写人员大体按时段进行了分工:先秦部分由李则鸣、刘森淼、谢瑞东、王雄平负责,两汉时期由萧圣中、范志斌负责,三国两晋时期由杨范中负责,南北朝时期由徐方平、雷泳仁负责,隋唐时期由卢开万负责,宋元明清时期由薛国中、唐刚卯、王纪潮、王晓钟、陈志鸿、任秦、李世生、刘礼堂、贾继东、江平、张宇、卢昌龄负责,近代部分由李天松、许增纮、刘铁君、张笃勤、梁华平、李孺义、杨木根、萧莉、王劲松、王美英、杜文才、左文勤、牟晓敏、姚洁玲和我负责,我还负责写卷首语。

导读撰写的分工如下:卢开万负责革新理论,戴璧负责因时变法,张笃勤负责政制改革及教育改革,戴盐负责革弊兴利,萧圣中负责整饬吏治,萧莉负责军制变革,雷泳仁负责财政梳理,官翠玲负责币制改革,徐方平负责交通革新,姜宏涛负责文化革新及科技创新,刘森淼负责移风易俗。

人民出版社专门成立了由十名高级编辑组成的编审组,对书稿进行了多次修改、核校,从而保证了本卷的质量和顺利出版。

这本书是从1996年开始启动的,前后用了三年,1998年交稿。革新卷内容颇为翔实,有140多万字,篇幅虽然很大,但在整套书中却是比较小的。《资政史鉴》全书1600万字,共十卷,平均每卷应该是160万字,而革新卷的篇幅还没有达到每卷的平均字数。

这本书的工作量非常大。首先革新的范围很广,我们从12个方面进行了梳理,加上理论篇,共有十三篇,同时每一篇又分成若干节。首先,每一篇都是从古到今,需要不同的老师共同完成。其次,每一篇都要写一篇导读,即把某一类的改革创新全面地总结,这需要较强的研究能力和归纳能力。再次,需要写一篇卷首语,对全书进行总结,相当于一篇导论或对我国历史上种种革新的专题研究。最后,本书的一个特点是文白对照。过去的史料都是文言

《资政史鉴·革新卷》书影

文，为了方便当代读者阅读，我们都把它们翻译成了白话文。这个工作量最大，我们找了很多人来翻译文言文，翻译后的每一段文字也有专人负责把关。作为主编，对于最后交上来的书稿我需要从头至尾看一遍。

革新卷的卷首语是我写的。卷首语很长，共 41 页，一页有 800 字左右，一共大概 3 万 2000 字，这篇卷首语就相当于一个小册子了。卷首语主要从四个方面回顾了中国发展的历程和改革的情况，分别是文明时代以前的革新、经济领域的革新、政治领域的变革、文化领域的创新。最后得出四点结论：第一，革新是大势所趋，人心所向，不可阻挡；第二，守旧没有出路，革新才能进步；第三，革新富国利民，产生了不可估量的历史作用；第四，革新必须坚持从实际出发，根据实际需要进行，脱离实际，必然遭到失败。这是对我国历史革新的一个总结，不完全是我个人的观点，很多都是吸收了大家的观点。

《资政史鉴》的策划是成功的，1998 年 12 月出版，2000 年就进行了第二次印刷，一套 10 本，一本 286 元，全套 2860 元，不是很贵。

出版后每个主编送一套。这本书是按照每千字8元给的稿费,所以每个参编者包括参加翻译的人都拿到了稿费。人民出版社还举办了隆重的首发式,季羡林等大家都发言肯定了这本书。

三、主编《中华民族魂》

1990年前后,教育部准备组织编写一套关于中国近现代爱国主义的丛书。当时,邓小平同志提出要用中国的历史教育青年,江泽民同志在党的十三届四中全会的讲话中谈到教育时也指出:"我想特别提出国情教育的问题。这就是近百年来中国历史的教育,社会主义必然性的教育,经济文化发展现状的教育,经济资源和人口问题的教育,中华民族优秀传统的教育,等等。"所以,教育部决定编一套《中国近现代国情丛书》(简称《丛书》),通过学习中国近百年的历史,广大人民特别是青年比较全面地认识我国的国情,充分了解先辈们建设祖国经历的艰难曲折而又光荣伟大的历程,以激发青年爱国主义热情,坚定社会主义信念。

这套书的目的就是帮助青年懂得中国的昨天和今天,正确认识我国的国情,坚持四项基本原则,坚持改革开放,反对资产阶级自由化,弘扬爱国主义精神,增强民族自信心和凝聚力,树立崇高理想,脚踏实地投身社会主义建设。

《丛书》本着理论联系实际、有的放矢的方针,突出选题及其内容的针对性,选择广大读者特别是青年读者所关心和较少了解的问题,邀请研究有素的专家学者承担编撰工作,以专题研究成果的形式呈献于读者。《丛书》力求以马克思主义为指导,通过丰富多彩的史实,阐明中国近现代政治的、经济的、文化的、社会的情况,包括中国人民在帝国主义、封建主义和官僚资本主义压榨下所遭受的苦难和屈辱,中华民族先行者追求真理、探索救国救民道路的曲折过程和最终选择,中国人民气壮山河的英勇斗争和可歌可泣的光辉业绩,以及中国近现代的人口、资源、灾荒、租界、吏治、民风、思想、文化等诸多内容。一题一书，各自独立，各有特色，而各书之间又有其内在的联系，构成《丛书》总的序列。希望通过这一系列专题，读者对我国近现代历史和国情能够获得比较系统、比较全面的了解，有助于回答他们所关心的问题。

当时经戴逸等人推荐，《丛书》编委会约请我牵头和陈宁生、李少军合撰《中华民族魂》。《丛书》在定题、编辑及作者选择上，既发挥了老专家的作用，又培养了中青年作者。当时这本书具有一定的政治性和时效性，所以我只好把手头的研究放下，集中精力来写这本书。

严格地讲，这是一本爱国主义教育读物，它不只呈献给大专院校的青年，而且还面向社会各界不同年龄、不同文化层次的读者，需要把科学性与可读性、针对性结合起来，引起读者的共鸣。写这本书需要深入浅出、通俗易懂，且兼具史实和教育意义。

1990 年 9 月，我们正式接受了《中国近现代国情丛书》编委会的约稿。根据编委会的建议，全书分为上下两编，综合叙述近代史上各个爱国群体的爱国事迹。上编的起止时间为 1840—1919 年，下编的起止时间为 1919—1949 年。为此，陈宁生、李少军和我三人组成编写小组，我和李少军负责撰写上编，陈宁生负责下编，随即着手草拟编撰提纲。1991 年 3 月 12 日，经过编委会讨论，同意我们按照提纲撰写，并提出了不少有益的意见。

这本书的具体分工是：上编第一章由李少军和我执笔；第二、三章由李少军执笔，由我进行修改；第四章和结束语由我撰写；下编第五、六、七、八章由陈宁生执笔撰写。其中研究生吴明光、黄小平、邱一江、刘秋阳分别为第五、六、七章提供部分初稿。全书由我和陈宁生统稿定稿。在写作过程中，《丛书》主编夏自强同志、副主编兼责任编委龚书铎教授曾多次给予了热情的指导和帮助，武汉大学党委宣传部、学生工作部、校团委、社会科学研究处、李进才副校长，以及中国近现代史教研室、中国近百年史研究室有关同志曾对撰写提纲提出宝贵意见。经过一年多的努力，《中华民族魂》于

1992 年 7 月完稿。

这本书是我们把其他课题搁置在一边加班加点赶出来的,但是书稿出来之后出现了新的问题。此书在出版过程中,征订颇不顺利。高等教育出版社为出版包括本书在内的《中国近现代国情丛书》做了大量宣传工作,结果却只征订到两百多套。由于无法开印,高教出版社要求作者助销。幸亏云梦城关中学独具慧眼,订购了 1200 册,作为对该校学生进行爱国主义教育之用,该书才得以出版。

该书于 1993 年由高等教育出版社出版,1994 年获共青团中央、文化部、广播电影电视部、新闻出版署联合颁发的首届"中国青年优秀图书奖"。此次获奖的图书有 100 本,《中华民族魂》是湖北作者仅有的一本获奖图书。

《中华民族魂》书影

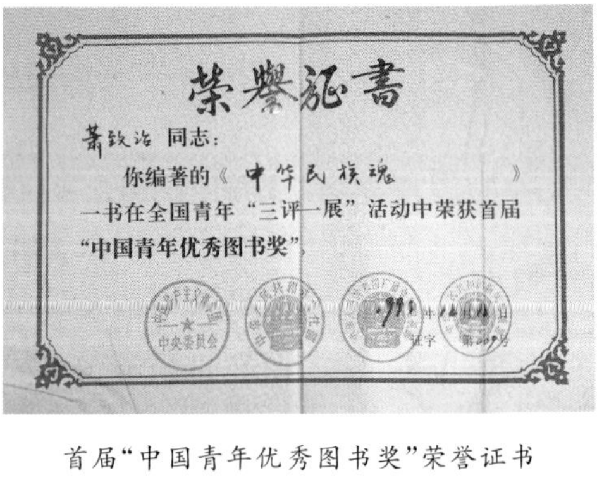

首届"中国青年优秀图书奖"荣誉证书

四、担任鸦片战争纪念馆顾问

还有一本书也值得说一说,这本书一年出一本,名为《明清海防研究论丛》。我作为该书的高级历史顾问,每年为该书审稿,也为该书提供了不少论文。

2006年,我的学生张建雄任鸦片战争博物馆馆长,我因为参加一个会议经过了虎门,便与他一聚。当时张建雄讲了一下他上任之后的计划,他想把鸦片战争博物馆好好振兴一番。除了原设的林则徐纪念馆,他计划另外修建鸦片战争馆,也叫海战馆,反映整个鸦片战争过程。第一次鸦片战争主要为海战,陆战并不多,他希望把海战馆作为一个重点,将整个鸦片战争海战的过程都反映在那个博物馆里。针对他的想法我提了一些意见。

《鸦片战争史》出版后获了两个大奖,一个是"五个一工程"奖,另一个是国家图书奖提名奖,影响比较大,确立了我在鸦片战争史研究领域的地位,因此,他就和我商量,要聘我为他们馆的高级历史顾问。当时是一般的商议,没有最后确定,我真正被定为高级历史顾问是2007年他把聘书寄来的时候。虽然正式聘用是2007年,实际上工作从2006年就开始了,我们对一些问题已经交换了意见,比如怎么办研究刊物,如何组稿。另外,我向他建议2008年举办一次纪念虎门销烟170周年学术讨论会,并提出了拟邀与会人员名单供他参考,同时对《虎门销烟陈列展览方案》提出了修改建议。

纪念林则徐虎门销烟170周年学术研讨会部分参会人员合影

他们拟定的聘任合同非常规范,按照合同规定,我是乙方,鸦片战争博物馆是甲方。合同明确了甲方聘用乙方担任本单位高级历史顾问,聘用时间自 2007 年 1 月 1 日起,至 2007 年 12 月 31 日止,合同一年一签,每年期满双方重新签订。合同对我列了五项责任:第一,对甲方鸦片战争博物馆基本陈列的内容设计提出指导及建设性意见。第二,担任《明清海防研究论丛》特约历史顾问,负责稿件的审阅工作。刊物原来叫《明清海防研究论丛》,后来改为《明清海防研究》。鸦片战争纪念馆原来计划出两种刊物,一种是《明清海防研究论丛》,另外一种是《鸦片战争研究》。后来觉得《鸦片战争研究》收集稿件有困难,我就向他们建议,干脆将这两种刊物合二为一,明朝清朝海防与对外贸易有关联,特别是清朝的海防与鸦片战争有直接联系,这样内容更多,视野更宽阔。于是,鸦片战争博物馆决定每年出一本,从 2007 年开始,一直到去年为止,已经出了 16 本,每本我都进行了审查,包括标点、分段等,都一一仔细修改。第三,对甲方出版的其他学术刊物、论著、图录及画册等提出

《明清海防研究》第八辑书影

指导性建设性的建议。实际上鸦片战争博物馆除了出《明清海防研究》外，还有相关的研究著作，如纪念鸦片战争170周年学术研讨会的论文集。他们把这些稿子送给我看，我都逐一审查了。第四，对甲方学术研究特别是对甲方鸦片战争史研究给予指导和帮助。第五，对甲方整体建设和发展提出指导及建设性建议。

所谓历史顾问，主要是做一些学术方面的工作，一个是参加审稿会，还有一个就是参加学术活动，如纪念鸦片战争170周年学术研讨会。海战馆开馆之前为征求意见开了一次审稿会，讨论展览内容的文本怎么修改、怎么充实，根据情况征求大家意见，后来修改得差不多了就正式定稿了。学术活动就是围绕博物馆、鸦片战争、明清海防等内容开会，每次开会有个主题。

顾问还包括随时提供学术咨询。他们有问题要征求意见的话我也可以跟他们提建议。他们之前准备出台免费开放的政策，而最早免费开放博物馆的是湖北，他们想向湖北学习，就让我帮忙到湖北省博物馆去把该馆的免费开放方案找来，我找到后就给他们寄过去了。另外，我主编的《鸦片战争史》出版后，曾寄了一套给寓居美国的学者吴相湘，他寄给我一张《南京条约签订彩图》。我把这张图转寄给鸦片战争博物馆，建议他们仿制一份，供展览之用。此图原件估计藏于台北故宫博物院，很珍贵。我寄去后，他们没有给我回信，也没寄回。除此之外我还为他们写了六篇文章，发表在《明清海防研究》《明清海防研究论丛》《纪念虎门销烟一百七十周年学术研讨会论文集》以及《鸦片战争研究》上。

我在《明清海防研究论丛》第一辑上发表的文章是《林则徐与禁烟研究三题》，这篇文章讨论了三个问题，第一个问题是“禁烟是辉煌成就，还是‘虚幻的胜利’?”这是对张馨保观点的商讨。第二个问题是“勒令缴烟，是否中了义律的‘圈套’?”义律向英商发布的通告中说缴烟的原因是：“本总监督念及旅居广州的全体外人的自由和生命的安全以及其他重要原因，谨以不列颠女王陛下政府的名义并代表政府，责令在广州的所有女王陛下的臣民……将他们各自掌管的鸦片即行缴出,以便转交中国政府。”至于“英商财产的证明以及照本通知乐于交出的一切英国人的鸦片的价值,将由女王陛下政府随后规定原则及办法予以解决”。这里强调的主要是外人的自由和生命安全,“迫于实际压力,不得不然”,不存在什么“圈套”!至于答应所缴鸦片价值将由英国政府规定原则和办法解决,仅仅是因为他作为商务监督,没有无偿收缴鸦片的权力,只得含糊其词。值得指出的是,义律未经英国政府同意,即大言不惭代表英国政府。事后巴麦尊得知此事,大为恼怒。

义律事后积极煽动发动战争,并非那个“圈套”的一部分,而是因为他不甘心失败。我们不能倒果为因,用后来的鸦片战争去反推义律缴烟的动机,因为战争的发动是由多种因素决定的。故此,说义律被迫缴烟是蓄意设置圈套,乃是毫无根据的妄说。同样,指责林则徐收缴鸦片是上了义律的“圈套”,也是没有道理的。第三个问题是英国发动鸦片战争与林则徐禁烟的关系。有些人说林则徐禁烟是中了英国的圈套,这是英国方面的说法,对这个问题我提出了不同的意见,中国之所以派林则徐严禁鸦片,乃是英美鸦片贩子不顾中国三令五申禁烟,坚持贩卖鸦片,出于迫不得已,中国才采取断然措施。试问,没有英美的鸦片贸易,哪来中国的禁烟!因此,不是林则徐禁烟引起鸦片战争,而是英国坚持贩卖鸦片,必然导致战争。对此,林则徐当时就作了有力的辩驳:“若谓夷兵之来,系由禁烟引起,则彼之以鸦片入内地者,早已包藏祸心,发之于此时,与发之于异日,其轻重当必有辨。”所以,把英国发动鸦片战争归罪于林则徐,乃是不考究事物本质,妄加指责,是毫无道理的。

在《明清海防研究论丛》第二辑上,我提供的文章是《左宗棠对清末海防建设的不朽贡献》,放在该辑的第一篇。这一篇文章重点研究了左宗棠创建福州马尾船政局的贡献。我主要讲了三个观点,一是“心筹多年,决心在马尾建设船厂”。左宗棠在1863年就认识到“仿制轮船,庶为海疆长久之计”,1864年就将仿制轮船付诸实践,1866年6月25日(同治五年五月十三日)左宗棠发出《拟购机器雇洋匠试造轮船先陈大概情形折》，得到清廷的支持，至此，在福州设局造船，终成定局。二是“博采周咨，为船局建设奠定良好基础”。建设现代化的造船厂，在当年的中国是破天荒的事情。在国内既无先例可循，又无技术基础。此前数年，在安庆、南京、苏州、上海、天津等地虽然陆续设立了军械所、机器局、制造局等，都是因陋就简，规模很小。即便最大的江南制造总局，开初也只是用银四万两买下一家设于上海虹口的外资机器铁工厂作基础，加上请容闳赴美国购置的一批机器，总计投资仅十多万两，与福州船政局计划前五年投资三百万两远不能比。三是“排除阻挠，竭力维持船局正常运转”。左宗棠认为：“所以必欲自造轮机者，欲得其造轮机之法，为中国永远之利，并可兴别项之利，而纾目前之患耳。”所以，不管遇到多大阻力，他始终坚持定见，认为“轮船一事，事在必行，志在必成”。正是凭着这种为国家谋富强的坚定信念，左宗棠终于把设局造船这件利国利民的大事办成了。

我在《明清海防研究论丛》上发表的第三篇文章是《张之洞与广东海防近代化》，放在第三辑的第一篇。文章认为，广东的海防近代化是1884年张之洞出任两广总督后正式启动的。我写了两个方面的内容，一是“张氏对广东海防近代化的远见卓识”，二是“推动广东海防近代化的措施”。这些措施包括大力增修炮台，配备先进大炮；从实际出发，积极推进船舰近代化；购置机器，设厂自造枪炮；培植军事人才，创办水陆师学堂。广东的海防近代化，在张之洞出任两广总督前的三四十年时间里，为什么迟迟没有进展？而张氏出任总督后仅5年多，就取得如此显著的成就？这固然与时势等诸多客观因素分不开，但没有张之洞的积极进取，想方设法，不可能有如此巨大的成就。可以说，19世纪80年代的后5年广东能在海防近代化方面取得辉煌成就，张之洞的主观能动性起了关键性的决定作用。张之洞在推进中国近代化的事业中，广东可谓开其端，湖北则是总其成。他推进中国近代化的业绩，主要是在湖北创立的。然而事业总有一个发展过程，没有开头，哪有结尾？所以，张之洞与广东的海防近代化，也是一个值得肯定和研究的课题。

我在《明清海防研究》第九辑上也发表了一篇文章，名为《林则徐与鸦片战争研究再议》，这篇文章的副标题是“兼评赵健伟《谎言下的鸦片战争》”，主要是反驳赵健伟的那篇文章，因为赵的文章首先在《同舟共进》杂志2009年第12期发表，接着《凤凰周刊》转载该文，湖北《鄂州晚报》又据《凤凰周刊》转述了该文的主要观点。谬论流传，其影响不容忽视。该文作者赵健伟在文中一方面承认林则徐“是一位正直清廉的好官”，同时集中指责“林则徐依然不能摆脱权威之下谎言的困扰，他在虎门销烟的同时，也本能地说些谎言。但就是这一系列的谎言，使得道光皇帝血脉高涨，龙威大震，并最终发布圣旨：断绝一切与夷人的贸易往来。于是鸦片战争的战火开始蔓延”。按照作者的逻辑推论，鸦片战争本来不会爆发，只是林则徐用一系列谎言蒙骗了道光皇帝，导致道光皇帝心血来潮，谕令断绝一切中西贸易，从而引发了鸦片战争。这种观点不顾真相，不察事件本质，把黑白完全弄颠倒了。

众所周知，鸦片战争不是一个孤立的偶发事件，而是西方殖民扩张政策的必然产物，是西方殖民者以地球为战场，为了奴役、掠夺全世界人民而发动的一系列殖民侵略战争的继续与发展。这场战争对于英国来说，其基本原因是为了开辟中国市场，替本国工业产品打开销路，摆脱经济危机。其直接原因则是要维护罪恶的鸦片贸易。而对中国来说，则是为了维护国家人民利益、保卫民族生存，是一场反对“万恶的鸦片贸易”、维护国家权益的正义战争。作者罔顾这些基本事实，胡说是林则徐用谎言欺骗了道光皇帝，从而引起了这场战争，是非完全被颠倒了。为了辨明是非，有必要事先将鸦片战争爆发经过作些分析，然后再评论该文作者的一些论点与论据。

首先，我揭示了“英国武力侵华蓄谋已久”的历史事实；其次，论证林则徐“谎言”引起鸦片战争这一说法不实。《谎言下的鸦片战争》一文作者说，林则徐说了“一系列的谎言”，而举出的事例，却只有九龙炮战与穿鼻海战两件，且错误百出，言过其实。实际上，这两次中英之间的前哨战，都是义律蓄意挑起的。两次中英冲突的结果，英方并未占到上风。赵健伟把九龙炮战硬说成中国大败，林则徐在奏报中说了谎言，难以令人信服。据英方记载，这次英国人在炮战中也受到沉重打击。一位和义律、士密同在“路易莎”号上的年轻水手亚当·艾姆斯里在事后第二天(9月5日)对其经历有翔实叙述，他在给其在伦敦的兄弟的信中叙述了战争过程，最后感叹：“我希望我绝对不再参加这种战斗，从这次战斗里，我们已经被揍得很够受的了。”最后，我对林则徐的抗英谋略进行了总结和述评。我认为林则徐也受历史和时代条件局限影响，但他不像当时大多数人那样盲目自大、故步自封，他一旦认识到错误与不足，就立刻修正，并及时提出应对之策，其中影响深远的，至少有以下几个方面：第一，努力了解西方，倡导学习西方长处。第二，倡导师法西方先进军事技术，抵制西方侵略。第三，针对敌强我弱的形势，提出把敌人引进内地、和敌人进行持久作战的战略构想。第四，一定程度上依靠人民，抗击英军入侵。总之，在当时强敌压境、清朝统治土崩瓦解的形势下，以林则徐为代表的一批先进人士爱国爱民、忧国忧民，努力抗击英国侵略，力求振兴，并为此提出一系列爱国强国主张，是宝贵的中华民族优秀文化遗产的重要组成部分，应该努力继承与弘扬。由于历史和时代的局限，他们自然也有缺点与不足，应该历史地对待，不宜苛求，更不应无端夸大，哗众取宠，图一时之快。

除了以上作品，我还在《纪念虎门销烟一百七十周年学术研讨会论文集》里发表了一篇名为《鸦片祸害与林则徐禁烟的辉煌成就》的文章，在《鸦片战争研究》上发表了《关于中国近代史“开端”的几点思考》。

2005年我主持鸦片战争博物馆全面工作后，与萧老师的联系自然更为密切，不仅聘请萧老师为高级历史顾问，而且请萧老师为“虎门销烟”与“鸦片战争”两大基本陈列改造把关。

萧老师一直审校把关我馆出版的学术性刊物《明清海防研究》以及《纪念虎门销烟180周年学术论文集》《纪念鸦片战争180周年学术论文集》,特别是《明清海防研究》和《明清海防研究论丛》一年一辑,从第一辑到第十四辑,每一辑他都认真审阅,一一提出修改意见和建议。如他在2020年1月审读《明清海防研究》第十二辑时写道:"这次寄来的稿件总的来说,比以前几次送来的均有很大提高,但有以下几篇文章写作上不合研究论文规范,是否刊用,请斟酌慎用:《略论珠江口广东中路之明代水师》一文,选题很好,但引文太多,缺少自己的分析研究。《鸦片战争中的海洋文明于今日湾区建设的再启示》则论述空泛,不像学术论文。《文化自信视域下广州海上丝绸之路文化传承与创新——以'广船'历史专廊为例》一文像个发言提纲,不像论文。"正因为有恩师严谨的学术作风和孜孜以求的专业精神,才保证了刊物的专业性、学术性,使之成为海防研究领域众专家喜欢的刊物。他在审阅《纪念虎门销烟180周年学术论文集》后,及时回复道:"目前鸦片等毒品仍在国内和世界流行,在此时此刻出版纪念文集,提醒人们不要忘记这段惨痛历史,发奋图强,是很有必要的。"

——摘自张建雄《涓涓细流 古道热肠——回忆师从萧致治先生的二三事》

从2007年到2022年,鸦片战争博物馆一直聘我当高级历史顾问,但是从2023年开始他们考虑到我年纪大了,合同改成按照文章篇数计算审稿费。

鸦片战争博物馆从建馆到现在,应该说取得了辉煌成就。经过了这么多年的修改、调整和充实,现在的鸦片战争博物馆从内容来说,跟过去大不一样。现在展览的内容更丰富,引进了很多现代科技办展览。总体来说,我觉得鸦片战争博物馆从2007年张建雄当馆长以来,取得了不错的成绩,在国内外影响也比较大。

第十四章　亦师亦友亦知己(上)

我的人生得益于诸多师友的教诲与帮助。他们对我的治学和成长产生了重要影响。

一、陈锡祺先生

陈锡祺是我最早遇到的大学老师之一。陈锡祺(1912—2008),江苏盐城人,1936 年毕业于武汉大学历史系,曾任金陵大学讲师、四川大学副教授。1947 年后,历任中山大学教授、孙中山研究室主任,主要从事中国近代史研究。

70 多年前,当我在中山大学历史系读二年级的时候,正是国内政治运动最激烈的时期。学校坚持政治与业务学习两不误的方针:一方面组织师生积极参加政治运动;一方面继续学习业务课程。正是在这个时候,我们学习了中国近代史,给我们讲课的就是中国近代史教研室主任陈锡祺教授。他以洪亮的声音、清晰的言辞、抑扬顿挫的语调,富有情感地讲述了近代西方资本主义国家怎样野蛮侵略中国,清朝统治者怎样腐败无能、卖国求存,爱国官绅和全国人民怎样探索救国道路,开展反侵略、反投降、反君主专制统治的斗争。陈先生绘声绘色的叙述使我们这些青年学生既学到了许多近代史基础知识,也接受了生动具体的爱国主义教育。

陈先生当时是一位 40 多岁的中年学者。他曾教过中国古代史,因为教学需要,才改教中国近代史。他结合教学和现实需要,开展学术研究,当时已有两本著作问世,均由广东人民出版社出版:一本是《广东三元里人民的抗英斗争》(1956年),另一本是《同盟会成立前的孙中山》(1957年)。这两本书篇幅不大,但在当时并不简单。这两本书一本叙述鸦片战争时期广东人民的抗英斗争,一本研究孙中山早年的生平,都具有明显的时代特色和地方特点。当时中华人民共和国成立不久,人民在政治上已经翻身,他们在历史上的地位逐渐受到学者重视,进入学者的视野。锡祺师正是在这样的形势下,研究了广东三元里人民的反侵略斗争并给予其应有的历史地位,具有鲜明的时代特色。《广东三元里人民的抗英斗争》出版之后,又逢广东三元里人民抗英斗争120周年,锡祺师便对整个鸦片战争期间广东人民的反侵略斗争作了全面系统的分析研究,写成一篇长达两万多字的《鸦片战争时期广东人民的反侵略斗争》,在《中山大学学报》1961年第2期发表,对广东人民反侵略的根源、广东社会各个阶层在反侵略斗争中的地位与作用、鸦片战争时期广东人民反侵略斗争的分期,以及广东人民反侵略斗争的评价,均提出自己的意见。一本著作、一篇论文,奠定了他在中华人民共和国建立初期研究近代中国人民反侵略斗争的先驱地位。

锡祺师认为,林则徐和孙中山都是近代中国历史上开创了一个时代的人物。除1990年在纪念中国近代史开端150周年之际写过一篇《从林则徐到孙中山》发表于《中山大学学报》1991年第1期外,他研究林则徐的专门论文不多,他的主要功绩是主持编纂《林则徐集》。有关林则徐的著作,中华人民共和国成立前虽有《林文忠公政书》《信及录》等刊行,但林则徐还有许多诗文、书信和奏章公牍未能收集整理出版。大概是考虑到广东是林则徐禁烟抗英的主要阵地,中山大学又是华南的高等学府,中华书局决定把编辑整理《林则徐集》的任务交给中山大学历史系,时任中大历史系主任的杨荣国委托中国近代史教研室主任陈锡祺主持。自从1959年接受任务起,锡祺师即组织教研室教师,着手在全国范围内广泛搜集林则徐的各种著作,然后分类加以校勘整理。由于得到中华书局责任编辑刘德麟等的密切配合,并有林氏后裔及京、沪、闽、粤等地有关单位和不少同行的大力支持，依靠历史系中国近代史教研室、资料室参与此项工作同志的通力合作，搜集到了大量有关林则徐的资料，经过标点、校勘和注释，按文件内容分为奏稿、公牍、日记、信札、文钞、诗钞等六个部分交中华书局。其中日记于1962年4月出版；公牍于1963年10月出版；奏稿分上、中、下三册，于1965年3月出版，共计140万字。1985年，为了纪念林则徐诞辰200周年，中华书局又将已出版的日记、公牍、奏稿重印。这是研究林则徐与鸦片战争最基本的三种资料，出版以后，受到学者和历史爱好者的欢迎。凡是研究鸦片战争与林则徐的人，无不把它作为必读参考书，该资料对推进林则徐与鸦片战争的研究发挥了重大作用。这些著作虽然是集体力量完成，但锡祺师作为项目主持人，在通盘筹划、组织力量、审稿定稿等各个关键环节上，发挥了不可替代的作用。

奏稿、日记、公牍出版之后，林氏后裔和各方人士又不断提供新的资料。这些新发现的林则徐著作，对全面系统研究林则徐的一生，具有重要价值。中山大学历史系在锡祺师的主持下，为了纪念林则徐诞辰200周年，由陈胜粦、廖伟章、王化三等同志分工合作，将新收到的奏稿13件、公牍43篇、日记6份，汇成《林则徐奏稿·公牍·日记补编》，共计15万余字，1985年12月由中山大学出版社出版，又为进一步开展林则徐与鸦片战争研究提供了新的资料。锡祺师作为主编，在“序言”中逐一分析了这些新资料的重要价值，颇具启发性。如果不是对林则徐及相关资料有深入的了解，是提不出来的。例如，林则徐在江苏巡抚任上的禁烟思想与实践，原编《林则徐集》未收一件关于鸦片问题的专稿，补编却增补了两件，无疑对研究早年林则徐的禁烟思想与实践具有重要价值。再如林则徐十分重视兴修水利，凡是他做过官的地方，几乎都留下他兴建水利的足迹，原编的公牍部分却没有他在湖北做布政使和湖广总督任内的有关兴建水利的公牍，补编增补了道光十年林则徐亲订的《修筑堤防工程》和道光十七年他在湖广总督任上手订的

《防汛事宜》,填补了一个重大空白。

1995年,在纪念林则徐诞辰210周年的学术研讨会上,林则徐的第五世孙凌青、林子东发出了编纂《林则徐全集》的倡议,得到与会学者的积极响应。福建省有关领导、林则徐基金会,以及海峡文艺出版社均给予大力支持。经过一段时间的筹商,决定在原编《林则徐集》的基础上,邀集全国研究林则徐与鸦片战争的学者,共同完成这项任务。1996年8月16日至20日,《林则徐全集》第一次编纂工作会议在福州召开,会上正式成立了全集编委会。锡祺师虽然年事已高未能出席,大家仍推举他任主编。后来由于锡祺师年老力衰,无力参加实际工作,编委会从实际出发,才改请他担任名誉主编,而由来新夏、陈胜粦、杨国桢与我共同担任主编。经过六年的共同努力,《林则徐全集》于2002年10月由福建海峡文艺出版社出版。编纂期间,编辑部曾派茅林立和我专程赴广州,就编纂计划向锡祺师作了汇报,并听取他老人家的宝贵意见。因此,《林则徐全集》在21世纪初得以顺利面世,锡祺师的开拓和指导之功是不可没的。

锡祺师与我,不仅有50多年的师生之谊,而且有密切的学术缘。改革开放以来,广东是学术最活跃的地区,几乎每年都有学术活动,因此我几乎每年都会南下,只要时间允许,我都要登门去看望锡祺师。锡祺师1936年毕业于武汉大学,随后又留校任教,直至1942年才离开,我则中山大学毕业后被分配到武汉大学任教,而且又是从事中国近代史的教学与研究。我们二人的研究方向与重点十分相近,甚至可以说,我是沿着锡祺师开辟的道路继续前进的!例如,锡祺师研究林则徐与鸦片战争,我也追随他,一生把主要精力投入鸦片战争与林则徐的研究。除了参与主编《林则徐全集》,我还发表有关鸦片战争与林则徐的论文50多篇,编著和主持翻译的有关鸦片战争与林则徐的著作共有8种之多。其中《鸦片战争史》是我集十多年精力完成的代表作,承锡祺师亲为作序,赞扬有加,认为“是当前鸦片战争研究发展到一个新阶段的重要标志”,

“是迄今为止篇幅最大的一部鸦片战争史，而且是一部水平颇高的学术专著”。1998年因赴广东参加学术会议，我曾登门看望锡祺师。临别时他紧紧握住我的手说：“你这一生，有这部《鸦片战争史》，足以传世矣！”师长的称赞，使我感到惶恐。不过，此书出版后，适值香港回归祖国，百年国耻得到洗雪，故本书受到有关领导的关注，并连获中央“五个一工程”奖、国家图书奖提名奖等多项奖励，一些著名大学均把它列为研究生必读参考书，算是对师长培育之恩的一种回报。

与陈锡祺合影

二、姚薇元先生

1960年分配到武汉大学后，我在姚薇元先生身边工作的时间最长，他是影响和指导我教学、科研最多的师长。最初我被安排给他当助教，后来又和他一起带研究生，他的言传身教和治学方法对我有很大的帮助。

姚先生是安徽繁昌人，生于1905年，长我24岁。1926年姚先生在高中二年级时以优异成绩考入清华大学，初学物理，后因对中国近代史产生浓厚兴趣，就由学物理改学历史。他为了弄清中国近代史的发展脉络，先从中国近代史的开端——鸦片战争着手研究。中国最早、最全面记载这段历史的书是魏源的《道光洋艘征抚记》，这本书是魏源根据他的见闻和经历写成。因为魏源在1841年曾应裕谦的招请，参加了浙江抗英战争的相关工作，通过讯问英军俘虏对英国情况有所了解。尽管在当时来说这本书是对鸦片战争情况记载最详尽的，但错讹也不少。姚先生在郭廷以先生的指导下，充分利用清华图书馆所藏丰富的中、英两方有关鸦片战争的主要资料和著作，对魏源的《道光洋艘征抚记》逐段进行考核，补正书中的各种缺误上百处，定名为《鸦片战争史事考》，又名《〈道光洋艘征抚记〉考订》，清华大学历史系主任、文学院院长蒋廷黻先生专门为这本书写了序。此书于1942年2月由贵阳文通书局出版。1955年，姚先生在原书基础上作了修改补充，改名为《鸦片战争史实考》，由上海新知识出版社再版。此后，姚生先又根据新发现的一些资料，再次进行修订，该书1984年又由人民出版社出了修订本。美国著名中国近代史专家费正清认为，该书是“一本有详细的注释而且有判断力的书”。

1931年，姚先生考入清华大学研究院历史门。研究生期间，他在陈寅恪先生指导下，对南北朝时期的民族融合产生了兴趣，开始从研究北方各民族姓氏的变化入手来探讨该时期民族大融合的过程。1933年6月，他在《清华学报》上发表了《〈宋书·索虏传〉〈南齐书·魏虏传〉北人姓名考证》，引起了学术界的注意。随后，他对北朝的胡姓作了系统的、大规模的考订，探索出他们的源流。经过五年辛勤耕耘，他写出了我国第一部研究胡姓的专门论著《北朝胡姓考》，作为研究生的毕业论文。这部著作以北朝胡姓为线索，从一个侧面探讨了北方民族的融合过程。此书填补了学术研究的一个空白，陈寅恪先生曾给予高度评价，并亲自为该书作序。后来此书经过修改补充，于1958年由科学出版社出版。

他为什么在大学和研究生时代就能写出这些不朽的著作？我认为首先和他得到了名师的指点以及自身的努力是分不开的。确定研究方向在学术研究上是个事关全局的根本问题，名师的指点有利于选择研究方向，但是确定方向只是研究的第一步，怎样循着方向探索前进，最后取得丰硕成果，则全靠自己努力。薇元师在谈到自己治学道路时，特别强调自身的刻苦努力。他在清华读研究生时，陈寅恪先生上课曾在黑板上开列了一大批研究课题，要研究生们自己在这些课题中找研究方向。他经过考虑，认为考证胡姓的来龙去脉有助于了解民族融合的过程，对探讨中华民族的发展历程具有重要意义。于是他从研究北方各民族姓氏的变化入手，根据史书纪传和姓氏专著的记载，参照碑铭、石刻、文集、说部、韵书等资料以及近代中外学者有关姓氏的著述，对《魏书·官氏志》里的姓名以及两汉以来的质子、降胡和隋唐时代的蕃将、胡商共193个姓氏做了深入考证。经过五年的艰苦努力，他终于完成了这个研究课题。

其次，他详尽地收集了研究资料，经过认真分析研究，得出了符合实际的结论。薇元师经常讲，资料、分析研究、结论，是学术研究中三个互相连接、缺一不可的环节。资料是基础，是研究的依据，搜集资料要有竭泽而渔的精神，尽量做到完备。有关资料只要有线索可循，就要排除万难，尽力查找。只有详细占有资料才能为研究奠定坚实基础。分析研究则要特别注意“去伪存真”“去粗取精”。要把自己的研究建立在可靠的基础上，就需要把收集来的资料反复分析研究，剔去虚伪的东西，留存真实的材料。真实材料中有粗有精，这就需要根据自己的识力，认真分辨精粗，去粗取精。结论是研究的最终结果。只有在详细占有资料的基础上，经过认真分析研究，才能得到符合历史实际的有价值的结论。

最后，他把握了研究历史的“六何”要素，“六何”即何时、何地、何人、是何、为何、如何。薇元师认为，历史研究是评论探讨以往历史上发生过的事，因此首先要搞清楚事件发生于何时何地，有哪些人参与或经历其事。在弄清历史事实的基础上,还要进行分析研究,给予恰如其分的评论,这就要做到后“三何”,即是何、为何、如何。“是何”只是把事实弄明白;“为何”则要寻根究底,弄清楚为什么会是这样;“如何”则是在弄明真相的基础上,对历史事件和人物作出自己的评价:是好是坏?事件在历史发展中处于什么地位?有什么历史意义?对后来产生什么影响?对今人有何启迪……凡此等等,都属于评价的范围。姚先生认为,考订史料,目的在于为史学工作者提供经过初步整理的材料,只有在替历史科学服务的时候,考订工作才能显示出它的作用和意义。

姚先生的治学方法有乾嘉学派遗风,他重视客观资料,不以主观想象轻下判断,通过多方比对考证、归纳研究,得出新的见解,他身上体现了细致、专一、锲而不舍等可贵的治学精神。

与姚先生及第二届研究生合影

(左起分别为李少军、萧致治、姚薇元、杨卫东)

由于当时研究生的数量很少,我们享受的几乎是一对一式的培养模式,姚先生与萧老师两位老师带我和李少军两个学生。除副课外,主课都是在姚先生家里上的。一杯茶,几盘干点,是一种聊天式、讨论式的课堂。这既是一种轻松愉悦的学习,也是一种学术思辨的训练,每一次上课如同聚会,都由萧老师事先安排好,大致的程序是我们先汇报近期学习情况,例如读了什么书,有什么见解和疑惑,然后一起讨论或由两位老师进行点评。通过这样的学习,我们不仅得到了学术训练,掌握了前沿的学术动态与思想,而且也了解到一些历史学界的逸闻趣事和学术脉络。

研究生期间令我印象最深的是陪同姚先生、萧老师到外地考察,我们从福州到泉州到广州,还专门乘坐海军的登陆艇去查勘了虎门要塞、横档,之后萧老师返校,我们继续陪姚先生到杭州、镇江、南京、上海。到上海后,姚先生的学生、著名历史学家陈旭麓先生在家中宴请了我们。一路上姚先生通过实地考察让我们对鸦片战争有了更清晰的了解。我曾认真学习了姚先生的《鸦片战争史实考》《再论〈道光洋艘征抚记〉的祖本与作者》,对他的文笔和考据功力佩服得五体投地。姚先生曾在他的"茶点课堂"聊天时说:"'言之无文,行之不远。'这句话的意思是说,如果我们的表达没有文采,就不能传播很远。"这句闲谈深深烙在我心里,潜移默化地成为我写论文或文章的一种原则和习惯。

——摘自杨卫东《我的老师》,网络专栏《卫东书案》,2023年9月10日。

三、唐长孺先生

唐长孺先生是江苏省苏州市吴江区人,生于1911年7月4日。

1944年受聘于西迁至四川乐山的国立武汉大学历史系,任副教授;1946年晋升教授。他早年钻研辽金元史,后长期从事魏晋南北朝史、隋唐史的研究。他的学问深得陈寅恪先生褒奖。据说1956年评定教师工资级别时,准备评他为一级教授,但他很谦虚地说:"李剑农先生评一级,我是晚辈,只能评二级。"最后学校接受了他的请求,将他评为二级教授,其风度令人尊敬。

由于我到武大后被分配到中国近代史教研室,与唐先生的研究方向不同,向其求教的机会不多,但有一次求教至今难忘。

1960年12月,一个寒冷的冬夜,一群年轻教师相聚在武大三区附中背后的一栋平房,专门聆听唐长孺教授谈治学经验。唐先生当时不到50岁,但由于在魏晋至隋唐历史研究领域成绩卓著,早已蜚声中外。当时去访问的,都是1958年至1960年毕业的年轻人,这些人虽然跨入了大学教师的行列,但在治学上还是门外汉,所以专门向唐先生请教怎样治学,怎样从事历史研究。

唐先生谈了他自己的治学经历与体会。他结合自身的经验,着重谈了打基础与攀高峰等问题。他认为治学必先打好基础,然后才能就某些问题进行精深研究。只有基础深厚,才可能在学术上取得较好成就。基础包括深度和广度两个方面。深度是指对自己的研究范围,要有深入的了解,包括有关的基本资料和前人的研究成果等,都要有比较深入的了解。只有弄清楚前人在这个领域已研究到什么水平,尚存在哪些问题值得深入研究、需要加强探讨,以及应该从哪些地方寻找突破点或切入点,才能避免重复前人的研究和较快取得研究成果。广度则是指基础不能只局限于你研究的狭小范围,对于各时期各地区不同方面的历史都要有一定的了解,这样才能看清来龙去脉,与不同对象作比较,显示自身的特色。他还以自身的研究为例,现身说法。他说:"我是研究魏晋南北朝隋唐这段历史的,但是上面对先秦两汉的历史我要熟悉,下面对宋元明清的历史也得掌握。我们研究中国的历史,同时对世界史也要有所了解。因为只有基础深厚,才能站得高,看得远,才能避免目光短浅,有开阔的视野。”

至于学术研究如何攀高峰,唐先生当时很强调站在前人肩膀上往上攀登,意思是一定要以前人的研究作为自己研究的起点。从事学术研究就像接力赛跑,接过前人的接力棒,继续往前奔跑。他说自己的研究就是以陈寅恪先生的研究为起点,在陈先生研究的基础上,沿着自己的研究方向继续往前探索。他不是陈寅恪的入门弟子,但十分尊敬陈先生,自称是陈先生的私淑弟子。他语重心长地说:“你们如有人研究魏晋南北朝这段历史,可以在我研究的基础上继续探索,把研究引入更深的层面。唯有这样,才有望取得丰硕的成果,不至于重复前人的劳动,徒劳无益。那样对学术研究很难有重大突破。”记得当时讲到打基础与攀高峰的关系,他用修金字塔与竖电线杆做比喻。他认为做学问要像修建金字塔一样,必须先打好广阔深厚的基础,这样修建的金字塔,由于基础深广,才可巍然屹立,千年不倒。如果像竖电线杆那样,基洞狭窄,就很容易倒塌。

当有人问到怎样做读书笔记,怎样积累学术资料时,他推荐卡片法。他说:“学问要靠一点一点来积累。前人读书,有的写读书笔记,有的写提要,也有写摘录的。这些办法各有所长,也各有所短。但是比较起来,还是以做卡片的办法较好。因为卡片一事一张,做起来虽然费工夫较多,但用起来则很方便。平时读书把有用的资料以卡片形式摘录下来,然后分类整理,查起来就很方便。待到你对某一课题进行研究时,再把相关的卡片抽出来,进行排比分析,这样研究起来就方便很多,也节省了许多查找的时间。所以做卡片,初做起来觉得麻烦费时,用起来则可节省很多时间,从整体来说是很合算的,对研究更有诸多好处。”

唐先生一生勤奋,很重视资料积累。由于平时注意积累资料,而且紧跟学术前沿开展研究,所以不断有新成果问世,一生取得了丰硕的成果。记得 1979 年 9 月至 11 月,我和章开沅先生应邀赴美进行学术考察与交流,访问了美国哈佛大学等著名高等学府。那是改革开放后高等学校文科教师第一次赴美国进行学术考察,大家都很关注。回来之后,湖北省史学会还特意邀请我们在华中师大向史学界作了一次学术考察情况汇报。当时唐先生是湖北省史学会会长,会议由他亲自主持。章开沅先生讲述了访问美国十多所高校的情况,我则重点介绍了美国各高校以及国会图书馆的馆藏,讲了美国高校图书馆不但中文图书丰富,而且信息搜集工作做得很好很及时,比如哈佛大学和普林斯顿大学收集的中国地方志十分丰富,斯坦福大学胡佛图书馆则保存了许多名人档案。唐先生对此很感兴趣,他在最后做总结讲话时,还特别肯定了美国图书馆的资料积累和资料情报工作做得很好,值得推广。

四、吴于廑先生

吴于廑先生是世界史研究领域的专家。吴先生祖籍安徽省休宁县,1913 年 4 月出生,1935 年毕业于东吴大学历史系,1939 年考取西南联大南开经济研究所研究生,1941 年秋考取清华大学第五届留美公费生,1946 年获哈佛大学哲学博士学位。1947 年他应时任武汉大学校长周鲠生先生特邀回国任武大历史系教授。我分配到武大历史系时,吴先生是历史系主任,改革开放后吴先生又任武大副校长,我跟他的接触比唐先生更多。

据说,吴于廑先生早年考取西南联大南开经济研究所研究生颇具戏剧性。他从东吴大学毕业后,在东吴附中任教,全面抗战爆发后辗转流亡到了昆明。北大、清华和南开在昆明成立西南联合大学,陈序经任西南联大商学院院长兼南开经济研究所研究主任。1938 年冬,吴先生经朋友介绍前往拜访陈先生。陈先生向他提出诸如东西方对知识的看法等问题,他侃侃而谈,对答如流。谈话约一小时,结束时陈序经表示:“南开经济研究所正在恢复,计划招收几名研究生。你来吧!不用考试了。”当陈这样干脆表态时,吴有几分犹豫,说:“我在大学是读历史的,能进经济研究所么?”陈答道:“在学术道路上,不怕转弯。多转几个弯,自有好处。”他还说自己就是转了弯的。这片言只语,对吴一生影响甚大。在南开经济研究所,他旁听著名历史学家雷海宗的历史课,并常以西欧史作为重点,将西欧史与中国历史进行比较,从而眼界大开,萌发了做比较研究的想法,这种比较的治学方法影响了他的一生。1941 年 1 月,吴于廑运用比较法在《星期评论》第 8 期上发表第一篇论文,受到编者的青睐。此文的主旨是说,历史上任何运动或观念体系,都是顺应环境的需要逐渐形成的。只要此环境存续一日,则此政治目的必然存续一日,绝不会因个人的行为而兴废。文中用战国时代开始的统一运动、王莽的社会改革、西方反封建专制的自由主义运动、恺撒领导的统一运动、德国的希特勒主义来反复论证这个观点。文章同时认为,运动本身的内容与趋向虽决定于当时的环境,而运动执行的手段与方式则不能不受执行者性格的影响。秦始皇完成了国家统一,但秦的酷政则招致了秦朝的速亡,而统一运动并未因秦亡而中止,却是一脉相承,一直延续。《星期评论》的编者在“最后的补白”中推荐说:“在这一期里,我很对得起读者。我为你们发现了一匹能走千里的‘黑马’,突跃而出的文坛小将吴保安(吴于廑原名)。至多再隔五年,谁能阻止他被称为专家或学者!”

另一件事是 1950 年吴先生在全校抗美援朝参军参干动员大会上以“学大汉,武立国”为题作了精彩讲演。他匠心独运,把“国立武汉大学”校牌由左至右倒过来读,变成“学大汉,武立国”,既把武大校名和现实联系起来,又把历史和现实有机结合起来。他说:“中国再一次面临生死存亡,为了保家卫国,复兴中华,我们必须学习大汉,以武立国,才能达到卫国保家、强兵富国的目的。”师生员工听了他的讲演深受鼓舞。当时全校学生共计 2450 名,报名参军的达 1411 人,经过体检和评议,最后录取了 302 人。

20 世纪 50 年代末,高校文科教材编写工作启动。历史组由北大历史系主任翦伯赞任组长,郑天挺和周一良任副组长。世界史分工由周一良负责。根据吴晗建议,调吴于廑赴北京参加全国第一部统编教材《世界通史》的主编工作。参加编写初稿的有北大、人大等六校教师。周一良、吴于廑与各册主编通力合作，一起通读定稿。经过3年的努力，该书于1962年秋由人民出版社出版。吴先生去世后，周一良先生写纪念文章称："全书论点之商榷，资料之核实，文字之打磨，以于廑同志出力为多。"该教材于1962年出版后多次重印，受到各校历史系师生欢迎，1988年曾获高等学校优秀教材一等奖。吴于廑和周一良还共同主编了《世界通史资料选辑》和《外国史学名著选》，形成了一套完备的世界史系列教材。这套教材被国内高校普遍采用，哺育了一代又一代历史学者，为历史教学作出了重大贡献。

《世界通史》于1979年在吴于廑先生主持下曾作过一次大幅度修订，更加完备。但他并不满足，修订结束后曾赋诗一首寄给周一良先生：

> 枫叶惊秋又一年，京华回首胜游仙。金甍玉砌长安道，紫苑红旗万里天。临老著书知不足，平生读史叹无边。解牛待有操刀手，伫看新编覆旧编。

此书经1979年大幅修订，从书本身来说，自然更加完备。但吴先生在诗中提出临到老年，知道不足，同时又感到学无止境，读史没有边际，期望有新的高手编出《世界通史》新编，推翻旧编。这既是他的愿望，也是他努力奋斗的目标。

他从马克思、恩格斯有关世界史的论述中得到启发，最终形成了对世界史本身以及对世界史研究方法的创造性见解。他认为，世界史是一门有特定含义和研究主题的历史学重要分支学科，"内容为对人类历史自原始、孤立、分散的人群发展为全世界成为一密切联系整体的过程进行系统探讨和阐述"，它既不是把中国除外的域外史，也不是包罗一切国家的各国历史汇编。世界史学工作者应该从纵向发展和横向发展两个互相联系又互相制约的方面进行深入研究。为了阐明这种新观点,他从20世纪80年代起,连续发表了《世界历史上的游牧世界与农耕世界》《世界历史上的农本与重商》《历史上农耕世界对工业世界的孕育》《亚欧大陆传统农耕世界不同国家在新兴工业世界冲击下的反应》等4篇高水平论文,还为《中国大百科全书·外国历史》一书撰写了“世界历史”这一开拓性很强的总条目。他从宏观着眼,以具体分析入手,史论结合,为世界历史的发展勾画出一个总的轮廓,为世界史研究树立了一个标杆。著名世界史专家齐世荣称赞他是“我国世界史学科的一位开拓者和奠基人”,庞卓恒盛赞他的观点是“在改革开放大潮中我国开拓世界史新视野的第一创举”,“是我国的世界史学科正在走向世界的标志之一”。吴先生倡导的这种从分散到整体的世界史观和编史体系已被越来越多的学者接受,武大、华中师大等七校教师按照这个新体系编写了《从分散到整体的世界史》4卷本。吴于廑、齐世荣主编的6卷本《世界史》,也是按这个新体系编写的,1995年由高等教育出版社出版。

吴于廑先生认为,在历史由分散走向整体的全过程中,15—16世纪是世界性海运大通的世纪,是资本主义生产方式以其初生的姿态登上历史舞台的世纪,也是各地区各民族间闭塞状态发生世界性突破的重大转折时期,由此才开始出现真正意义上的世界历史,是真正世界史形成的开端。为此,他在武大历史系创建了“15、16世纪世界史研究室”,先后出版了3本《十五十六世纪东西方历史初学集》以及有关专著数种,受到史学界的高度重视。

在我和吴先生的交往中,有些回忆终生难忘。1960年秋,我大学毕业被分配到武大,吴先生是系主任,世界史名教授,我则是一个刚从大学毕业的史学新兵。他是名人、权威,我去拜访他,难免让人说我在“高攀”,为此,我一直未登门求教。1961年5月的一个黄昏,他却同系副主任彭雨新教授来到湖边四舍303号我的住房看望我。他们走进宿舍,真使我受宠若惊。我暗自下决心,一定要兢兢业业做好工作,争取尽快成才,不辜负前辈的关怀。

1964 年,我在教学之余写成第一篇史学论文《关于龚自珍社会改革思想的性质问题——兼与易梦虹、吴松龄同志商榷》,彭雨新先生看后推荐给《武汉大学学报》。吴于廑先生当时兼学报主编。暑假结束我回到学校,他主动对我说:“你的文章我读了,写得不错,敢于和老专家争鸣,值得提倡。”不久,我接到《历史研究》编辑部的信,索要此稿。我想此文除吴先生外,没有别人知道,想必是他向《历史研究》编辑部推荐的。不过,当日我正在孝感乡下参加“社会主义教育运动”,“斗私批修”抓得很紧。由于怕人说自己仍有名利思想,而且文稿存在《武汉大学学报》编辑部,因此一直没有寄去,最后发表于《武汉大学学报》1965 年第 3 期。不过,他对我的关爱之情,我一直铭记于心。1979 年 9 月,应美国学术界的邀请,我与华中师大的章开沅教授一起赴美国哈佛大学等 10 所著名高等学府进行学术交流,行前曾向吴先生请教了有关事宜,11 月回国后又向他作了访问情况汇报,并通报了他在美国的好友杨联陞等的近况。吴先生很高兴,当即表示:“你这次美国之行收获不少,可以向系里师生作一次访问报告。”

记得 20 世纪 70 年代末的一个夏天,我和吴先生一起参加接待一个外国访华团。客人问起吴先生的生活和心愿,吴先生即席作了一番感人肺腑的发言。他说:“我愿做一头老黄牛。黄牛是最勤奋耐劳的,每天不声不响地劳动,毫无半句怨言。黄牛吃的是草,忠心耿耿、诚诚恳恳替主人效力。它用自己的汗水,为人类创造了大量的财富,用自己的乳汁,哺育着人们。它付出甚多,却从不计较报酬。它在生命的过程中,除了吃草和喝水,没有任何索取,却对社会作出了最无私的奉献。我是一位大学教授,吃的是农民种的粮食蔬菜,穿的是工人生产的衣服鞋袜,走的道路也是人民修筑的,是人民为我们提供了所有的一切。人民养育着我们,我们义不容辞,应该忠诚为人民服务。我愿做头‘老黄牛’,不是做某家某户的黄牛,而是做全体人民的老黄牛,也就是诚诚恳恳为人民贡献自己的一切。为了人民的幸福,国家的富强,我愿意像头老黄牛那样,忠心耿耿为人民贡献毕生的精力。”他的这番话使我深深感动,深受教益,至今记忆犹新。他最后在工作岗位上逝世,正是实践了10多年前他向外国朋友表达过的心愿。

五、彭雨新先生

彭雨新先生是湖南浏阳人,生于1912年10月,他少时读过私塾,颇有中国传统文化根柢。他十几岁在浏阳读中学时,胡耀邦也在该校求学。胡耀邦比彭先生要小3岁,个子很小,聪明伶俐。彭先生清楚地记得,每次集合排队,胡耀邦总是排在最后一个。全面抗战爆发前,彭雨新先生考入国民党主办的中央政治学校财政专业学习,从此迈出了他毕生研究财政经济史的第一步。1939年从中央政治学校毕业后,他成为中央研究院的研究生。1942年他研究生毕业,获硕士学位,留院做助理研究员,重点研究地方财政。后来,他升为副研究员,曾出版《县地方财政》等专著。1948年9月,赴英国曼彻斯特大学经济学院进修一年,1949年8月回国,同年9月受聘为广州岭南大学经济系教授。1952年,全国学习苏联教育改革经验,高等学校进行院系大调整,岭南大学和中山大学合并。从是年9月起,他转任中山大学经济系教授。1953年9月调任武汉大学经济系教授。1956年3月,为协助李剑农整理《中国古代经济史稿》转入武汉大学历史系任教授,重点研究近代财政史与经济史。是年,他的另一本著作《清代关税制度》由湖北人民出版社出版。此后,他曾兼任历史系副主任多年,主管教学与科学研究工作。在历史系工作的30多年间,他编著出版了《清代土地开垦史》和《清代土地开垦史资料汇编》,共计80多万字,还发表学术论文30多篇。

彭雨新先生不仅取得了卓越的学术成就,他的无私奉献精神更是令人感动。我院著名历史学家李剑农老先生从1921年起即致力于中国古代经济史研究,在武汉大学和蓝田国立师范学院任教期间,曾多次系统讲授中国古代经济史。为了适应教学需要,他对中国古代经济的发展变化作了系统的整理,编成《中国古代经济史稿》,印发给学生学习。1943 年蓝田新中国书局曾铅印过先秦两汉部分,1947—1948 年武汉大学出版部也铅印过《中国经济史》上册(同为先秦两汉部分),但这些书都仅供教学之用,未能广泛发行,更没有全部正式出版。李剑农先生 1954 年因患青光眼导致双目失明后,本人已无能力细加编辑。在此情况下,彭先生为了使李老毕生心血之作不被淹没,曾花了大量精力,在原来油印讲义的基础上细加整理校勘,还补写了魏晋南北朝时期的田赋部分,以成全璧。正是在彭先生的热情和无私协助下,该书才在 1957—1959 年间,分成《先秦两汉经济史稿》《魏晋南北朝隋唐经济史稿》《宋元明经济史稿》三册,由北京三联书店出版。1962—1963 年,中华书局又据原纸型进行重印。改革开放以后,全国高等学校教材会议将此列为重要教材或教学参考资料。为了适应高等学校中国古代经济史教学的需要,复由彭先生牵头,邀请李则鸣、卢开万和殷崇浩对全书分别再次进行校改,统一定名为"中国古代经济史稿"第一卷(先秦两汉部分)、第二卷(魏晋南北朝隋唐部分)、第三卷(宋元明部分),由武汉大学出版社于 1990—1991 年出版。彭先生去世十年后,该书又作为"武汉大学百年名典"之一,三卷合并成《中国古代经济史稿》,由武汉大学出版社出版精装合订本。同样,李剑农的成名之作《最近三十年中国政治史(1898—1928)》自 1930 年由上海太平洋书店出版以后,1949 年前曾经六次重印。1949 年后,中华书局编辑部考虑到此书仍有重要参考价值,决定适当加以校改后重印,又是由彭先生承担整理的任务。在"书的内容和观点,都基本上保持了原来的面貌"基础上,由彭先生和崇汉玺作了适当的校改,改名为《戊戌以后三十年中国政治史》,交中华书局于 1965 年再版,1980 年进行了第二次印刷。

彭先生的另一个无私奉献是促成美国学者罗威廉著的《汉口:一个中国城市的商业和社会(1796—1889)》一书由英文译成中文出版。

《汉口：一个中国城市的商业和社会(1796—1889)》一书封面

此书原是作者在哥伦比亚大学的博士论文，1979年9月下旬，我和章开沅先生应美国学术界邀请，赴美国各著名高等学校进行学术考察，当到达威斯康星大学时，罗威廉带着我在《武汉大学学报》1978年第4期发表的《汉口租界》一文来见我，就汉口历史作了交谈，并希望能亲自到武汉来做访问研究，我同意了。一年之后，他于1980年12月底到达武汉，学校决定由我和彭雨新先生负责接待，指导罗威廉在武汉各图书馆查阅相关资料，并在武汉进行实地考察访问，为期4个月，直到1981年5月初始离汉回国。1984年，罗威廉的这本专著由斯坦福大学出版社出版后，曾分别寄给彭先生和我。彭先生收到此书后，认为此书对近代前期的汉口做了很有价值的研究，值得译成中文供关心汉口发展历史的读者参考。但因自己年事已高，精力不济，于是嘱托他的儿媳江溶进行试译，约定先由江溶译出初稿，再由他亲自审校。其中第一、二两章译出并经过彭先生精心校改后，分别在湖北省文史馆主办的《荆楚文史》创刊号和第2期发表。彭先生还写了一篇对此书进行评介的长文《十九世纪汉口商业行会的发展及其意义——〈汉口：一个中国城市的商业和社会(1796—1889)〉简介》，在《中国经济史研究》1994年第4期发表。1990年冬，彭先生及其夫人饶运凡师母皆已年近八十，夫妇单独生活，无亲人在身边照顾，子女皆不放心，其长女彭揾明决心把两老接到天津奉养。在此种情况下，彭先生还惦念着此书初译稿的审校工作，决定把江溶的译稿带到天津继续审校。遗憾的是，译稿的出版碰到重重困难。最初是1989年冬，我把该书介绍给上海译文出版社，并寄去部分初稿，上海译文出版社看了部分译稿后婉言拒绝了。尔后和一些出版单位联系，均从经济效益考虑，婉言谢绝，直到1995年彭先生去世，出版仍无着落，而且译稿渐有散失。幸运的是，彭先生的高足鲁西奇教授长期从事长江中游地区的历史地理和社会经济史研究，对本书产生浓厚的兴趣，决心继承彭先生的遗志，承担起译稿整理、校订与促成出版的工作。鲁西奇除了补译遗失的第七、八、九、十章，并对原译各章作了全面校订，还补译了全部注释，查对了大部分原书引用的中文文献，同时积极与国家清史编纂委员会联系，终于将此书纳入“国家清史编纂委员会·编译丛刊”的出版计划，2005年由中国人民大学出版社出版。继此书出版之后，鲁西奇又与罗杜芳合作，翻译了该书的姊妹篇、罗威廉教授的另一本专著《汉口：一个中国城市的冲突和社区(1796—1895)》，于2008年由中国人民大学出版社出版。

由上可知，无论是李剑农的两种著作，还是罗威廉的两本译著，彭雨新先生都为整理或译审，付出了很多的心血。这种默默为他人著作的出版作出无私贡献的精神，是值得高度赞扬的。

我与彭先生结识，是在1960年9月。我到武汉大学以后，被安排在历史系中国近代史教研室从事教学与研究。当时教研室有姚薇元、汪诒孙和彭雨新三位教授。一间小小的教研室，同时有三位教授，当时在全国是很少见的。除了三位老先生，还有崇汉玺、王承仁两位助教，李天松当时是研究生，还有来自湖南、河南、山西的三位进修教师。由于崇汉玺跟汪先生研究近代思想史，王承仁随姚薇元先生从事中国近代史的教学与研究，我自然就要跟彭先生从事中国近代经济史的教学与研究。当时正值辛亥革命五十周年前夕，武汉是辛亥革命的首义之区，理应为纪念活动早做准备。为此，湖北省社会科学界联合会于1960年11月组织湖北地区从事中国近代史教学与研究的学者开了一次预备性的纪念辛亥革命五十周年学术讨论会。会议前后，湖北省社科联经与中国史学会联系，决定于1961年10月中旬在武汉召开一次纪念性的全国学术讨论会。为了开好这次具有重大意义的学术会议，湖北省社科联领导经过研究，要求湖北地区学者认真准备，届时保证能提供几篇高质量的论文。彭先生拟写的《辛亥革命前夕中国资本主义工业与工业资产阶级》是确定的重要论文之一。为了保证这篇论文，彭先生嘱我系统查阅盛宣怀的《愚斋存稿》。本来，在1960年那次预备性的学术讨论会上，我曾就辛亥革命前后的立宪派作了长篇发言。当时纪念辛亥革命学术讨论会的实际策划人章开沅听后，认为立宪派值得研究，曾致信彭雨新先生，希望我加工整理，写成论文。彭先生也把章先生的信给我看了，征求我的意见。只是那时我已接受彭先生的嘱托，开始系统阅读《愚斋存稿》，并写了提要，故放弃了自己写论文的打算。

1964年上半年，我写的第一篇学术论文《关于龚自珍社会改革思想的性质问题——兼与易梦虹、吴松龄同志商榷》脱稿。暑假回家前送交彭雨新先生，彭先生看了我的处女作后，又把他推荐给了吴于廑先生。可能是吴先生比较认可该文，又把它推荐给了《历史研究》，《历史研究》编辑部给我来信索要此文。由于种种原因，该文未寄出去，最后仍在《武汉大学学报》发表。此事虽小，但同时得到吴先生及彭先生的雅爱和关照，确实使我毕生不忘。

按照分工安排，我后来未能跟随彭先生从事经济史的研究。但从1960年开始相识到彭先生1995年离世，35年间我们一直保持着密切的交往。1990年他去天津前夕，我曾专程去他家送别，想不到竟成为最后一晤。他在天津颐养的几年,每逢过年,我都要去信向他贺年。记得有一年他回寄的贺年卡,还特称我为“挚友”,我作为晚辈,实在愧不敢当。他在天津去世,因为路途遥远,未能前往吊唁,只得和教研室同仁向着天津方向三鞠躬,表达我们的哀悼之情。

六、石泉先生

石泉先生(1918—2005)原名刘适,安徽贵池人,著名历史学家、社会活动家,武汉大学历史地理研究所创始人,武汉大学人文社会科学资深教授。

石先生原来研究的长项是中国近代史,他曾在 1956 年 2 月和 1958 年 1 月讲过两次课,但他的观点在 1958 年夏的“拔白旗”运动中受到批评,从此他不再开中国近代史的课,也不再从事这方面的研究。1960 年我到武大历史系中国近代史教研室时,他不在那里。1961 年科研定向时,他把研究方向转到荆楚历史地理。

解放战争时期,石泉先生在师从陈寅恪先生从事中国近代史研究的同时,参与地下进步活动。1948 年因遭国民党点名追捕,他才隐姓埋名进入华北解放区,改名石泉,从此之后,一直以石泉名世。

石泉先生给我的印象,首先值得称颂的就是“尊师”。他亲口告诉我,他跟陈寅恪先生读研究生时,陈先生因患青光眼,长期住院治疗,他则长期陪伴在陈先生身旁,侍奉汤药。有时夜深人静,陈先生醒来,就给他讲述近代亲见亲闻的历史掌故。石先生撰写研究生论文时也常常把自己写的初稿念给病榻旁的陈先生听,聆听他的意见,然后进行修改补充。陈先生因为自己的祖父当过巡抚等高官,故熟悉清朝统治阶级内部的斗争情况。但陈先生又常常表示他不适宜研究中国近代史,因为研究起来易动感情,影响历史研究的客观性。石先生 1954 年由教育部调到武大历史系工作后,恰值李剑农先生因青光眼双目失明,石先生也经常陪侍左右,以减少李先生因双目失明带来的晚年孤寂。后来李剑农先生想自编一部学术性年谱,石先生又主动承担起笔录任务,由李口述,石笔录整理,此项工作持续两年多。李剑农先生口述了自 1880 年出生到辛亥革命前 30 年间的亲身经历,后来由于政治运动,此项笔录工作才不得不暂停。到了 1966 年"文革"开始后,石先生笔录的手稿也遗失了,这在学术史上可以说是一个无可挽回的损失。石先生这种常年自甘作出牺牲,为前辈学者保存珍贵文化遗产的奉献精神,永远值得称颂。

"尊师"精神可嘉,"爱生"之情同样可贵。石先生在武汉大学从教达 50 年,教过多门课程,指导过本科生、硕士生、博士生的毕业论文。他教书育人,对每项工作无不尽心尽力,认真负责。特别值得一提的是,他经常深入学生宿舍,辅导学生学习,和同学交心谈心,非常平易近人,深得同学爱戴。比如 20 世纪 70 年代前期有一个班级,虽只有 30 人,却有不少高干子弟,这个班的学生一方面很爱学习,另一方面不少人心高气傲,不把老师放在眼里,个别人甚至很不尊重老师。可是由于石先生经常去学生宿舍探望,推心置腹地和大家交谈,终于赢得了全班同学的普遍尊敬。

治学严谨,是石先生的又一重要品格。早在 20 世纪 40 年代,他在撰写研究生毕业论文时,陈寅恪先生对他的要求就十分严格。陈先生首先要求尽量占有史料,凡是能找到的史料,必须尽力搜集,认真查阅,不许有丝毫遗漏;其次,对史料必须严格鉴别,务求确实可靠,将自己的论点建立在确凿的依据之上;最后,观点必须反复斟酌,慎之又慎。这种高度严谨的治学训练,为他后来从事研究奠立了坚实的基础。后来他从事荆楚历史地理研究,一直谨守这些原则,历史主义地对待历史地理的研究,既注重对历史文献的分析辨别,也注意与考古学成果结合,并进行实地调查,力求使自己的结论符合历史的实际。他的这种治学精神,值得后人师法。

七、刘绪贻先生

刘绪贻（1913—2018）是著名的社会学家、历史学家。1940年获清华大学学士学位，1947年获芝加哥大学硕士学位，归国后执教于武汉大学。中华人民共和国成立后，先后担任武汉大学协助接管委员会主席、武汉大学校务委员会委员兼代理秘书长，1953年加入中国共产党，1964年任武汉大学美国史研究室主任。

与刘绪贻合影

我与刘先生相识，是1964年他重回武汉大学，在历史系建立美国史研究室以后。当年秋，我和他一起带学生下乡，参加孝感祝站区姜窑公社的社会主义教育运动，而且同在联合大队。他平易近人，善于和群众交谈，很快就和当地群众打成一片，并在群众中有很高威信。记得有一天开干部大会，传达有关政策，强调在清查各项账目时，要注意实事求是，不许搞“逼、供、信”。当场有人提出“什么叫‘逼、供、信’？”会场顿时沉默下来，没有人敢回答，而且多把眼光投向刘先生,相信这位“喝过洋墨水”的大学者一定知道。于是刘先生站了起来,即席对大伙说:“这是一种强逼审讯办法。比如说,清查账目,有些账目当事人不承认,清查者指为不老实,于是采取高压手段,甚至使用刑罚,逼迫当事人承认。你一逼,他就供认,你就信以为真。这就是‘逼、供、信’。这种用高压手段审理案情,逼迫人承认的办法,往往违背事实,不可信,所以要反对。”他的一席话,不但使大家疑义顿释,而且提醒了大家,在清理账目时,一定要重证据,不能搞“逼、供、信”。

2010 年 4 月,刘绪贻先生送我一本由香港时代国际出版有限公司出版的《箫声剑影》上卷。这是刘先生叙述他早年经历的口述自传,由他口述修改,余坦坦记录整理。此书以通俗生动的口语,叙述了他 1913 年到 1947 年间的亲身经历以及见闻,再现了他早年生活的方方面面,读后不但大大增进了对刘先生为人处世的全面理解,而且颇多启迪。

该书给我最深的印象,就是刘先生叙事的坦诚与翔实。他在本书的前言中表示:“写口述历史必须绝对说真话,还要勇于揭露自己的缺点和问题。”掩卷细思,刘先生在这方面的确实践了自己的诺言。他本着“绝对说真话”的精神,讲述了 1947 年从美国芝加哥大学留学回国以前 34 年的经历。世人对于刘先生这段早年经历,一般知之不多,甚至毫无所知。通读全书之后,我感到刘先生说的“绝对是真话”,没有半点矫揉造作。特别令人感动的是,他揭露自己的缺点或问题,也做到了毫无遮掩。举一个典型的事例:他在芝加哥大学留学期间,结识了一位美籍法裔女学生卡罗琳,两人眉目传情,相处颇为融洽。一次,两人同游公园,倚在铁栏杆上欣赏密歇根湖面的景色。卡罗琳手上玩弄着国际大厦宿舍的钥匙。刘先生挑逗地对她说:“如果你把钥匙掉在湖里了,我会立即跳进湖里给你摸回来。”出乎刘先生意料,话刚说完,她就把钥匙丢进了湖里。睹此情景,刘先生惊呆了,两眼只惊骇地望着她,却无下水的任何表示。她嗔怪地说:“这就是你的爱呀! 你连跳的样子都没有做！”刘先生感到很难为情。过了好一阵子，她看到刘先生实在太尴尬，才安慰刘说没关系。她可以向国际大厦经理再买一把钥匙。因为她知道，有的同学已经这样做过。这件事对刘先生来说，事关“诚信”品德。假如他想讳饰，书中一字不提，岂不很好？但他还是在书中把前后经过如实告诉读者。这确实需要极大的勇气，说的也是“绝对的真话”。

刘先生有着可贵的“执着”精神。首先是生平志向上的“执着”，立志要成就一番事业。他在个人成长的道路上遇到过很多困难，但是，由于他的“执着”追求，终得如愿以偿。刘先生聪明过人，而且勤奋刻苦，因此考试成绩总是名列前茅。可是，当他1934年读到高中二年级时，其父不幸去世了。家庭失去顶梁柱，经济立即陷入困境，全家只得从武汉迁回老家，刘先生因此完成高中学业都成了问题，想升大学更无指望。幸亏得到其父好友何在庵的资助，才顺利完成高中学业。他本一心想上大学，以便成就一番事业，可是，高中毕业后，尽管顺利考取了北京大学化学系，却无钱前往入学。在无可奈何的情况下，进入了南京军需学校。这所学校不需家里负担学费，还发点零用钱。但他很不甘心，后来他得知清华大学招收公费生，毅然脱下国民党发的军装，换上老百姓穿的便服，偷偷离开了这所学校，最后终于以优异成绩实现了自己的愿望，于1936年成功考上了清华大学。

其次是学术观点上的“执着”，决不苟同。刘先生治学，注重独立思考，从不盲从或迷信权威。他原来从事社会学研究，1964年后专攻美国历史。在社会学方面，他重点研究了儒家思想对中国的思想统治，深入批判了儒家学说对中国产生的消极影响。他在芝加哥大学的学位论文《中国的儒学统治——既得利益抵制社会变迁的典型事例》一文指出，儒学统治是阻碍中国社会工业化、现代化的极其重要原因。论文完成后曾遭到美国汉学家中保守人士的反对，他不为所屈，仍坚持自己的观点，并反复向指导教师陈明理由。由于得到指导教师的理解和康奈尔大学一位汉学家的肯定，刘先生不仅顺利获得了硕士学位，还得到一笔小小的奖学金。这些年来，“新儒学”在国内外兴起，他们对儒学进行了狂热的吹捧，提出要弘扬儒家思想，要“返本开新”，用儒家思想推进中国现代化，指导中国复兴，推动亚洲振兴。对此，刘绪贻先生很不以为然，仍然对儒家学说的保守性持批判态度。他在芝加哥大学的学位论文经叶巍、王进译成中文后，由他亲自校勘，于 2006 年 5 月由中国人民大学出版社正式出版。此外，他还撰写了一系列的论文与杂感，继续批判儒学的保守性，启迪和引导人们正确认识新儒学。儒家学说劝诫人们“存天理，灭人欲”。这种压抑人民群众自然之性的说教，“在历代统治者的支持和倡导下，日益强化甚至神圣化”，导致“旧中国文化一直是个困乏的文化，中国的人生一直是个贫穷的人生。绝大多数中国人的自然之性被埋在各种道统之中，过着缺衣少食、鳏寡孤独的生活”。

最后是在爱情与婚姻上，尤足表现刘先生的“执着”精神。刘绪贻先生和周世英夫人相识，是在高中毕业参加全省会考期间。当时刘先生是省立高中甲组选出的代表，周世英是省立女子高中选出的代表。周世英几次担任高中毕业同学联合会议的主持者，她的主持技能很能服众。刘先生对她一见钟情，认为她是平生接触到的第一位文化水平与自己相似，具有一定工作能力，形象很动人的现代女性，由此逐渐对她产生了爱慕之情。刘先生进了南京军需学校以后，周世英在一封信中，委婉地向刘表示她很不喜欢“二尺五”(当时人们常将国民党军队的军服称为“二尺五”)。刘先生接到信后，意识到自己“如果继续留在军需学校，就会失去周世英”，于是冒着很大的风险离开军需学校，报考清华大学公费生。

刘先生进入清华，周世英进了武大，一对恋人分居两地，情意绵绵，难分难舍。刘先生在清华读了一年后，全面抗战爆发了，清华大学迁往昆明，而此时的周世英，家道中落，不但无力复学，而且要承担提携 5 个弟妹的重任。她于 1938 年 1 月独自前往重庆，侥幸进了重庆盐务分局工作。

1940 年 6 月，刘先生如期在西南联大毕业。因成绩优异，有机会留在昆明跟着陈达、费孝通等名师做研究。但是周世英不愿舍弃在重庆的工作冒险前去昆明。刘先生连毕业文凭都来不及领取，就迫不及待地离开昆明，赶往重庆，和心爱的恋人相聚。在刘先生的“执着”追求下，二人终于开花结果，成为相依相伴的伉俪。

刘先生原来的专业是社会学，从 1964 年起转向研究美国历史，重点是研究美国自第二次世界大战以后的现代史。这段历史与现实关系十分密切，是一个敏感的领域。可是，刘先生不畏艰险，从在武大创立美国史研究室起，数十年如一日，除了“文革”期间一度被迫中断，始终孜孜以求，经过长期的努力，终于取得了令人瞩目的成果，主编和参与撰写的美国史专著有《美国通史》(六卷本)、《富兰克林·D.罗斯福时代(1929—1945)》等多部，相关译著有《乔治·布什自传——注视未来》等 10 余部。在社会学方面独撰、参撰和主编的著作有《改革开放的社会学研究》等，发表有关学术文章 80 余篇。他是中国美国史研究的重要奠基人之一，是中国美国史研究的开拓者和领军人物。他乐观豁达，活了 105 岁，是武大历史上最长寿的教授之一。

八、邵阳两大史学家——李剑农、吕振羽先生

我曾经写过一篇文章:《从魏源、李剑农到吕振羽——评邵阳三位国际大史学家》。它起因于美国格林·伍德出版社出版的一本《近现代国际大史学家辞典》(*Great Historians of the Modern Age——An International Dictionary*)，该辞典共收录了 1800 年以来世界各国大史学家 634 人，其中中国藉大史学家十四人，在这十四人中，出生于邵阳的有三人，即魏源(1794—1857)、李剑农(1880—1963)、吕振羽(1900—1980)。这三人中魏源的时代离我较远，后两位或多或少与我有一点关系。

李剑农，又名剑龙，号德生，1880 年 6 月出生于隆回县滩头镇。

他是我国现代著名的政治经济学家、历史学家。他先后留学日本、英国,学习政治经济学。读书期间参加同盟会的各种革命活动,为辛亥革命作出了积极贡献。1921年,受赵恒惕特聘,参与起草湖南省宪法。第二年,任湖南省务院长兼教育司长,因政见分歧,愤而辞职,专心研究中国政治史和经济史,是我国政治史和经济史研究的开拓者之一。他先后执教于国立师范学院、湖南大学、武汉大学,其中在武汉大学的时间最长。李剑农先生的贡献主要在政治史和经济史两个方面,我到武大时他已经失明多年,无缘受教,但我对他的情况了解较多,写过四篇与他相关的文章。

1930年秋,李先生受聘为武大文学院教授兼史学系主任,同年10月出版了他的成名之作《最近三十年中国政治史》。该书一出版,不但受到学术界的广泛赞誉,也在当时政界引起巨大反响。到1932年5月,仅一年多的时间该书即印行四版,1940年又印两版,足见影响之大。后来,为适应在武大讲授中国近代政治史的需要,李先生复将鸦片战争到中日甲午战争期间的政治斗争历史补写了四章。抗日战争期间,由蓝田国立师范学院史地学会把这四章和原编政治史合印成《中国近百年政治史》,1946年交蓝田启明书局印刷出版。1947年,此书又由上海商务印书馆改成平装本,分上、下两册出版,1948年再版。1956年,美籍学者邓嗣禹和Jeremy Ingalls据商务印书馆版译成英文,由斯坦福大学出版社出版。1964年发行印度新德里版。1967年再由斯坦福大学出版社重版,前后共计发行5200册,其数量之多,在美国同类著作中实属少见。美国著名中国史研究专家费正清对该书作了较高的评价,认为是"中国近代政治史的最清晰的唯一全面的评述……对于西方的研究学者来说,作为一种可靠的纪事史和重要资料的简编具有重要的价值"。另一学者林伯格则说:"李剑农的政治史对于中国问题专家来说是必不可少的书……该书在阐明太平天国运动、义和团运动、革命和立宪运动,以及类似这样一些问题方面,是值得一读的。"该书受到同行学者普遍好评的原因我认为有以下几个:

第一,取材精当,叙事准确,揭示了历史真相。历史是一门严谨的科学,准确可靠的史实是一部不朽历史著作必须具备的条件。李剑农先生本人曾亲历了戊戌维新、辛亥革命、“二次革命”、护国战争、护法运动、军阀混战,直至北洋军阀覆灭这段历史,平时又注意收集有关历史资料,因此掌握的资料非常丰富,而且在掌握资料的基础上,又注意综合整理。在编著近代政治史之前,曾编撰了长达 788 页的《中山出世后中国六十年大事记》,对 1866—1926 年间的重大事件作了系统梳理,为编撰近代政治史打下了坚实的基础。

第二,分析深透,评论公允,富有说服力。详细占有资料,只是为历史研究奠立良好基础,更为重要的是运用资料,进行深入分析研究,得出合乎历史实际的结论。要做到这点,必须具备良好的史识,坚持实事求是的基本原则,深入分析研究史料,力求做到客观公允。李剑农尝言:“我们研究历史的人,最宜注意的,就是以客观的事实下判断,不要以主观的感情下判断。”虽然他直接或间接参与了近代许多重大事件,但他在撰写过程中严格信守“以客观事实下判断”的原则,如他曾是民国时期联治运动的积极鼓吹者,联治运动失败后,他并没有为联治运动辩解,而是坦率地承认:“这种运动徒然为割据地盘的各军阀所利用,各军阀间势力扩充的战争仍未能完。”究其失败的原因,则在于“赞否的两方,都没有真确的认识,没有为国家谋统一的诚心”。

第三,奋笔直书,无所忌讳,伸张了正义。《最近三十年中国政治史》是当时人写当时历史,大多数人还健在,不少人还在政治舞台上继续活动。李剑农先生与不少书中人物尚有这样那样的关系,因此写起来很容易徇私讳饰。可是,他严格遵循中国史学的优秀传统,是非分明,对于军阀、政客等的祸国殃民之举,坚持奋笔直书,不留任何情面。一些军阀、政客凭借权势,横行无忌,却逃不脱李氏的口诛笔伐。比如清末统治集团内部的争权夺利、革命与立宪之争、民国初年北洋军阀针对革命党人的攻击、北洋军阀与其他地方军阀的争夺、北洋军阀集团内部的勾心斗角、革命党人内部的分化与腐化等，李剑农都作了淋漓尽致的揭露和鞭笞，对军阀混战给国家和人民造成的严重灾难，同样作了无情的痛斥。

第四，注意探根求源，善于联系形势分析问题，易使读者信服。一个历史事件的发生往往不是孤立的，既有前因后果，又受到社会各种因素的制约。诚如恩格斯指出的，历史运动都是合力的结果。李剑农先生说："历史的事变如流水，不能由我们用刀去截断。后时代的变化，都是在前时代已经成了问题，后时代的人物事迹，都是前时代的产儿。"他十分注重对事物的前因后果寻根究底。

如北洋军阀战争中，直皖两系形成的根源，当时的人们也很少提及。李剑农则追溯到袁世凯死后，冯国璋与段祺瑞争权夺利，拉帮结派，最后终于形成势均力敌的直皖两系，左右中国数年历史，这也是很有见地的。

李剑农先生在文字上叙事简明扼要，深入浅出，通俗流畅，线索清楚，选材得当。他不但善于选用典型的事例反映最本质的问题，同时善于概括历史。

李剑农先生认为，政治和经济有密切的关系。他从 1921 年起，就注意研究中国经济的发展。他的《中国经济史》初稿修订后分成《先秦两汉经济史稿》《魏晋南北朝隋唐经济史稿》《宋元明经济史稿》三册，由生活·读书·新知三联书店分别于 1957、1959、1957 年出版，1962 年由中华书局据原纸型重印，1990 年改名《中国古代经济史稿》(上、中、下)，由武汉大学出版社出版。该书对历代土地赋役制度、农业、商业、手工业和货币的发展演变，均有清晰的评述和见解，乃我国第一部系统的古代经济史专著。他研究经济史，既注意经济和政治的相互作用，同时对生产技术和科学知识也给予足够重视。他说："经济关系的变化，是由于生产方法的变化；生产方法的变化，还是由于生产技术的进步；而生产技术的进步，就是知识的进步，社会文化的进步。故若说，经济为历史上一切变动的出发点，还不如说知识的进化为一切变动的出发点。"他的观点和今天提倡科教兴国、科学技术是第一生产力基本上是一致的。

吕振羽(1900—1980)先生是我国著名的史学家。尽管20世纪50年代已知道他的大名,但在60年代初才有缘一见。那是在1961年10月,纪念辛亥革命五十周年学术讨论会在武汉举行。他是李达校长特意请的嘉宾之一,我则是一名刚从大学毕业的史学新兵。他坐在主席台上,我则作为记录员坐在会场的后面。当时我还不知道我们是同乡。1962年底,他在长沙参加纪念王船山学术讨论会后回武冈探望,并向武冈县的干部作过一次报告,事后我原来的同事从武冈来信告诉我,我才知道他原是同乡前辈。

吕振羽先生对史学的贡献主要在中国社会发展史、中国政治思想史和民族史三个方面。他是我国最早用马克思主义关于社会发展规律的理论研究中国历史的著名史学家。他在20世纪三四十年代发表的《史前期中国社会研究》《殷周时代的中国社会》《中国社会史诸问题》《简明中国通史》以及其他著作论文,构成了他对中国社会发展史的完整见解。

对于中国原始社会的研究,他把古籍中的神话传说和20世纪的考古发现结合起来考察,把传说中的有巢氏、燧人氏、庖牺氏和黄帝时代判定为氏族社会前的原始人群时代;传说中的尧、舜、禹时代进入了母系氏族社会,夏禹传子是由母系转入父系氏族社会的开始,是"社会自身的一大变革"。他认为:"仰韶系的出土物,正是唐、虞、夏等传说时代的遗物……周口店等处的旧石器时代遗物,也是能和传说中的'有巢氏''燧人氏'的时代相结合,而为其时的社会残骸。"他吸取并推进了郭沫若关于古代社会研究的成果,形成了自己对中国原始社会的系统见解,为以后不少史学家所沿用和发展。翦伯赞在1938年出版的《历史哲学教程》中对吕振羽先生的成就给予高度评价,他说:"吕振羽的这一大胆的尝试,不管其正确性达到何种程度,但把中国历史研究的领域,突破了'阶级社会'的界限,从殷代再提前到先阶级的原始时代,因而把'历史怀疑主义者'在中国史上所设定的封锁线也彻底毁灭了。在这一点上,吕振羽对于在先阶级社会史的研究上,是尽了一个开辟的任务。"

吕振羽先生在20世纪30年代即提出西周封建说的主张,并提出封建社会两阶段论。他认为武王伐纣是一次封建制对奴隶制的革命。西周建立的是领主封建制,属于封建制的初级阶段,土地属国家所有,形式为领主庄园制。战国时期,郡县制度兴起,庄园制走向衰落,到六国诸侯灭亡,秦王朝建立,从此初期封建制度便演进为后期的专制主义封建制,领主为新兴地主所代替,土地变成私有。直到清末,中国在外力压迫下,才变成半殖民地半封建社会。

吕振羽先生的《中国政治思想史》是我国较早用马克思主义指导撰写的中国政治思想史专著,曾多次再版。中国古代政治思想领域学派林立,头绪纷繁。吕氏认为,中国历史上各种思想流派的斗争与发展,不外是唯物论与唯心论两个对立阵线的斗争。据此,他把历代著名思想家分成代表唯物主义和唯心主义的两个阵线,并且认为唯物主义与唯心主义内部各派之间,既有对立与斗争的一面,又存在相互继承、相互渗透的关系。根据社会存在决定社会意识的原理,吕氏把政治思想领域的斗争和现实斗争联系起来,指出历史上出现过百家争鸣、古今文之争、儒佛道对立、各学派之间的论辩,归根到底,都是当时现实政治斗争或统治阶级内部各阶层之间的斗争在思想领域中的直接或曲折的反映。在哲学和思想史的研究上这样分析问题的,吕振羽先生是我国第一人。后来学术界沿着这条路线前进的人颇多。虽然他的许多观点后来经过修正,得到了进一步的发展,但其开拓之功是不可湮没的。

此外,吕振羽先生在民族史研究方面也有重大贡献。1947年,他曾写过一本《中国民族简史》,中华人民共和国成立后,他一直把民族史作为治学的重点之一。所著《简明中国通史》也用了大量篇幅叙述各民族的起源和发展。通过研究,他批判了中国人种西来说和大民族主义,指出中国人种的第一个来源是蒙古人种,第二个来源是马来人种,哈萨克族、维吾尔族则出于其他一些人种。他认为今天不能用血统来论证民族之间的关系,而且一个民族的主要特征也不在血统。中国各民族长期相处,血统混合,相互同化,今天要找出一个民族的纯粹血统已不可能。他强调,中国历史是各民族共同创造的,各民族间的经济交流从未间断;政治上的多次革命运动,多是各民族联合进行的;社会的历史和文化是各族人民共同创造的。自秦汉以来,统一的多民族国家已经形成。民族的不断融合、同化,是历史发展的必然趋势。各民族都有自己的民族英雄、科学家、文学家,都应给予肯定,但不能以民族主义去肯定,而是从人民的利益、历史的发展趋势去肯定。这些真知灼见,不仅有重要学术价值,而且有现实意义。

九、陈旭麓先生

陈旭麓(1918—1988),初名修禄,湖南省湘乡县(今双峰县)人,著名历史学家、华东师范大学建校元勋之一,原中国史学会理事、中国现代史学会副理事长。

他一生致力于史学研究,1943 年发表《司马迁的历史观》,尔后结合教学,著有《本国史》一书。他撰写了中华人民共和国第一本辛亥革命史专著——《辛亥革命》、第一篇科学地评价宋教仁的论文,以及《邹容与陈天华的思想》《论历史人物评价的若干理论问题》《戊戌维新》等专著。先后主编了《中国近代史丛书》(已出版 40 种)、《盛宣怀档案资料辑》、《宋教仁集》(两卷本)、《中国近代史词典》、《近代中国八十年》、《五四以来政派及其思想》、《中国革命史教程》、《五四后三十年》等书。参与主编了《中国新民主主义时期通史》(4 卷本)。他的不少论著被译成俄文、英文、日文等,成为享有国际声誉的中国史学家。

我认识陈旭麓先生,最早是在 1961 年纪念辛亥革命五十周年学术讨论会上。当时我还是一名刚由大学毕业的史学新兵,未敢独自拜访他。1973 年,我和教研室几位老师赴南京、上海、广州等地“取经”,学习教改和科研经验。我持薇元师的引荐函在上海复旦大学见到了他。他当时正在主持编写《中国近代史丛书》,虽然家住华东师大,而且陈师母刚去世不久,但为了工作,他还是每天早出晚归,前往复旦大学和编写组一起工作。我们作了无拘束的交谈,深感他亲切可敬。1978 年,在广州成立中南地区辛亥革命研究会时,他作为特邀代表前往参加,我们又再次见面。1979 年春,他去四川成都参加史学规划会议回沪,途中在汉停留,我曾去码头迎接他,之后又陪他看望了姚薇元、唐长孺先生。1984 年 1 月,北京召开纪念中国国民党"一大"60 周年学术讨论会暨孙中山研究学会成立大会,陈先生出席了,我也去了,我们又得再次见面和交谈。每次见面,我总感到陈先生思想活跃,敢于提出新课题,启发大家在学术领域进行新的探索。陈先生学识渊博,作品很有文采,读来令人神往。

1987 年,在长沙召开的纪念魏源逝世 130 周年暨中国近代文化史学术讨论会上,我们曾交谈几次,他的精神十分矍铄,曾表示,有机会希望再来武汉,看看薇元老师夫人吴芝蕡师母。当时我曾说:"明年我有 4 名研究生毕业,如有可能,将请您前来主持答辩,顺便也可看望姚师母。"他欣然答应了。后来,因为研究生的论文印刷太晚,按学校规定又必须在 6 月底答辩完毕,如请陈先生来,时间过于仓促,因此未能实现。到了 1988 年 9 月下旬,我去扬州参加扬州学派暨林则徐学术讨论会,见到了陈先生高足潘振平同志,知道他会后要去上海,我即托他带信给陈先生,希望能 12 月底再赴长沙参加黄兴研究学术讨论会,然后请他来武汉。岂知他竟于 12 月 1 日就离开了人间,使这愿望再也无法实现了!

陈先生是位文思敏捷的学者,又是一位循循善诱的导师,他对后辈既善于引导,又热心帮助,是位有口皆碑的好师长。1980 年 11 月在长沙召开的辛亥革命史学术讨论会上,我曾向他谈到 1979 年 10 月访美时了解到的台湾学者研究中国近代史的状况,其中谈到台湾先后出版了三本黎元洪传,而大陆则近 30 年来未发表过一篇关于黎元洪的文章,作为身居湖北的一位中国近代史学者,我有些过意不去,因此表示将对黎元洪做些研究。他立即表示赞同,并约我为由他主编的《中国近代史丛书》写一本黎元洪传,不久上海人民出版社正式发来约稿函。遗憾的是,这本早就该脱稿的著作,却因种种原因,时作时辍,一拖再拖,一直未能完稿,未能让他在世时看到书稿。

第十五章　亦师亦友亦知己(下)

从上大学算起,近70年里,我结识了许多优秀的亦师亦友亦知己的学者,他们对我的帮助很大,我的不少学术研究都是在和他们的探讨与切磋中不断成熟的。就武大历史学院而言,中国近现代史教研室经过多次分分合合,后来形成三个教研室:一个是中国近代史教研室,有王承仁、吴剑杰、李天松、崇汉玺、柏盛湘等;一个是中国近百年史研究室,有王宗华、张光宇、陈宁生、刘曼容等;一个是中国现代史教研室,有张影辉、樊蕴珍、吴德华、孔祥征、敖文蔚等。这些人都和我有较多的交往。在这里我只重点讲几个与我在学术上交往密切的人。

一、章开沅先生

章开沅先生是深受人们敬爱、德高望重的著名学者,毕生以学术研究为职志,在中国近代史尤其是中国资产阶级发展史、中国商会史、中国教会史、中国抗日战争史等诸多领域都有开创性研究成果,为中国历史研究留下许多不朽的论著。其中,他对辛亥革命和张謇的研究着力最多,最引人注目。

我和章开沅先生最初相识与辛亥革命研究有关。他是辛亥革命研究的主要推动者之一。我把他的成就归结为四个方面。

(一)首倡研究武昌起义,开创辛亥革命研究新天地

武汉是1911年辛亥革命的首义之区。中华人民共和国成立之初,大家忙于政治和社会改革,很少有人顾及学术讨论。1961年是

辛亥革命50周年,最早建议举办全国性学术讨论会的就是章先生,并且他为开好这次会议出谋划策、到处奔波,在策划和组织学术论文等方面做了很多努力。章开沅先生大学期间虽然就读于金陵大学历史系,但他那时的兴趣在文学创作而不在历史研究,一心想当战地记者。1948年冬,解放战争进入决战阶段,当时读大学三年级的他,在中共地下党组织的安排下,经历千辛万苦,进入中原解放区,最初在开封中原大学进修,随后留校任教,讲授中国革命史。1949年5月,武汉解放,中原大学南迁武汉。1951年,中原大学和华中大学合并,改名为华中师范学院,由此,章先生也成为该院历史系的一名教师,讲授中国近现代史。1954年冬,民主德国历史学者贝喜发专程来武昌调查研究辛亥革命。湖北省外事部门邀请武汉大学的姚薇元、汪诒荪教授和他陪同接待。一个外国人,不远万里前来调研武昌首义,而自己身居武汉,并且研究中国近代历史,反而对武昌首义漠不关心,这对章先生触动很大,于是他下决心研究辛亥革命。不过,那时社会政治运动一个接着一个,一时还来不及专门对辛亥革命进行研究。1959年,他从鄂西长阳草埠湖农场劳动锻炼回来,这时政治气候有所变化,人们逐渐冷静下来,学校当局决心重建教学秩序。由此他向历史系领导建议,1961年是辛亥革命50周年,建议举办一次全国性学术讨论会。校领导积极支持,立刻向中共湖北省委宣传部作了汇报。省委宣传部副部长密加凡和理论处处长彭展立刻表示同意。除上报中央宣传部外,还责成湖北省社会科学界联合会(简称省社科联)具体筹备。1961年春,省社科联又派李德仁秘书长、欧阳学术秘书与章开沅先生一道前往北京,与中央相关部委及学术界联络,争取他们的积极支持。为了确保会议高水平召开,宣传部还把彭展调任省社联秘书长,专门抓筹备工作。

会议好坏与论文的质量密切相关。为了确保论文质量,省社科联还把武汉市内提供论文的作者集中到洪山宾馆修改文章,并把《江汉学报》的两位资深编辑拉来帮忙。为了做好学术方面的准备，1960 年 11 月，省社科联组织湖北地区的中国近代史学者举行了一次预备性的学术会议。在这次会上，我曾就立宪派在辛亥革命中的作用问题作了一次长篇发言。章开沅先生当时是会议的实际策划者和组织者，他大概觉得我这篇发言有一定见解，而且辛亥革命时期的立宪派是一个值得研究的重要派别，所以，会后不久，他曾写信给武大历史系主管科研的副主任彭雨新教授，希望我能写一篇论文提交会议。我考虑自己还是一个刚从大学毕业的史学新兵，学识浅薄，加上彭雨新先生本人拟提供的《辛亥革命前夕中国资本主义工业与工业资产阶级》当时已列入重点，而我正在协助彭教授查资料，因而未能对立宪派进行深入研究并写成论文，有负章先生的期望。

经过精心准备和组织，1961 年 10 月在武汉如期召开“纪念辛亥革命五十周年学术讨论会”，武汉学者提供的论文共有 5 篇，受到与会学者的肯定。此乃中华人民共和国成立十一年第一次全国性大型学术会议，著名历史学家吴玉章、范文澜、刘大年、吕振羽、翦伯赞、白寿彝、柴德赓、邵循正、黎澍、李新等均出席大会，同时武汉各高校分头邀请著名历史学家作学术报告，进一步扩大了会议的影响。会议开幕后，首先由章开沅先生报告《武昌起义与湖北革命运动》。章先生和刘望龄合写的《从辛亥革命看民族资产阶级的性格》一文在《江汉学报》发表后，《新华月报》还于同年 11 月全文转载，从而极大地提高了人们对辛亥革命研究的认识。由此，武汉不但成为声名远扬的辛亥首义城市，而且开始成为辛亥革命研究的中心。

（二）主编大型学术专著《辛亥革命史》，将学术研究推进到新阶段

在纪念辛亥革命五十周年学术讨论会上，吴玉章指出“利用历史事件或历史人物的周年纪念来进行学术活动，是推进学术研究的一个很好的方法”，并号召大家要做好资料的收集整理工作，强调“必须树立严肃的学风”，“进行系统的研究，写出有较高的学术

水平的科学著作来”。

章先生谨记吴老的嘱咐,会后围绕辛亥革命,编著了《武昌起义》,1964年由中华书局出版。章先生还写了《试论1913年的“二次革命”》和《论张勋复辟》(和刘望龄合写)等重要论文,分别在《新建设》杂志上发表。1964年,全国开展关于李秀成评价问题的大讨论,章开沅先生应《光明日报》之约,写了《不要尽量美化,也不应一笔抹杀——对于李秀成评价问题的一点浅见》一文,署名“一川”,刊发在1964年8月24日的《光明日报》上。从文章的标题即可看出,章先生是站在历史学家的立场,以公正的态度,主张对李秀成作出实事求是的评价。这本是无可非议的,却因与戚本禹的观点相左,因此被“重点批判”。章先生在这种情况下,仍然不忘辛亥革命的研究工作,又撰写了一本《辛亥革命前夜的一场大论战》,1975年由人民出版社出版。

机会不负有心人。章先生坚持不懈的努力,引起了社会上和出版界的关注。1975年,人民出版社编辑林言椒同志向章开沅先生提出编著大型学术专著《辛亥革命史》的构想,得到章先生的大力支持。经过与湖北、湖南、四川、贵州等省宣传部门协商,在全国学术界的大力支持下,由章开沅牵头,相继在武汉、长沙、贵阳、成都、开封开了五次编辑工作会议,讨论编著《辛亥革命史》的诸多问题。章先生在历次会议上,一方面虚心听取大家的意见和建议,同时也不断发表自己的主张和设想,最后把意见整理成《解放思想,实事求是,努力研究辛亥革命史》一文,发表在《辛亥革命史丛刊》第一辑上,着重就指导思想、人物评价、中外关系、资料工作、研究方法等重大问题提出了自己的意见与建议,为编著《辛亥革命史》提供了指导方针。该文发表后,在国内外引起很大反响,美国有家中文报纸摘要进行介绍,称之为“代表中国大陆民国史研究的新趋向”。不久,美国和日本有几家史学杂志全文译载,增进了海外学者对中国大陆辛亥革命研究的理解。

在章开沅、林增平的共同主持下,《辛亥革命史》上、中、下册分别于1980年3月至1981年7月出版。1981年10月，纪念辛亥革命七十周年学术讨论会在武汉举行，出席会议的中外学者共计170多人，其中有日本、美国、法国、加拿大、朝鲜、澳大利亚、印度等地学者44人。《辛亥革命史》被誉为开创性的“皇皇巨著”，反映了中国辛亥革命史研究的最新水平。

这部大型学术专著是辛亥革命70年来出版的最大一部学术专著，成为当时国内外辛亥革命史研究的重要里程碑。章开沅先生从牵头组织力量到最后定稿出版，每个环节都付出了大量的心血，为推动辛亥革命史的研究作出了重大贡献。

随着《辛亥革命史》的出版，参与编著的学者的命运也发生了很大转变。章开沅先生原是被监督批斗的对象，林增平先生在参与编著前还在乡下劳动锻炼。该书问世后，二人相继被任命为华中师范学院与湖南师范学院院长，分册主编吴雁南也出任贵阳师范学院院长，隗瀛涛被任命为四川大学副校长，王天奖被选为全国人民代表大会代表，助编冯祖贻后来担任了贵州省社会科学院院长。《辛亥革命史》的编写团队培养了很多人才。

（三）首访美国，促进中外文化交流大发展

正值《辛亥革命史》编写之际，1977年春天，美国华盛顿州立大学教授访华团前来武汉大学访问，我参加了接待工作，得以结识柯白。在彼此交往中，他得知我们正在编写大型学术专著《辛亥革命史》，并且已进入定稿阶段，主编是华中师范学院历史系的章开沅。柯白当时担任《亚洲研究》杂志主编，同时他的博士论文是《四川和中华民国》，与辛亥革命研究紧密相关，因此他提议邀请我和章开沅去美国进行学术访问，并联系了美国九所大学联合向我们发出邀请。当我收到邀请函时，即向学校报告。主管外事的副校长担心我的外文不过关，有点犹豫。这时柯白又再次来信，说明已安排好翻译，强烈要求我们前往。当时正值十一届三中全会之后，邓小平已于1979年年初赴美进行国事访问，倡导改革开放，因此学校考虑再三后同意了，随即向教育部申报，得到了批准。按照访问计划,我们定于9月29日由北京动身,途经日本,于第二天清晨抵达西雅图,正式开启访美行程。柯白为使我们适应美国生活,特意安排我们在西雅图停留一星期,除进行学术交流活动外,还带领我们游览了西雅图周围的风景名胜,陪同我们参观了波音公司。西雅图气候温和,空气清新,但是我对西方的饮食很不适应,胃病发作了,只好卧床休息。章开沅先生见我生活不能适应,建议我中止访问,提前返国,而我舍不得这次来之不易的访问机会,坚持按照原定计划进行学术交流。

与柯白、章开沅合影

由于美国此前对中国采取封锁政策,中国和美国的学术交流隔绝了30年。章先生和我赴美访问,对中美两地高等学校文科学者来说,算是30年来的第一次交流,确实使我们大开了眼界。

此后中外学术交流越来越多。章开沅先生继参加纪念辛亥革命七十周年学术讨论会之后,又于当年应邀赴日本东京参加纪念会。1982年4月,又参加美国芝加哥亚洲学会年会期间举办的海峡两岸学者辛亥革命研讨会。1985年,再次应邀赴美,访问耶鲁大学、孟菲斯大学、俄克拉荷马大学等六所大学,并且与美国学者建立校际交流关系。1986年,先后参加了澳大利亚、菲律宾、新加坡举办的相关学术会议。1988年,应邀赴保加利亚参加保加利亚国立索菲亚大学百年校庆及学术会议。1990年,应邀赴布拉格参加世界教育大会,并顺道访问了位于莫斯科的苏联科学院东亚研究所,与喀山化工学院等校建立校际学术交流联系,后又应邀任普林斯顿大学历史系和普林斯顿神学院客座研究员,研究基督教及教会大学史。1991年,赴韩国参加中国近现代史史料学国际研讨会,赴夏威夷参加纪念辛亥革命80周年国际学术研讨会。1992年至1993年,先后在美国、日本等地讲演或参加学术会议。章开沅先生80岁以后尽管年老力衰,还是不辞辛劳,多次出国访学,为推动中西文化交流不遗余力。

(四)建立辛亥革命史研究会,推进辛亥革命研究向纵深发展

1978年8月末,《辛亥革命史》编写组在北京集中定稿期间,广东省社会科学院的张磊同志到北京看望章开沅、林增平等人。当时太平天国史研究会已经建立,大家认为辛亥革命研究同仁也应成立一个研究会,以促进学术交流。考虑到要建立全国性学术团体范围太广,协调组织难度较大,不如因利乘便,先成立一个中南地区辛亥革命史研究会。经过协商,成立大会由广东承办,由张磊同志负责筹划。经大家一致同意,在会上成立了筹备小组,由章开沅、林增平、张磊、萧致治和刘望龄等五人组成。1978年12月25日至27日,在孙中山的故乡广东中山召开中南地区辛亥革命史研究会成立大会,出席会议的有来自湖北、广东、湖南、河南、广西等中南五省区19个单位的22名理事,还有来自北京、上海、内蒙古、云南等地的学者如陈旭麓、王玉璞、刘耀、戴学稷等。会上推举了姚薇元、陈锡祺、章开沅、林增平、张磊、胡思庸、陈伟芳等7人为研究会常务理事,公举章开沅任理事长,林增平和张磊任副理事长。大会确定了研究会联络地点在武昌桂子山华中师范学院历史系,聘请历史学家刘大年、黎澍、李新为研究会顾问。研究会的主要任务为组织各种类型的学术讨论会、报告会和讲座,编辑《辛亥革命

史丛刊》,编印《辛亥革命史研究会通讯》,编辑有关辛亥革命研究的成果和资料。为了便于开展工作,不久又确定刘望龄为研究会秘书。在成立大会上,还就会后如何开展工作广泛交换了意见。

《辛亥革命史研究会通讯》于1979年1月创刊,第一期刊载了研究会成立纪要和《辛亥革命史研究会章程》等重要文件。按照约定,《辛亥革命史研究会通讯》分别由各理事单位轮流编印。第二期由华中师范学院编辑出版,第三期以后分别由湖南长沙、广西南宁、河南开封等地机构编印。编印过程中,也遇到一些客观困难,原定每两个月出版一期,但事实上往往不能如期出版。《辛亥革命史研究会通讯》断断续续出到1992年第39期,研究会才决定和武昌辛亥革命研究中心、辛亥革命武昌起义纪念馆联合以《辛亥革命研究动态》名义重新创刊。湖北省文化厅给予经济支持,每个季度出刊一期,从1993年起,每年出版四期,每期印行500册,报道国内外辛亥革命史研究的最新进展和最新信息,同时发表部分专题研究成果,具体内容分为专论、访谈录、新论摘编、综述、书评、史实考订、译文选登、简讯和论著索引等栏目,免费分寄国内外同行学者,使学者一册在手,即可了解国内外辛亥革命史研究的最新动态和进展。

《辛亥革命史丛刊》为一个不定期的集刊,目的在于为辛亥革命史研究者提供一个交流研究成果和刊载历史资料的园地,凡有关辛亥革命史的论文、考订、史料、图片、年谱、回忆录、译文、书评,以及学术动态,均可刊载,在中华书局的热情支持下,陆续出至第九辑,后因经费问题难以为继,中断了八九年。幸得湖北省政府和湖北省社科联的支持,并经中华书局同意,从第十辑起,改由湖北人民出版社出版。编辑组除仍由章开沅先生主持外,又补充了一些青年精英。章开沅先生在复刊《前言》中殷切期望:“我们当继续努力办好这个学术集刊,虽然不敢断言如同法国的法国大革命史研究那样坚持不断两百多年,至少会有几代人尽心尽力把接力棒传下去。”

章开沅先生天资聪颖,文思敏捷,勤奋治学,博览群书,出口成章,硕果累累。《章开沅文集》十一册,460 万字,足耀千古。从我与章先生认识,到后来一起编著《辛亥革命史》,我多次聆听他的发言,看他的作品,颇受启发。他的高尚品德及真知灼见,令人从心底里折服。

二、林增平先生

1961 年 10 月,为了纪念辛亥革命五十周年,国内著名史学家云集武汉,参加学术讨论会,林增平先生应邀出席。当时我刚从大学毕业,作为工作人员有幸参加了这次具有历史意义的盛会,这是我和林先生第一次碰面。林公未为会议提供论文,但他编著的《中国近代史》已于 1958 年由湖南人民出版社出版,并且在国内产生了较大影响。据说邀请林公与会是根据吴玉章同志的意见,吴老大概也是因为《中国近代史》的出版才知道林公大名的。记得在讨论会上,林公作了一次发言,主题是会党的成分问题。林公在发言中不但有理有据说明了自己的观点,而且态度谦虚,所以发言一结束,坐在主席台上的辛亥革命老人李白贞先生即起立与他握手,对他的发言和谦虚态度表示赞赏。

1975 年,人民出版社林言椒同志来汉,约请章开沅先生领头编写一部大型学术专著《辛亥革命史》,并把林公从平江的"牛棚"里请了出来参与编写,林公才得重操旧业,有机会继续从事中国近代资产阶级研究。我也因参与编写工作,从此得有机会和林公有较多的交往。

辛亥革命是中国近代资产阶级领导的、唯一的一次伟大革命运动。对林公来说,编写《辛亥革命史》为他重新研究中国近代资产阶级提供了一个极好的机遇。此后十多年,林公孜孜以求,对中国近代资产阶级及其领导的政治活动进行了多角度、全方位的探讨,除和章开沅同志密切配合,共同主编出版了三卷本巨著《辛亥革命史》之外,还连续发表了一系列颇有创见的论文,对中国资产阶级的产生和形成、中国近代资本主义的产生和洋务运动、民族资产阶级上层和清末立宪运动、民族资产阶级中下层与辛亥革命、革命派与立宪派的离合等重大问题,以及一些资产阶级代表人物评价,均提出独到的、令人信服的见解,取得了丰硕的成果。

《辛亥革命史》的编写工作,从 1976 年开始,直到 1981 年上、中、下三卷全部出版,前后共计六年。在这期间,林先生为编写好这部书付出了大量的劳动。从确定指导思想到拟订写作大纲,从试写部分章节到全书最后定稿,林先生始终一丝不苟,为本书的出版作出了不可磨灭的贡献。这部书是邀集湖北、湖南、贵州、四川、河南、广东部分中国近代史学者集体编写的,起初还有工人代表参加。在这个集体中,年轻人居多,林公是少数学术造诣较深者之一,大家对他是比较尊敬的;林公也虚怀若谷,很尊重大家的意见。为了编好这部书,先后在武汉、长沙、贵阳、成都、郑州召开了五次编写工作会议,有几次会议还邀请了国内一些知名学者参加。这些会既是编写工作会,也是学术讨论会,还是彼此之间的感情交流会。会议不免有些不同意见,需要做到既各抒己见,又相互尊重,而且努力汲取别人合理的意见,力求认识更加全面、稳妥。记得在贵阳会议上,林增平先生写了《立宪派与立宪运动》这一章的试写稿并提交会议讨论。会上大家几乎一致认为这一章写得很成功,为以后全面铺开撰写初稿工作提供了一个好样板。当然,也有人提了一些补充意见。我当时就提出,对于立宪派和立宪运动,在叙述方面条理清楚,表达准确,详略得宜,但对清政府赞同立宪的一个主要目的是为了抵制革命,似乎应该给予点明。这个意见后来被林先生采纳了,他还在《辛亥革命史》和《略论民族资产阶级上层与清末立宪派》一文中论证了这个观点。由于林先生在编写工作中表现出色,赢得了大家的尊重,所以在编写组最后一次大会——郑州会议上,章开沅同志提议请林公担任全书的主编之一,负责全书的统稿工作,这也是大家的愿望。

自从林先生和章开沅先生一起担任全书主编以后,他的担子更重了,一方面要承担部分章节的修改,另一方面又要负责全书的统稿定稿工作。记得在郑州会议上商议定稿分工时,开沅主编曾征求我的意见,问我想承担第一章"近代中国的资本主义和资产阶级",还是第二章"20世纪初深重的民族灾难",我考虑到林先生对资本主义和资产阶级早有研究,最有条件完成这开宗明义的第一章的修改任务,而且第一章的初稿是彭雨新教授提供的,彭先生是我的老师,由我来修改也不合适。所以尽管第二章头绪较多,比较复杂,且原有成果可资利用者很少,自觉承担起来很吃力,但为了全局需要,我还是勉为其难表示愿意承担第二章的修改定稿工作。林公在修改第一章时,由于研究有素,改起来得心应手,所以定稿后,责任编辑林言椒和章开沅先生看了都很满意。在定稿时,要保证全书高质量地完成,各章固各有难度,而最艰巨的还是全书的统稿工作。按照定稿程序,先是由定稿小组成员分工进行修改定稿,然后交林公统稿,最后由章开沅定稿。这样,全书120多万字,从论点到论据,从内容到文字,林公每章每节每段都要仔细推敲,有些还要进行改写。林先生为此付出的劳动,恐怕是无法计算的。《辛亥革命史》得以顺利出版并得到国内外的一致好评,林先生是立下了汗马功劳的。而对林公个人来说,结合这部书的编写,也确确实实使他对资产阶级的研究大大前进了一步。

就在从事《辛亥革命史》定稿工作的同时,林先生发表了《近代中国资产阶级刍论》,对民族资产阶级的软弱性、洋务派是早期官僚资产阶级、中国民族资产阶级形成的时间等提出了自己的见解。此外,他还写了《太平天国革命推动中国资本主义发展的问题有待进一步探索》《试谈中国近代资本主义产生和洋务运动》《近代中国资产阶级论略》《略论民族资产阶级上层与清末立宪派》《评辛亥革命时期的立宪派》等一系列文章,共计10多万字,在许多重大问题上进行了重新评价,发表了不少颇具学术勇气而又经得起历史检验的见解,把中国近代资产阶级的研究向前大大推进了一步。

《辛亥革命史》出版以后,林先生对中国近代资产阶级和辛亥革命的研究并没有就此止步,而是锲而不舍地沿着自己的研究方向继续深入下去。20世纪80年代中后期,林先生对资产阶级内部派系的离合及其代表人物作了进一步研究,先后发表了《革命派、改良派的离合与清末民初政局》《孙中山早期思想研究述评》《孙中山民主革命思想的形成》《邹容和陈天华——中国近代两位卓越的民主革命宣传家》《宋教仁:为民主宪政而献身的杰出革命家》《试论熊希龄》等文章,提出了不少新见解,实事求是地对这些代表人物进行了评论,既不溢美,也不隐过,体现了一个历史学家忠于历史、坚持按照历史的本来面目来评论历史人物的客观态度。

读了林先生这些研究中国近代资产阶级及其代表人物的论著,我觉得受益良多。林先生不但为推动中国近代资产阶级的研究作出了杰出的贡献,而且在治学态度、治学精神等方面也为我们树立了一个良好的榜样,我认为以下几点是特别值得我们学习的:

第一,不囿成见,勇于探索。学术研究是一种艰苦的脑力劳动,要想在学术研究中取得成果,在选定了研究方向之后,既要刻苦学习,更要不囿成见,勇于探索。林公在选定中国近代资产阶级作为自己的研究方向之后,几乎用了半辈子的精力来从事此项研究工作。在这方面,他所付出的心血是难以估量的,而最可贵的,还是他对中国近代资产阶级研究的探索精神。林公在近代中国资产阶级以及其他方面的研究中能作出重大贡献,我认为主要就是得力于这种精神。

第二,实事求是,科学严谨。实事求是是一种工作作风,也是学术研究中必须严格遵行的科学态度。坚持实事求是,这句话好说,要真正做到可不容易。不少人犯错误,或者好心办坏事,都是吃了不实事求是的亏。林公在中国近代资产阶级和辛亥革命研究中能取得杰出的成就,我认为与他在研究中力求实事求是有很大关系。例如,对于孙中山民主革命思想形成于何时这一问题,一般学者不论是有意还是无意,为了美化孙中山,总是七拼八凑,力图证明孙中山的民主革命思想早已形成。而林先生则本着实事求是的原则，从考辨一条史料入手，去粗取精，去伪存真，从而得出结论，孙氏“到1903—1905年，才可说是具备了明确的、坚决的、基本构成体系的民主革命思想”。凡此等等，可以说都是林先生力求实事求是、敢于实事求是所得出的科学结论。

第三，埋头苦干，精益求精。林先生在长期的学术生涯中，始终贯彻的治学精神，就是埋头苦干、精益求精。我认为他的丰硕成果主要是靠这种埋头苦干精神干出来的。记得林先生在自传中谈到他20世纪50年代编写《中国近代史》一书的经验时曾说：“我确定从事中国近代史的教学和研究，是一九五三年调到湖南师范学院历史系以后。从那时起，每年都承担专科、本科中国近代史课程的教学任务，每年都把讲义从头到尾校订、修改、充实、提高。经过四次轮回，这部讲义就由湖南人民出版社于一九五八年以《中国近代史》书名分上、下册出版……在那几年内，为把讲义编好，我一般地说得上是专心致志，埋头苦干。在炎天三伏，午睡这个程序也是被我从日常生活里排斥出去了的，而且，还经常捐弃了文娱活动，开夜车是每日例行功课。这当然不足为训。但话又得说回来，做

陪林增平等人游武大

学问,在年富力强的岁月,是应当下点苦功夫的。”我是1984年读到林公自传的,当时即为他这种埋头苦干的精神深深感动,并且时时以他的这种精神鞭策自己,也望青年一代在治学中好好学习林公这种治学精神,为学术事业作出自己的贡献。

三、杨慎之先生

记得1978年夏天,我正在北京从事《辛亥革命史》一书的定稿工作。一天,章开沅教授告诉我,杨慎之等正在编辑《黄兴集》,将到武汉收集资料,准备到武大去。待我们定稿工作结束回到武汉,始知他们已经离去。接待的同志告诉我,武大没有这方面的资料,劳他们空跑了一趟,我深感抱歉。

1980年11月下旬,辛亥革命史研究会和湖南省历史学会联合在长沙召开“辛亥革命史讨论会”。会前薇元师在闲谈中告诉我,杨慎之是杨东莼先生的哲嗣。会议期间,我和慎公交谈时曾谈及此事。由此,他告诉我一段鲜为人知的经历。他说:“解放前夕,我原在北京大学读书,在那里加入了党组织。北平解放后参加南下工作团随军南下。湖南和平解放后,程潜(字颂云)当了中南军政委员会副主席,后又做了湖南省省长。程颂公为了表示要与共产党推诚相处,主动向陶铸同志提出派一个共产党员做他的秘书。组织上考虑我父亲(杨东纯)和程颂公是老相识,又都是醴陵人;我既是共产党员,又是大学生,各方面条件均较合适,派我去做程的秘书,有利于处理好党和程颂公的关系。当陶铸找我谈话时,我服从了组织的分配。这样,一干就是八年。”在这八年里,程潜许多精彩的发言稿和报告出自慎公之手。

慎公在北京大学是学外语的,曾长期在政府部门工作,后来才转入历史研究。由于他的基础很好,又有卓越见识,注意立足地方,抓住湖南的特点开展研究,所以成绩非常显著。以黄兴的研究来说,他花了数年之久,主持编辑了《黄兴集》,为黄兴研究提供了一本基本著作。他又亲自翻译了薛君度著的《黄兴与中国革命》，先后由湖南人民出版社和香港三联书店出版。之后又和林增平先生密切配合，于1988年主持召开了首届黄兴研究学术讨论会，主编了《黄兴研究》一书。可以说，此前多年来黄兴研究的落后局面得以改变，慎公是立了大功的。再如魏源的研究，慎公也倾注了大量的心血。首先是主持了《魏源诗文选注》的出版工作，1980年由湖南人民出版社出版；随后又主持了古籍整理重点项目《魏源全集》的编辑整理工作，和黄丽镛合编了《魏源思想研究》；1987年底，又召开了纪念魏源逝世130周年暨中国近代文化史学术讨论会。直到生命的最后一刻，他还在为开好纪念魏源诞辰200周年国际学术研讨会操心。近年来魏源的研究能取得可喜成绩，慎公也是有功之人。此外，他在推进屈原研究、左宗棠研究、宋教仁研究等方面也做了大量的工作。他还主编了《谢华集》《陶成章信札》，与人合作撰写了《周小舟传》，翻译了周锡瑞的《改良与革命——辛亥革命在两湖》、韦慕廷的《孙中山——壮志未酬的爱国者》。他还承担了《程潜传》的撰写工作，惜天不假年，未能完稿。

特别值得一提的是他对青年学者的关怀。1981年，在他的积极筹划下，在湖南长沙召开了“纪念辛亥革命70周年青年学术讨论会”。这是“文革”之后近代史青年学者的一次盛会，会上还颁发了论文奖。

当年那些崭露头角的青年学者，十多年后，有些已经成为卓有成就的教授、副教授，成为新的学术带头人。他们的成长，应该说，慎公也是浇了水、施了肥的。继1981年之后，在慎公和林增平先生的主持下，1991年于湖南省成功召开了“纪念辛亥革命80周年青年学术讨论会”，会上学者们交流了各自的研究成果，推动辛亥革命的研究向新的更广阔的方向进军。

1992年11月23日，慎公在“林增平与中国近代史研究学术讨论会”上的总结发言，犹在脑际回荡。会议期间，我曾和他商谈，1994年是近代著名思想家、改革家、湘籍学者魏源诞辰200周年，我建议湖南方面组织一次国际学术讨论会以资纪念。当时他已年老力衰,难以胜任。但是会后他仍然勉力从事,积极筹备。1993 年 3 月 29 日,我收到了他亲自草拟的《关于召开纪念魏源诞辰 200 周年国际学术研讨会的设想》,他希望我看后提出具体意见,并扩大影响。我复信没几天,又收到他 4 月 13 日的来信,告以"数日前曾赴邵阳、隆回一行,学术讨论会有关事项已经商妥,会议的主题与规模,和原来的设想一致"。并且,信中嘱咐将所知各国和中国台湾、香港、澳门等地区研究魏源的学者名单、情况、通讯地址告诉他,以便向学者们发出邀请。我当即遵命照办。6 月 10 日,收到他的第三次来信,除谈论有关学术讨论会事宜外,并告以自己因患病住院治疗。当时他没有告诉我患的是什么病,我还以为和前几次因肺病住院一样,疗养一段时间即可康复出院,便复信请他安心养病,盼望早日康复。

9 月中旬,我应邀赴承德参加"中英通使二百周年学术讨论会"。会议期间,我曾和中国史学会会长戴逸教授交谈为纪念魏源诞辰 200 周年召开学术讨论会事宜。戴告诉我,十天前收到杨慎之的信,商谈此事。信是在医院里写的,我才知他尚未出院。随后,又听刘望龄同志讲,杨公和林增平先生患的是同样的不治之症。此时,我才意识到他将一病不起,但希望能多延一些时日。所以,我又于 10 月 12 日再次去信,恳劝他一心养病,其他的事少管。即使是魏源学术讨论会的筹备工作,最多只提点指导性意见,具体工作由他人去办。我的唯一愿望是希望他能活到纪念魏源学术讨论会成功召开那天,至少也让他活足 70 周岁。哪知过了不到两个月,他溘然告别人世。

慎公不但在学术上取得了巨大的成就,作出了重要贡献,而且在为人处世上也体现了一位正直学者的风范。给我感受最深的是他的刚正不阿的作风。他虽已永离人间,但他在学术上的业绩,他的为人风范,将永远留在人们心里!

四、胡思庸先生

胡思庸先生生于1926年,河南信阳人,1946年考入河南大学农学院园艺系,后转入文学院历史系。1951年毕业后留校任教,一方面负责《新史学通讯》的行政工作,一方面做嵇文甫先生的助手,从事中国思想史的研究。1978年直接由讲师升至教授,1993年出任河南省社会科学院院长,仍负责河南大学历史系的工作,并兼任河南省史学会会长、郑州大学名誉教授、河南省社联副主席。1993年8月26日在郑州逝世,享年67岁。

胡先生重点研究中国近代思想史。为弄清中国近代思想史的脉络,他对清代汉学、宋学、今文经学、古文经学均有深入研究,并有不少独到见解。汉学在清代初年,经黄宗羲、顾炎武倡导经世致用,成了为反清服务的进步学派。到了康熙、乾隆年间,统治者对这个学派采取怀柔与高压并用的手段,顺从者百般罗致,抗拒者则罗织罪名,残酷迫害。连接不断的文字狱,迫使学子畏谈政治,埋头考据之学,致使主张经世致用的汉学成为脱离现实、埋头考据的考据学派。胡先生对这一学派的演变过程作了简明扼要、富有说服力的分析,使人一目了然。龚自珍是嘉道年间今文经学派的一员健将,胡先生对龚自珍深刻揭露清朝的腐朽黑暗统治作了充分肯定,同时对龚氏思想落后的一面也作了毫不留情的评论,指出他的思想没有超出维护封建统治的范围。龚氏在《农宗》中提出希望建立的理想国家,不但是空想的,而且在政治倾向上是反动的。龚氏主张的"山中之民"不是农民的代表,而是龚氏那样的士大夫的化身。胡先生的这种实事求是治学态度,值得充分肯定。

由苑书义牵头撰写的《中国近代史》(上、中、下),胡思庸先生是上册第一章鸦片战争部分的作者。他所写的《清朝的闭关政策和蒙昧主义》一文,深入分析了闭关政策产生的社会历史根源,尤其对闭关政策在阻碍中国社会发展方面所产生的严重后果作了极为中肯的评论。他认为闭关政策“是封建专制和蒙昧主义的产物，其主要目的是防止封建经济解体，维护专制统治”，“既不是防止侵略的必要手段，更不是防止侵略的有效办法”。它的主要作用是对内而不是对外，“是对内所实行的某些经济上、文化上的政策”，“这种政策阻碍了国内经济的发展和科学文化的进步”，“延误了二百年的光阴，造成政治、经济、科学、文化的落后，同西方的差距越来越大”。此文发表于1979年改革开放初期，客观上对当时党和国家的改革开放起到了配合作用，有利于坚定人们坚持改革开放政策的信心和决心。他和他的高足郑永福合写的《川鼻草约考略》一文，是对1841年初义律和琦善在广东交涉谈判“签约”经过研究最翔实的一篇考证文章。他们依据双方的原始记录和奏报，参照其他资料，详细叙述了琦善和义律在广东交涉谈判的经过，最后得出结论：“琦善始终没有向义律答应割让香港，只许寄居；而且始终也未答应英方占香港全岛，只同意香港一隅。”“所谓《川鼻草约》，是在英国强占香港以后，才单方面制定的条文，而琦善始终未在该约上签字或加盖关防。故《川鼻草约》不仅事后未经中、英两国政府批准，即便当时也没有签订。”“英国殖主义者先是在没有任何条约根据的情况下，武力强行霸占了我国领土香港，以后又经过一年多的持续侵略战争，用武力胁迫清政府签订《南京条约》，将抢夺来的侵略权益用条文的形式固定下来，充分暴露了殖民主义者的强盗本性。”此文发表于1983年2月2日的《光明日报》上，当时中国正和英国交涉收回香港事宜，文章以铁的历史事实证明，鸦片战争期间，英国先是非法强占香港，接着又以武力威胁清政府在南京签订“城下之盟”，通过不平等条约使其侵占“合法化”，充分暴露了殖民强盗的丑恶嘴脸，显示中国收回香港的正义性。这篇文章对于推动中英谈判、收回香港，提供了有力的历史依据。

我与胡思庸先生初次见面，是在1978年春，当时人民出版社组织河北师范学院（今河北师范大学）、南开大学、北京师范学院（今首都师范大学）、东北师范大学、开封师范学院（今河南大学）、山西大学等几所院校的教师苑书义、胡思庸、陈振江、邱远猷、王魁喜、李喜所、任茂棠、汤志钧、乔志强、王才、赵矢元、魏宏运等,编写《中国近代史新编》(上、中、下)。与此同时,约请章开沅先生牵头,组织湖北、湖南、四川、河南、贵州、广东等地的学者编写大型学术专著《辛亥革命史》(上、中、下)。两书的责任编辑均是林言椒同志。《中国近代史新编》编写组为了广泛征求学者的意见,同时到广东、广西、湖北等地实地考察鸦片战争、太平天国、辛亥革命的遗址遗迹,于是年 2 月结队南下,先到广东,后到广西,最后到了湖北武汉,住在武汉大学招待所。我作为《辛亥革命史》编写定稿组成员和武汉大学职工,义不容辞地充当了义务接待人。胡思庸先生参加了这次考察,因此我们得以结识。在武汉期间,除了在武大开了一次大型座谈会,让大家各抒己见,对《中国近代史新编》提出各自的意见,还参观了辛亥革命武昌起义有关遗址遗迹。我与胡思庸先生因此建立了初步的友谊。我记得胡先生酒量大,在《中国近代史新编》编写组中,汤志钧、王魁喜也很能喝酒。而《辛亥革命史》编写组中,酒量较大的只有林增平先生。宴席之间,形成了以一对三的局面。

1978 年至 1981 年间,我协同姚薇元教授招收了以鸦片战争为研究对象的三名研究生,分别是许增纮、丁济康、杨维。1981 年末他们毕业时,特请胡先生到武汉主持论文答辩。胡先生对答辩十分认真负责,不但认真阅读了三人的长篇论文,写出中肯的评语,而且作为答辩委员会主席,亲自起草了答辩委员会的意见,不用秘书代笔,令我十分感动。

1982 年至 1985 年间,我又协助姚先生招收了第二批以鸦片战争为研究方向的两名研究生杨卫东和李少军,并正式接受了人民出版社的约稿,着手编写《鸦片战争史》。为了编好这部专著,我们先从学习马克思主义有关理论、查阅国内外有关研究成果、开展专题研究、编辑鸦片战争前后中西关系史事长编等方面入手。后来鉴于自从 16 世纪初葡萄牙殖民者首次来华,到鸦片战争前夕的三百多年的中西关系，国内尚无专门著作，乃在编辑鸦片战争前后中西关系史事长编的基础上，编撰成《鸦片战争前中西关系纪事》一书。因为胡思庸先生对这段历史比较熟悉，特将书稿送请审正。当时胡先生已出任河南省社会科学院院长，同时兼任河南大学历史系教授及其他职务，工作十分繁忙。但接到我们的送审稿后，仍然从百忙中抽出时间，系统审阅了这部长达40万字的书稿，并写出如下评语：

> 武汉大学历史系萧致治主编定稿、杨卫东参加编写的《鸦片战争前中西关系纪事》，是一部关于明清之际中西关系的力作。从明朝正德年间葡萄牙殖民者来华，到1840年鸦片战争前，这三百多年间的中西关系是非常重要的研究领域，因为他不但与中国近代史密切相关，而且是研究中西文化和中西交通史的重大课题。但是，这段历史，过去在史学界却属于“边缘地带”，是相当薄弱的环节。如今《鸦片战争前中西关系纪事》一书编撰出版，弥补了此一缺陷，对中外关系史、中国近代史和中西交流史乃至有关西方国家的发展史等广阔领域，都作出了贡献。该书体例得当，其纂述方法为：将鸦片战争前三百多年间有关中西交往的重大事件（包括经济、政治、军事、文化等方面），按年代顺序列为一百四十多个条目，每一条目一个事件。而对每个事件，则按纪事本末的方法，探本溯源，详述其发生发展，指明其结果影响，评论其是非得失。每条后面还列出中外参考要籍，又有“附考”，根据中西各家记载之异同，考证其伪误，提出自己的见解，足见作者用心之细、功力之深。这种将编年与纪事熔于一炉，将史事与考据合为一体的编写方法，在体例上是一个创造，在史料辨析上澄清了许多问题，而且眉目清楚，在学术上更有重要的参考价值。

胡先生对拙编《鸦片战争前中西关系纪事》的评论为本书增色不少。有幸的是,该书于1986年由湖北人民出版社出版后,得到学术界广泛好评和征引,1988年曾获湖北省社会科学优秀著作二等奖。2001年,中共中央党校出版社出版了一本领导干部学习读本《落日的辉煌——17、18世纪全球变局中的“康乾盛世”》,书中征引本书达14节,近2万字,该书连印两次,共计发行八万册,其影响自然不可低估。20世纪初,《鸦片战争前中西关系纪事》又增补了20节,共10万多字,改名《西风拂夕阳:鸦片战争前中西关系》,由湖北人民出版社于2005年再版。胡先生的提携令我终生难忘。

《西风拂夕阳:鸦片战争前中西关系》封面

与胡思庸等合影

五、吴雁南先生

吴雁南,1929年2月生,重庆人。1952年8月毕业于东北师范大学历史系,1960年10月调人民教育出版社担任编辑。1972年春调至贵阳师范学院(后改为贵州师范大学),先后任教员、副教授、教授。吴雁南历任贵阳师范学院院长、贵州师范大学校长、贵州省史学会理事长、贵州省社会科学界联合会副主席;发表文章300余篇,出版著作30余部,计1000余万字。其主编的《清末社会思潮》一书,于1990年先后获华东地区优秀政治理论图书一等奖、第五届中国图书奖二等奖。1991年,美国黄兴基金会为了表彰他对黄兴研究的贡献,发给"黄兴学术研究荣誉证书";1996年,《中国"八五"科学技术成果选》一书收录了他的《唐才常的心力决定论》一文。

雁南兄和我同生于1929年,他比我大不到10个月,但由于历史原因,在学术方面先于我步入学者行列。我知道他的大名,是由于他在《历史研究》1958年第2期上发表《论太平天国的土地制度》一文。那时我还是中山大学历史系二年级学生,对历史研究远未入门,而他已深入堂奥了。

我与雁南兄真正见面相识已经是1976年了。当时人民出版社约章开沅先生邀集一些学者共同编写《辛亥革命史》,雁南兄和我均在被邀之列,后来分别担任该书的分册主编,我们因此得有连年多次聚会的机遇,彼此之间也相知益深。为了编好《辛亥革命史》,编写组先后在武昌、长沙、贵阳、成都、郑州开了编写工作会议。这些会议我俩都是参加者,雁南兄还是贵阳会议的东道主。那时生活十分清苦,贵阳会议幸有他和贵州同仁精心操办,周密组织,开得很成功,我们还一起到他家里拜访,第一次得识他的夫人何正清老师与爱子文彪。当时情景,历历在目,给我留下难忘的印象。雁南兄待人以诚,文质彬彬,拥有典型的文人风范。

雁南兄学习勤奋,笔耕不辍,堪称学者的楷模。他手不释卷,勤于钻研,善于思考,立论稳健,分析细致,一有所得,即笔之于书,见诸文字。在他40多年的学术生涯中,除主编了不少大型学术著作外,平均每年都有七八篇文章见诸报刊,这在学术界同行中是不多见的。贵州地处偏远,信息闭塞,文献资料欠缺,他在这样一个艰难的环境中,能有如此丰富的学术成果,实在难能可贵。

雁南兄学识渊博,兴趣广泛,因而能在学术上取得多方面的成就。早年他研究农民战争,特别是太平天国运动,很快崭露头角。他对太平天国运动能否被称为革命、太平天国政权的性质、太平天国的土地政策、太平天国有无女军,以及相关人物评价等,都进行了刻苦研究和深入思考,提出了独到的见解。后来结合参加编写《辛亥革命史》的经历,他又对辛亥革命前后的历史做了不少的研究,除担任大型学术专著《辛亥革命史》中册的主编外,还出版了《孙中山与辛亥革命》《孙中山与近代中国》两书,发表有关辛亥革命的学术文章数十篇,对辛亥革命时期社会的主要矛盾、中国同盟会的成立时间、共进会与清末预备立宪的评价,以及孙中山、黄兴、陈其美等人物的评价,均发表了自己的见解,在学术界占有一席之地。

特别值得称道的是雁南兄热心组织学术力量，进行了几个重大学术项目的研究，取得几项重大学术成果。由他任主编，杜文铎、萧堂炎任副主编的《中国近代史纲》，原是重庆师院历史系和贵阳师院历史系合编的试用教材。为了提高教材质量，适应高等师范学院教学的需要和中学教师、干部、广大青年自学之用，在他的策划下，对原书进行了重大修改。约请参加修订的学校达 11 所，人数达 17 人，还聘请了 20 名国内知名专家分别审阅了有关章节书稿。其工程量之大，可想而知。这部 60 万字的《中国近代史纲》在他的热心组织下，经过大家同心协力修订、专家审稿，有力地保证了书稿质量，嘉惠后学，其功德是无量的。从 20 世纪 80 年代起，雁南兄即把目光投向了陆王心学与中国社会的研究。围绕这个“七五”期间国家哲学社会科学重点研究项目，雁南兄不但对“心学与中国社会”作了精深的探索，还组织力量对中国经学历史作了系统的梳理，相继出版了《心学与中国社会》《清代经学史通论》《中国经学史》等多部专著，把心学与经学史的研究提高到一个新的水平。与此同时，雁南兄又组织力量开展了清末社会思潮的研究。他在参加《辛亥革命史》一书的编写过程中，有感于中国近代社会思潮与现实有密切联系，有助于了解中国国情，从 1982 年起，即和 7 位高等学校与社会科学院的学者分工合作，开展了清末社会思潮的研究。经过数年的努力，《清末社会思潮》一书终于完稿，于 1990 年由福建人民出版社出版。以此为基础，他又把社会思潮的研究由清末扩展到整个中国近代。经过雁南兄多年的艰苦奋斗，一部四卷本、200 多万字的皇皇巨著《中国近代社会思潮》，终于 1998 年由湖南教育出版社出版。这是一部全面、系统研究中国近代社会思潮的力作，规模宏大，内容翔实，堪称一部百科全书式的中国近代社会思潮史，对中国近代史研究作出了重大贡献。该书被列为“八五”期间国家哲学社会科学重点研究项目。

以上一系列大课题、大著作的出版，不知凝聚了雁南兄的多少心血！尽管这些书都是群策群力、共同完成，但若没有雁南兄以极大的热忱、不畏艰难的坚强意志去精心组织、周密规划，要在这么短的时间内完成如此宏大的学术工程，是很难想象的。想到这些，不由得对雁南兄全力献身学术事业的精神与业绩表示深深的敬意！

六、段云章同学

2016年2月16日，中山大学同班同学罗畹华来电告诉我，段云章同学已于2月12日去世，学校将于2月18日举行追悼会。这个突如其来的噩耗，顿时使我悲恸欲绝，当即托她代送一个花圈，以示悼念。事后又觉得畹华同志已是80多岁高龄，腿脚不灵，行动不便。于是又急忙电告时任中山大学历史系主任吴义雄教授请他代为办理，并且再电罗畹华同学，花圈事宜已委托吴义雄去办，不用麻烦了。事后中国社会科学院近代史研究所尚明轩电话告我，他和我送的花圈，都摆放在会场的显著位置，使我万分感动！

老段和我是最亲密的同行，他从1960年毕业留校起即师从陈锡祺先生，毕生从事中国近代史的教学与研究，重点研究孙中山。

我们于1956年考入中山大学历史系，一同分配在乙班，并且分在同一个小组，住在同一个寝室，朝夕相处，形影不离。老段的祖籍是紧挨江西省的湖南安仁县，我的祖籍是靠近广西、贵州的湖南武冈县，邻近广西桂林。他出生于1930年4月，我出生于1929年11月，我比他大四个月。我们同窗四年，情同手足，乃亲密无间的学友。他在学习后期因为肺病，搬到隔离宿舍疗养，他住的地方靠近中大球场。每逢星期六球场都在放电影，我通常先到他的宿舍，在他的宿舍畅叙一番，然后拿着小板凳，同赴球场观看电影。

大学毕业前夕，当时学校正筹备大发展。按照学校初步规划，历史系要增设考古教研室和中国近现代史研究室等。早在1960年3月，我已提前预分到考古教研室，老段则分配在中国近现代史研究室，参与筹建工作。只是毕业前夕，教育部分配方案下达，不同意大批毕业生留校,我才被重新分配到武汉大学历史系中国近代史教研室任教,老段则仍留在中山大学。随着研究生招生制度恢复,老段又随陈锡祺教授攻读研究生学位。我们又由同乡同学变成同行,又由于专业相近,相互交往没有间断,彼此成为亲密的战友。

与段云章合影

1960年9月,我来到武大后,适值教研室讨论学术研究问题。因为1961年就是辛亥革命武昌首义50周年,武汉正在酝酿开展纪念性的学术研究,我在会上发言,提出辛亥革命是中国近代史上划时代的重大事件。此事首先在武汉爆发,武汉大学身为武汉的高等学府,理应结合现实、立足武汉、放眼全国,研究武昌首义与辛亥革命,在学术研究上做出成绩,否则对不起武汉人民。不久,华中师范学院等高校即与湖北省社会科学界联合会联系,商量于当年11月在武昌开一次全省范围内的学术研讨会热身。我把武汉酝酿召开纪念性学术讨论会的信息及时告知老段。老段对此事很热心,即与谭彼岸老师和研究生黄冠炎商议,准备集体写一篇文章,争取参加这次学术盛会。他们经过讨论,最后由老段执笔,三人共同署名,写成《辛亥革命前资产阶级革命派和改良派在华侨中的斗争》一文并参加了会议。该文后来还被选入《辛亥革命五十周年纪念论文集》。

辛亥革命是孙中山发动和领导的一场推翻君主专制统治、建立民主共和国的资产阶级民主革命,中山大学是1925年为纪念孙中山逝世而改名的国内著名学府。老段从1960年8月大学毕业后,即选择孙中山为研究对象,以主要精力围绕孙中山的革命事业,从多角度开展研究。尽管他的身体状况一直欠佳,但他仍以顽强的意志和毅力刻苦治学,笔耕不辍,先后完成了《孙中山》《放眼世界的孙中山》《孙中山对国内情势的审视》《孙中山与中国近代军阀》等20多部专著及合编、合译著作,发表学术文章100多篇,成为闻名国内外的学者。他的这种精神,令人感动,尤令人尊敬。

孙中山先生对中国的伟大贡献,与世界潮流和各种进步学说有密切的关系。要正确认识孙中山,弄清孙中山学说的源流,评论其是非得失,需要从世界范围内对孙中山进行深入的探讨。段云章在几十年的时间里,在这方面做了大量深入的研究,提出了许多真知灼见,令人耳目一新。他于1996年出版的《放眼世界的孙中山》,就是他在这方面研究的结晶。诚如陈锡祺先生在序言中说的:"有自己鲜明的特色,解决了不少前人未曾涉及或尚未解决的问题。"

孙中山在外察世界潮流的同时,也"内审中国之情势",寻求中国救亡之方策。段云章在探求孙中山放眼世界之方策的同时,对当时的国内情势也进行了分析研究。为了探求孙中山救亡方策的轨迹,从20世纪70年代起,他就努力研究孙中山对中国国内情势的评论与思考,分别写成论文,于2001年将这些研究成果汇编成《孙中山对国内情势的审视》,作为"孙中山与近代中国学术系列"之一种,由中山大学出版社出版,全书共计44万字。这是他一生研究孙中山的重要成果,足见其用力之勤、用功之深,殊为难得。

近代从曾国藩、李鸿章等人算起，就形成一股独断专行的强大力量。以袁世凯为首的北洋军阀势力，凭借手中掌握的权力割据一方，肆无忌惮，以致孙中山等人建立民主共和国体制的理想处处受到军阀势力的阻挠和宰制。孙中山等革命民主势力为了巩固民主共和、建设民主体制，反复和他们进行了艰苦卓绝的斗争。对于孙中山与军阀关系的重大问题，段云章早在1982年就拟定提纲，着手进行探讨，后来又吸收邱捷参加，两人合著了《孙中山与中国近代军阀》，启迪人们更深入地思考，具有重要的学术价值。

对陈炯明以及陈炯明与孙中山关系的研究，是段云章的另一个重要成果。读了孙中山的著作，就知孙中山对陈炯明的叛变恨之入骨，但很少有人对陈炯明做深入的探讨。段云章从20世纪80年代起，凭借实事求是的学术勇气，对陈炯明作了系统而深入的探讨，陆续编著了《陈炯明的一生》（合作、统稿）、《陈炯明集》、《孙文与陈炯明史事编年》、《历有争议的陈炯明》等多种著作，洋洋数百万字。细读他主持编著的一系列著作，不但会使人对陈炯明有系统深入的了解，而且对认识近代中国有多方面的启发，有利于近代中国研究的深入。

为了推进对中山先生的深入研究，段云章先后与人合作编撰了《孙中山年谱》《孙中山年谱长编》《孙文与日本史事编年》《孙中山辞典》《宋庆龄辞典》等工具书，为人们了解史事提供了很大方便，极便读者查阅，使读者受益良多。此外，他还参与编纂了中华书局出版的《孙中山全集》，此乃中华人民共和国成立后，集国内专家合作编纂的一部大著，为开展孙中山研究奠定了基础。

生命有穷期，奋斗无止境。段云章教授早年加入中国人民解放军，参与解放祖国南方的战斗，后来响应中央号召，向科学进军，考入中山大学，与学术结缘。虽然他起步较晚，但奋斗50多年，成果辉煌，取得了骄人的成绩，足以告慰平生。

《陈炯明集》书影

七、陈胜粦先生

陈胜粦教授和我有将近半个世纪的交情。早在1956年9月，我以27岁大龄调干生身份进入中山大学历史系学习时，他已是三年级学生。按年龄，我比他大7岁多；按年级，他却比我高两个年级。由于大学期间我担任过两届系学生会主席，他则是年级里有名的笔杆子，因而彼此较为熟悉。大学期间，他有两件事给我留下了很深的印象。一件是1957年的“大鸣大放”，历史系四年级出了一份有名的小报《长矛》，他是主编，经常以“山茅”的笔名发表评论。由于笔力锋锐，富有文采，常常在全系以至全校引起轰动，受到学校各方面的高度重视。另一件是1958年秋冬，历史系全体师生都下放到东莞县劳动锻炼，借以促进教育和生产劳动相结合。风和日丽的一天，在东莞篁村某个山坡上的草坪里，当时中共广东省委书记陶铸同志接见了我们全系师生。草坪里坐满了人。陶铸同志向大家发问：下来劳动有什么感受？体力吃不吃得消，生活习惯吗？还有什么意见？当时胜彝同志是刚留校的助教，第一个站起来发言，向省委领导汇报了自己的体会，受到陶铸同志的肯定。

大学毕业以后，我被分配到武汉大学历史系任教。虽然天各一方，但他和我都从事中国近代史的教学与研究。同学加同行，再加研究的重点都在鸦片战争与辛亥革命这两个领域，因而我们有更多的共同语言，也就有更多的联系和交往。胜彝同志毕业留校的时候，当时中国科学院院长郭沫若正根据周恩来总理"编辑林则徐集"的提议，把编辑任务交给中山大学历史系和中华书局。系主任杨荣国委托当时中国近代史教研室主任陈锡祺教授主持。胜彝同志随即投入了这项编辑工作。他结合整理工作，开展了对林则徐的研究，1961年在《历史教学》第8、9期合刊上发表了《林则徐在被遣戍期间和在此前后的思想与活动》；1962年，又在《历史教学》第3期发表《林则徐在广东后期的思想与活动》；1964年，再在《中山大学学报》第1期发表《林则徐的家庭出身及其早年所受的教育影响》；1966年，复在《中山大学学报》第1期发表《林则徐的"好官"面目初剖——林则徐使粤禁烟以前的思想与活动(之一)》。此外，他还应邀为三联书店出版的《中国近代人物论丛》撰写了《林则徐的一生》，又在《学术研究》1964年第1期发表《论钱江》一文。作为一位青年教师，数年间在科研方面获得如此丰硕成果，在当时实为罕见，真是出乎其类，拔乎其萃。

十年"文革"期间，各项学术活动暂停，胜彝同志一度调到学校的写作班子工作。但他在极其艰难条件下，也没有完全放弃课题研究。因而"文革"一结束，他很快重新开展了林则徐与鸦片战争的研究。1978年，他在《学术研究》第1期发表了《论林则徐的历史地位》一文，对林氏在反对外国侵略、学习西方、谋求祖国独立富强方面的先导作用，作了充分肯定。1980年，复在《中山大学学报》第1、2期发表《鸦片战争前后中国人对美国的了解和介绍——兼论清代闭关政策的破产和开眼看世界思潮的勃兴》一文，对鸦片战争时期中国知识分子了解西方、学习西方思潮作了综合分析和严密论证，打破了过去人们认为"当时学习西方，只是个别有识之士"的片面见解，把此时士大夫的精神面貌作为一个社会思潮来加以论证，被誉为一项开拓性研究。围绕鸦片战争与林则徐的研究，他还发表过《略论姚莹开眼看世界的思想主张》《香港地区被迫"割让"和"租借"的历史真象》等论文。这些论文于1985年结集为《林则徐与鸦片战争论稿》，由中山大学出版社作为"近代中国研究丛书"之一出版。1990年，为了纪念鸦片战争150周年，该书又增订再版。初版问世后，我曾和钟海谟合写过一篇书评，称赞其为"一本有特色的学术专著"。其特点一是不囿成说，勇于创新；二是结合研究林则徐与鸦片战争，开展了对当时社会思潮和时代潮流的研究，把研究引向深入；三是史料丰富，视野开阔，立论有理有据。此书不仅是一本高水平学术专著，还是一本生动具体的爱国主义教材。

胜彝同志最可贵的是对学术活动十分热心。由于他的积极活动，争得了南源永芳集团爱国实业家姚美良的支持，得在中山大学成立近代中国研究中心，并以此为基地，举办了一系列学术文化活动，有力地推动了学术事业的发展，对弘扬中华民族优秀文化起了巨大的作用。例如1990年12月在广州召开的"纪念中国近代史开端150周年国际学术研讨会"，其规模之大、规格之高，在历次学术研讨会中是少见的。这次会议的策划组织工作，胜彝同志出力最多。他为会议提供的论文曾在学术界引起强烈反响，得到广泛赞同。

我和胜彝同志最真诚的一次合作，也可以说是最后一次合作，是策划编纂《林则徐全集》。1995年11月初，在福州召开的"纪念林则徐诞辰210周年学术讨论会"上，林子东和凌青同志建议编纂《林则徐全集》，立刻得到胜彝同志的积极支持，他还提出许多宝贵建议。1996年8月，《林则徐全集》编纂工作第一次会议在福州正式举行，我与胜彝同志均应邀参加了会议，并且同住一室。经过协

1998年“林则徐、鸦片战争与香港”国际研讨会合影

商,会上成立了编委会,推举陈锡祺教授任主编,胜彝同志、来新夏、杨国桢和我任副主编。不幸的是,同年冬天,胜彝同志就开始生病了。但他在病中仍关怀全集的编辑工作,积极为编好全集出谋划策。为迎接香港回归,于1997年5月30日至6月2日在深圳市宝安区召开了“林则徐、鸦片战争与香港”国际学术研讨会,胜彝同志抱病参加了会议。利用5月31日晚上空隙,与会的7名编委开了一个碰头会。胜彝同志尽管精神欠佳,仍坚持到会议结束。为了总结前段工作进展,加速编纂进度,1997年12月7日至9日,又在福州召开了第二次会议。此时胜彝同志病情加重,已无力与会。会后,我和责任编辑茅林立受编委会委托,代表编委会专程前往看望,并汇报第二次编委会会议精神,征求他对后段编辑工作的意见。那时他因胸腰段脊椎突出,严重压迫神经系统,疼痛难忍。我和茅林立两人只得在他病床旁叙谈,商议广东方面的点校工作如何安排。此情此景,至今犹历历在目。

自此以后,胜彝同志的病情时好时坏。1998年10月4日至6日的第三次会议、2002年8月26日至28日的最后一次会议,他均因病未能参加。但分给广东方面的编辑任务,在他的主持下,仍在逐步进行。特别是信札部分,不仅工作量大,难度也很大。由他推荐的汪廷奎先生全力以赴,终于使这部分得以保质保量按时完成。尽管他因病未能参与编纂的具体工作,但他为编纂工作的顺利进行起了难以替代的作用。

2002年8月,我赴北京参加中华民国史国际学术讨论会期间,林家有同志告诉我,胜彝同志的病情已趋于恶化,有时神志不清,要靠输血和输液维持生命。为此,我十分担心,在随后召开的《林则徐全集》第四次也是最后一次编委会上,我将他的病情转告全体编委,希望全集能早日问世,力求在他有生之年能让他亲眼看到全集的出版。同时,根据陈锡祺先生一再请辞主编的意愿,编委会作了研究,决定以陈锡祺先生为名誉主编,来新夏、陈胜彝、杨国桢和我同任主编,并嘱托责任编辑茅林立同志,《林则徐全集》一出版,即请尽快寄给胜彝同志和陈锡祺先生。茅林立同志如约于同年10月将《林则徐全集》寄出。这年12月6日,我因去珠海参加海外华人专题国际学术研讨会,路过广州,即于当日下午挤出时间,专程赴赤岗海军医院看望胜彝同志。此时,他处于半昏迷状态,但看到我前去,还是吃力地喊了一声:"老萧。"后来,虽见他嘴唇不时蠕动,却再没有听见他说出话来,而《林则徐全集》则仍然摆在他病床边的桌子上。可以想见,他对《林则徐全集》能在他生前出版,还是十分满意的。而这次看望,竟成我与胜彝同志的最后一面。仅仅过了4个月,即2003年4月5日,因参加"清史编纂体裁体例学术座谈会",我从武汉飞到上海,林家有、邱捷、桑兵等从广州飞到上海。邱捷在电梯里一碰到我,就说:"萧老师,陈胜彝老师今天凌晨去世了。"闻听后不觉凄然泪下。从相识到永别,四十八年的友情像放电影一样在脑海浮现。

与陈胜粦等人合影

八、尚明轩先生

尚明轩先生生于1921年，河南许昌人，是著名的孙中山研究专家、中国社会科学院近代史研究所研究员，毕生从事孙中山、宋庆龄、廖仲恺、何香凝等国民党左派名人的研究，著作宏富。著有《孙中山传》、《孙中山及辛亥人物论丛》、《宋庆龄传》（合著）、《宋庆龄年谱》、《廖仲恺传》、《孙中山与国民党左派研究》、《何香凝传》、《宋庆龄年谱长编》、《宋庆龄的后半生》等；主编了人民出版社出版的十六卷本《孙中山全集》，中华书局出版的十一卷本《孙中山全集》第二、三、四卷。

尚明轩幼年时就喜欢听历史故事，上学以后对历史很感兴趣，逐步对孙中山的生平事迹及人格品性有了深入了解。后来他在北京师范大学学习历史与政治，在中国人民大学读中国革命史研究生，又进一步了解了孙中山的生平与事迹以及他的革命思想与理论。出于对孙中山的景仰与崇拜，尚明轩逐渐走上了终身研究孙中山的道路。

1974年,尚先生的第一本专著《孙中山传》出版。这是中华人民共和国成立后第一本孙中山传记,反响很好。1982年,北京出版社出了第二版,后来该书被译成日文、朝鲜谚文、蒙古文、藏文、维吾尔文、哈萨克文等多种文本。2016年,尚明轩又编著了《孙中山图文全传》(上、中、下),由新星出版社出版,该书共60万字,乃尚氏论述全面周到的精品之作。他一生笔耕不辍,直到百岁以后,仍然老当益壮,出版《百岁忆往》等佳作,昭示后人。

我与尚先生结识是在20世纪80年代,那时他研究孙中山等革命党左派要人,我也开始研究黄兴,从此我们成为交往不断的学友。我第一本研究黄兴的著作是和薛君度合编的《黄兴新论》,尚先生表示要买一本,我马上送给他一本。之后我出版的著作,都少不了要送请他指正,他也不断把出版的著作寄给我。由于志同道合,我们很快成了学术上的挚友。

与尚明轩合影

1995年10月9日至12日,广西社会科学院历史研究所、广西壮族自治区政协文史委等单位主持召开"陆荣廷学术研讨会",邀请他和我参加,并安排我俩住在同一个房间。他提交的论文是《陆荣廷与孙中山》，我写的是《陆荣廷与袁世凯》。会后我们又一起乘车北返，他因要在长沙探亲访友，先在长沙下车。会议期间，他表示他在北京还有一套房，被褥、锅灶齐全，现在空着无人住宿，希望我去北京一游，可以免费住在那里。在他的盛情邀请下，我于当年11月15日，偕老伴张萍乘火车赴北京，寄住在他家的空房里。房屋清洁明亮，颇为温馨。我在那里住了半个多月，白天探亲访友，或者游览各地胜景，晚上就待在房里。在京期间，我应邀去清华大学访问，介绍鸦片战争与林则徐研究情况，同时还接受了周溯源的邀请，编撰《资政史鉴・革新卷》。11月的北京，秋高气爽，正适合游览观光。

2004年，为了纪念中山大学建校80周年，中山大学等单位举办了“孙中山与世界”国际学术研讨会，尚先生和我都应邀参加，会后他带着孙子到武汉看望他的家人，和我一同乘车北上，先在我家逗留，后由他的侄女接走。

在那之后，我们联系较少，但听闻这些年他还一直奋斗在学术的一线，出版了多部著作。尚先生2024年已103岁，依旧容光焕发，笔耕不辍，我也倍感欣慰！

九、邱远猷先生

邱远猷，1932年12月生，四川省资中县人。1950年他从资中县立中学毕业后，考入四川大学法学院，1952年赴川西参加土地改革。1952年因院系调整，他转入西南人民革命大学政法系，1953年被选送至中国人民大学法律系读研究生，1956年8月毕业留系任助教，讲授中国法制史。1960年5月，邱远猷被调至中央财政金融学院（现中央财经大学）政治理论教研室，讲授中国近代经济史、政治经济学等课程，1962年任讲师。1964年2月至1965年5月，他被派往陕西参加“四清运动”，1972年调入北京师范学院（现首都师范大学），历任副教授、研究员、教授，曾任首都师范大学历史系中国近现代史教研室主任、校图书馆馆长、东方文化思想与古籍整理研究所副所长、校学位学术委员会委员，兼任中国人民大学法学院法律史专业博士生导师、中国政法大学法律史研究所研究员。邱远猷在首都师范大学为本校及兄弟院校本科生、研究生讲授过中国近代史、清代政治制度史、中国法制史、中国近代法律思想史等课程，在近60年的学习与教学经历中逐渐锁定学术主攻方向为近代中国历史与法制，独撰、合著、主编、参编的著作有《中国近代史新编》《中华民国开国法制史》《太平天国法律制度研究》《中国近代法律史论》《中国近代官制词典》《简明中国近现代史词典》等。他先后在报刊上发表文章190多篇，并从中精选了67篇，辑成《远猷选集》，2008年由天马出版有限公司出版。

我与远猷兄从相识相交，到结为好友，得益于人民出版社组织的两部大型学术专著。1976年，人民出版社约章开沅牵头组织编写《辛亥革命史》。经过两年的研讨和编撰，人民出版社责任编辑为了加快进度，决定集中部分定稿人于北京首都师范大学定稿，参加者有章开沅、林增平、刘望龄、冯祖贻和我。经过林言椒联系，借用首都师范大学空着的教室作为定稿地点。刚开始我们都住在这里，后来经章开沅与北京师范大学联系，他与林增平转移到北京师范大学居住。其时邱远猷兄是首都师范大学教师，也住在学校里，我曾利用黄昏休息时间到他家拜访，我们因此相识。记得抵达他家时，他给我展示了新购的小型电视机，体型虽然不大，却是新出的稀有物。这是我第一次得窥电视机尊容，感到十分惊奇。

组织编写《辛亥革命史》的同时，林言椒还约请苑书义牵头撰写一部大型专著《中国近代史新编》。1978年秋冬，编写组人员为了征求南方各省学者意见并考察中国近代史的遗迹，先集中到广州参观了虎门等地遗址遗迹，后到广西金田太平天国起义纪念地考察，最后来到武汉考察武昌起义遗址遗迹，并在武大举行座谈会，征求编写的意见与建议，邱远猷作为编写组的一员也参加了。由于我是《辛亥革命史》定稿组的成员，又是《中国近代史新编》编写组的接待人，和他们多有交往。此后，由于都是南方人，且性格相近，我们终于结成了学术上互相交流的好友。《中国近代史新编》（上、中、下）出版时，他还送了我一套。这套书叙事周详，多由较有学识的专业人士撰写，对推进中国近代史的教学与研究起到了良好的作用。

1995年是林则徐210周年诞辰。除撰写论文参加纪念性的学术研讨会外，我准备主编一本《鸦片战争与林则徐研究备览》，其中第一编《鸦片战争史研究述评》缺人撰稿，我写信给他，征求他的意见，问他能否承担，他答应了，并从百忙之中抽出时间按时完成。对于他的支持，我衷心表示感谢。此后凡是有关鸦片战争与林则徐的学术研讨会，我都提议邀请他参加。

远猷为人谦和，办事认真，受人尊敬，是一位热心学术、勤奋好学的朋友。

与邱远猷等合影

十、刘泱泱同学

刘泱泱是湖南省立第六师范学校的校友，我是第35班，他是第

44班。我于1950年8月毕业留校,他于同年9月入校。

1952年末,我因当选为县教育工会筹委会主席,被调离省立六师,专职做工会工作,而刘泱泱于1953年上半年毕业。由于当时高考招生缺乏生源,湖南省文教厅通令省属各中等师范学校免费保送优秀毕业生赴高级师范院校就读深造。在这种情况下,省立六师保送了一批人进入高等师范学校,据我所知,高文达、刘松阳入华中师范学院,周华山入开封师范学院,刘泱泱、袁兴华、廖北元入湖南师范学院。刘泱泱当时很年轻,学习也很勤奋,被分配在历史系学习。读到三年级时,他就翻译了几篇俄文历史著作并发表。由于表现突出,1957年毕业分配时,他被分派到湖南省历史研究所(湖南省社会科学院前身)近代史研究组做编译工作,从此毕生从事中国近代史研究,此后又被聘为湖南省文史研究馆馆员。1996年退休后仍笔耕不辍,先后参与编著的作品有:

《湖南近百年大事纪述》(《湖南省志》第一卷)

《湖南省志·人物志》(近代部分)

《湖南历代人名辞典》(近代部分)

《湖南通史》(近代卷)

《中国历代反贪全书》

《中国地域文化通览·湖南卷》(中央文史研究馆主编)

此外还参与或主编了许多国家重点项目:

《魏源诗文选注》

《唐才常集》

《宋教仁日记》(校注)

《黄兴集》(二册)

《左宗棠全集》(主编,共十五卷)

《秦力山集》

《禹之谟史料》

《自立会史料》

《中国近代史百题》

《湘军》(国家清史编纂委员会·文献丛刊,共十卷)

在参加上述项目编著工作之余,刘泱泱还发表了200余篇有关近代史的文章,完成了国家社科基金项目课题《湖南近代社会变迁》等。

因为我先于刘泱泱离开湖南省立六师(后改名武冈师范),刘泱泱保送至湖南师范学院的事我并不知情。直到我大学毕业分到武汉大学任教以后,才知道他从湖南师院毕业后,就被分配到湖南省社会科学院,从事中国近代史研究,我们因此由校友成为同行。随着改革开放,两湖学术交流活动增多,我们之间的学术交流也随之增多。

与刘泱泱合影

在近代中国,湖南人常扮演重要的历史角色,有时甚至成为左右局势的关键人物。鸦片战争时期,英国侵略势力主要在沿海各省,但湖南也派了由杨芳率领的援军,参与抗击英国侵略,关于鸦片战争的第一部著作《道光洋艘征抚记》,就是湖南著名学者魏源撰写的;戊戌维新运动最早在湖南兴起;在推翻清朝的辛亥革命中,湖南人是主力军。我从事中国近代史研究,得到了湖南同行的大力支持,由刘泱泱增补的《黄兴集》两卷本,是我研究黄兴的基本资料。

1988年岁末,首届黄兴研究学术讨论会在湖南长沙举行。在黄兴研究学术史上,这次会议是黄兴研究走向兴盛的起点。长期以来,黄兴研究备受冷落,由于此次会议的推动,有关黄兴研究的学术讨论会连年召开,相关著作不断出版。刘泱泱在推动湖南地区黄兴研究发展中的功绩不可磨灭。

魏源在鸦片战争后,首倡"师夷长技以制夷",所编《海国图志》,对唤醒国人、复兴中国,起了开辟先路的作用。1994年是魏源200周年诞辰,纪念魏源200周年诞辰国际学术研讨会在魏源家乡邵阳顺利举行,这是湖南邵阳地区首次召开的国际学术会议。会后还出版了《魏源与近代中国改革开放》论文集。会议的组织有赖于刘泱泱的大力支持,我作为会议的倡议者和协助者,对他的作为深表感谢。

由中共湖南省委、湖南省人民政府组织编纂的大型文化工程《湖湘文库》,自2006年启动,2013年圆满完成,整套丛书共702册,分为甲、乙两编。这是弘扬湖湘文化、嘉惠当代学林、传承先贤智慧的大事。其中由我负责整理出版的有甲编394号《中国近百年政治史》、乙编55号《黄兴研究著作述要》两种,而《黄兴研究著作述要》就是由泱泱同志极力推荐出版的。他参与编纂的是甲编第348—349号《黄兴集》,此乃收录黄兴著作最为齐全的文集,是研究中国近代史的要籍。文献全部出齐后,《湖湘文库》编辑出版委员会于2013年8月28日专门致函表示感谢,肯定刘泱泱为《湖湘文库》付出的辛勤劳动和为湖湘文化的繁荣作出的重要贡献。

刘泱泱在参与上述各项著述出版工作的同时,还写了不少历史论文,对湖南近代史作了深入的研究,发表论文和其他文章共200余篇,他晚年从中选出了50篇,编成《刘泱泱文选》,作为"湖南省文史研究馆馆员文库"之一种,2020年由民主与建设出版社出版。这本书拾遗补阙，对于学习湖南近代历史颇有帮助。

十一、刘望龄先生

我和望龄兄的结识，是从研究辛亥革命开始的。记得是1960年秋，我刚从中山大学历史系毕业，被分配到武汉大学任教。那时湖北省社会科学界联合会正在着手筹备纪念辛亥革命五十周年学术讨论会。为了替会议作准备，这年11月，湖北省内学者召开了一次以辛亥革命为主题的学术讨论会。我和望龄兄作为青年学者都参加了这次会议。这是我们第一次相识，由此开始了我们结交的历史。

与刘望龄等合影

1961年10月16日至21日，由中国史学会和湖北省社会科学界联合会共同主办的纪念辛亥革命五十周年学术讨论会在汉口举行。这是新中国成立后第一次全国性大型学术讨论会。参加者有来自全国各地的史学工作者100余人，著名学者吴玉章、李达、范文澜、翦伯赞、吕振羽、黎澍等均参加了会议。望龄和章开沅先生合写的论文《从辛亥革命看民族资产阶级的性格》，体现了会议的主题，对民族资产阶级的性格作了辩证的、精辟的分析，备受与会学者的青睐，被选为优秀论文，首先在大会上宣读。以此为契机，望龄兄开始毕生从事辛亥革命研究。

1975年，人民出版社决定组织编写一部大型的辛亥革命史专著，请章开沅先生主持，约请湖北、湖南、河南、四川、贵州等省研究者及林家有同志参加。望龄和我都参与了编写工作，并担任分册主编。从1975年到1980年长达五年的时间里，因为编书的关系，望龄同志和我接触十分频繁。特别是1978年7月到9月间，为了集中力量尽快对上册定稿，章开沅、林增平、刘望龄、冯祖贻和我，都集中于北京，分工进行修改。我和望龄在北京师范学院共住一室，朝夕相处，既在学术上互相切磋，生活上也互相照顾，暇时天南地北无所不谈。在人民出版社责任编辑林言椒同志的全力支持下，经过五省辛亥革命研究者同仁以及林家有同志五年时间的通力合作，三卷本巨著《辛亥革命史》终于1980—1981年由人民出版社出版。这是当时世界上第一部全面系统地综论辛亥革命全过程的大型专著，引起国内外学者广泛关注，被誉为“反映了当时国内辛亥革命研究的最新水平”。望龄同志在编写这部书的过程中，付出了许多心血，除承担了分册撰写定稿任务外，还协助全书主编做了大量的事务性工作。

为了推动辛亥革命史的研究，1978年8月我们在北京从事《辛亥革命史》上册的定稿工作期间，广东省社会科学院的张磊同志因事也来到北京。当时太平天国史研究会刚刚成立，大家聚集在一起，一致认为辛亥革命史也应成立一个研究会。鉴于全国范围太大，不易组织；一省又太小，不利于开展大范围协作，于是大家共同倡议成立“中南地区辛亥革命史研究会”，当即向湖北、湖南、广东、河南、广西等中南五省区有关高等学校和研究机构发出《关于筹建辛亥革命史研究会纪要》，得到各单位的积极响应。12月底，研究会在广东正式成立。望龄和我都参与了筹建工作，后来又都被推举为理事,我们又得以为推进研究会工作效力。由于章开沅先生被推举为研究会理事长,研究会的联络地点也确定设在华中师范大学。望龄同志作为章先生的主要助手,承担了大量的事务性工作。特别是 1981 年春,研究会增设秘书长一职,由刘望龄担任。这样,研究会的具体事务,无论大小,都落到了望龄身上。在长达 16 年的秘书长岗位上,他诚诚恳恳,任劳任怨,不计报酬,不计名利,为推动研究会工作的开展,付出了大量辛勤的劳动,对推进辛亥革命的研究作出了巨大的贡献。没有他始终不懈的积极努力,研究会的工作是很难如此持久、起到如此巨大的作用的。

在研究会成立时,就决定出版《辛亥革命史丛刊》,为辛亥革命研究者提供一个发表研究成果的园地;同时编辑《辛亥革命史研究会通讯》,供内部信息交流。这两种刊物前者出了 9 辑,后者出了 39 期。具体的操办工作主要由望龄同志负责,从约稿、审稿到出版发行,每期每个环节,他都不厌其烦地办理。他在此中付出的辛劳,纯粹是义务的,如果没有很强的事业心,绝不会为此无偿付出大量的劳动。他的这种敬业精神,值得我们每个人学习。

刘望龄从 20 世纪 80 年代起,广泛搜集辛亥革命前后湖北新闻史资料,其刻苦精神十分可敬。据刘望龄估计,自从 1866 年 1 月湖北出版第一本英文《汉口时报》起,到 1919 年五四运动止,这一时期湖北实际创刊的报刊约有 300 种,但这些报刊现在仍保存在湖北境内的微乎其微。前人收集或研究的成果可资借鉴的,为数极少。因此,要搜集这方面的资料,必须东奔西跑,走南闯北,到全国各地乃至国外去寻找。为此,他前后花了十多年的时间,跑遍北京、上海、天津、开封、长沙、广州等地的图书馆和私家报房,翻阅了所能翻阅的每一张报纸和每一本杂志,手抄了上百万字的原始资料,包括日本学者提供的外务省档案中的汉口报刊资料,共计辑录湖北报刊 191 种,经过精心编排,汇编成《黑血·金鼓——辛亥前后湖北报刊史事长编》,共 38 万多字,于 1991 年由湖北教育出版社出版,弥补了以往这方面的空缺,为社会提供了一部收集报刊种数较多、史料较为丰富、考订较为翔实的可供翻阅、征引的工具书，披露了大量罕为人知的史料，对辛亥革命史和湖北地方史的研究裨益良多。

尤为可贵的是，该书出版后，他不满足于已有的成就，在 20 世纪 90 年代继续进行更广泛更深入的发掘，又新搜集到报刊 100 种，将原书扩编成《武汉近代报刊史事详录》，共计 80 万～90 万字。直到他去世那年的 9 至 10 月，虽已重病在身，他仍在病房里继续从事该书的收尾工作。在生命的最后时刻，仍然不忘学术研究。这种治学精神，十分值得尊敬。

我和望龄教授最后一次见面，是在 1997 年 11 月，即他去世前一年。那时他只说是患肺气肿，不宜外出。我看到他身体十分消瘦，还以为只是受肺气肿影响，饮食少进所致，没想到他已患上肝癌、胃癌绝症。直到我应邀去北京参加“戊戌维新一百周年国际学术讨论会”，从张磊同志等人口里得知，他已到了肝癌晚期，胃中也已癌变，最多只能活三个月。由北京返汉后，我即提笔致书慰问，希望他安心休养治疗。他在复信中告诉我病情：“疗效喜忧参半，即胃癌明显好转，肝癌反见扩大。”直到此时，他还心心念念着他的工作，在信中说：“病中已将《孙中山题词暨遗墨汇编》的遗留工作（如前言、后记、目录、检索之类）处理完毕，月初已提交出版社，可望明年上半年出版。全书约计不少于 800 页码。还有一部《黑血·金鼓》的增订本（80 万～90 万字），也大体编辑完毕，稍作技术处理即可交出。但能否出版，尚无门路。”

想不到此信竟成为我们之间的永诀。重读此信，犹有余悲。人生一世，和漫长的人类历史相比，不过是短暂的一瞬，稍纵即逝。然而，如果珍惜宝贵的光阴，选定目标，抓紧时机，扎实苦干，仍可以短暂的一生，作出永留青史的对人类、对社会的贡献。望龄老友的一生，我想就是这样度过的。他从 20 世纪 60 年代初直到去世，毕生致力于辛亥革命的研究，孜孜以求，锲而不舍，无论在研究成果上，还是在协调组织国内外同行推进中国历史上这一划时代伟大事件的研究上，特别是在辛亥前后湖北报刊史的研究上，都作出了不可磨灭的贡献，为社会留下了一笔可贵的精神财富。

十二、薛君度先生

我与薛君度先生最初结识是在1979年秋天。那年，由于热心的美国友人柯白先生的大力促成，我与章开沅先生一道应邀赴美进行学术交流与考察。按照原定计划，将访问斯坦福大学、威斯康星大学、密歇根大学、哥伦比亚大学、普林斯顿大学、耶鲁大学、哈佛大学等美国著名高等学府。因事先没有联系，故薛先生所在的马里兰大学未能列入交流计划。薛君度得知我们访美后要求将马里兰大学补入。经过反复协商，我们在访问普林斯顿大学之后，终得前往马里兰大学进行学术交流。那天，我们一到达华盛顿机场，薛君度夫妇就迎上前来，把我们接到马里兰大学住宿。

马里兰大学距离华盛顿仅8公里，是一所有4万学生的规模很大的综合性大学。薛君度先生的家离马里兰大学也很近，是一栋别墅式的三层楼房，单家独户，周围是宽阔的绿油油的草地，附近人烟稀少。生活在这样一个幽静美丽的环境里，令人心旷神怡。在马里兰大学停留的三天时间里，除在该校进行学术活动外，我们在薛先生的亲自陪同下，还就近参观了藏书特别丰富的美国国会图书馆、美国国会大厦等，领略了华盛顿的市容，还到中国餐馆赴宴，这次行程使我们眼界大开。由于薛先生的精心组织，我们还得以和美国东南各州高等学校的政治学者聚会（薛先生当年是全美亚洲政治学者组织执行委员会主席、华盛顿暨东南各州中国问题研讨会主席、美中关系全国委员会委员），广泛结交美国朋友，并就彼此感兴趣的问题进行了交流。薛君度先生的夫人黄德华女士是辛亥革命的著名领袖黄兴的小女，他们的客厅里还挂着一幅黄兴的亲笔题字："碧云天。"笔力雄劲，柔中带刚。我在这幅题字前的留影，至今仍珍藏在我的相册中。由于这个关系，我的学术生涯也开始和黄兴结下了不解之缘，黄兴成为我一生的研究重点之一。这次访问是中华人民共和国成立30年来我国高等学校文科教师第一次访美，为此后中美之间多年的频繁交流开了一个好头，并且奠立了良好的基础。

1980年1月，薛君度先生的学术名著《黄兴与中国革命》中译本，经他的中学时代同学杨慎之先生精心翻译，由湖南人民出版社出版。同年9月，该书又由香港三联书店改排繁体字出版。这部著作是20世纪50年代薛先生经过近10年的辛勤研究才告完成的精心之作，1961年由斯坦福大学出版，1968年再版。对于西方学者来说，这部书是研究中国革命的开拓性著作；对中国学者来说，由于该书大量引用了第一手资料，不囿成见，提出了自己的看法，反驳了史学界长期流行的一些传统论点，对研究者有很大的启迪作用。该书出版以来，总发行量达4万册，对中西学术交流产生了广泛而深远的影响。

《黄兴与中国革命》书影

从1911年辛亥革命爆发到薛君度著作问世的五十年间,欧美各国有关辛亥革命研究的著作屈指可数。而且很多外国籍作者不懂中文,很少涉猎中文原始资料。因此,他们对于这场革命的真实情况知之极少,研究起来无异隔靴搔痒,摸不到要害。对欧美大众来说,这场结束了中国两千多年君主专制统治的革命许多人一无所知,他们连革命领袖黄兴的名字都不知道。薛君度充分利用自己的中文功底与英文素养,从1953年起,广泛发掘与阅读中外文资料多达255种,以力求客观真实的科学态度,对黄兴与辛亥革命作了深入研究。他的著作内容丰富,见解独到,结构严谨,文笔通畅,很适合西方学者阅读。《黄兴与中国革命》出版后在国际上引起了广泛的反响,大大地推动了美欧学者对辛亥革命及相关人士的研究。薛著问世以后的40年间,美欧各国出版有关辛亥革命及相关人士的专著20多种。这类著作无不直接或间接受过薛君度著作的影响。对于不熟悉中国革命的美欧读者来说,薛君度的著作为他们提供了一部深入浅出的信史,帮助他们了解中国的过去,进而了解中国的现在,因而该书也为促进外国友人了解中国作出了贡献。

与西方学者不同,中国学者对辛亥革命和孙中山比较熟悉,但在观点上却受到极"左"思潮的严重影响,从而在研究上存在不少偏见,不同程度地远离了历史的本来面目。特别是在人物评价上,形成了重孙轻黄、是孙非黄、褒孙贬黄等种种倾向。辛亥革命时期,孙中山和黄兴都是革命的领袖,被誉为"开国二杰"。辛亥革命离不开孙中山,同样也离不开黄兴。孙中山是当时革命的一面旗帜,黄兴则是当时革命斗争的实际组织者与指挥者。在肯定孙中山的历史地位与作用时,对他的评价不宜过分夸大,更不应该神化,尤其不应在褒孙的时候,忽视或贬低其他领导人,特别是黄兴的地位和作用。长期以来,推崇孙中山的论著连篇累牍,而研究黄兴、推崇黄兴的论著则是凤毛麟角。

薛君度的《黄兴与中国革命》,观察和认识问题比较客观,而且力图纠正过去研究中种种不公允的倾向,因而评论得体。自从中文译本问世以来，受到国内学者的广泛欢迎和重视，其观点也逐渐被越来越多的学者认同。薛君度在书中称“黄兴和孙中山是中国最有影响的革命领袖”，把黄兴称为“中华民国的创立人之一”，如实地反映了当时历史的真相，一改过去许多人只知有孙中山，不知有黄兴的常态，在中国史学界起到了振聋发聩的作用。过去评论孙、黄的分歧，常常是褒孙责黄，把革命失败的责任完全归咎于黄兴，不仅有失公道，而且与事实大不相符。薛君度在对待这些问题上的求实态度，不仅有利于纠偏正误，而且在治学态度上给人以有益启迪。薛氏在著作中采取摆事实、讲道理、夹叙夹议的方式，对辛亥革命前后这段历史作了不少精辟的评述，令人耳目一新。总之，《黄兴与中国革命》一书中译本的出版，把黄兴提到了应有的历史地位，不仅促进了中西之间的学术交流，同时对促进辛亥革命研究的深入发展，也起了不可忽视的作用。

薛君度先生的另一重大贡献是推动黄兴研究进入发展繁荣的阶段。其实，在 20 世纪六七十年代，我对黄兴不但毫无研究，而且受到极“左”思潮的影响，曾和许多人一样把黄兴视为右倾路线的代表人物。到了 20 世纪 80 年代，我参加了《辛亥革命史丛刊》的编辑工作。该刊的第一辑载有薛君度先生的《论黄兴与辛亥革命》一文，同时还有方志钦的《论孙中山与黄兴的关系》。这两篇文章都对黄兴给予了实事求是的评价。在此之后，我又读了《黄兴与中国革命》的中译本。这些文章和书中的观点，对我起了很大的触动作用，使我认识到过去人云亦云，盲目跟在别人后面胡说黄兴是右倾路线代表人物是错误的。1984 年至 1985 年间，我连续写了《孙中山与黄兴关系研究述评》《孙中山与黄兴》《黄兴与辛亥革命》《黄兴对护国运动的贡献》《陈英士与黄兴》等 5 篇论文，对孙黄关系、黄兴对辛亥革命和黄兴在护国运动中的贡献，均提出了公正客观的新观点，受到了同行的肯定。也许是这个缘故，又或许是参加纪念孙中山诞辰 120 周年学术讨论会时有所感触，薛君度教授促成了武汉大学黄兴研究室的创立，借以促进和加强黄兴的研究。我把薛先生的建议向学校领导作了汇报,申请在武汉大学历史系建立黄兴研究室,得到当时主管文科研究的副校长童懋林同志的批准,并由我主持研究室工作。

自从武汉大学黄兴研究室成立后,我即着手做两项工作:一是和薛君度先生合编了《黄兴新论》一书,二是积极促成黄兴研究学术讨论会的召开。追根求源,这两件事都与薛君度先生的积极倡导与支持密不可分。

1988 年的黄兴研究学术讨论会,虽有国外学者参加,却未能邀请中国台湾学者出席。1990 年,“孙中山与亚洲”国际学术讨论会在广东中山市举行,台湾方面有 10 多位学者与会。会议期间,为了促进两岸学术交流,薛君度先生与台湾政治大学胡春惠教授等商定,由美国黄兴基金会和台湾政治大学历史研究所等联合发起,在台北召开一次“黄兴与近代中国国际学术讨论会”。经过筹备,1992 年 5 月,会议在台北政治大学正式举行,与会者近 50 名,提交会议论文共 21 篇。除中国台湾学者外,还有美国、日本、韩国和中国香港等地学者参加。中国大陆出席的有张海鹏、尚明轩和韦杰廷等人。这是大陆学者第一次正式赴台参加学术会议并进行学术交流活动,实现了大陆学者赴台的历史性突破。《联合报》在报道中盛赞这次海峡两岸学者的会议“是台湾史学界一大盛事”。这次会议得以顺利召开,薛君度的首倡之功,是应该特记一笔的。

继台北召开“黄兴与近代中国国际学术讨论会”之后,美国黄兴基金会又和中国社会科学院近代史研究所联合于 1994 年 10 月黄兴 120 周年诞辰之际,在北京举办了“黄兴学术讨论会”,来自全国各地的 40 多位学者参加了会议。这次会议也是薛君度先生首先倡议并积极促成的。早在 1991 年 12 月,薛先生在东京参加辛亥革命讨论会时,即和同时与会的中国社会科学院近代史研究所夏良才先生作了初步商议。1993 年 8 月,薛、夏两人在香港举行的亚洲北非研究世界大会上再次见面,夏认为联合办一次研讨会较易举行。同年 10 月,薛到北京,双方正式商定由美国黄兴基金会和中国社会科学院近代史研究所联合举办。这次讨论会是在以往研究的基础上展开的,由于与会者突破了传统的束缚,对黄兴在民国初年的表现和孙、黄关系,联系当时形势重新进行了审视评价,在许多重大问题的研究上有所突破,故此次会议是对国内学者黄兴研究新成果的一次检阅。

在几次学术讨论会的推动下,研究黄兴的论文陆续在报刊发表,研究黄兴的专著也不断出版。如1991年出版了《黄兴年谱长编》(毛注青编,中华书局出版)、《领袖与群伦——黄兴与各方人物》(萧致治主编,武汉大学出版社出版);1993年出版了《黄兴与近代中国学术讨论会论文集》(胡春惠等编,台北政治大学印行);1994年出版了《黄兴研究文集》(《近代史研究》编辑部编,《近代史研究》,1994年增刊);1995年出版了《黄兴研究论文集》(该文集编委会编,武汉出版社出版);1996年出版了《忆黄兴》(田伏隆主编,岳麓书社出版);1997年出版了《黄兴与阳夏战役》(苏全有等编,电子科技大学出版社出版);1998年出版了《黄兴在日活动秘录》(俞辛焞编,天津人民出版社出版);1999年出版了《黄兴的军事理论与实践》(李喜所等著,人民出版社出版)、《孙黄共和时代》(刘英志主编,武汉出版社出版);2001年出版了《黄兴评传》(萧致治主编,南京大学出版社出版)、《黄兴集外集》(刘泱泱等编,湖南人民出版社出版)。这些著作或资料的出版,标志着黄兴研究进入了一个繁荣昌盛的新时代。

薛君度先生为了鼓励学者研究黄兴与辛亥革命,以及支持国内外教育事业,还于1990年6月22日在马里兰州正式成立美国黄兴基金会。经费来源主要出自薛君度、黄德华夫妇和已故的黄兴长女黄振华,部分是友人指定用途的捐赠。自基金会成立以来,对黄兴研究作了多次支持,如资助台北、北京两次黄兴学术讨论会召开,两次颁发黄兴研究奖金,资助内地学者赴香港作访问研究。此外,还在北京欧美同学会、北京大学、英国牛津大学、德国自由柏林大学,以及印度尼赫鲁大学设立美国黄兴基金会讲座,先后由薛君度、中国人民大学校长黄达、北京大学校长吴树青、中国史学会会长戴逸、武汉大学黄兴研究室主任萧致治等主讲。又在中国人民大学、外交学院设立奖学金、教育金,在暨南大学资助华侨问题研究等。凡此等等,对促进中西学术交流和科教事业的发展,均起到了积极的作用。

第十六章　桃李芬芳(上)

从1960年来武大任教以来，我教过的学生很多，辅导学生写的论文也很多。我重点讲讲我带过的研究生和部分与我在学术上有交往的学生，他们是我的骄傲。

一、第一届研究生

在高考恢复半年后，研究生的招生工作也恢复了。武大历史系批准了三个招生专业，分别是唐长儒先生教授的魏晋南北朝史专业，吴于廑先生教授的十五、十六世纪世界史专业和姚薇元先生教授的鸦片战争史专业。考虑到姚先生年龄最大，要找一个年轻的老师来辅助他，于是我被选为第一批研究生导师。

第一届报考研究生的人很多，考生范围从20世纪60年代的大学生到70年代的初中生，合计起来至少有15届。十几年的各种运动大都是思想类、文化类的，这些运动与理工科不太沾边，与文科或多或少有一些关系，所以考研的人中选择文科的要比理工科多。从历史类考生的选择看，报考中国史的多于世界史，因为多年没有教外语，在外语不受重视的情况下，大家对世界史多少有一点望而却步。与中国古代史相比，熟悉中国近代史的人更多，所以这一年报考武大中国近代史专业的人很多，达79人。但我们招收的名额只有3名，最后我们选择了6个人来复试。这六个人是许增纮、严昌洪、饶怀民、丁济康和杨维，还有一个是1938年生的，我们考虑他年龄太大了，就首先把他淘汰了。剩下的五个人中，许增纮1941年生，年纪最大，但成绩最好。剩下四人，从初试的成绩来说，相差无几，复试的时候也看不出来谁更突出，这就需要综合考虑。杨维在《武汉大学学报》编辑部工作，当时参加复试的考官以广纳人才为由提出想招外面的人，不太同意杨维考研究生。但是杨维最年轻，他是1949年生的，从年龄结构考虑他最合适。这样的话，杨维、许增纮就定了下来。按成绩来说，饶怀民和严昌洪也考得不错，他们都是1942年生的。饶怀民是武大毕业的，严昌洪是中南民族学院毕业的，丁济康1946年生，比他们俩年轻一点。复试结束以后，我们几个评委，包括姚先生、我、吴剑杰、王承仁和李天松，五个人在一起讨论，考虑在三个人中间选一个。最后我们觉得丁济康毕竟年轻一些，加上面试时他态度很诚恳、很谦逊，虚心向学，表现出很强烈的学习欲望，给我们留下了很深的印象，因此，最后决定录取许增纮、丁济康、杨维三位。饶怀民跟严昌洪第二年都考上了章开沅的研究生。

章开沅思想敏锐，气度比较大，刚拥有招研究生的资格，就广揽人才。据说，杨维毕业后曾经有考博的念头，去找过章开沅。章开沅当时对杨维说，你要来的话我们专业课免试录取你。

第一批研究生进校给我的工作带来很大的压力，当时，《辛亥革命史》的编撰正进入冲刺阶段，接着是赴美国访问，前前后后也有很多事情，但我们对研究生的工作不敢怠慢，毕竟研究生教育与本科生教育是有很大不同的。这一批研究生年龄很大，最大的37岁，最小的也近30岁了，他们阅历丰富，自学能力很强。因此，是不能对他们照本宣科的。

虽然这三个人的自学能力比较强，但他们没有写论文的经验，有时论文变成材料堆积，逻辑性不强。例如许增纮刚开始不知道写论文怎么入手，我就给他拟了个提纲，他按照提纲对材料进行组织论证。当时他写的是清朝的吏治与鸦片战争，材料很丰富，论文写得很成功。我还和他合写了一篇文章，题目叫《怎样评价鸦片战争中的林则徐与琦善？》。我让他写初稿，然后我在他的初稿上修改。这篇文章实际上是针对茅海建的文章写的,但是我们从蒋廷黻开始挖根,因为蒋廷黻最先提出鸦片战争中是林则徐高明还是琦善高明这样一个问题。我们觉得林则徐超过琦善,而茅海建的书《天朝的崩溃》与蒋廷黻的观点相似。1931 年 10 月,蒋氏在《清华学报》第 6 卷第 3 期发表了《琦善与鸦片战争》一文,认为"琦善外交的出发点就是他的军事观念"。"他对战争是抱悲观的。时人说这是他的罪,我们应该承认这是他的超人处","他审察中外强弱的形势和权衡利害的轻重,远在时人之上",意思是,他在外交上对英妥协是有理的。"林(则徐)于中外形势实不及琦善那样的明白","林不去,则必战,战则必败,……但林败则中国会速和,速和则损失可减少,且中国的维新或可提早二十年"。值得注意的是,80 多年前蒋廷黻提出的观点在当时就受到了专家批评,但 80 多年后还有人把它当作"新发明"来加以鼓吹。为此,我们从四个方面进行了反驳。第一,关于禁烟。没有鸦片贩子贩卖鸦片,中国哪来禁烟!正是外国鸦片贩子大肆贩卖鸦片,才迫使中国实行严厉的禁烟措施。因此,中国禁烟是正义的。中国反抗英国武装侵华更是维护中国主权领土的正义斗争。第二,关于军事防卫。蒋廷黻认为,琦善在军事上"无可称赞,亦无可责备"。无可称赞是实在的,无可责备则说得不对。因为琦善在军事防卫上,是存在许多问题的,理应受到应有的谴责。首先,直隶沿海防务废弛,琦善首应负责。其次,夸大敌人船炮的威胁,为妥协提供依据。第三,关于对外交涉。蒋廷黻等人把琦善吹捧为外交能手、"先知先觉",而对于林则徐则认为他于中外形势不及琦善那样明白。这种说法同样是违背历史真实的。林则徐最初对英人缺乏了解,但他很快就改变了看法。除了组织人翻译西洋书报,还曾亲自接见遭风船破遇救的英国人,不但向他们询问英军、英舰情况,还请他们校勘致英王书的英译稿。他又亲临澳门,实地调查外国人的情况。林才是开眼看世界的第一人。第四,关于善后措施。鸦片战争后,摆在中国面前的只有两条路:一是师夷长技以制夷。二是不思振作,逆来顺受,依然故我。林则徐是第一条路的倡言者,琦善和林则徐相比,则完全是另一种情况,对于国家振兴自强,他从不考虑。这一点连蒋廷黻也是承认的,他认为“他对于国家的自强竟不提及”。

《怎样评价鸦片战争中的林则徐与琦善?》这篇文章针对性很强,一开始发在评李泽厚的书里面,后来发在了《文艺理论与批评》中,一些报刊文摘也摘录了。再后来就是中国现代史教学参考资料里也引用了这篇文章,接着人大复印报刊资料和其他几个地方都转载了,所以这篇文章的影响还是比较大的。

研究生的学习经历,对他们的提升是很大的。许增纮曾对我说,他感触最深的是在未读研究生的时候他不知道怎么写论文,研究生毕业后,则走上了学术道路。在一段时间内,许增纮由西南师范大学讲师、副教授变成教授,最后成为享受国务院政府特殊津贴专家,曾任西南师范大学中国近现代史教研室主任、西南师范大学于右任研究中心主任、西南师范大学历史文化与旅游学院院长、西南大学育才学院管理学院院长、重庆市历史学会副会长、重庆市地方史研究会副会长、重庆市文史书画研究会常务理事、重庆市政协委员。2003 年被聘任为重庆市人民政府文史研究馆馆员。他主编、参编的著作有《于右任在重庆》《中外文化俯瞰》《鸦片战争史》《鸦片战争与林则徐研究备览》《中国近代政治思想家评传》,这是退休以后返聘期间完成的事。另外还发表了《鸦片战争与清朝吏治》《论川军政府》《邹容被“追赠为大将军”辨证》等数十篇学术文章。

第一批研究生在学习上是十分认真、十分勤奋的。每次给他们开出的书单,他们不仅读得仔细,还认真作了读书笔记。他们勤于思考,不懂就问,甚至专程上门求教。

丁济康的毕业论文是针对范文澜的书里面说裕谦是顽固派这个观点而写的。关于裕谦的问题,我们讲鸦片战争时讲得比较少,平时接触的材料也比较少,我让丁济康想办法把裕谦的文集找到,根据文集来写。他通过分析大量史料得出结论:裕谦不是顽固派,是和林则徐一样坚持抗战的,应该是属于抵抗派。

丁济康认为裕谦在鸦片战争前夕,在江苏认真开展禁烟斗争。在鸦片战争中,他主张借助人民的力量抵抗英国武装侵略,并为此进行了可贵的努力。他坚持抗敌、反对投降的爱国立场,他认真研究国内外情势所提出的若干卓越的反侵略见解和主张,他临危不惧、英勇抗敌的事迹,说明他是当时清朝统治阶级营垒内部抵抗派的一个重要、杰出的人物,也是热忱勇敢的民族英雄。从思想上看,他也属于比较开明、带有一定"转化"趋向的进步士大夫,而不同于一味顽固排外的闭关主义者。他的名字当与林则徐、邓廷桢、关天培、陈化成等并列而无愧。

丁济康毕业后回了贵州,没有从事学术活动,主要从事文秘和行政领导工作,历任中共贵州省委办公厅副处长、中共贵州省纪委副秘书长兼办公室主任、中共凯里市委副书记、中共安顺地委副书记、中共贵州省委政策研究室主任、中共贵州省委副秘书长等职。另外,他还曾任中共贵州省委委员、中共贵州省纪委委员、贵州省政协委员、贵州省人大代表。在工作之余,他在国家及省级报刊上发表了一些关于时政、理论、文史、调研的作品,并主编《面向新世纪的战略思考》《贵州省委政研室(2000～2006)重要成果汇编》等。除了作文,他还喜欢写诗,出版了《耕耘集》和《大江东去》等诗文作品。

相较而言,杨维写论文的基础要好一点,他是武大历史系工农兵学员,留校后在《武汉大学学报》编辑部工作,看稿子、编稿子的经历对他写文章有很大帮助。他的毕业论文题目比较大,是研究道光帝的。道光帝从1820年到1850年在位三十年,鸦片战争前、鸦片战争中、鸦片战争后均在他执政时期。但我们研究鸦片战争时,对道光帝的研究还是不够。杨维首先从鸦片问题谈起,分析"明禁暗弛"的原因。他引用大量的史料,说明道光帝是积极禁烟的。杨维认为禁烟斗争出现"明禁暗弛"的局面,究其根由,除了英国侵略者对中国禁烟政策进行不择手段的破坏这个外部原因,就国内原因来说,主要是禁烟政策与腐败制度之间存在着严重的矛盾。

杨维对道光帝的评价作了阶段性的区分。在鸦片战争前,道光帝一是支持严禁论,开创新局面;二是支持黄爵滋,形成新方针;三是任用林则徐,掀起新高潮。

但是,最后道光帝在鸦片战争中由组织抵抗到被迫投降,发生了很大的逆转。究其原因,客观上是敌强我弱;从主观上讲,道光对敌人的认识不清,存在着"速胜论"的思想。道光帝在战争中采取盲目强硬的手段,导致失败是必然的。①

杨维的这篇文章对道光帝的研究比较全面,评价也较中肯,答辩也比较顺利。杨维毕业后和两位师兄发展路径不同,他留下来,也是有发展前途的。原来他也愿意留,但是后来因为教研室里面有些同志有不同的意见,他考虑再三,对我说留下来了不好相处,萧老师在这里都站不住脚,我更难站住脚。他明确表示不想留,所以我说算了,不想留就不勉强。后来他联系了海军工程学院,被分配到海军工程学院政治部工作。他在海军工程学院表现也很不错,曾荣立三等功一次。其工作成绩《人民海军报》以"海军优秀知识分子光荣榜"专栏作过介绍。但对他个人来说,他认为在海军工程学院工作没有前途,因为历史学科在海军工程学院很边缘,很难受到重视。于是他联系了中共武汉市委统战部,海军工程学院不想放人,希望他留在那边,并表示,如果武大要他,就可以放。根据这个条件,杨维找到我,请我写个报告,要我亲自交给刘道玉,请刘道玉关照一下,让学校以姚先生接班人的名义把他召回来。召回来之后他可以不在这里报到,在武大人事处办个手续,就直接转到统战部去。按照这个思路,1985 年他就转到了中共武汉市委统战部任办公室主任,从学校转到了行政单位。杨维是广东大埔县人,在武汉市干了五六年后,决定回广东发展,1990 年调广东省邮电学校任党委书记。1993 年,杨维在惠州市挂职任副市长。1995 年 5 月,经中共广东省委、广东省政府选派,他出任广东省援藏干部领队,带领 23 名干部赴西藏参加援建工作,任林芝地委副书记。

---

① 见杨维《关于鸦片战争时期道光帝的评价问题》,武汉大学 1981 年硕士学位论文。

他从西藏回广东后任中共惠州市委副书记,最后又调任广东商学院党委书记,再次回到学校。之后任广东省政协科教文卫体委员会副主任,广东财经大学研究员、硕士生导师,兼任华商教育集团高级顾问,全国高等教育学会高等财经教育分会顾问,中共中央党校报刊社理事。由于行政工作太多,他的文笔优势没有完全发挥出来,即使在这样的状况下,他仍在全国各类报刊发表文章、论文共60余篇,主编过“中国共产党历史资料丛书”之《中国资本主义工商业的社会主义改造》(湖北卷武汉分册)、《广东工业化进程研究》等著作。可能是援藏时间太长的原因,他得了重病。在他生病期间,我打了两次电话,第一次他正在化疗,后来听他说化疗之后很痛苦。2023年7月21日,我听到了他去世的噩耗,非常伤心,学生竟然走在了老师的前面。

第一批研究生应该说都取得了突出成就,一位成为教授,两位成为正厅级的干部。我认为,就培养人才来说,不一定要培养专业人才,而应该使他们适应社会。培养出来的人只要能为国家作贡献、作出大的成绩,就是成功的。

与姚薇元及第一届研究生合影

二、第二届研究生

1981年第一届研究生毕业时，姚先生才开始招第二届研究生。但是这一次招生章程中只有姚先生的名字没有我的名字。在此之前，系里面也没有人跟我打招呼。这件事很蹊跷，为什么第一届研究生导师有姚先生和萧致治两个名字，第二届却没有我的名字？这时候姚先生年龄更大了，更需要助手，但是招生章程中只写了姚先生招生。这可能是有人觉得招研究生是一种学术地位的象征，而我的资历最浅，1960年才毕业，凭什么让我与姚先生共同招研究生？姚先生没有邀请李天松来协助他，也没有要王承仁来协助他，而是提出要我协助他。有些人可能不服气，产生妒忌的情绪，估计有人私下反映了他们的意见，不赞成挂我的名和姚先生共同招生。看到研究生的招生章程，我就准备不管第二届研究生的事了。但是，我又担心姚先生不知道此事，没有思想准备，所以我跟姚先生讲了这次研究生导师的变化情况，说明新一届的研究生我不便管了。姚先生一听也急了，马上去找了王宗华。因为当时我们历史系除了设立中国近代史教研室，还有两个教研室，一个是中国现代史教研室，一个是中国近百年史研究室。中国近百年史研究室由王宗华负责，我、张光宇、陈宁生，再加上资料员萧爱琼是一个研究室的。姚先生是中国近代史教研室的主任，我是中国近百年史研究室的研究人员，我们不是一个部门的，不好跨部门协助。

姚薇元先生当时已77岁了，身体也不是很好，独立带研究生是很困难的，所以他亲自找到王宗华，当面跟他讲清楚，希望让我继续协助他带研究生。

所以带第二届研究生我是没有名分的，招生章程里鸦片战争史专业的导师没有我的名字，是姚先生与王宗华商量，私下请我协助他来带的。这一届只招了两个学生，李少军和杨卫东。当然，我没有因为名分的事情降低教学的热情，而是一如既往地履行导师应尽的职责。

考上研究生后，虽然导师名单上只有姚先生一人，但在我们的印象中，我们属于姚先生和萧老师共同指导的研究生。我们到姚先生家，萧老师总是和姚先生在一起上课，而且从来就没有中断过。我们在研究生期间出去开会、外出考察，或者到北京中国第一历史档案馆查档案，基本上都是通过萧老师联系的。姚先生主要是上课，然后我们把文章交给姚先生看，请姚先生批改。姚先生因为年纪大了，只提出大致修改方向，具体的修改，都是萧老师做的。所以那个时候的助手并不轻松。特别是我们写毕业论文时，刚刚写完，姚先生就病了，很多事都是萧老师做的。尽管萧老师那个时候在我们的导师名单上没有挂名，但实际上来讲，他就是培养我们的硕士生导师，这一点没有任何疑义。

萧老师说话一般比较含蓄，但是能明确指出问题所在。同时，萧老师比较尊重学生的选择和兴趣，我那个时候对学外语的兴趣较高，在研究生阶段花了很大的功夫去学习日语，并把一些日文资料翻译成中文发表，这些工作都得到了萧老师的大力支持。

——李少军 2023 年 2 月 18 日下午在武大李少军办公室口述

1981 年《辛亥革命史》已经出版了，人民出版社的林言椒有个意向，他想编一套“中国近代史研究丛书”，把近代史的每一个重大事件都写成一本学术性很强的专著，他想邀姚先生主编一本《鸦片战争史》。招研究生的时候，我们曾经跟姚先生商量过几次。既然以编成《鸦片战争史》为目标招研究生，那以后恐怕光是出人才不行，还要出成果。出成果就要重点研究鸦片战争。姚先生研究中国近代史最重要的成果就是《鸦片战争史实考》，这只是对一本书的内容进行了考证,要全面地对鸦片战争经过进行研究是一个大工程。因此,第二届研究生的培养目标就更明确了,就是围绕《鸦片战争史》做基础性工作。在实践中我体会到,让研究生参与到科研中去,是促进研究生早日成才的重要途径。

李少军和杨卫东他们两个人的培养目标比较清晰,因为我们当时已经列了一个《鸦片战争史》编写计划,计划里面第一部分就是先打基础,要了解鸦片战争目前的研究状况,了解理论基础和专业基础,在专业上要掌握史实,要把历史时期弄清楚。我们采取的培养方式,就是边学习边研究边写论文。当时正好牟安世的《鸦片战争》出版了,我们让他们认真地读这本书,分析它的优点和缺点,针对这本书写篇评论文,他们两个人一起写了一篇评论文章,评牟安世的《鸦片战争》,后来也发表了。评得还是很不错的。[①]

那时发表书评,还真是为了学术研讨,可以不考虑评论对象是否要申报项目、奖项之类,是真正的百家争鸣,肯定优点,评论错误。要写书评就要下功夫。他们的评论有几个地方我印象很深,一个是鸦片战争是哪一年开始的,牟安世那本书说是1839年开始的,我们说是从英军正式到华才开始。1839年中间有几次冲突和交火,但这只是导火线,那时英国的军队都还没来,英国还没做决定,这样就不能说鸦片战争是从1839年开始的。当时牟安世的书和来新夏的书都说鸦片战争是1839年开始,但实际上我觉得鸦片战争应该是1840年英国的军队来到中国之后,经过了舟山事件才开始。对李少军和杨卫东来说,带着问题去学,结合编写去学,这样可能学习效率更高一点,收获更大一点。

当时的分工是1939年以前由杨卫东写,鸦片战争爆发以后的过程由李少军写。我给了一本鸦片战争大事记给他们,指导他们看一些书。杨卫东写了《鸦片战争前中西关系纪事》,他编好后我

---

① 详见李少军、杨卫东《读牟安世著〈鸦片战争〉》,《福建论坛》1983年第6期,第86—90页。

进行了补充扩展，后来这本书就出版了。通过编写《鸦片战争前中西关系纪事》，杨卫东就把鸦片战争前两三百年的中西关系掌握了，然后再来写《鸦片战争史》就驾轻就熟了。《鸦片战争前中西关系纪事》我觉得很有价值，因为这段时间的历史是较容易被大家忽视的，一般研究明清史的人对中西关系不怎么重视，研究鸦片战争史的就集中在鸦片战争这个问题上，对鸦片战争前的中西关系也关注不多。所以我让李少军和杨卫东研究这个问题，使他们对整个鸦片战争的来龙去脉有个基本的了解，再来写文章和编书。这对他们来说是有作用的，而且也出了成果。这本书获得了湖北省哲学社会科学优秀成果奖二等奖。这本书出版之后在社会上反响也很好，有多篇书评说这本书不错。特别是中央党校编了一本书叫《落日的辉煌——17、18世纪全球变局中的“康乾盛世”》，这本书主要是引用其他的书来讲明朝和清朝的没落，其中引用最多的两本书，一本是戴逸的《简明清史》，另一本就是《鸦片战争前中西关系纪事》。我算了一下，一共引用了两万多字，摘录了十四条。

我曾梳理过研究生三年的学习情况，萧老师指导我完成了如下工作：一是为了参加一个全国性的关于林则徐研究的学术会议，萧老师让我准备一篇关于林则徐研究的述评，这篇文章的前提是必须尽可能地读完截至当年的所有关于林则徐研究的书籍和文章，不仅要“述”，还要“评”。二是1982年中国社科院研究员牟安世先生出版了《鸦片战争》一书，这是当时篇幅最大的一部关于鸦片战争研究的专著，萧老师让少军和我对该书写篇书评。三是萧老师要求我和少军各翻译英文与日文的历史论著。我大约用了一年多的时间翻译了美国著名汉学家魏斐德的《大门口的陌生人》。四是为了收集撰写新的鸦片战争史专著的史料，萧老师让我们在北京故宫中国第一历史档案馆泡了一个多月，抄写了许多道光年间的奏折、书信和相关资料。五是给我布置了一篇大作业，让我系统收集整理鸦片战争前有关中西交往的历史资料。这是一个较大的史料整理、史料考证、史料勘误工程,在萧老师的悉心指导和帮助下,我按照年代顺序,并采用纪事本末的形式,拿出了《鸦片战争前中西关系纪事》的初稿。六是我的硕士论文,由于前期的大量研究为论文写作打下较好的基础,我选择了一个鸦片战争史中司空见惯却鲜有人研究的课题:广东的团练。该课题在萧老师的指导下,几经修改、反复打磨,后来该文的部分观点经萧老师推荐发表,《新华文摘》给予了摘要介绍。七是《鸦片战争史》部分章节的撰写,当然,这个写作在研究生时只做了一些初步工作,还有相当一部分工作是离开学校后做的。

——摘自杨卫东《我的老师》,网络专栏《卫东书案》,2023年9月10日。

第一届研究生虽然是围绕鸦片战争史专业招进来的,他们研究的内容是鸦片战争,但当时没有计划写《鸦片战争史》,所以是按照通常的研究生培养模式进行培养的。他们进来以后首先指导他们自学,学习现有的关于鸦片战争的资料,毕业论文题目也是和他们商量之后确定的。他们提出自己的意见,只要没有大的问题,我们都会尊重。第二届研究生的培养目标很明确,就是为撰写《鸦片战争史》作准备,学习资料也好,采访也好,翻译也好,都是围绕编写《鸦片战争史》开展的。他们毕业之后也都去了很不错的地方:杨卫东在政府工作,后来还当了江汉大学的校长;李少军留校继续进行近代史研究,现在已经是武汉大学历史系教授、博士生导师了。

第十七章　桃李芬芳(中)

前两届研究生主要是我协助姚先生带的，到了1985年，姚先生去世，鸦片战争史专业还招不招生成了一个问题。这时，薛君度向武大提出，希望和我联合招收研究生，这一建议得到了刘道玉校长的支持。再后来，我开始独立招收研究生。

一、第三届研究生

我独立带的第一批研究生是1985年那一级的，薛君度虽然同为导师，实际只是挂了名。最初计划得很好，我们两人作为导师，分别在两地带学生，前一段在武大学习，后一段到马里兰大学薛君度处做研究、写论文、查资料。但是由于政治的原因，当时思想领域的变动较大。我们现在回顾20世纪80年代，总认为那是最火热的改革年代，其实那时的思想斗争也是很激烈的，基本上"正统思想"和"改革思想"在轮番登台。再加上1988年刘道玉校长被免职，在这样的环境中，让学生到美国学习非常困难。

1985年招研究生时，研究方向进行了一些调整，挂薛君度的名字就是因为他希望我们的研究方向是黄兴，但是我们又不能把鸦片战争专业丢掉，所以我们在确定研究方向时兼顾了两者，定为中国近代史鸦片战争与辛亥革命方向。这一届一共招收了四名研究生，分别是袁立春、胡波、张奇和朱丹。其中朱丹是湖北省社科院委托代培的，她原是武大七七级的学生。这四个学生来报到后，我给他们的研究方向作了分工，其中明确袁立春的主攻方向是黄兴研究。

袁立春本科时候的中国近代史课就是我教的，我觉得他理论基础比较好，专业知识也不错，所以我也欢迎他来报考我的研究生。其实他原计划考北京大学古代史专业，后来在我的指引下，报了武大的研究生。因为薛君度要推进黄兴研究，我就把袁立春抽出来专门研究黄兴。袁立春在这方面做了很多工作：一是把1911年至1987年关于黄兴研究的著作、论文、资料筛查了一遍，整理成目录；二是写了一篇《黄兴研究述评》。在这篇述评中，他首先梳理了1912—1987年海内外黄兴研究的情况；其次，对新中国成立以来黄兴研究领域的几大主题进行了归纳，一是黄兴的政治派别，二是黄兴在辛亥革命中的地位与作用，三是黄兴与华兴会的评价，四是黄兴与武装起义，五是黄兴在辛亥革命后的政治活动，六是黄兴和孙中山的关系，七是关于黄兴思想的几个问题。后来他还分别写了几篇关于黄兴的研究文章，特别是《论黄兴的政治思想》，他下了很大的功夫。

在我的印象里，1985—1988年，萧老师带了4位研究生。胡波、张奇和我，都是武大历史系1981级中国史班的应届毕业生，朱丹是湖北省社科院的在职研究生。当时，研究生导师除了萧老师，还挂了美籍华人薛君度先生的名衔。我们读研究生时的专业是中国近代史，方向是鸦片战争与辛亥革命。虽没明确区分研究方向，但萧老师给几位学生指明大致研究领域：我从事辛亥革命尤其是黄兴研究，胡波从事鸦片战争尤其是中英关系研究，张奇从事鸦片战争尤其是中美关系研究。后来，几位学生的毕业论文虽然没有完全按研究方向来写，但都得到了萧老师的精心指导。

当时，薛君度先生挂名指导老师，主要是为了合作推进黄兴研究。武汉大学历史系成立了黄兴研究室，制订了一系列研究计划。武汉大学黄兴研究室的工作成效显著，出版了《黄兴研究》等图书。根据薛先生的意图,我按照萧老师的指示,撰写了《黄兴政治思想研究》等几篇论文,听说薛先生比较满意,因此,1991年秋天(我已在广东社会科学院工作),薛先生仍资助我赴香港中文大学历史系做访问学者一个月,继续开展黄兴研究。

——摘自袁立春《史家楷模　人生导师　寿星榜样——我心目中的萧致治老师》

与袁立春合影

袁立春专业基础、理论基础比较好,写的文章也不错,所以我们决定让他毕业后留在本校,作为黄兴研究的接班人。但是他不想留在武汉,因为当时南方的经济发展比中部地区好,所以他想去广东。广东省社会科学院向他伸出了橄榄枝,他就去了那里。但是他的爱人无法调至广东省社会科学院,他又不得不离开那里,到广东省发改委工作。于是一切从零开始,然后按部就班地慢慢往前走,后来他到西藏干了三年,当上了处长,现在是二级巡视员。

胡波学习很努力,积极性很高,性格也很开朗。他学英语,把英文字典都背下来了。他的毕业论文是《鸦片战争以后到辛亥革命以前的中英关系》,对辛亥革命以前的中英关系做了一个梳理。现在硕士论文能出版的是极少的,而他的毕业论文通过以后,后来还整理成了书——《辛亥革命前后的中英经济关系》。我认为中英关系在近代史上是最重要的关系,对中国的影响是很大的。中国变成半殖民地半封建社会,首先是英国打开了大门,然后是第二次鸦片战争之后大门被进一步打开,之后有关中外关系方面都离不开英国。所以我曾经想写一本有关鸦片战争前的中外关系的书,名字就叫《西风拂夕阳》,然后写一本《西潮袭神州》来讲鸦片战争后的中外关系。这个题目本来是我在 2005 年、2006 年的时候计划写的,后来因为黄兴研究的事情更重要,所以就转战黄兴研究了。

胡波这些年主要从事孙中山与辛亥革命、香山买办、华侨文化、商业文化、香山文化、史学理论、中国近代思想史等方面的研究。他先后在 20 余种全国中文核心期刊发表论文近百篇,著、编、译并出版论著 40 余部;参与或主持完成国家、省、市课题 40 余项;特别是结合地方特点进行的各项研究,硕果累累,引人注目,如他致力于香山文化的研究与开发,影响及于国内外。后来他把研究香山买办的各方面成果修改扩充为《香山买办与近代中国》一书,我专门为这本书写了序。这本书对香山买办在近代历史上的积极作用作了多角度的考察,无论在学术上,还是对于弘扬香山文化、促进和谐社会建设,都是有意义的。

我深知自己读书虽多,但博而不专,学而不精。在毕业论文选题上,一直找不到明确的方向和具体的题目。直到研三时,才匆匆忙忙地决定以"辛亥革命前后的中英经济关系"为题。原以为萧老师会不同意这个题目,没想到见了我起草的写作大纲和资料整理情况说明后,萧老师面带喜色,觉得是一本书的构想,只是担心时间紧我难以按时毕业,他建议我在武汉查阅相关资料后,立即去南京、上海、北京等地寻访名师和相关资料。经过大半年的准备,我终于在回家过年前完成了毕业论文的写作,并送交萧老师审阅。萧老师逐字逐句审阅,并提出具体的修改完善意见,要求我处理好经济与政治、经济与文化、史料与史学之间的关系。根据萧老师的意见,我做了进一步补充和修改,定稿时几近10万余字。经过校外校内专家评审后,没想到竟顺利通过答辩,并获得一致好评。

毕业后,我在孙中山先生的家乡——中山市的中山大学孙文学院工作。初到广东中山,人生地不熟,萧老师不仅利用他在广东尤其是中山大学的人脉关系为我牵线搭桥,使我很快得到中山大学陈胜粦教授、段云章教授、林家有教授,广东省社会科学院张磊院长、黄彦所长等人的关心和指导,并因此有了许多学习和交流的机会。段云章老师多次告诉我,他与萧老师是同乡、同窗、同行的"三同"朋友,萧老师的学生就是他的学生,在学术研究上一直对我进行指导,提携有加。我后来甚至成为陈胜粦教授的博士生和林家有教授的弟子。而这些,都与萧老师的人格、学问和人脉有着直接的关联。

——胡波2024年2月21日写于中山市家中

在我的学生中,最后留下来做学问的不多,胡波算一个,而且也比较有成就。他毕业之后我们把他推荐到了中山大学的中山分校,他后来还读了陈胜粦的博士研究生,之后他一直在中山大学中山分校工作。后来这个分校并入了电子科技大学,他曾任电子科技大学中山学院人文社科系主任,中山市文联主席,中山市社科联主席,广东省优秀社科普及专家,中山市第四、五期优秀专家、拔尖人才,今年才刚退休。

张奇在这一批研究生中是最年轻的,她是1966年出生的;袁立春第二年轻,是1964年出生的;胡波是1963年出生的。张奇这个人很聪明,她很喜欢唱歌,唱得很不错,是很活跃的一个人。张奇的英语特别好,当时准备安排她从事鸦片战争尤其是中美关系方面的研究。张奇考虑到当时宗教研究很热门,基督教天主教在西方侵略中国的时候发挥了作用,近代的教案很多,所以她想从事这方面的研究,我觉得也可以。她在硕士期间研究的课题是传教士与近代中国,研究西方传教士对中国的影响。后来毕业分配是她自己主动联系的,先在广西某地的党史办工作,后来又调到中山大学,并为《领袖与群伦——黄兴与各方人物》一书贡献了两篇文章,即《武略文韬　相得益彰——黄兴与马君武》《千里征战　匡扶民国——黄兴与耿毅》。到1992年,深圳建设需要人才,她就调到了深圳。她是一个有才华的人,经常写小说,但她的仕途不是很顺利。她在龙岗区委工作时,几次晋升都受挫,最后任龙岗区委宣传部副部长。

在萧致治先生门下攻读中国近代史硕士研究生的时候,课程并不多,大概每月上两三次课,其余时间阅读导师指定的书目,或撰写学习笔记之类的。所以,我特别珍惜在导师家上课的时间,有的时候,师母还会拿出好吃的点心。听完课,简直耳聪目明还加上嘴甜。

硕士第一年,导师总是要教授一些基础知识,例如关于树立正确的历史观。课程一般从弟子们自由发言开始,到导师最后总结结束。这样的方法自然很好,"徒儿们"可以在没有导师框定的观点下畅所欲言,信马由缰。

萧先生不但是做学问严谨的严师,也是一位关心弟子的"慈父"。

1987年,学术界在安徽绩溪召开了一次中美关系学术讨论会,因我的专业方向是近代中外关系,导师就带上我一起参会。会议结束后,导师带我游览黄山。我们师徒二人没有乘坐任何交通工具,花半天多的时间爬完了莲花峰。路上,有好几次我觉得很累,想坐下来歇息。导师说,爬山不要歇息,越歇越没有劲,得一鼓作气才能登顶。说完,拿起我的行李跟自己的行李背在一起,继续向上。我就那样空着手,跟在导师的身后。直到行程结束,我再也没有背过自己的行李。

若干年后,我才意识到自己当时有多么不懂事。这些年,只要想起这件事,都惭愧不已。偶尔跟朋友谈起这次经历,他们都和我一样感叹,那时候的老师真是处处为人师表,令人敬佩。

——张奇 2024 年 2 月 15 日写于伦敦

与第三届研究生合影

二、第四、五届研究生

第四届研究生就只有张学锋一人。张学锋在读大学的时候就入了党，是一个表现很好的学生。1988 年胡波、张奇和袁立春毕业了，我需要招收新的研究生，在报考的学生中，只录取了张学锋一人。

张学锋是一个非常谦和的人，他每次回家之后到学校来跟我拜年，都会把他家里的情况跟我详细汇报。他父亲是乡里的党委书记，而他的名字“学锋”也是取学习雷锋之意。由于这一届只有一个学生，不好开课，一般都是在我家里给他辅导，我指定一些东西让他看，布置一些作业让他做。当时我正在编《领袖与群伦——黄兴与各方人物》一书，就让他写一篇黄兴与陶成章的文章，他写得还不错。他的其他课程由中国近代史教研室的几个老师分别讲授，那时候中国近代史教研室的几个老师如李天松、王承仁、吴剑杰都带有研究生，他们的课可以相互分享。

我记得攻读研究生时上的第一堂课，萧老师就开了一二十本书目，既有中文的，也有英文的，让我先熟悉这个领域相关的一些史料。之后又开了一些书目，要我从泛读到精读，并通过学习这些史料发现一些问题，然后从这些问题中找出自己比较感兴趣的点再做深入一点的探究，能够去粗取精、分辨真伪，形成自己的观点，然后再加工形成文章。

我觉得萧老师有几个方面使我印象深刻。第一个印象是非常和蔼可亲。他没有为了显示导师师道尊严，板着个脸，每次见面都是笑嘻嘻的。第二个印象是他是一位笔耕不辍且优质高产的教授。毕业以后长期在外工作，拜见恩师的次数屈指可数，但每次到萧老师家里汇报学习工作情况，都能够拜读萧老师新的成果专著。第三个印象就是萧老师爱国爱党的情怀。我在读研究生的时候,同学们思想浮躁,波动比较大。我印象很深的是,晚上都到八九点了,萧老师骑着自行车到了我的宿舍,找我谈心。后来在他家里上课的时候,还就这个问题进行了交流,要求我作为一名党员,作为一名系研究生会主席不要参与游行,不要进行违法乱纪的活动。第四个印象就是认真负责。我的毕业论文是在1991年的4月呈交给萧老师的。大约半个月后,我取回了修改稿,心里非常感动。萧师对我的论文正文逐字逐句(包括标点、错别字、观点的提炼等)认真修改。连最后我所有的引文书目中不太准确的地方,萧老师都把它们一一订正过来,这是教我做学问要认真严谨,一丝不苟。

——张学锋2023年3月1日下午于武汉市委党史研究室口述

与张学锋合影

由于张学锋的政治条件比较好,毕业后也被分配到政府机关。最初他被分配到武汉市委统战部工作,1998年选调到武汉市政府办公厅,2004年初到市政府办公厅督查室工作。2005年3月,经过市政府办公厅推荐和市委组织部考试选拔,参加为期半年的在华中科技大学举行的英语培训。2005年9月通过了国家外国专家局组织的BFT(Business Foreign Language Test)考试后,赴英国曼彻斯特大学参加公共管理培训学习,2006年3月学成回国。2009年1月到2022年6月,历任武汉市政府驻海南办事处副主任,武汉市政府驻广州办事处副主任、主任职务,目前任中共武汉市委党史研究室主任。经历了一个大轮回,他重新归队,为党修史,从事党史研究宣传工作。

第五届研究生是1990年开始招的。过去带研究生都是一届带完后再招生,从这一年开始,教育开始提速,每年都可以招生了。这一年本打算招两名研究生,一个是姜宏涛,另一个是张建雄,但张建雄是邵阳师专毕业的,学历是大学专科而非本科。按照学校的规定,专科毕业的人要工作三年才能入校,导致这一届研究生实际上只招进来一个,就是姜宏涛。张建雄则需要等一年才能入学,所以,第二年时他才与其他两个研究生一起入校。

洪山中学在武大历史系有个特别班,姜宏涛是在那里上的大学,大学毕业以后接着考了研究生。在学习上他是很刻苦、很认真的。在编写《孙中山辞典》的词条时,他为了弄清武汉两处孙中山塑像的身高腰围,专门去实地测量。研究生毕业以后,他通过了武汉电视台公开招聘采编人员的考试,去了武汉电视台工作。姜宏涛对媒体工作比较感兴趣,很快就取得了一定的成绩,后来大概是因为不愿意受电视台太多的限制,他跑到上海一家节目制作公司做编导,主要从事文化类的工作,最后自己成立了一个文化传播公司,拍摄商业广告片以及与各地电视台合作拍摄纪录片等。他拍过很多有影响的片子,如与央视合作随中国科学院青少年科学考察团赴南极拍摄的《科学的翅膀》;另外还采访过很多世界名人。他还和他的团队在国外注册了油管(YouTube)频道,可以说他在这一领域的事业是很成功的。我一直认为,研究生阶段培养的是一种学习能力,这种能力是通过工作取得的成就来体现的。无论他们最后从事什么工作,只要能够取得成绩,就证明他们的学习能力很强,就证明我们的培养是成功的。

第一次与萧致治先生结缘,是在本科生课堂上,萧老师给我们开的课是近代中西关系史。萧老师那时候50多岁,身材高大挺拔,经常穿着一件米色夹克衫,骑着一辆半旧自行车来到桂园历史系大楼给我们授课。

站在讲台上,萧老师红光满面,精力充沛,操着一口浓重的湘西南方言,声音响亮,语速很快。萧老师讲课视野开阔,条分缕析,逻辑性强且富有感染力。每每讲到一些有趣的事件,如马戛尔尼使团来华,与清廷协商行跪拜礼的情节,他自己会先昂起头哈哈大笑。同学们很喜欢听萧老师讲课。近代中西关系史本来是我们的必修课,却也有别的专业的学生来选修。

1990年,我报考武大研究生,承蒙萧老师抬爱录入门下,成为先生的第13位弟子。

硕士研究生的课程除了政治、英语等公共课上大课,专业课一般是在导师家里上,偶尔也会在系办公室小房间讲授。

萧老师的家在四楼,没有电梯,这对于骑自行车上班的老师很是辛苦。进入家中,三室一厅的房子不大,应该不足百平方米,当时老师家里有五口人居住。房子几乎没有什么装修,水泥地板、白粉墙,简洁而朴素。环顾客厅和先生的书房,堆积着大量手稿、报刊,除了书还是书。

萧老师按拟定的课程计划讲解,每次授课一般在两小时左右。先生讲授完,最后会开出书单,让我去图书馆借阅,也会布置阶段性小作业。

有一次授课前我提交了一篇小文章,萧老师坐下来快速浏览了几页。我观察到他脸色一沉。萧老师说:“我要你查的资料、参考的书籍你没有好好读，写成这样的东西。”

顿时，我就像个闯了祸的孩子，羞愧地低下了头。

萧老师见状又用缓和的语气说：“做学问要踏踏实实，要花时间、下功夫。”

“严师出高徒。”萧老师一贯待人宽厚和蔼，但是在教学和培养弟子方面不啻一位严师。当然，先生的教育也得法，他没有劈头盖脸地吼叫或斥责，而是语重心长地讲道理，即便是批评也是以保护学生的自尊为前提。

——姜宏涛 2024 年 2 月 18 日凌晨写于武汉寓所

与杜温、姜宏涛等合影

三、关门弟子

1991 年，我已经 62 岁了，这一年张学锋研究生毕业，同时也招收了我的最后一届研究生——徐方平、杨木根和张建雄。

张建雄的表现是不错的。湖南那边有人让我写一篇关于黄兴的文章，我因为手上事情很多，就让张建雄来写。我把黄兴的相关资料和资料来源告诉他，让他去收集和查找，他就根据自己的学习体会写了《论黄兴的建国主张》一文的初稿，我再帮助完善。这篇文章从政治、经济、军事、文化教育等四个方面对黄兴的建国主张作了论述。这四个方面是相互联系、相互促进的，其中心目标是要建立一个独立、富强、民主的共和国。

这篇文章得到了业内专家的认可，发表在湖南的《求索》上，人大复印报刊资料也转载了。另外，他还和我一起合写了一篇《黄兴与湖南辛亥革命》，发表在《文史拾遗》上。

记得第一篇文章写的是有关黄兴建国方面的内容，当时我拟定的题目是"黄兴的建国思想"，萧老师将之改为"论黄兴的建国主张"。前几天在家整理资料时，居然发现了当年的手稿。从略有霉斑的手稿上看，萧老师逐字逐句修改，特别是第一段，几乎是萧老师重新写过。虽然其他框架结构没有做改动，但凡是萧老师修改过的都是点睛之笔。在"实行平民政治，巩固共和政体"部分有三个小标题，当时我写的是"主张法治""主张政党政治，实行政党阁制"和"主张地方自治，实行军民分治"，萧老师将之修改为"反对人治，主张法治""反对个人专权，主张政党政治"和"主张地方自治，赞同军民分治"，明显在立意与站位上远远超过前者。

我的毕业论文《清朝末年外国人在武汉的投资(1861—1911)》，从论文的选题、资料的搜集、大纲的形成及论文的写作修改，萧老师都给予我全面的指导，倾注大量心血。无论是初稿，还是二稿、三稿，萧老师都认真审阅，并提出了具体修改意见。我从泛黄的手写论文稿中，找到了一页纸的修改意见，萧老师写道："1.一般情况与典型分析结合，现在典型叙述与分析不够。2.把主要投资项目(行业)提到前面，如洋行、工厂、银行。3.鸦片战争实际赔款要查对一下近年几篇有关考证文章(查近代复印剪报资料)。4.赔款怎样转为投资要交代清楚。

消极影响还可以充实一些,使人们有一个全面的认识,如吸收了资金,影响中国民族资本的资金积累,占领了中国市场,严重阻碍中国民族资本主义的发展,输入奴化思想,造成中国人民什么都不如人的民族自卑心理。5.航运业投资中的码头建设可作些叙述。6.码头即与航运有直接关系,似乎放在航运投资,不放在房地产较为合适。”

——摘自张建雄《涓涓细流 古道热肠——回忆师从萧致治先生的二三事》

与张建雄合影

杨木根的基础很好,他是北京大学历史系中国史专业的毕业生,1987年被分配到湖南省平江县一中教书。工作四年之后,为了改变现状,选择了考研的道路。经过精心选择,准备考武大的研究生,为此,他专门给我写了一封自荐信。我及时给他回信,并鼓励他来考研。于是,他积极备考,最后如愿以偿。他读研究生后选定的方向是东西文化交流,当时正好山西忻州有一个“徐继畬与东西方文化交流国际学术讨论会”,我就让他写一篇关于徐继畬的文章。很快他就写了《鸦片战争与徐继畬》的初稿,我帮他修改后,收录在《徐继畬与东西方文化交流》一书中。

> 所幸我不负萧老师的鼓励,于1991年入读武大历史系研究生。记得当年课程论文均以钢笔手写在稿纸上,一篇文章需修改誊写数次,老师每次都拿红笔以清晰的小字细心批注修改,甚至修改标点,不厌其烦。每次交作业也并不交至教授办公室,均送至位于珞珈山东九区的萧老师家。每每进门后,师母总是极热情,拉着我们聊家常,嘘寒问暖,关心生活近况;先生则讲述当下学术研究动态或学术成果,拳拳之心溢于言表。印象极深的是萧老师甚喜咖啡,家中常摆着雀巢罐装的速溶咖啡和咖啡伴侣。咖啡在当年还是个稀罕物,每次去师母都会冲上一杯给我们,房内氤氲着咖啡似苦非甜的香味,连带着每张论文稿纸都熏上了些许咖啡的气息。
>
> 现在揣测,萧老师当年招我为闭门弟子之一,应是期望我能专心学术,继续在近代史领域耕耘下去。老师在学术上对我多有指点,十分关心,曾带我写下《鸦片战争与徐继畬》等文。
>
> ——杨木根写于2023年11月30日

杨木根毕业后走上了行政工作的岗位,一直在湖北省司法厅工作,勤勤恳恳,任劳任怨,现在是湖北省司法厅党委委员、政治部主任。

徐方平在这一届研究生中年龄最大,他是1964年出生的,1991年已27岁,已经当爸爸了。他当时是荆州师专的老师,比较稳重,也有一定的研究能力。在研究生期间,他写了两篇比较有分量的论文,一篇是《辛亥革命与荆州驻防八旗》,发表在《江汉论坛》1993年第12期上;另一篇是《中英早期茶叶贸易——写于马戛尔尼使华200周年之际》,这篇文章经过我的多次指导和完善,发表在《历史研究》1994年第3期上。硕士研究生期间能够在重要期刊和专业顶级期刊发表文章是不多见的。

今天我把书柜上萧老师送我的书都翻出来了，前后有十几本。他在《领袖与群伦——黄兴与各方人物》的扉页上是这样题写的："方平君存阅，致治赠。"萧老师大我们几十岁，竟是这么平等的、亲切的称呼，还有几本书也是题了字的，也是一样的亲切。

在读书期间，萧老师给我们安排了编撰《孙中山辞典》（由广东的张磊教授主编）的任务。我们每人有7个词条。他不会要求你有很大的创新，但是你要准确、全面地写出来也不容易，我们需要尽可能地收集资料来写这些条目。后来姜宏涛为了弄清孙中山铜像的详细情况，还专门拿皮尺跑到阅马场去量。这是在训练我们做研究，锻炼我们学术规范的基本功。

在学习中，我记得武汉大学历史系吴剑杰教授写过一本《辛亥革命在湖北》的著作。因为我曾在荆州师专工作，我就在琢磨，荆州这一块和辛亥革命有没有什么关系呢？后来一查资料还真查到了，湖北军政府计划联络湖南革命军，从宜昌派湖北的革命军联合攻打荆州驻防八旗军队。后来我就给萧老师汇报，萧老师立即鼓励我说这个选题有新意！我就在图书馆故纸堆查资料，后来找到《荆州府志》里面有相关的荆州驻防八旗的资料。我用了约2年的时间完成初稿，萧老师就帮助我修改文章，后来经他推荐，《辛亥革命与荆州驻防八旗》发表在《江汉论坛》1993年第12期上。还有一个成果更重要，就是《中英早期茶叶贸易——写于马戛尔尼使华200周年之际》。萧老师不仅提供了思路，还提供了资料，最后也是萧老师作了全面修改，文章出来后，萧老师把我的名字署在他的后头，发表到历史学最权威的期刊——《历史研究》上。

——徐方平2023年3月3日下午口述于湖北大学马克思主义学院办公室

徐方平虽然没有继续从事中国近代史的研究，转行到湖北大学马克思主义学院，以中共党史研究和马克思主义中国化研究为主业，但他的研究能力较强，取得的成果是很多的。他是湖北大学马克思主义学院首任院长，现为该院二级教授、博士生导师，马克思主义理论一级学科博士点负责人，兼任教育部高校政治学类专业教学指导委员会委员、中共湖北省委党史学习教育宣讲团成员、上海中国共产党创建史研究中心特聘研究员、湖北省高校党建研究中心执行主任、湖北大学“马克思主义理论与中国实践研究院”常务副院长等职。

与徐方平、杨木根合影

他主持中宣部“马工程”重大委托项目“马克思主义在中国早期传播著作选集(1920—1927)整理出版”、国家社科基金重点项目“新民主主义革命时期党的传媒引领社会舆情研究”等重点项目8项，在人民出版社、中国社会科学出版社、湖北人民出版社出版《蔡和森与〈向导〉周报》《蔡和森评传》和《马克思主义在中国早期传播著作丛编(1920—1927)》等著编图书，在《马克思主义研究》《历史研究》《中共党史研究》《马克思主义理论学科研究》《人民日报》《光明日报》等报刊发表论文 90 余篇；合著的《马克思主义在中国初期传播史（1918—1922）》荣获教育部高校人文社科优秀成果二等奖，独著的《蔡和森评传》荣获湖北省第十届社科优秀成果二等奖，还先后荣获“湖北五一劳动奖章”及湖北省“首届最美社科人”、“湖北省政府专项津贴人选”等称号。

第十八章　桃李芬芳(下)

除了我带的研究生，还有几个特殊的学生也值得重点讲一讲，一个是周溯源，另一个是张笃勤，以及几个留学生。

一、七八级学生周溯源

周溯源是武汉大学历史系七八级的学生，我曾经开了辛亥革命史的专业课，他来听过课。他在读本科的时候表现就很突出，在《武汉大学学报》上发表过一二十篇小文章。他本科毕业时找我在纪念册上题词，我记得给他题的是："奋起你的大笔，为人民书写历史。"这一句话既是期待也是鼓励。他毕业后分到了红旗杂志社，《红旗》即现在的《求是》。他经常给我写信，我也每封信必回，学术上的交流越来越多。我到北京，常去看他；他每次回汉，必来看我，交往愈久，感情愈深。

> 结识萧老师，是我在武汉大学历史系读大二的时候。当时开有辛亥革命史必修课，主讲人即萧致治教授。每次讲完课以后，他总要留出一部分时间供同学们提问，通过问答的方式，使教学轻松活泼，有点有面。另外，他还布置一些思考题，鼓励大家独立思考，不囿陈说，勇于创新。
>
> 我大学毕业后北上首都到党刊编辑部从事编辑工作。这里的工作要求之高、难度之大，是可想而知的。为了干好工作，我常向先生请教。20 世纪 80 年代打电话不方便，只好写

信。我给先生写过不少信,先生是每信必复,不厌其烦。进入20世纪90年代后,打电话方便了,我与先生的电话便成了“热线”。有时他到北方开会,我就邀请他在方便的情况下转到北京来聚聚。有时我们一起参加一个会议,我就利用会议的间隙向他请教,请他介绍有关学术动态,帮我分析选题、推荐作者。

1995年秋,先生偕夫人来京旅游。我编著了一部近代人物传记的书稿刚脱手。为了避免差错,我想请先生帮助审阅、把关,但又怕影响他和师母的旅游,不好启齿。先生看出了我的顾虑,主动挑明,慨然应允。一部40万字的书稿,先生牺牲旅游,连续一周夜以继日地审读,纠正了不少差错,有的地方经他改动,为之生色。有的问题因手头缺资料,暂时存疑,回汉后又给我来了一封长信,一一指出补正。

——摘自周溯源《历史学家萧致治先生和近代史研究——兼评〈鸦片战争与近代中国〉》,《武汉大学学报(人文科学版)》2003年第4期。

我们在学术上的交流比较多,比如周溯源写的第一本书《北洋军阀鼻祖袁世凯》,我写了一篇书评,在报刊上发了。1991年,我写了一篇文章,叫《爱国主义与中国人民的历史使命》,主要是强调爱国主义,希望学生要把爱国主义放在首位,用爱国主义来指导自己的行动。这篇文章既有理论也有中国实际,结合了我曾经的社会调查的实践经验,把武汉码头工人的艰苦生活都写进去了。1991年周溯源将这篇文章发表在《求是》杂志上。因为《求是》杂志是中共中央的理论刊物,发行量很大,据说最多的时候发行了两百七八十万本,最少的时候可能也有一百八十万册,影响很大。许多同行看到我发表的文章也纷纷写信来支持我的观点,肯定我的文章。后来经戴逸推荐,《中国近现代国情丛书》编委会约我写《中华民族魂》,这大概也和我在《求是》杂志发表《爱国主义与中国人民的历史使命》有关。

2004年初，中共中央发布了《关于进一步繁荣发展哲学社会科学的意见》，结合这件事我写了一篇文章，谈论当时社会科学存在与现实脱节的问题，篇名是《历史研究与现实》。我将文章寄给周溯源后，不久《求是》杂志就发表了。这篇文章后来被人大报刊复印资料转载。我的观点就是历史研究不能脱离实际，应该针对现实的一些问题展开工作，为现实服务。

尽管他不是我的研究生，但我们相处得非常融洽，他非常热情，我也很欣赏他，以后因为学术上的联系，我的许多书都寄给了他，他常常写书评进行推介。我70岁时出了一本《鸦片战争与近代中国》，他专门写了一篇庆祝我70岁的文章，随后又在这个基础上写了一篇书评，在《武汉大学学报》上发表了。①

我们在学术上的交流很多，他有什么想法就跟我谈，我也会跟他交换意见。他非常勤奋，在《求是》杂志当编辑期间编了很多书，例如《毛泽东点评历史人物》，分为上下两册，后来送了我一套。

他是本科毕业，没有读研究生，后来时机成熟了，他就想读个博士。那是20世纪与21世纪的世纪之交，他当时有两个选择，一是山东大学想要他，二是西北大学的校长张岂之也在招研究生。周溯源曾经征求我的意见，他说两方都愿意接受他，问我读哪边好。我说从学术传统来说，可能报西北大学更合适一点。最后他就选择读张岂之的博士研究生。因为他成果比较突出，后来山东大学还将他聘为兼职教授。他一方面很勤奋，另一方面也很虚心，经常跟我交换意见。在同行里，他可能是跟我交流最多的。

周溯源是文化官员，历任求是杂志社哲史部历史组副组长、哲史部副主任、文化部副主任及编审，中国社会科学院中国社会科学杂志社副总编辑、中国社会科学网总编辑、中国社会科学院近代史

① 参见周溯源《历史学家萧致治先生和近代史研究——兼评〈鸦片战争与近代中国〉》，《武汉大学学报(人文科学版)》2003年第4期，第509—510页。

研究所党委书记兼副所长，但他更是一位学者。他谦逊好学，刻苦钻研，兴趣广泛，笔耕不辍。他是一位颇有名望的书评家，他的《读与评——周溯源书评选集》所论图书涵盖文学、史学、哲学、经济学等多个学科。他在细细品读之后，结合自身独特的经历和感悟，把读与评、学与思结合起来，以书评的形式分享给广大读者，书评的内容十分丰富，既有深刻的学术概括，又有很强的可读性。

周溯源独著的作品很多，涉及门类较广，当然，我更偏爱他的历史类著述，作为担任中层领导职务的文化工作者，周溯源比较关注历史上的治国之道。2009 年发表了专著《千年忧思——古代思想家政治家治乱兴衰思想论纲》。

据周溯源讲，该书出版后，先后从报刊上看到了七篇书评，有一定的社会反响。由于该书具有学术价值和现实价值，学术规范，文笔优美，先后荣获清华大学 2013 年第一届“李学勤中国古史研究奖”、中国社会科学院近代史研究所 2015 年优秀科研成果奖、中国社会科学院 2016 年优秀科研成果奖。

2017 年周溯源又写了《学者视域中的治国理政》（上、下册）。该书汇集了他自 1982 年至 2017 年共 35 年间发表的相关论著。

与周溯源合影

二、访问学者张笃勤

1995年,张笃勤作为访问学者来武大学习进修。当时我已经退休三年了,最后一届研究生也毕业了,但学校和我商量,请我帮忙指导两年,张笃勤那时已是武汉市社科院副研究员,我对他的情况比较熟悉,于是就同意了。

张笃勤本来是兰州大学的本科生,毕业之后留校工作。1980年至1981年,他参加了章开沅在华中师范学院举办的中国近代史教师进修班。华中师范学院的陈辉老师觉得张笃勤十分优秀,便把他的二女儿介绍给了他。张笃勤结婚后调到了武汉市社会科学院。大约是1994年,他已经是武汉市社会科学院副研究员了,提出来要到我这里做访问研究。因为他隶属社会科学院系统,我们这边是学校系统,做访问学者不是很方便,我就建议他请江汉大学开封介绍信,以江汉大学教师的名义来做我的访问学者。在江汉大学开好介绍信后,张笃勤于1995年2月以江汉大学副教授的名义到我这里来做访问学者。

张笃勤是一个很勤奋的人,研究能力也比较强,他在武大学习期间写了很多东西。当时我正好在主编《资政史鉴·革新卷》,也让他参与了这项工作。他不仅参加了近代史部分的编纂,《政制改革》和《教育改革》部分的导读也是他写的。当时长江文艺出版社准备出一些关于名人读书生活的书,要我写关于孙中山的篇目,因为当时我很忙,就把这个题目交给他了。开始他有些没把握,我给他提供了一些史料,并和他一起讨论研究框架,最后他写出了《孙中山读书生涯》,出版后反响也很好。按他自己的说法,通过写这本书,他找到了学术的门径。

1999年的时候,我已经70岁了。这一年我出了一本《鸦片战争与近代中国》,张笃勤为此写了一篇文章,叫《萧致治,穿越于中国近代史时空的历史学家》,发表在《武汉春秋》上面。

我知道萧老师应该是1980年来武汉进修以后。我1977年从兰州大学毕业留校，1980年到华中师范学院进修。1984年国庆节前后我从兰州大学调到了武汉市社科院，那时我经常参加一些活动，有时候也能碰到萧老师。

我可能受兰州大学学风的影响，到武汉市社科院以后，比较向往高等学校，向往武大这种比较规范的治学方式，尤其是武大这批老先生的治学方式。1995年我申请到武大做访问学者，就是想跟着萧老师再学习一下。那时萧老师已经退休了，按武大的规定，退休教师不能带研究生，也不能带访问学者，最后采取一种变通的办法，请朱雷老师牵头，与萧老师共同带我。因为朱雷老师主攻魏晋南北朝史，和我的研究方向不同，所以我主要是跟萧老师学习。

萧老师介绍我认识历史系资料室的老师，还带着我到武大校图书馆跑了几个书库。后来我需要在系资料室借书，有时候借不到，萧老师就帮我借。有一次借"三民报"(《民呼日报》《民吁日报》《民立报》)，后来还借了天津的《警钟报》，这个资料很重，有好几十斤，他先从系资料室里借，拿到家里，然后再让我去取，他这么大的年纪，搬那么重的书，让我心里很过意不去。

在武大做访问学者的过程中，大约是1996年，武汉大学的王余光教授组织编写一套近代名人读书丛书，有一本关于孙中山的，想请萧老师来写，因为萧老师当时比较忙，他就推荐我写。在这之前，关于孙中山的研究虽然很多，但是没有一本专门写孙中山读书的著作，要把这些资料收集起来，写成20余万字的一本书，那真是很难。后来萧老师鼓励我，我们一起商量研究到底怎么写。商量完后，他又让我提了一袋子他的书回去，最后终于完成了任务。

——摘自张笃勤《萧致治，穿越于中国近代史时空的历史学家》，《武汉春秋》2004年第2期。

与张笃勤合影

如果说过去我们就有许多交往，那么，自从他来武大访问学习后，我们的关系就更加亲密，他有什么事都来找我，过年过节常跟我联系。特别是《黎元洪集》由我和张笃勤共同主编，有很多事情要一起商量。

张笃勤对武汉的历史研究比较深入，2017 年我还专门为他的《武汉历史文化散论》写过一篇序。

张笃勤今年也有 70 多岁了，但他做学问的劲头一直很足，取得的成绩也不少。他曾长期担任武汉市社会科学院历史文化研究所所长，荣获过武汉市有突出贡献中青年专家称号，是武汉市文史研究馆馆员。他的主要研究方向为中国近代史、汉江历史文化、武汉历史文化及文化遗产保护。他在《光明日报》《近代史研究》《世界宗教研究》《江汉论坛》《求索》《武汉大学学报》《华中建筑》等报刊发表学术文章 200 多篇，出版《武汉历史文化散论》等个人署名著作和主编论著 12 种，参加撰写著作 17 部。其中《文化视域的汉江与武汉》获第四届中国大学出版社优秀学术著作二等奖。

总结带学生的体会，我觉得首先要为人师表，自己要在道德上、学术上、敬业精神上走在前面，要真正做到言传身教。其次，要因材施教，注重引导。学生们的兴趣爱好和志向不尽相同，要尊重他们的兴趣与志向，引导他们进入学术领域，参加学术会议，引荐业内名师、大家，让他们见世面，确立自己的兴趣与志向。最后，让学生带着问题学、结合课题学，这样不仅有利于学生提高学习能力，也有利于学生出成果，我觉得这是比较好的一个学习方法。

三、外国留学生罗威廉与杜温

罗威廉（William T.Rowe）是我最早接待的美国留学生。1979年10月我访问美国期间，他是美国哥伦比亚大学的博士研究生，师从韦慕廷（C.Martin Wilbur）等教授，研究近代的汉口商业与社会。他听说我来了，赶到威斯康星大学来见我，手里拿着我于1978年在《武汉大学学报》第4期上发表的《汉口租界》一文。当时中美隔绝

与罗威廉合影

30年了,我的这篇小文发表才一年,他竟然已经读过了。后来在纽约、纽黑文访问时,我和他又有了第二、三次接触与会谈,他表示要去武汉作访问研究,我表示欢迎。1980年末,他到武汉进行了为期近半年的学习。他首先到北京,稍作停留,随即南下武汉,在武汉停留了三四个月,然后离开。

罗威廉到武汉前,外事接待部门已把他来汉的消息通报给我,他又给我来信。当时我知道他要来,也做了一些准备,向图书馆、档案馆等单位均通报了他要来的消息。他到达之后,我即陪他去了湖北省图书馆和武汉市档案馆等地。由于请他们预先做了准备,他到达后,受到了馆方的热情接待,我还开了一份相关图书目录供他参考,并把研究湖北史地的潘新藻老先生介绍给他。后来他在武汉市工商联查阅了他们保存的相关资料。潘新藻和彭雨新两位先生均在他离开前,为他举行了送别宴,他也设宴向我们表示感谢。他回国以后,还把台湾出版的有关鸦片战争与黎元洪的资料寄给了我,供我研究参考。后来他将自己研究汉口的两本著作《汉口:一个中国城市的商业和社会(1796—1889)》和《汉口:一个城市的冲突和社会(1796—1895)》寄给我,这两本书在彭雨新先生的指导下,又被译成中文,作为研究清史的参考资料,由中国人民大学出版社分别于2005年和2008年出版,他也成了美国著名的汉学家。

1991年3月,我招收了缅甸留学生杜温,她是缅甸第四代华裔,原籍福建安溪。她1957年11月生于仰光,1981年于仰光大学教育学院英语专业获硕士学位,1984年在仰光外语学院获日语专业文凭。1984年12月19日考入缅史研究委员会,为汉语史料整理员;1986年3月任仰光大学历史研究所汉语史料研究员;1990年7月来华留学。她通过武汉大学招生考试,被录取为中国近代史专业研究生,在我的指导下从事中国近代史研究。杜温的汉语和英语都不错,本来可以直接读博士研究生,因为当时武大的中国近代史专业尚未取得博士学位授予权,按历史系领导安排,由我指导攻读硕士学位研究生。杜温为人亲和,口齿伶俐,交际很广,曾担任过缅甸领导人吴奈温将军夫人的机要秘书。据她说,她母亲去世时,奈温夫人还亲自前去送别。因为她对明清时期的中缅贸易多有了解,对史料也比较熟悉,所以主要研究明清时期的中缅贸易,文章写得不错。她的硕士论文题目就是《明清时期的中缅贸易》。1993 年 4 月,她通过论文答辩,被授予硕士学位。

此外,按照学院安排,我还负责指导法国留学生马飞力和日本留学生田中比吕志。田中比吕志是日本富山县高冈市人,1983 年至 1984 年在武大学习。马飞力则只见过一次,便没再找我。由于他们学习不主动,联系不多,也没写论文,因此也没有什么可说的。

第十九章　晚霞如画

从我1960年来武大工作算起，到2024年一共有64年，其中1992年退休，正好工作了32年，退休了32年。根据现在95岁的身体状况，定个小目标活过100岁，我是很有信心的。

很多人对退休的看法是灰暗的，觉得退休后人就一天天地走下坡路，不再有希望。我觉得退休并不影响我的研究，事实上，我退休后取得的成就更多。

一、退休后笔耕不辍

我是1992年12月突然退休的，当时正是齐民友当校长。原来学校规定教授65岁退休，但学校1992年发了一个文件，让教授提前两年让出职位来，给一些年轻的人上岗。我们退休的时候，上面根本没有人通知我们。我11月满63岁，12月拿工资的时候，才晓得自己已经退休了。退休对我个人来说是个大事，但是从学校到系里没有人给我打招呼，我是自己从工资里看出变化的，因为拿的是退休工资了。以前听说有文件规定，退休之前一定要开一次会，征求一下意见，交接一下工作。当时我有好多事情没有完成，《鸦片战争史》没有交稿，好多研究项目没有完成，还有5个研究生没毕业。这些研究生我还带不带？总要征求一下我的意见吧！

当时退休对我的影响是很大的。一是对课题的影响，《鸦片战争史》已经做了10年的准备工作，需不需要继续完成？二是还有两届研究生在我这里，需不需要继续带？三是学校突然改变退休制度,对我的利益也有较大的影响,因为这牵涉工资问题。1993年的时候,工资制度改革,工资向上调整比较多。正好我已退休,调不到我的头上,所以我退休工资很低,变成无级教授。

我个人对此肯定有些不快,但转念一想也就无所谓了。退休只是个人福利待遇方面的水平低了一些,对自己认定的事业并无影响。从某种意义上讲,我可以腾出更多的时间,专心致志地干自己热衷的事业。

退休丝毫未影响我在学术上的热情,并且此后我取得的成果更多。如1993年我开始集中力量完成《鸦片战争史》一书;指导的姜宏涛、杜温两人通过硕士学位论文答辩;发表了四篇论文;出版了《中华民族魂》一书,该书1994年获共青团中央、文化部等四部委联合颁发的首届"中国青年优秀图书奖"。1994年指导的张建雄、杨木根、徐方平通过硕士学位论文答辩;参加了四场学术讨论会和一场学术座谈会,提供三篇论文,发表四篇论文,其中有一篇在《历史研究》发表。1995年开始指导访问学者张笃勤;参加了五个全国性学术研讨会,提供五篇会议论文,发表五篇论文;出版50余万字的《鸦片战争与林则徐研究备览》。1996年应邀赴福州参加《林则徐全集》首次编辑工作会议;参加了四个全国性学术会议,发表了六篇论文;主编的《鸦片战争史》(上、下)由福建人民出版社出版,全书60余万字,是一部全方位、多视角叙论鸦片战争历史的专著。1997年,参加了三场全国性学术会议和《林则徐全集》编委会在福州举行的第二次会议,发表了八篇论文;9月《鸦片战争史》(上、下)连获中央"五个一工程"奖、国家图书奖提名奖,并受到中央领导的关注。

在此之后,我还出了不少大部头的著作,《林则徐全集》也获得全国优秀古籍整理图书奖一等奖、国家图书奖提名奖等多项全国大奖。

《鸦片战争史》获奖证书

今年春节拜年，我想萧老师已经90高寿了，应该歇歇了吧？我试着问他："您现在手上还有东西要写吗？""有啊，湖南的出版社已经催了我几次了，一本关于黄兴的读物，今年上半年要交稿。"他告诉我，近几年张师母身体不好，很多事情需要他照料，现在他每天早上4点多钟起床，做完各种家务，9点以后便开始写作。"您到现在为止一共写了多少东西，作过统计吗？""前不久，我回忆了一下，到现在，已经出版著作包括部分合编在内，一共有25种，发表学术论文和文章252篇。我是1992年退休的，退休后的二十几年是我学术生涯的黄金时期。25部著作，其中15部是退休后出版的；252篇文章中，退休后发表的有170篇。"

据统计,萧老师退休后发表的学术文章中,《求是》上有1篇,《人民日报》上有4篇,《光明日报》上有7篇,《历史研究》上有2篇,《近代史研究》上有1篇,《新华文摘》上有2篇,人大复印报刊资料转载有14篇。尤其是一些重要的奖项绝大部分都是在退休以后取得的,如中央"五个一工程"奖、首届中国出版政府奖,并两次获得国家图书奖提名奖,以及省部级奖多项。这些成果确立了他在鸦片战争和辛亥革命主要人物黄兴、黎元洪研究方面的全国领先地位。据我了解,萧老师退休以后,还积极参加各种社会工作,先后担任中国残联、湖北省残联、武汉市残联主席团委员,湖北省残联评议委员会主任,中国辛亥革命史研究会常务理事,武昌辛亥革命研究中心学术委员会副主任,林则徐基金会理事和特约研究员,鸦片战争博物馆高级历史顾问,武汉大学历史学院老协主席,中山大学武汉校友会会长,"开发邵阳、建设家乡"武汉顾问组组长等,均能尽力尽责。此外,萧老师还获得了很多荣誉,如感动荆楚首届"十大杰出老人"(湖北省精神文明建设委员会等七单位2010年9月联合颁发)、"全省离退休干部先进个人"(中共湖北省委组织部等2010年12月颁发)、湖北省老教授协会第三届"老有所为贡献奖"(湖北省老教授协会2010年1月颁发)、武汉大学第二届"十佳老人"(武汉大学离退休工作处等2014年10月颁发)、离退休干部先进工作者(中共武汉大学党委组织部等单位2000年颁发)、离退休干部先进个人(武汉大学离退休工作处2008年颁发)、优秀共产党员(中共武汉大学人文科学委员会2001年7月颁发,中共武汉大学历史学院委员会2006年7月、2008年7月、2011年7月、2016年7月颁发)。

——摘自杨卫东《我的老师》,网络专栏《卫东书案》,2023年9月10日。

感动荆楚首届“十大杰出老人”获奖照片

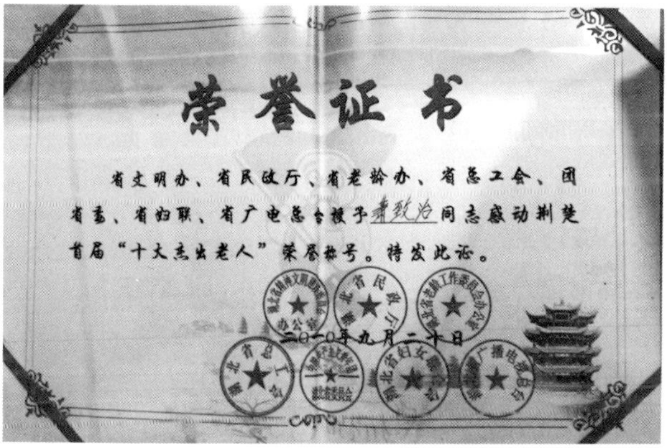
荣誉证书

省文明办、省民政厅、省老龄办、省总工会、团省委、省妇联、省广电总台授予萧致治同志感动荆楚首届“十大杰出老人”荣誉称号。特发此证。

二〇一〇年九月二十日

感动荆楚首届“十大杰出老人”荣誉证书

有的人做研究的目的只是为了生计，有的人做研究是为了兴趣爱好，当做研究变成兴趣爱好时，就没有了退休的困扰。对我而言，研究历史，尤其是研究中国近代史，不仅仅是一种爱好，而且已经成为我生活的一部分，成为一种事业的追求。所以，不管退不退休，我都照样地做研究。而且，退休以后没有任何束缚，研究的劲头更大，取得的成就也可能更大。

总结自己的成果，主要集中在中国近代史的两个阶段，一个是鸦片战争，另一个是辛亥革命。鸦片战争阶段除了《鸦片战争史》，还出版了一批专著，在人物研究方面重点是林则徐、魏源，这些情况我在前面已经有了详细介绍。关于辛亥革命的研究，除了与章开沅先生等编《辛亥革命史》，对于辛亥革命中的重要人物的研究更多，这里我重点说说关于孙中山的研究。我在辛亥革命研究领域写的第一篇文章就与孙中山有关。"文化大革命"刚结束的时候，我写了一篇《论孙中山早期思想的基本倾向——兼与黄彦同志等商榷》，发表在《武汉大学学报（哲学社会科学版）》1979 年第 6 期，主要是针对当时的一些观点立论。当时陈锡祺先生主张孙中山早期是革命思想占主要地位；广东省社科院的黄彦先生则认为截至 1894 年孙中山上书李鸿章，孙中山的早期思想还是改良主义思想。我认为在兴中会成立以前，孙中山应该有四种思想：一是反对帝国主义侵略的爱国思想，二是变法维新的改良思想，三是反清革命思想，四是振兴农桑的重农思想。这四种思想的重要性不同，应该有一个基本倾向。我认为反清革命是基本倾向。这就是我当时针对上述两种观点所写的第一篇研究辛亥革命的文章，也是我评论孙中山的第一篇文章。

1979 年的时候，我和章开沅先生一起去美国作学术考察。出去之前我们有个分工，章先生负责讲国内辛亥革命研究的情况，我负责介绍国内孙中山研究的状况。我当时带去两篇文章，其中一篇就是《孙中山和人民群众》，后来发表在《辛亥革命史丛刊》第三辑。这一辑里面第一篇是陈锡祺先生的《孙中山和辛亥革命研究中的一些问题》，第二篇就是我的，有两万多字。这是我在辛亥革命研究领域发表的第二篇文章，还是研究孙中山的，主要评述了孙中山和人民群众的关系，如人民怎么支持孙中山、孙中山如何关怀人民群众。第三篇文章是我与姚薇元先生合写的《孙中山先生对辛亥革命的伟大贡献》，这篇文章是为了纪念辛亥革命七十周年写的，先发表于《武汉大学学报（社会科学版）》1981 年第 5 期，后又被选入湖南人民出版社编的《中国近代史百题》。这本书自1983年出版后，加印了两次，共发行了132500册，影响比较大。1985年3月，孙中山研究学会在河北省涿县组织召开了一次孙中山研究述评国际学术讨论会，这个会应该说在孙中山研究方面非常重要，虽然规模并不是很大，但是规格很高，像胡绳、刘大年等著名学者都参加了这个会，还邀请了很多国外学者参加。我写了一篇《孙中山与黄兴关系述评》去参会，后来发表在《武汉大学学报》上，《高等学校文科学报文摘》也选入刊发了，《人民日报》还重点报道了我这篇文章，所以这篇文章的影响也比较大。

为什么要写《孙中山与黄兴关系述评》这篇文章呢？这源于1984年在广州开的孙中山学术讨论会，那一次是中山大学主办的。我当时写了一篇题为《孙中山与黄兴》的文章，评论孙黄关系。因为之前的研究有一种倾向，即强调孙中山和黄兴分别代表两个派别，孙中山代表坚决反抗的革命一派，黄兴则代表妥协动摇一派，而多数党员显然是跟着右翼领袖走的。我不同意这种看法。所以我的那篇文章主要强调孙、黄的共性是主要的，分歧是次要的。后来这篇文章以《孙中山与黄兴》为题收录在《孙中山研究论丛》第三集。1999年出版的《鸦片战争与近代中国》一书，也收录了这篇文章。

通过孙黄关系的研究，我进一步感到，过去评论孙、黄时，不但重孙轻黄、扬孙抑黄，而且对黄兴的研究很不足，所以需要加强对黄兴的研究。因此，在继续研究孙中山的同时，我重点转入对黄兴的研究。2011年参加纪念辛亥革命一百周年国际学术研讨会的时候，我还写了一篇名为《“孙、黄并称” 百年回眸》的文章。这篇文章比较长，主要是把各个阶段人们对于孙黄并称的评价作了评述，从武昌首义之后不久始有孙黄并称的提法，一直到20世纪90年代，这段时间内的各方评论，我都做了一个系统的回顾。

另外，结合地区的特点，我写过两篇关于孙中山的文章。第一篇是研究孙中山与武汉的关系。孙中山1894年赴天津上书李鸿章的时候，究竟到没到过武汉？究竟是从水路来的，还是从陆路来的？我当时通过研究，认为从水路来的可能性比较大。当时水路已经开通了，从香港到上海，再从上海到汉口，这种可能性比较大。在这篇文章中我还具体考察了孙中山于1912年4月访问武汉的5天时间里，他一共发表了哪些言论、有哪些评价、对武汉的建设又有哪些建议。第二篇文章叫作《论孙中山开发长江流域的宏伟规划》，这篇文章是当时为参加“孙中山与世界”国际学术讨论会而写的。我把孙中山在《实业计划》里面关于开发长江的这部分做了一个研究。孙中山一生进出长江12次，累计在长江之滨居留5年半，占其人生的十分之一。他热爱长江，是因为长江在革命和建设中均居于举足轻重的地位。他也对长江开发有一个宏伟的规划，希望通过整治长江，发展实业。我想从这个角度出发可能还有点地区特色，也有点世界意义。这篇文章后来不仅收在“孙中山与世界”国际学术讨论会的论文集里面，也在《武汉大学学报》上发表了。

另外，孙中山的思想也是我研究的一个重点。我曾经与刘曼容合写过一篇文章叫作《新三民主义与孙中山的不朽贡献》。1999年，在由民革中央成立的孙中山研究学会主办的“孙中山与二十一世纪中国——纪念中山先生奉安七十周年学术研讨会”上，我写过一篇名为《孙中山：中华民族复兴的奠基人》的文章。我认为孙中山对中国的民主革命贡献很大。“振兴中华”的口号，是他最先提出的；创建民主共和国的旗帜，是他首先举起的；建设繁荣富强中国的蓝图，也是他第一个绘制的。我在这篇文章中对孙中山的贡献和地位主要提出了三点看法：

第一，推翻君主专制，建立民主共和国，为中华复兴开辟道路。

孙中山在探索救国道路之始，也曾一度对清朝统治者寄予希望，但一经碰壁，很快就走上推翻君主专制统治的道路。这是他与此前的爱国志士不同的一个重要特点，也是他超越前人之处。同时，要推翻君主专制、建设民主共和，必须有一套革命理论。他的三民主义在当时来说，是中国最高水平的民主革命理论，为中国的革命斗争指出了明确的政治方向。

第二，筹划建国方略，为国家富强描绘了第一个宏伟的蓝图。

孙中山描绘了中国近代史上第一个宏伟的建国蓝图——《建国方略》。他认为实业建设是国家富强的经济基础，视为“国家经济之大政策”。他的实业计划共分四大部分，一是交通运输计划。孙中山认为：“交通为实业之母，铁道又为交通之母。国家之贫富，可以铁道之多寡定之。地方之苦乐，可以铁道之远近计之。”如此全国脉络贯通，血液流畅，就可保证国家的统一、国防的巩固、商品物资的交流、国家经济的全面发展，促进各民族的交流与团结。二是工业计划。他认为中国平民生活之所以悲惨痛苦，皆由于一切事业不发达，生产方法不良。因此，根本之救治方法在于发展工业，以图全体国民之福利。三是矿业计划。矿业与工业相互依存。“机器者实为近代工业之树，而矿业者又为工业之根。如无矿业，则机器无从成立；如无机器，则近代工业之足以转移人类经济之状况者，亦无从发达。总而言之，矿业者为物质文明与经济进步之极大主因也。”四是农业计划。农民占全国人口的最大多数，解决农民的土地问题，是实现农业近代化的前提。为了解决农民的土地问题，孙中山提出国家要用法制手段“平均地权”，实现“耕者有其田”。

第三，振兴民族精神，吸收西方科学文化，促进中国文化复兴。

孙中山在注重实业建设的同时，很重视科学教育和文化道德建设。他在对中西文化做了仔细的研究之后认为，中国的伦理道德优于西方，应当继承和发扬光大；西方的科学技术优于中国，要努力引进吸收。西方的民主制度可以借鉴，但不能照搬，需要结合中国的实际加以改进。在继承民族的优秀文化时，孙中山最重视伦理道德。他认为要维持民族和国家的长治久安，伦理道德非常重要。除了伦理道德要保存，中国固有的智能也应该恢复，要增强民族的道德，增强民族的自信与自尊，振起民族精神，为国家的振兴奠立基础。而要使国家富强，还需学习外国的先进科学技术。

当然，孙中山不是完人，他也有不足之处。如他论知行关系时，能破除传统的“知易行难”，鼓励大家勇于实践、勇于创新，当然是正确的，但不免忽视了知行的统一性，有些片面强调“行易知难”；又如有些地方不免过于乐观，比如认为只要团结一心、努力学习，不过10年就可赶上或超过西方列强，10年之内要修20万里铁路等，这些多少带有一些空想的成分。诸如此类的缺陷，当然不宜苛求。

后来还有一篇题为《中山舰在中国近代史上的历史地位》的文章。中山舰是在孙中山先生逝世半个月之后命名的。1997年，人们在位于武汉的长江打捞中山舰，那时，我在湖北人民广播电台作为专家讲中山舰的历史，也写了一些文章。2003年，在广州又开了一个“孙中山与世界大同”的学术讨论会，我写了一篇文章，讨论苏联与孙中山的关系。

总之，我的研究主要集中在鸦片战争和辛亥革命以及这两个阶段的主要代表人物上。

萧老师在鸦片战争史研究上，是一个方面的代表。现在研究鸦片战争，正规地全面地再写鸦片战争史的书，大概没有多少人会这样写。其他学者通常侧重于研究鸦片战争当中的某些问题。萧老师和姚先生原来做的鸦片战争研究，基本上还在反帝反封建的革命史框架下。我们按照中国革命史的框架、按照反帝反封建的路数来写鸦片战争的话，这算是一个代表性的作品。至于说在这个方面为什么你达到了最高，那无非就是你发掘了更多的资料，运用的资料比别人新，一些观点的论述比别人深，视野比别人更宽广。

——李少军2023年2月18日下午于武大历史学院办公室口述

总结我的历史研究，我觉得在史学治学方法上，姚薇元先生对我是有影响的，主要有三点：

第一，确定好学术研究的方向是一个事关全局的根本问题。能否选好方向，是对人的视界的一个重大考验，但是确定方向只是研究的第一步，怎样循着方向探索前进，最后取得丰硕成果，则全靠自己努力。第二，必须详细占有资料，经过认真分析研究，才能得出符合实际的结论。第三，研究历史，要弄清“六何”，即何时、何地、何人、是何、为何、如何。只有这样，才能对历史事件和人物作出恰如其分的评价。

我的治学方法比较重视打基础，既打专业基础，更要打理论基础，不要急于求成。现在，很多年轻人都很急躁，都想尽快地取得成果。我们就希望在研究方面扎扎实实地干。20 世纪 80 年代初，人民出版社派一个编辑来邀请姚薇元先生和我合写一部《鸦片战争史》。编辑认为，我们原来有基础，最迟要在 1985 年交稿。我们要是急于求成，也不是没有办法。但是我跟姚先生商量以后决定，既然要写这本书，写出来后还是要能够流传得长久一点，能够有点保存价值，那还是要先打好基础。事实上自从“文化大革命”结束以后，我们已经做了一些基础性的工作。一方面招收了两批以研究鸦片战争为方向的研究生，另一方面制订了长远的鸦片战争史研究计划。但未及动笔，姚先生便一病不起，于 1985 年 2 月 25 日溘然长逝。之后，我带着许增纮、杨卫东、李少军等几个研究生继续为这本书展开研究，先后出版了《鸦片战争前中西关系纪事》、《鸦片战争研究》、《林钦差与鸦片战争》、《外国学者论鸦片战争与林则徐》(上、下)、《鸦片战争与林则徐研究备览》等著译书籍，还发表了数十篇论文。这些书都是围绕《鸦片战争史》做的基础研究，真正的主要产品还是《鸦片战争史》。我们从 1983 年接到任务，到 1995 年才定稿，1996 年出版，整整十三年，是真正的“十年磨一剑”。该书出版后得到同行的高度评价，获得了多项国家级奖项，2002 年又选入中国高等教育文献保障系统(CALIS)数据库首选书目，成为高等学校图书馆的必备馆藏。《鸦片战争史》在2005年上海人民出版社出版的13卷本东方学术文库《二十世纪中国社会科学·历史学卷》中,被列为20世纪后期鸦片战争史研究领域三大代表作之一。许多高校将其作为中国近现代史专业研究生必读参考书。

要想打好理论基础,就需要熟悉从马克思、恩格斯一直到毛泽东等马列主义经典作家对鸦片战争、辛亥革命等重大历史事件的评论。我也写过一篇文章,叫作《马克思、恩格斯论鸦片战争》,收入论文集《鸦片战争研究》。

萧老师在鸦片战争和辛亥革命方面的研究是有许多独创贡献的。如萧老师在《历史研究》上发表的论文,对鸦片战争以前中英贸易关系的研究就有突破。我们现在笼统地讲鸦片战争研究,如果你说不出在哪几点上已经达到了新高度,一般大家不会认可你。萧老师在《历史研究》上发表的另一篇文章《黄兴首次赴日时间及其思想转变小考》,对黄兴第一次到日本的日期考证得很准确,因为我后来看到的日本档案就可以证明萧老师那个判断是对的。

萧老师的研究有一个特点,就是他很注意经世致用,这一点是那个时代的学者的共性。现在一般的学术研究,并不强调社会功能及政治上的意义,但是萧老师做研究工作,比较强调经世致用,这也是中国史学的一种传统,萧老师坚持自己的见解,你同意也好,不同意也好,他不会轻易因为别人的态度改变自己的立场,我觉得这对于一个学者来说也是很可贵的。

萧老师另一个特点是对学生的选择比较宽容,比如说他原来要留袁立春,已经说得差不多了,后来袁立春改主意了,萧老师也不拦。比如我自己,留校后转变了研究方向,不做鸦片战争了,萧老师也没有说你不应该这样。萧老师在讨论会上态度都是很平和的,能够和不同观点的人心平气和地讨论。这是萧老师很大的一个优点。但是萧老师是有自己的观点和价值观的，而且对这一点是很坚持的，我是这么看的。

——李少军2023年2月18日下午于武大历史学院办公室口述

在教学和研究中，我逐步形成了自己的史学观，即史学是干什么的，为什么服务的。

我有一篇文章，篇名是《历史研究与现实》，讲的是一个古为今用的问题，发表在《求是》上。这篇文章大体反映了我的史学观。我认为，自改革开放以来，历史学进入了一个繁荣发展的新时期：研究领域不断扩大，研究层次逐渐深入，研究成果大量涌现，研究队伍日益扩大，学术空气十分活跃。但是，在大好形势下，也隐伏着一些不容忽视的倾向，比如历史著作少有人读，学习研究历史的人不受公众重视，历史学者自己也不同程度地存在自卑感。这些情况的出现，无不与不能正确处理历史研究与现实关系相关。从本质上来说，历史与现实是息息相关的。历史是过去的现实，现实是未来的历史。人类从事每个时段的社会实践，无不需要以已经具备的历史条件作基础，无不需要借鉴有关的历史经验。历史学的生命力就在于与现实有这样那样的关联，可以为现实提供各种各样的经验。如果历史研究者能从史学宝库中发掘出时代需要的资源，生产出现实需要的学术精品，满足社会主义建设的需要，把历史宝藏转化为推动社会前进的动力，历史学就会显示出勃勃生机，历史研究者就会受到人们的尊敬，引起社会的重视。

古为今用，历史为现实服务，是中国史学史上的一个优良传统。历史上那些有成就的史学家，在处理历史与现实的关系上，无不重视历史为当时的现实服务。孔子在编撰《春秋》时，详今略古，“寓褒贬，别善恶”，“推此类以绳当世”，处处体现为当时现实服务的政治倾向。司马迁著《史记》，“究天人之际，通古今之变”，明确表示要“居今之世，志古之道，所以自镜也”。他的这种治学宗旨充分体现了历史与现实的结合。司马光编《资治通鉴》，“叙国家之兴衰,著生民之休戚,使观者自择其善恶得失,以为劝戒”,其为当时现实服务的目的更为明确。顾炎武自称所著之书,“皆以为拨乱反正,移风易俗,以驯致乎治平之用”。梁启超则说:“史学者,学问之最博大而最切要者也,国民之明镜也,爱国心之源泉也。今日欧洲民族主义所以发达,列国所以日进文明,史学之功居其半焉。”这些无不表明,古为今用,历史为现实服务,乃一切有识史学家的共同主张。

但是长期以来,在某些史学家眼里,历史学却等同于考据学,认为考据就是历史学的全部,这是一种误解。即使是一些卓有考据成就的学者也不赞同。比如顾颉刚先生 1937 年为谭丕模的《清代思想史纲》一书作序时就指出:“考辨的工作,在史学上仅是一种工具,而不是究极的目的。”我的业师姚薇元教授大学时期编著了《鸦片战争史实考》,研究生时期又编著了《北朝胡姓考》,这两部书成为他一生不朽的杰作。而到 1984 年,他在为《鸦片战争史实考》修订版撰写绪言时也强调:“考订史料只是研究历史的辅助学科之一。它的目的在于为史学工作者提供经过初步整理的材料,也只有在替历史科学服务的时候,考订工作才能显示出它的作用与意义。”可见,有些人认为考据就是历史,把考据工作当成历史研究的全部是不妥的。在历史研究过程中,考据可为历史研究提供坚实的基础,是必不可少的一环,但考据所取得的成就,最多只能作为一种可靠的材料供历史研究采用。历史研究者决不能就此止步,而应该在此基础上,选择那些与现实社会密切相关的课题进行研究,探索发展规律,总结经验教训,努力为现实提供有益的启示和借鉴。这方面,马克思为我们做出了很好的榜样。他在研究资本主义社会的时候,从最常见、最普通的商品考察起,足足花了 20 多年的工夫,对资本主义社会发展的各个环节都作了最全面、最系统、最精确的考究,最后写成了皇皇巨著《资本论》,阐明了剩余价值学说,揭示了资本主义社会内部的深刻矛盾。历史研究者应该像马克思那样,把微观考察和宏观研究有机地结合起来,在宏观研究的指导下进行微观考察(包括考据),使微观考察服务于宏观研究。

还有些人打着"纯学术"的旗帜,看不起或拒绝历史研究为现实服务,提出"反对党派史学"的口号,这种观点更是错误的。学术对于政治而言,自然具有相对的独立性,否则就不能成为学术研究。同时,学术又不可能完全脱离现实。事实上,真正的"纯学术"研究是罕见的,甚至是不存在的。一种学术或学术研究,总是自觉或不自觉地要为一种政治、集团、阶级和政党服务的。

还有些人把为现实服务的论著,看作是一种政治论文或宣传文字,而不是正规的学术论著。其实,古往今来,凡是切合时代需要、真实反映当时现实斗争的历史著作,都是有价值的历史著作。前面提到的《春秋》《史记》和《资治通鉴》,都属于这类著作。近代的学者魏源在经学研究上也很有成就,可是他的著作影响最大、流传最广的,不是《诗古微》《书古微》之类,而是适应了当年社会需要的《圣武记》和《海国图志》这两部杰作,它们在清末六七十年间再版十多次,而且传到日本、朝鲜等国。直到今天,人们仍然把这些著作视为那个时代的代表作。因此,贬低与现实结合的历史论著,只能说是一种偏见。

"联系现实,近现代史容易,古代史难",这代表不少人的看法。应该承认,古代历史离现实遥远,联系实际难度较大,这是事实,但决不是无法和现实联系。首先,历史学者应该抱有为现实服务的思想和态度,要充分认识到史学著作只有在现实中发挥积极作用,才能具有强大的生命力,才会受到社会的欢迎。其次,要努力找好历史研究和现实的结合点。历史学是门内涵十分丰富的学科,可以从多个侧面寻找结合点。史学工作者应当怀有为社会主义建设作贡献的饱满热情,把自己的研究工作同国家的前途、民族的命运联系起来,同千百万人的社会实践联系起来,写出满足当前某些方面需要的著作,贡献给人民。当然,为现实服务只能是历史研究的大方向,只能要求大多数历史学者努力沿着这个方向前进,不可能人人、事事都要为现实服务。否则，就成了机械论，犯了形而上学的错误。有些人致力于历史领域某一方面的研究，并且取得了成就，尽管未能与现实直接结合，也应当承认是间接为现实服务的。

由于历史学科内涵丰富，可供选择研究的领域非常广阔。那么，选择研究课题时应遵循哪些原则呢？根据当前改革开放和社会主义现代化建设的需要，我提出了五点原则。

第一，加强对历史发展规律的研究，为培养人们正确的世界观和人生观作贡献。李大钊曾经指出："历史中有我们的人生，有我们的世界，有我们的自己。"他主张"向历史中寻找人生、寻找世界、寻找自己的兴趣"。历史是一部内容十分丰富的世界观、人生观教科书。什么是历史发展的大势？什么是先进、落后和倒退？一个人如何才能最有意义地度过自己的一生？……历史为我们提供了深刻的启迪和学习的样板。

第二，加强爱国主义研究，激励人们立志干大事、创大业，献身强国富民的各项事业，为实现中华民族伟大复兴作贡献。一部中国近代史，是中华民族的苦难史，也是中国人民在爱国主义旗帜下救亡图存的艰苦奋斗史，是一部内容十分丰富的爱国主义教材。利用中国近代史这个园地，对全国人民进行爱国主义教育，激发全国人民为振兴中华、实现社会主义现代化而奋斗，是中国近代史学者义不容辞的责任。我除了在教学中注重灌输爱国主义思想，也曾结合中国近代史研究，写过十多篇宣传爱国主义思想的文章，例如《林则徐的高尚爱国情操》《历史使命与爱国主义》《弘扬爱国主义精神的创举》《爱国主义与辛亥革命》《论辛亥革命时期的爱国主义》等。由我牵头撰写的《中华民族魂》一书，凝聚了中国近代各个阶层、各个方面成千上万爱国志士的爱国精神和民族气节，他们的事迹十分感人，此书被誉为"爱国主义的颂歌，催人奋进的征鼓"。为纪念鸦片战争150周年撰写的《爱国主义与中国人民的历史使命》一文，曾在中共中央理论刊物《求是》杂志上发表，产生了广泛而良好的影响。爱国主义应作广义的理解。凡是做了利国利民的事，对国家富强作了贡献，为广大人民谋了福利，在推进社会进步中发挥了积极作用，都属于爱国行为。通过历史研究，弘扬爱国志士的业绩和精神，无疑会对全社会形成爱国爱民风尚起到积极作用。

第三，选择那些与建设中国特色社会主义息息相关的历史课题开展深入研究，为今天的建设事业提供历史借鉴。历史发展进程中，政治、经济、文化各方面的演变，无不存在内在的规律性。探明这方面的规律性，总结相关经验，为社会主义各项事业提供借鉴，是历史科学在现实中发挥作用的一个重要方面。历史研究者应当以敏锐的眼光，洞察历史宝库中那些对今天的社会主义建设事业有重大价值的课题，进行开发性研究，取得丰硕的成果，为各项建设事业提供参考。

第四，加强对当今世界历史的研究，写出无愧于时代的世界史新著，为把握世界的未来提供借鉴。

第五，想方设法普及历史宣传，扩大社会影响，充分发挥历史读物的作用。历史研究要变成社会大众的精神食粮，必须冲出学术研究的小圈子，千方百计普及到广大群众中去，让群众接受。历史研究者必须想方设法将史学著作写得既有科学性又有可读性，让广大群众喜读想读，使读历史书成为一种享受。

应该说，在我的历史研究生涯中，大体贯穿了这些原则。

继承薇元师遗志开展鸦片战争史研究，几十年来，取得了较好的成绩，但是，我也有很大的遗憾，那就是后继无人，没有团队继续在这一领域来发扬光大我们的事业。现在近代史教研室进人越来越困难，过去看中的人，大部分又不愿意留下来坐冷板凳。李少军上次来跟我讲，他那边目前又处于一个后继无人的阶段。鸦片战争史研究这块我们基本上没有接班人，李少军没接这个班，后面的研究生更没有人接这个班。现在，鸦片战争史研究对我而言是到此为止了，但这段重要历史的研究还要继续下去，还需后继有人。

二、平凡的家事

退休以前家里的事我管得不多。1956 年 8 月 27 日我与张萍登记结婚，28 日没有举行任何仪式，只由张萍请她们武冈师范附属小学的老师吃了一碗面条就算宣告了，接着我们就开始了长期的两地分居生活。

2018 年全家合影

1965 年 5 月 6 日，我的大儿子邵武在邵阳地区人民医院出生，10 天后我才收到信，直到三个月后才回邵阳探亲见到儿子。1966 年 10 月 11 日我的第二个孩子，大女儿萧莉出生。到了 1971 年 3 月，张萍终于从邵阳府后街小学调到武大襄阳分校附小任教。结婚 15 年才得以团聚。1971 年 7 月 18 日小儿子学东在襄阳地区人民医院出生。原本希望岳母能在襄阳帮忙带一下三个孩子，但是岳父生病也需要岳母照应，不得已只好把未满月的学东和不到五岁的萧莉送回邵阳。

1971年秋，我和教研室老师一同回校编《近代中国人民反帝斗争史（1840—1919）》教材。第二年，历史系从襄阳搬回武大，从1971年秋天算起，团聚仅半年，我们又开始分居。由于邵武要上学，我把他带回了武大。这段时间虽然我独自带邵武，但那时要搞教育革命的探索，经常要带学生出外调研，常常也管不了他。张萍则带着萧莉在襄阳读小学。一直到1976年暑假，张萍从襄阳分校调到武大本部，孩子们从邵阳回来，我们这个家才真正团圆。

我小时候跟我爸在一起生活不多，有记忆基本上已经在上小学四年级之后。我印象中他不怎么像工科的老师那样特别有动手能力。记得我们住在南三区时，门前有一个小坡，一到下雪天大家都会坐着滑板车，从坡上滑下来，这是我们小时候的一种娱乐方式。我们当时看别的小孩都有，非常羡慕，后来我爸也想办法学人家找了一些东西给我们做了一个，算是实现了我们小时候想跟大家一起玩的那种愿望。我觉得他虽然不擅长做一些东西，但他也在尽力去做。

大概在我五年级时，我妈的腿出了问题，骨头得了一种病，叫骨纤维异常增殖症，在陆军总医院做手术，把一边的骨头锯下来，然后把另外一边坏了的骨头去掉，再把锯下来的骨头接上去，这算是非常大的一个手术。手术做完了以后，因为需要长骨头，就要喝骨头汤。那个年代排骨很贵，我爸就经常排队去给我妈买那种扇形的板子骨，然后炖得特别烂，要能把骨头渣都嚼掉，用这个东西来补钙。那时候什么东西都要凭票供应，很多东西也不是有票就一定能买到，还要去排队、去抢。我当时对这件事情印象非常深，一是要买到排骨非常不容易，二是买到了以后，还要把它炖烂，非常费劲。

——萧莉口述于2023年11月26日

张萍调到武大本部后，家里生活才开始正常。我不再一心挂两头,家里的事情基本上都是张萍操持,我只是有空就搭搭手,大体上我负责外,张萍负责内。外出买早点、买菜之类的活都是由我来做,因为我有早起的习惯,这些事一清早都可以做完,不影响我的正常工作。我们的经济条件一直不是很好,结婚后我就去读书,作为调干生工资基本等于生活费,标准很低,还要照顾两个弟弟。张萍的父母都没有工作,她的工资本来就很低,还得帮助家里。后来随着孩子们的出生,负担逐步加重,而我的工资因为种种原因也处于较低的水平。当然,那个时代除老教授外,年轻老师的生活条件都差不多。

对孩子的教育我比较放手,让他们自由成长,尊重他们的想法和爱好,给他们一些建议,但一般不干涉他们的选择。

在我们家,我爸主管外面的一些事情,我妈就主管内部的,比如说每天早上买早点,铁定是我爸的工作,每天早上他会很有规律地早起,然后去食堂把早点买回来。炒菜我妈是主力,但是我爸有时候会帮忙煮个饭,然后帮忙洗一洗菜,打个下手。总体来讲,我们家的氛围是非常和谐的,家里基本上不会吵架。

我爸妈对我们的管教基本属于放养。我们最早在四区住的是学生宿舍,那个时候我们还在上小学。大概是四年级、五年级时,到了暑假,我们那个地方的小孩子们就会去湖边的游泳池里面学游泳。

我那个时候是没有游泳圈的,也没有任何人教我们游泳,我记得我爸妈好像也没有特别叮嘱我们要注意安全,我们完全靠自学,在游泳池跟着大家一起观摩。

总体来说,我觉得父母比较由着我们自己来,没有特意去限制我们或要求我们,规定我们必须干什么、不干什么,我感觉是比较宽松的,也可能是他们顾不过来。不过看我们没学习的时候父母会提醒我们要抓紧时间学习,要好好努力,要上进，这些话还是会经常说一说。

——萧莉口述于2023年11月26日

孩子们上小学、中学，我操的心不是很多，没有很严厉地去管。我认为一个人学习好不好在很大程度上与他的兴趣和天分有关，而教育的方法，身教胜于言教。我每天在家看书、写文章或带着学生来家讨论问题，这种氛围对他们的潜移默化比逼着他们学习要好得多。当然，我也不是撒手不管，比如，萧莉大学学的历史专业，在这方面我就过问得多一点，引导她查资料和写论文。我们还一起合作写过论文，写过书。

我是湖北大学历史系毕业的，毕业以后我到武汉城市建设学院宣传部工作。当时我还是德育教研室的老师，也是有一些科研方面的要求的。我的第一篇论文就是在我爸的指导下完成的，叫《19世纪湖北教案》，在《武汉大学学报》1988年第3期上发表。

这篇文章来源于我的大学毕业论文。前期在大学学习的时候，我爸没有刻意指导我怎么做历史研究，我自己也没有做什么研究，只是把老师教的课程学好。快毕业时要写毕业论文，到底写什么，我也有些迷茫，就向我爸请教。后来他建议我利用他手上的一些相关的资料，写一篇关于湖北教案的毕业论文。他给了我一堆资料，后来我又在图书馆里，甚至到湖北省档案馆去查一些资料，最后我的论文被评为优秀毕业论文。我从这篇毕业论文里摘取了一部分内容修改完善，梳理成《19世纪湖北教案》一文，因为这篇文章是在我爸的指导下完成的，所以把我爸和我的名字都署上了。

这是我第一次写论文，应该说我学术研究的开端是从这里起步的。后来，在我爸研究的相关领域，我也有所参与。比如说编《义和团大辞典》的时候，因为有湖北教案研究的基础，也积累了一些资料，所以我也分到了一些相关的词条。我当时写了6个词条，关于人物的2个，关于教案的4个。

我爸在黄兴研究方面，也做了很多的工作，他准备编一本黄兴与各方人士的书，要我写一部分，后来我写了黄兴与田桐。还有他主编《资政史鉴》时，我也参与了部分内容的编写。

我爸过去在黎元洪研究方面做了很多工作，想写一部传记，一直没写，就想借着辛亥革命100周年之际把黎元洪传写出来，这本书后来定名为《黎元洪新传》。但是他那时已经80多岁了，不管是用电脑打字，还是搜集资料，都需要一个助手，所以那个时候我就充当了他的助手，协助他一起做了《黎元洪新传》的一些工作。他是主编，大的指导性框架是他拿出来的，我只参与了其中部分内容的写作和全书的整理校对、图片收集等工作。总体来说，对于严谨治学的态度，我还是学到了很多。我父亲做事、做人的一些态度对我后来的工作和研究产生了比较大的影响。

——萧莉口述于2023年11月26日

虽然最后萧莉也从事行政工作去了，现在是华中科技大学继续教育学院的党委书记，但这样的历史研究训练经历对她的工作是有益的。

在退休之前，家里的事主要是老伴在操持，退休后这种状况也没有太大变化。但是随着老伴的病越来越多，病情越来越严重，我们在家中的角色开始有所转换，我操持家务的时间就多了一些。尤其是2021年2月她的腰椎和胸椎骨折了，我们选择了保守治疗，但她躺在床上三个月之后就无法站起来走路了。我们先请了一个钟点工，后来请了一个住家的护工。我只能帮忙做一点辅助性的工作，如帮忙喂饭或喂水，因为她的眼睛不好，有时看不清东西，有些小事我帮她做，也协助护工帮她翻身，给她喂饭等。

令人难受的是2022年12月12日，我老伴去世，不到一周我就感觉不舒服(17 日),之后在家中用了药,一直在观察,后来又在外孙女家住了一周左右,不见好转,萧莉急忙联系了梨园医院。我是 12 月 28 日住进医院的,可能因为我没有什么基础病,经过 23 天的治疗,转危为安。我应该说是幸运的,听说在这一段时间里,武大走了很多人,我们历史系的杨翰球、刘金山、冯天瑜、李则鸣都是在这段时间去世的。老天爷挽留我,或许是觉得还有一些事需要我继续做。

2023 年五一,我带着女儿萧莉一家回了一趟老家,在大弟萧致强家住了一个晚上。大弟也有 84 了,他生于 1939 年,比我整整小 10 岁,但是他的人生经历比我曲折得多、坎坷得多。当我母亲怀着他的时候,正值日本帝国主义向我国长江流域大举进犯,铁蹄践踏故土,土匪横行乡里。偏僻山乡,风声鹤唳,人心惶惶。母亲为了躲避鬼子和土匪,东躲西藏,实在苦不堪言。致强因为在母亲肚里尚未出生,自然跟着受了不少折磨。1944—1945 年,日本侵略军两次侵入我的家乡武冈,其时致强五六岁,为了躲避日军侵扰,我们曾躲藏在山后的岩洞里风餐露宿,历时月余。1951 年,他负笈进城读书,1961 年高中毕业。当年参加高考的时候,成绩虽然远超录取标准,但因政治审查材料遭到大队个别负责人的故意隐瞒和扣压,致使材料不全,而未被录取,他的升学前程因此惨遭断送。他走投无路,只得回家务农,从此日日面朝黄土背朝天,一干就是 16 年。在这漫长的艰难岁月里,他虽因直接参加农业劳动,学到了不少农业知识和技能,受到了劳动锻炼,但是由于出身关系和极"左"路线的影响,他也备受折磨,饱尝艰辛,差点致死。

致强弟虽然饱受漫长的人间歧视和折磨,备尝人间的辛酸与苦辣,但胸怀大志,矢志不渝。他在小学读书时,就是一个品学兼优的三好学生,曾做过少先队的大队长。中学时代仍然刻苦用功,成绩一直居于全校优等,还担任过学生会主席。在回乡务农的艰难岁月里,他没有灰心丧气,而是愈挫愈勇。他喜爱文学,在文学领域建功立业是他终生的追求。在农村的漫长岁月里,他一直坚持学习，坚持写作。武冈广播电台不时有他写的稿子播出，在省、县两级的报刊上，也常有他写的文章发表。他发表的散文《花塔下的故事》《一级谋杀》《第三道风景》《桃花源里甘冲行》《西湖瞧福》，小说《新空城计》《圆圆代班》《本班内部消息》《蹩脚主任》《最后的军礼》《白天鹅历险记》等，均引起较大反响。一个1961年的高中毕业生直到1976年才被安排当小学老师，然后在大甸乡的小学教师岗位上干了22年。在这期间，他开始酝酿长篇小说《柳河湾》的创作，并于1998年写出了第一稿。这年冬天他提前退休，然后用了15年时间修改完善这部长篇小说。小说出版后，他继续精雕细刻，不断扩充内容，又出版了第二和第三版，成为一部真正的力作。我相信时间将给《柳河湾》增添更加灿烂的思想和艺术光华。

三、人生的感悟

一个人来到世上，从懂事的那天开始，就在学习怎样做人、做个什么样的人。说到个人志趣，可能千差万别，每个人都不一样。即使同一个人，由于认识和社会影响等的变化发展，今天不同于昨天，明天又不同于今天，这也是很正常的现象。但无论怎样不同和怎样变化，都离不开“怎样做人、做个什么样的人”这个根本性的问题。

以我个人来说，总结做人的道理，我觉得只有确立崇高理想，以及具备为实现理想而努力奋斗的坚强意志，这样的生活，才是最有意义的。同时认识到人生的意义在于奉献，而不在于索取。只有把一生精力花费在有益于社会、有益于国家、有益于人民的各项事业上，才算是不虚度年华，让生命闪耀光辉，对得起人民的养育之恩。我确立了做人的六条基本原则，即堂堂正正做人，诚诚恳恳待友，扎扎实实治学，认认真真工作，冷冷静静处世，快快乐乐生活。回顾我这一生，一直是遵循这六条原则处世待人的，尽管还做得不够，但一直在为实践这六条做人原则而努力。

我觉得我能健康长寿与平生坚持这六条生活准则不无关系。因为堂堂正正做人，就会心情愉快，不会整天为个人私利花费心智。即使遇到烦心的事，也会处变不惊，正确对待，心安理得，大有助于身心健康。因为待人诚诚恳恳，就不会因彼此猜忌而带来种种矛盾纠纷。即使一时产生误会，日久见人心，事后也容易正确处理。这对于正确处理人与人之间的关系，大有裨益。治学与工作，两者互为依赖，互相促进。因为只有学习好，掌握了真本事，才能为做好工作奠立良好基础。工作中遇到困难，也只有通过学习，包括调查研究、向群众学习，才能找到解决困难的办法，做好工作。世界是一个万花筒，景象万千，无奇不有，无所不包。遇到不称心、不如意的人和事，是常有的，只有冷静处之，才可以处变不惊，正确对待。俗话说，心忧成病。整天想这想那，闷闷不乐，没有病也会忧出病来。所以，只有愉快生活，以一种乐观的态度对待生活，才会万事大吉，健康长寿。这也算是正确的养生之道。

在“怎样做人、做个什么样的人”方面，还有另一个内容，就是经得起各种考验，特别是牵涉到“名”和“利”这些切身问题时，最能看出一个人的真实表现。下面我想结合我个人情况先谈谈“利”的问题。

新中国成立初期，党的干部工资实行供给制，除了满足吃穿，只发放少量的生活津贴，收入一般较低。而为了照顾公教人员，则实行薪给制。我毕业留校后，工资是薪给制，到了工会工作后，我由教师转为干部。当时的《工会法》明文规定，由产业部门转到工会工作，薪金按原部门标准发给。1952 年我在省立六师任教时，确定每个月的工分是 210 分，相当于行政干部的 21 级。按照工分折成人民币，每个月可领到人民币 45 元。而当时县总工会主席是 19 级，因为他的工资是按供给制发放，每个月折成人民币只有 29 元。这样在实际上就形成较大差距。所以到了工会工作后，最初几个月还是按原单位标准发的，即每个月发给 45 元。过了几个月后，工会领导竟把我的工资级别由 21 级调到 23 级，因为仍是按薪给制发，每月可拿到 38 元，比县总工会主席拿的 29 元多还要多 9 元。总工会的干部来征求我的意见，问这样行不行。我当时表示服从组织决定，没有意见。这种由高调到低的决定，明显违背《工会法》，是不合理的，但我还是欣然接受了。

到了 1956 年，全国统一进行工资改革，原来实行供给制的干部，一律改为薪给制。这次工资调整的时候，正值我考上大学，享受调干生待遇。按照当时规定，20 级以上的调干生，每月可拿 29 元，21 级以下每月可拿 26 元。学校专门印发了调整工资通知，并且强调，这次调了工资，到了毕业以后，就可以按调整后的工资标准发给工资，否则仍然按原来级别发放。当时我是班里的调干生组长，学校发往原单位的信是由我分发给各位调干生的。可是在那个充满激情的年代，我把调整工资的通知发给了每位调干生，而我自己的那张给原单位的通知函，却一直没有寄出。按照情理，那张调整工资的通知函只要寄回原单位，原工作单位武冈县城关镇人民政府把我的工资恢复为 21 级，应当是没有问题的。由于原单位的领导与同事对我的印象均很不错，把工资调高到 20 级也是很有可能的。直到 1960 年 9 月我被分配到武汉大学后，我的工资仍然是行政 23 级，即每月 53 元，待到 1961 年转正后才调到高教 12 级，每月领取 59 元。此后十多年未变，直到 1979 年改革开放后，工资才作了调整。而我本人则安之若素，并无不满情绪。这表明我在“利”的问题上，是能经受住考验的。

再谈名位问题。淡泊名利，是我一贯的态度。我的愿望是“不求闻达于当道，但望有益于人民”。这也是我为人处世的一个重要原则。所以，我对于职称的评定与提升，并不十分看重。自从 1961 年我被定为助教之后，由于历史原因，直到 1979 年才被定为讲师，这之间长达 18 年。1981 年，学校评定职称。按照科研成果和教学情况，当时我参与编写并任分册主编之一的《辛亥革命史》已经出版，我还发表了多篇颇有影响的学术论文。1979 年秋，我应美国学术界邀请，和章开沅一道访问了美国哈佛大学等十所著名高等学府。因此，我完全有条件升为副教授。当时有些人为了提副教授，居然大拍桌子。但我既不申请，也不过问，所以直到1983年才晋升为副教授，1988年才晋升为教授。有人曾告诉我，吴于廑先生在私下的谈话中，对我不争名位的态度曾给予高度赞赏。

我60岁的时候，写过一篇《花甲忆往》，谈论了我青少年时代的往事。70岁时，我选了45篇此前发表的论文，编成《鸦片战争与近代中国》，1999年由湖北教育出版社出版。书前写了一篇《七十抒怀》作为序，内容主要是叙述70年的经历以及个人奋斗历史。80岁的时候，我又编了一本《薪火文集》，收入我的文章以及他人对我著作的评论，共计63篇，2010年初由湖南长沙岳麓书社出版。里面附录了《自编学谱》，按年记述了本人的主要经历。90岁时我又编了一本80万字的《萧致治文集》，收录了我的70篇文章。其中大部分都是退休后的作品。2022年时，杨卫东动员我做一个口述历史，讲讲我这90多年的经历，这个建议得到我众多学生和萧莉的赞成，在他们的积极鼓动下，我接受了这个建议。我的一生是平凡

《萧致治文集》书影

的,但它是一个时代的一个侧影,将人生的记忆和历史进行梳理,作为一份精神资产留给后人,这是有意义的。

如果要我对我爸做一个总的评价,有八个字可以概括:勤奋、俭朴、自律、宽厚。第一是勤奋。在我的印象中,我爸永远都是在书桌旁边,任何时候他都在看书或写作,也不分工作日和节假日,甚至就是春节,有时候也只休息那么一两天,其他的时间还是在看书学习,非常勤奋。这一次他做口述自传,很早的内容都能记得很清楚。他接到这个任务之后,书房里摆了几箱相关资料,把能找到的资料都翻出来了。

第二就是简朴。他这个人对生活没有太多的要求,是一个无欲无求的人。我感觉他有点老黄牛的特质,就是低调肯干,任劳任怨,能吃苦,不张扬,老老实实、本本分分地做人做事。可能是两个人的工资一直都不是特别宽裕,因此他养成了非常节俭的习惯,家里什么东西都不会浪费。虽然说很多时候他不愿意多花钱,但也有两个方面还是乐于花钱的,一个是买书,另一个是买保健品。

第三个就是自律。我想他能够长寿的很重要的一个原因,就是他生活非常有规律。比如每天早上按时起床,之后就去看书、工作,到了中午就开始做饭、吃饭,然后午休,起来以后继续看书学习。晚上吃完晚饭看新闻联播,然后看一些电视剧,到了晚上10:00～11:00,基本上就会准时休息。生活很有规律,不会受到任何外界因素的影响,不会任性而为。

第四个方面就是宽厚。我觉得我父亲待人很宽厚,很少跟别人发生矛盾或者冲突。同事关系也比较融洽,原来也有一些关系不错的老师经常相互来往。他在家里也没有大声发脾气,其实,我爸一贯就不是那种严厉的人,不会打骂我们。以前,他跟我妈基本上就没有吵架或因为一些事情争得面红耳赤，老了以后，反而是有点小个性。

他的人生就是学术的人生，他的关键词就是追求学术上的一些成就感、获得感、价值感。

——萧莉口述于 2023 年 11 月 26 日

附录：萧致治先生学术活动年表

1955 年

4—5 月，在《湖南日报》发表一篇小报道，标题是《向私商进行教育》。

1962 年

《汪诒荪论龚自珍思想》，《光明日报》1962 年 5 月 20 日“学术动态”。

《关于对龚自珍思想的评价》，《江汉学报》1963 年第 1 期。

1963 年

9 月 4 日，《解放了，我的一家才团了圆》，没有发表，底稿尚存。

1965 年

《关于龚自珍社会改革思想的性质问题——兼与易梦虹、吴松龄等同志商榷》，《武汉大学学报（人文科学版）》1965 年第 3 期。不久，中国人民大学附属剪报资料图书卡片社也于 1965 年 12 月全文转载了。

1970 年

《毛主席教育路线的伟大胜利——武大落实毛主席“九·一二”指示大办工厂的调查报告》，《湖北简讯》1970 年第 16 期。

1971 年

秋冬，和武汉大学近代史教研室老师一起编写《近代中国人民反帝斗争史》教材。

《“让步政策论”必须再批判》,发表于《红旗》杂志 1971 年第 3 期,署名为“湖北省革命委员会大批判写作小组”。

1972 年

《武汉码头工人革命斗争史》和《武汉人力车、三轮车工人革命斗争史》(初稿)共 11 万多字。整理家史 3 篇,约 3 万字。

《一个大骗子的下场——评王莽篡汉》,以“历史系中国史小组”名义发表于 11 月 6 日的《长江日报》。《揭所谓“名正言顺”的老底》,以“武大历史系革命大批判小组”名义发表于 12 月 13 日的《湖北日报》。

1973 年

《阶级斗争是历史发展的动力》,以“武汉大学历史系中国史小组”名义发表于 2 月 12 日的《长江日报》上。

1974 年

完成《太平天国时期鄂西北红巾军起义资料汇编》。

秋冬,参与武汉大学近代史教研室集体编写《中国近代史稿》,于 1975 年正式印出。

1978 年

《工农群众是辛亥革命的基本动力——与“动力集中”论商榷》,《武汉大学学报(人文科学版)》1978 年第 2 期。

和杨维合写《试论辛亥革命的历史意义及其失败教训》,收入武大历史系编《史学论文集》1978 年第一集。

1979 年

《论孙中山早期思想的基本倾向——兼与黄彦同志等商榷》,《武汉大学学报(哲学社会科学版)》1979 年第 6 期。

《李更生》,《中华民国史资料丛稿·人物传记》第七辑,中华书局 1979 年 11 月。

《李更生传略》,《扬州师院学报》1979 年第 4 期。

《情深谊长》，《长江日报》1979 年 12 月 23 日。

1980 年

参与编辑《辛亥革命史丛刊》第一辑，中华书局 1980 年版；第二辑，中华书局 1980 年版。

整理张难先《义痴六十自述》，刊载于《辛亥革命史丛刊》第一辑。

10 月，参加在大连举行的“东北地区中日关系史研究会成立暨第一次学术讨论会”，提供论文《评魏源的〈海国图志〉及其对中日的影响》。

主编《辛亥革命史》（上册），人民出版社 1980 年版。

1981 年

10 月 15—18 日，参加“纪念辛亥革命七十周年学术讨论会”，提供论文《黎元洪在辛亥革命后的转变初探》。

参与编辑《辛亥革命史丛刊》第三辑，中华书局 1981 年版。

和吴剑杰、李天松合编《辛亥革命在湖北史料选辑》，湖北人民出版社出版。

《孙中山和人民群众》，《辛亥革命史丛刊》第三辑，中华书局 1981 年版。

和姚薇元合写《李剑农》，《中国史研究动态》1981 年第 2 期。

和姚薇元合写《孙中山先生对辛亥革命的伟大贡献》，《武汉大学学报（人文科学版）》1981 年第 5 期。

和任泽全合写《黎元洪在辛亥革命后的转变初探》，《武汉大学学报（人文科学版）》1981 年第 5 期。

《辛亥革命后黎元洪的实业活动》，《江汉论坛》1981 年第 5 期。

1982 年

11 月，福州召开“林则徐与鸦片战争学术讨论会”，提供论文《林则徐在两湖的政绩》。

《魏源的〈海国图志〉及其对日本的影响》，《中日关系史论丛》

第一辑，辽宁人民出版社 1982 年版。

《黎元洪的祖籍和姓氏再议》，《江汉论坛》1982 年第 10 期。

1983 年

与吴守一、彭鲜旗合写《天门籍华侨述略》，《武汉大学学报（社会科学版）》1983 年第 4 期。

《文学史家谭丕模》，《新湘评论》1983 年第 6 期。

《改造中国，需要研究中国历史——李剑农传略》，《中国当代社会科学家（传记丛书）》第四辑，书目文献出版社 1983 年版。

《李剑农传略》，《中国现代社会科学家传略》第三辑，山西人民出版社 1983 年版。

1984 年

《李剑农》，《中华民国史资料丛稿·人物传记》第二十辑，中华书局 1984 年版。

《评魏源的〈海国图志〉及其对中日的影响》，宁靖编《鸦片战争史论文专集续编》，人民出版社 1984 年版。

1985 年

10 月，赴福州参加“纪念林则徐诞辰 200 周年国际学术讨论会”，提供论文《试论鸦片战争时期的改革派》。

12 月，赴昆明参加“护国起义 70 周年学术讨论会”，提供论文《黄兴与护国运动》。

《林则徐在两湖的政绩》，福建社会科学院历史研究所编《林则徐与鸦片战争研究论文集》，福建人民出版社 1985 年版；又收入《近代史研究》编辑部编《近代中国人物》第 2 辑，中国社会科学出版社、重庆出版社 1985 年版。

《孙中山与黄兴关系研究综述》，《武汉大学学报（社会科学版）》1985 年第 3 期。

和梁开平合写《黎元洪与护国运动》，《江汉论坛》1985 年第 10 期。

《孙中山与黄兴》,《孙中山研究论丛》第 3 集,《中山大学学报》增刊,1985 年。

《义律》,《清代人物传稿》下编第二卷,辽宁人民出版社 1985 年版。

1986 年

5 月,赴浙江湖州参加“陈英士生平与事业研讨会”,提供论文《陈其美与黄兴》。

6 月,参加“两湖地区纪念孙中山诞辰 120 周年暨辛亥革命 75 周年学术讨论会”,提供论文《黄兴与辛亥革命》。

8 月 1 日—13 日,赴新疆伊犁参加“纪念林则徐遣戍新疆 145 周年学术讨论会”,提供论文《林则徐领导下的禁烟运动在新疆》。

与杨卫东合撰《鸦片战争前中西关系纪事》,湖北人民出版社 1986 年版。

和聂文明合写《黄兴与辛亥革命》,《武汉大学学报(社会科学版)》1986 年第 5 期;全文被人大报刊复印资料《中国近代史》1986 年第 7 期转载。

《中国出使俄国的最早使团》,《历史知识》(四川)1986 年第 4 期。

和刘曼容合写《新三民主义是孙中山的不朽贡献》,《湖北日报》1986 年 11 月 6 日。

和聂文明合写《杨端六传略》,《中国当代社会科学家(传记丛书)》第 8 辑,书目文献出版社 1986 年版。

和杨卫东合写《姚薇元》,《中国历史学年鉴》,人民出版社 1986 年版。

1987 年

4 月 3—7 日,赴湖南桃源县参加“纪念宋教仁诞辰 105 周年学术讨论会”,提供论文《民国初年宋教仁政治活动平议》。

4 月 9 日,应湖南益阳师专历史系主任陶用舒之邀,赴该校作学术报告,讲题为“明清时期中国文化对西方的影响”。

9 月 20—24 日,偕张奇赴安徽绩溪参加“19 世纪中国教案——义和团学术讨论会”,提供论文《19 世纪的湖北教案》(和萧莉合写)。

12 月 21—24 日,赴长沙参加“纪念魏源逝世 130 周年暨中国近代文化史学术讨论会”,提供论文《魏源与西学》。

和姚薇元等合著《鸦片战争研究》,由武汉大学出版社出版。

《陈其美与黄兴》,《陈英士》,浙江人民出版社 1987 年版。

《鸦片战争时期新疆禁烟概论》,《喀什师范学院学报》1987 年第 2 期。

《鸦片战争时期的改革派概论》,《益阳师专学报(哲科版)》1987 年第 2、3 期。

和姜跃生合写《李更生》,《中国现代教育家传》第四卷,湖南教育出版社 1987 年版。

《谭丕模传略》,《中国现代社会科学家传略》第八辑,山西人民出版社 1987 年版。

和钟海谟合写《一本有特色的学术专著——读〈林则徐与鸦片战争论稿〉》,《中国图书评论》1987 年第 4 期。

与何仲合译《西方学者关于鸦片战争性质的争论》,《国外中国近代史研究》第 9 辑,中国社会科学出版社 1987 年版。

1988 年

9 月,赴江苏扬州参加“扬州学派暨林则徐学术讨论会”,提供论文《论 1838—1840 年的反鸦片斗争》。

和薛君度合编《黄兴新论》,武汉大学出版社 1988 年版。

12 月 29 日—1989 年 1 月 2 日,首届黄兴研究学术讨论会在长沙召开,提供论文《论黄兴的实业建设思想》。

和萧莉合写《19 世纪的湖北教案》,《武汉大学学报(社会科学版)》1988 年第 3 期。

《魏源与西学》，《广州研究》1988 年第 12 期。

《黄兴对护国运动的贡献》，《护国文集——护国起义七十周年学术讨论会论文选集》，河北教育出版社 1988 年版。

《王鼎》，《清代人物传稿》下编第四卷，辽宁人民出版社 1988 年版。

1989 年

8 月，赴湖南大庸参加"中国近代史宏观研讨会"，提供论文《近代中国社会的变革与近代史体系》。

《解放前夕武汉码头工人斗争散记》，《湖北文史资料（纪念湖北解放四十周年史料专辑）》1989 年第 1 辑。

《"治本于农"——评孙中山的重农思想》，《湖湘论坛》1989 第 5 期。

《论黄兴的实业建设思想》，《益阳师专学报》1989 年第 3 期。

1990 年

8 月 3—6 日，参加在中山市召开的"'孙中山与亚洲'国际学术讨论会"，提供论文《孙中山与武汉》。

8 月 28—30 日，参加在北京召开的"纪念鸦片战争 150 周年国际学术讨论会"，提供论文《鸦片战争与中华民族的觉醒》。

12 月 3—7 日，赴广州参加"中国近代史开端 150 周年国际学术研讨会"，提供论文《中国近代史开端与近代化论略》。

《近代中国社会的变革与近代史体系》，《北京社会科学》1990 年第 1 期。

《论 1838—1840 年的反鸦片斗争》，《武汉大学学报（社会科学版）》1990 年第 3 期。

《武汉码头的形成与早期码头工人》，《武汉城市发展轨迹》，天津社会科学出版社 1990 年版。

《爱国主义与中国人民的历史使命——纪念鸦片战争 150 周年》，《求是》1990 年第 14 期。

《黎元洪投海考——章太炎〈大总统黎公碑〉等辨误》,《江汉论坛》1990 年第 9 期。

《鸦片战争为什么会失败》,《湖北政协通讯》1990 年第 8 期。

《舍身卫国耀千秋——记鸦片战争时期的爱国将领》,《湖北政协通讯》1990 年第 11 期。

《中国近代史开端与近代化论略》,《学术研究》1990 年第 6 期增刊。

《鸦片战争与中华民族的觉醒》,《屈辱与抗争——鸦片战争 150 周年文集》,中国社会科学出版社 1990 年版。

1991 年

7 月 21—27 日,赴山西忻州参加"徐继畲与东西方文化交流国际学术讨论会",提供论文《鸦片战争与徐继畲》。

11 月 18—20 日,赴四川乐山参加"爱国主义学术讨论会",提供论文《论辛亥革命时期的爱国主义》。

12 月,赴阳新参加"湖北省太平天国史学术讨论会",提供论文《太平天国时期鄂西北红巾军起义》。

主编《领袖与群伦——黄兴与各方人物》,由武汉大学出版社出版。

参加编译的《外国学者论鸦片战争与林则徐》(下)由福建人民出版社出版。

《民国初年宋教仁政治活动平议》,《广东社会科学》1991 年第 2 期。

《论辛亥革命领导群体的集体作用》,《武汉大学学报(社会科学版)》1991 年第 5 期。

《孙中山与武汉》,《辛亥风云与近代中国》,贵州人民出版社 1991 年版。

《清朝时期的黎元洪》,《民国大总统黎元洪》,中国文史出版社 1991 年版。

《要重视辛亥革命领导群体的作用》，《益阳师专学报》1991 年第 4 期。

和周溯源合写《爱国主义与辛亥革命》，《争鸣》1991 年第 6 期。

1992 年

11 月 10—14 日，赴广州参加"'孙中山与近代中国'学术讨论会"，提供论文《孙黎交往与民初政局》。

11 月 23—24 日，赴长沙参加"林增平与中国近代史研究学术研讨会"，提供论文《林增平与近代资产阶级研究》。

《论辛亥革命时期的爱国主义》，《社科天地》1992 年第 1 期。

1993 年

9 月 14—18 日，赴承德出席"中英通使二百周年国际学术讨论会"，提供论文《中英通使前的茶叶贸易(1615—1792)》。

和陈宁生、李少军合撰《中华民族魂》，高等教育出版社 1993 年版。

《太平天国时期鄂西北红巾军起义》，《武汉大学学报(社会科学版)》1993 年第 2 期。

《林增平与辛亥革命研究》，《辛亥革命史研究动态》1993 年创刊号。

和杨木根合写《鸦片战争与徐继畬》，《徐继畬与东西方文化交流》，中国社会科学出版社 1995 年版。

1994 年

9 月 21—25 日，赴邵阳出席"纪念魏源诞辰 200 周年国际学术研讨会"，提供论文《魏源与中国近代改革》。

10 月 11—16 日，赴广州参加"纪念兴中会成立 100 周年学术研讨会"，提供论文《孙中山的建党思想》。

10 月 18—22 日，赴广州参加"'孙中山与近代中国'第二次国际学术研讨会"，提供论文《浅论孙中山开发长江的宏伟规划》。

11 月 10 日，赴香港参加"孙中山思想研讨会"，报告内容同上。

《近代中国改革的先驱——纪念魏源诞辰200周年》,《北京日报》,1994年5月11日。

《魏源与中国近代改革》,《理论月刊》1994年第7期。

和徐方平合写《中英早期茶叶贸易——写于马戛尔尼使华200周年之际》,《历史研究》1994年第3期。

与张建雄合写《黄兴与湖南辛亥革命》,《文史拾遗》1994年第3期。

1995年

1月17—20日,参加"'近代中国与亚洲'学术讨论会",提供论文《中华民族大联合与亚洲振兴》。

2月25—27日,"'海峡两岸孙逸仙思想与伦理社会之重构'学术研讨会"在武汉大学人文馆召开,提供论文《也谈孙中山的晚年思想》。

10月9—12日,赴广西武鸣参加"陆荣廷学术研讨会",提供论文《陆荣廷与袁世凯》。

10月28—31日,赴华中师大参加"'社会转型与文化变迁'国际学术研讨会",提供论文《略论鸦片战争后西方科学技术的输入》。

11月6—9日,赴福州参加"纪念林则徐诞辰210周年学术讨论会",提交论文《清代勤政清廉的楷模——林则徐》。

9月,主编《鸦片战争与林则徐研究备览》,由湖北人民出版社出版。

《论孙中山开发长江的构想》,《北京日报》1995年2月23日。

和张建雄合写《论黄兴的建国主张》,《求索》1995年第2期。

《中华民族大联合与亚洲振兴》,《〈近代中国与亚洲〉学术讨论会论文集》,1995年。

《论孙中山建党思想的发展与完善》,中国辛亥革命研究会编《百年风雨话沧桑》,1995年。

《近代中国改革的先驱——魏源》,刘泱泱等编《魏源与近代中国改革开放》,湖南师范大学出版社 1995 年版。

1996 年

10 月 12 日,在武汉参加“纪念孙中山先生诞辰 130 周年暨辛亥革命 85 周年学术讨论会”,提供论文《孙中山与中山舰》。

10 月 27—29 日,“吕振羽学术研讨会”在邵阳召开,因事未出席,提供论文《从魏源、李剑农到吕振羽》。

11 月 3—8 日,赴中山市参加“‘孙中山与中国近代化’国际学术讨论会”,提供论文《孙中山与中山舰》。

11 月 11—15 日,赴邵阳参加“纪念蔡锷逝世 80 周年国际学术研讨会”,提交论文《蔡锷对中国民主革命的杰出贡献》。

12 月,主编《鸦片战争史》由福建人民出版社出版。

《近代西方科技输入的特点及其影响》,《光明日报》1996 年 2 月 1 日。

《近代中国改革的历史启示》,《江西社会科学》1996 年第 5 期。

《林则徐吏治研究》,《近代史研究》1996 年第 4 期。

《论孙中山开发长江流域的宏伟规划》,《武汉大学学报(哲学社会科学版)》1996 年第 5 期。

《陆荣廷与袁世凯》,《陆荣廷新论》,广西民族出版社 1996 年版。

《从魏源、李剑农到吕振羽——评邵阳三位国际大史学家》,《邵阳师专学报》1996 年第 6 期。

1997 年

5 月 30 日—6 月 2 日,赴深圳市宝安区参加“鸦片战争与香港国际学术研讨会”,报告题目为《评中英的鸦片政策与鸦片战争》。

6 月 21—22 日,赴南京参加“香港回归与《南京条约》学术研讨会”,提供论文《香港地区历史及其被英强占经过》。

8 月 15—17 日,赴长春参加“‘迈向 21 世纪的中日关系’国际研讨会”，提供论文《黄兴首次赴日时间及其思想转变小考》。

《关于鸦片战争和林则徐、琦善的评价问题》，沙健孙、龚书铎主编《走什么路——关于中国近现代历史上的若干重大是非问题》，山东人民出版社1997年版。

《英国是怎样强占香港地区的》，《理论月刊》1997年第3期。

《鸦片战争前后的香港》，《文史杂志》1997年第3期。

《英国侵占初期的香港(1841—1860)》，《荆楚文史》1997年第1期。

《鸦片：罪恶的殖民武器》，《光明日报》1997年6月18日。

《鸦片战争与香港割让》，《武汉大学学报(哲学社会科学版)》1997年第4期。

《蔡锷对中国民主革命的杰出贡献》，郭汉民、严农主编《蔡锷新论》，湖南人民出版社1997年版。

《中山舰在中国近代史上的历史地位》，《船史研究》1997年第11、12期合刊。

1998年

8月20—23日，赴北京参加“戊戌维新一百周年国际学术讨论会”，提供论文《评戊戌维新中的谭嗣同》。

11月18—20日，赴香港参加“‘林则徐、鸦片战争与香港’国际研讨会”，提供论文《从〈四洲志〉的编译看林则徐眼中的世界》。

和薛国中、李则鸣共同主编《资政史鉴·革新卷》，人民出版社1998年版。

和刘振华合写《评戊戌维新中的谭嗣同》，《武汉大学学报(哲学社会科学版)》1998年第4期。

与许增纮合写《怎样评价鸦片战争中的林则徐与琦善?》，《文艺理论与批评》1998年第5期。

《香港地区历史及其被英强占经过》，俞明主编《〈南京条约〉与香港百年》，中国社会科学出版社1998年版。

1999年

4月4—7日，赴湖州参加“纪念陈英士诞辰120周年——陈英士生平与事业研讨会”，提供论文《陈英士对辛亥革命的贡献》。

7月3—5日，赴南京参加“‘孙中山与二十一世纪中国’学术研讨会”，提供论文《孙中山：中华民族复兴的奠基人》。

《鸦片战争与近代中国》由湖北教育版社出版，前面以《七十述怀》代序，收录先后发表的论文和序跋共计45篇，后面附录《论著一览》。

《孙中山与中山舰》，《孙中山与中国近代化》，人民出版社1999年版。

《孙中山开发长江的理想正在成为现实》，《世纪之交话中山》，南京大学出版社1999年版。

《陈英士对辛亥革命的贡献》，《辛亥革命研究动态》1999年第2期。

《铭记这段历史——纪念澳门回归祖国》，《今日湖北》1999年第9期。

《黄兴家世和早年研究二题》，《求索》1999年第5期。

《黄兴首次赴日时间及其思想转变小考》，《历史研究》1999年第1期。

《林则徐首倡建立中国海军》，《当代海军》1999年第5期。

《孙中山：中华民族复兴大业的奠基人》，《团结》1999年增刊。

2000年

5月24日，赴北京参加在中国社科院召开的“纪念吕振羽同志百年诞辰座谈会”，提交书面发言《学习吕老的治学精神，为发展马克思主义史学作贡献》。

5月25日，给北京大学历史系研究生作学术报告，讲题为《新中国成立以来的黄兴研究》。又应邀赴清华大学历史系作学术报告，讲题为《黄兴研究的一些问题》。

《黄兴的历史地位与黄兴研究的回顾》,《益阳师专学报》2000年第4期。

《为振兴中华携手并进》,《亚洲研究》总第35期。

2001年

3月11—13日,赴广州珠岛宾馆参加"'孙中山与世界和平'国际学术研讨会",提供论文《孙中山与民元南北议和》。

5月27—29日,赴随州参加"湖北省纪念辛亥革命九十周年国际学术讨论会",提供论文《评民初黄兴的基本政治倾向》。

8月18—19日,赴汉口参加"武汉市纪念辛亥武昌首义90周年学术讨论会",提供论文《一场深得人心的革命——当时在华外国人评武昌首义》。

10月11—14日,应邀赴长沙参加"纪念辛亥革命90周年青年国际学术研讨会",在会上作了《黄兴与辛亥革命》的学术报告。同时为湖南师范大学师生作了一次学术报告,题目为《辛亥革命中的孙中山与黄兴》,反响热烈。

《黄兴评传》由南京大学出版社出版。

《继承吕老治学精神　为发展马克思主义史学作贡献》,《邵阳师范高等专科学校学报》2001年第1期。

《通鉴体史书的完善与发展——评章开沅主编的〈清通鉴〉》,《华中师范大学学报(人文社会科学版)》2001年第1期。

《孙中山与民元南北议和》,《武汉大学学报(人文科学版)》2001年第5期。

《外国人眼中的武昌首义》,《人民政协报》2001年10月9日。

《无黄兴则无民国》,《北京日报》2001年10月22日。

《论民国初年黄兴的民族联合主张》,王功安、林家有主编《孙中山与祖国的和平统一:纪念辛亥革命九十周年学术研讨会论文集》,中山大学出版社2001年版。

《李烈钧与护法战争》,《孙中山与大元帅府》,广东省地图出版社 2001 年版。

2002 年

8 月 21—24 日，赴北京参加"'中华民国史（1912—1949）'国际学术讨论会"，提供论文《五十年来中国大陆黄兴研究述评》。

9 月 2—4 日，在汉口参加"张之洞与武汉早期现代化国际学术研讨会"，提供论文《张之洞：晚清统治阶级改革派的殿军》。

10 月，和来新夏、陈胜粦、杨国桢共同主编的《林则徐全集》，由福州海峡文艺出版社出版。

《近代中国人民反侵略的前奏》，《光明日报》2002 年 2 月 26 日。

《评民国初年黄兴的基本政治倾向》，《辛亥革命史丛刊》第十一辑，湖北人民出版社 2002 年版。

与何仲合译《伶仃时期的鸦片贸易（1821—1839）》，《揭开淇澳历史之谜》，中央文献出版社 2002 年版。

《英勇好义的清代副将——钟宝》，《揭开淇澳历史之谜》，中央文献出版社 2002 年版。

2003 年

4 月 6—7 日，赴上海参加"清史编纂体裁体例学术座谈会"，提交《关于清史编纂体裁体例的粗浅想法》。

10 月 19—20 日，赴江苏姜堰参加"'林则徐与江苏'学术研讨会"，提供论文《林则徐和陶澍在江苏》。

《李剑农：世界级大史学家——纪念李剑农逝世 40 周年》，《武汉大学学报（人文社科版）》2003 年第 1 期。

《张之洞：晚清统治阶级改革派的殿军》，《江海学刊》2003 年第 2 期。

《黄兴与南洋华侨》，《湖南师范大学社会科学学报》2003 年第 2 期。

《五十年来黄兴研究述评》，《湖南社会科学》2003 年第 2 期。

《薛君度与辛亥革命及黄兴研究》,《辛亥革命研究动态》2003年第1期。

许增纮著《中国近代史论稿》序,重庆出版社2003年版。

《深深怀念吴雁南教授》,《吴雁南纪念文集》,贵州教育出版社2003年版。

《一代鸿儒雨露恩——已故史学家李剑农教育学生二三事》,《武汉大学报》2003年9月2日。

《我与辛亥革命暨黄兴研究》,《新世纪的学术盛会:纪念辛亥革命90周年国际学术讨论会专辑》,中国财政经济出版社2003年版。

2004年

7月16—20日,赴广州珠岛宾馆参加"'孙中山与世界'国际学术研讨会",提供论文《苏俄、共产国际和孙中山的新抉择》。

6月21—22日,参加"沈葆桢巡台130周年学术研讨会",提供论文《日本首次侵台与沈葆桢巡台抚台》。

11月1—2日,赴隆回参加"纪念魏源210周年诞辰国际学术研讨会",提供论文《评魏源对当时世界的研究与介绍——以编辑〈海国图志〉为中心》。

11月17—18日,赴珠海参加"纪念容闳毕业于美国耶鲁大学150周年暨'容闳与科教兴国'学术研讨会",提供论文《容闳:中国财政金融近代化的先驱》。

《韦卓民(1888—1976)》,《珠海历史名人》,珠海出版社2004年版。

《略评中国近代官场的廉与贪》,《光明日报》2004年4月13日。

《林则徐和陶澍在江苏》,《江海学刊》2004年第3期。

《关于清史编纂体裁体例的粗浅想法》,《清史编纂体裁体例讨论集》,中国人民大学出版社2004年版。

《历史研究与现实》，《求是》2004 年第 13 期。

《日本首次侵台与沈葆桢巡台抚台》，《沈葆桢生平与思想研究——沈葆桢巡台 130 周年学术研讨会论文集》，中共党史出版社 2004 年版。

《五十年来中国大陆黄兴研究概述》，《文史拾遗》2004 年第 3 期。

《评魏源对当时世界的研究与介绍——以编辑〈海国图志〉为中心》，《邵阳学院学报（社会科学版）》2004 年第 B10 期。

《黄兴与武汉》，《武汉春秋》2004 年第 4 期。

《政治与社会变迁互动的可喜探索——评林家有主编“近现代中国政治与社会变迁”丛书》，《历史教学》2004 年第 11 期。

2005 年

8 月 20—22 日，赴南京参加“纪念中国同盟会成立 100 周年暨孙中山逝世 80 周年学术讨论会”，提供论文《黄兴与中国同盟会》。

8 月 30 日—9 月 1 日，赴北京香山参加“纪念林则徐诞辰 220 周年学术讨论会”，提供论文《林则徐禁烟研究中的几个问题》。

9 月 12—14 日，赴北京参加“‘孙中山与中国同盟会——纪念中国同盟会成立 100 周年’国际学术讨论会”，提供论文《黄兴与中国同盟会》。

10 月 15—16 日，赴华中师范大学参加“‘章开沅先生与中国近代史研究’学术讨论会”，撰写纪念文章《难忘的一段经历——记 1979 年和章开沅先生一起访美》。

10 月 29 日—11 月 1 日，赴天津参加“‘纪念《天演论》翻译 110 周年——严复与天津’学术讨论会”，提供论文《严复与第一知己郭嵩焘》。

与杨卫东合撰《西风拂夕阳——鸦片战争前中西关系》，湖北人民出版社 2005 年版。

与石彦陶等合著《黄兴与辛亥革命》，岳麓书社 2005 年版。

《苏俄、共产国际和孙中山的新抉择》，《湖南城市学院学报》2005年第3期；《看清世界与正视中国——“孙中山与世界”国际学术研讨会论文选集》，天津古籍出版社，2005年。

《审时度势　与时俱进——漫话林则徐的改革精神》，《炎黄纵横》2005年第7期。

《林则徐鼎立扶奇才》，《林则徐与民族精神》，海峡文艺出版社2005年版。

《黄兴与中国同盟会》，《求索》2005年第7期。

顾俊彦著《林则徐与澳门》序，《林则徐与澳门》，香港国际艺术文化资讯出版公司2005年版。

《国际著名史学家李剑农》，《古今中外宝庆人》，岳麓书社2005年版。

《鸦片战争在舟山》序，舟山市政协文史委编《鸦片战争在舟山》，中国文史出版社2005年版。

2006年

9月25—26日，在东湖宾馆参加“纪念辛亥革命95周年国际学术讨论会”，提供论文《辛亥革命时期的湖北革命党人》。

10月16—18日，应邀赴中山市参加“香山文化学术讨论会”，还考察了珠海、澳门，提供论文《香山文化与振兴中华》。

10月31日，学校举办“纪念红军长征胜利70周年理论研讨会”，在会上报告论文《红军长征：中华民族的千古绝唱》。

《林则徐禁烟研究中的几个问题》，《江海学刊》2006年第3期。

《容闳：中国财政金融近代化的先驱》，《容闳与留美幼童研究·容闳与科教兴国》，珠海出版社2006年版。

《红军长征：中华民族的千古绝唱》，《武汉大学学报（人文科学版）》，2006年第6期。

《长征：中国共产党抗日救国的壮举》，《光明日报》2006年11月20日。

《香山文化与振兴中华》,《百年千年:香山文化溯源与解读》,广东人民出版社 2006 年版。

2007 年

10 月 20—21 日,赴南京参加“林则徐财税思想学术研讨会”,提供论文《评林则徐对两湖盐务的整顿及其成效》。

《评辛亥革命时期的湖北革命党人》,《辛亥革命史丛刊》第十三辑,湖北人民出版社 2007 年版。

《“魏源已无后裔”说辩误》,《光明日报》2007 年 7 月 20 日。

《求真务实的力作　文图并茂之佳品——夏剑钦著〈魏源传〉评介》,《邵阳学院学报(社会科学报)》2007 年第 4 期。

胡波著《香山买办与近代中国》序,《香山买办与近代中国》,广东人民出版社 2007 年版。

《黎元洪的业绩与功过述评》(上、下),《辛亥革命研究动态》2007 年第 3、4 期。

2008 年

10 月 30 日—11 月 1 日,“董必武思想学术讨论会”在红安举行,提供论文《董必武与湖北早期共产主义运动》,因腿伤未赴。

《左宗棠对清末海防建设的不朽贡献——评左宗棠创建福州马尾船政局》,《湖南城市学院学报》2008 年第 3 期。

《办名刊　出精品　铸辉煌——贺〈江海学刊〉创刊 50 周年》,《江海学刊》2009 年第 2 期。

2009 年

6 月 25—27 日,赴虎门参加“纪念林则徐虎门销烟 170 周年学术研讨会”,提供论文《鸦片祸害与林则徐销烟的辉煌成就》。

9 月 18—20 日,参加在武大、江汉大学召开的“‘张之洞与中国近代化’国际学术研讨会”,在大会上以《张之洞与广东海防近代化》为题作了发言。

《评林则徐对两湖盐务的整顿及其成效》,《武汉大学学报(人文科学报）》2009年第1期。

《唐师论治学——追忆1960年冬青年教师访问唐长孺教师》，《武汉大学报》2009年4月4日第4版。

《张之洞与广东海防近代化》，《明清海防研究论丛》第三辑，广东人民出版社2009年版。

《近代中国社会的开端（1840—1864）》，载章开沅、朱英主编《中国近现代史》第二章，河南大学出版社2009年版。

《陈锡祺先生与鸦片战争暨林则徐研究》，孙中山故居纪念馆、中山大学历史系合编《陈锡祺先生追思录》，中山大学出版社2009年版。

《鸦片祸害与林则徐禁烟的辉煌成就》，《纪念虎门销烟一百七十周年学术研讨会论文集》，广东人民出版社2009年版。

《董必武与湖北早期共产主义运动》，《董必武思想与实践研究文集：湖北省董必武思想研究会成立暨纪念董必武诞辰120周年学术研究会论文集》第二集，武汉出版社2009年版。

2010年

8月14—17日赴中山市、澳门参加“第二届珠澳文化论坛”，在会上宣读了论文《魏源与近代诗人的澳门情怀》。

9月27—29日参加武汉市主办的“纪念辛亥革命100周年理论研讨会”，在会上宣读了论文《黄兴与武汉保卫战》。

《薪火文集》，岳麓书社2010年版。

《黄兴研究著作述要》，湖南大学出版社2010年版。

《张之洞与广东海防近代化》，《张之洞与中国近代化》，中国社会科学出版社2010年版。

《董必武与湖北早期共产主义运动》，《延安精神研究》第8辑2010年6月。

《评郑观应的“商战”思想》，王远明、胡波、林有能主编：《被误读的群体：香山买办与近代中国》，广东人民出版社2010年版。

《关于中国近代史“开端”的几点思考》，张建雄主编《鸦片战争研究》，广东人民出版社2010年版。

《辛亥革命史》（上、中、下）（本书由章开沅、林增平主编，本人是上册主编之一，本书1980—1981年出版后，于本年选入“中国文库·史学类”），中国出版集团东方出版中心2010年版。

2011年

5月7日去华中师范大学参加“东亚文化交涉学会第三届年会”，在会上宣读《黄兴与中国传统文化》。

8月12日应邀给鄂港青年交流会访问团600人作《辛亥革命与青年》学术报告，楚天都市报记者来访。

10月12日—15日参加“纪念辛亥革命一百周年国际学术研讨会”，提供论文《“孙、黄并称” 百年回眸》。

《谈谈黄兴评价的几个问题》，《北京日报》2011年4月2日。

《黄兴与日本》，《武汉大学学报（人文科学版）》2011年第3期。

《李剑农先生学术年表》，载于“中国现代学术名著丛书”《中国近百年政治史》，商务印书馆2011年版。

《黎元洪：功过参半的民国第一伟人》，《南方都市报：大家访谈 百年辛亥》2011年10月27日第B16—18版。

辛亥著名人物传记丛书：《黄兴》，北京团结出版社2011年版。

《黄兴评传》（上、下），南京大学出版社2011年版。

2012年

6月，撰写《我所知道的彭雨新教授》纪念彭先生百岁。

11月22日，为萧致强著作《柳河湾》撰写序言。

《一位坦诚、执着的杰出学者：祝刘绪贻教授夫妇双百岁》，《南方都市报》2012年4月20日。

《黄兴对中国传统文化的批判与继承》，《武汉大学学报（人文科学版）》2012年第6期。

《这本书，值得每个中国人一读——〈历史的轨迹：中国共产党为什么能〉评介》，中国社会科学网 2012 年 7 月 1 日；周溯源主编《社科文萃：中国社会科学网首发栏目论文选集》，中国社会科学出版社 2013 年版。

《黄兴与武汉保卫战》，《北京日报》2012 年 9 月 24 日。

《论辛亥革命前后的董必武——从民主革命者到共产党创始人》，《董必武思想与实践研究文集》第三集，湖北人民出版社 2012 年版。

《宋教仁与黄兴》，《宋教仁研究》2012 年第 1 期。

《熊秉坤与武汉保卫战》，《辛亥革命研究动态》2012 年第 4 期。

2013 年

4 月 2 日写龚书铎追思录。

《黄兴在辛亥革命中的地位与作用》，载《湖南人与辛亥革命——纪念辛亥革命 100 周年学术研讨会论文集》，湖南师范大学出版社 2013 年版。

《一本收罗广泛、求真务实的佳谱——评熊焰编著的〈魏源年谱新编〉》，《邵阳学院学报(社会科学版)》2013 年第 2 期。

《学习董老，为振兴中华建功立业——在夷陵中学(今宜昌一中)董必武铜像揭幕式上的讲话》(2013 年 5 月 4 日)，《湖北老教授》2013 年第 1 期。

2014 年

10 月 18 日参加“纪念黎元洪诞辰 150 周年学术座谈会”，宣读提供论文。

10 月 24 日赴长沙参加“纪念黄兴诞辰 140 周年学术研讨会”，提供论文《黄兴的中国梦与世界大同理想》。

《黄兴对辛亥革命的重大贡献》，岳洁琼、黄绍强主编《辛亥群英谱》序，河北教育出版社 2014 年版。

《寓居天津期间的黎元洪》，《天津日报》2014 年 11 月 17 日。

《黄兴的中国梦与世界大同理想》，《纪念黄兴诞辰 140 周年学术研讨会论文集》，湖南人民出版社 2014 年版。

《再现了清代一位勤政为民高官的光辉业绩——陈乃宣等著〈乾隆名相　盛世重臣：陈宏谋纪实〉评介》，《湖北老教授》2014 年第 1 期。

《深切怀念胡思庸同志》，《纪念胡思庸先生逝世 20 周年学术研讨会论文集》2013 年。

《努力推动中国社会进步——略评黎元洪一生的主要业绩》，《黎元洪研究学术座谈会论文集》，2014 年。

与萧莉合著《黎元洪新传》，武汉出版社 2014 年版。

萧致强著《柳河湾》序言，团结出版社 2014 年版。

2015 年

《魏源是怎样炼成百代名家的?》，《邵阳学院学报（社会科学版）》2015 年第 1 期。

《关于黄兴研究的一封信》，《文史拾遗》2015 年第 1 期。

《水利大家林则徐》序，海峡文艺出版社 2015 年版。

《奠基础与登高峰（浅谈武大历史学院的治学传统）》，《湖北老教授》2015 年第 1 期。

《为人民写历史　写人民的历史》，《人民日报》2015 年 8 月 3 日第 7 版。

《严复与"第一知己"郭嵩焘》，刘晓琴、江沛主编《严复与近代中国社会文化》，天津人民出版社 2015 年版。

《林则徐与鸦片战争研究再议——兼评赵健伟〈谎言下的鸦片战争〉》，《中州学刊》2015 年第 12 期。

2016 年

11 月 13 日，赴广东中山市参加"纪念孙中山先生诞辰 150 周年国际学术研讨会"。15 日在会上宣读《评孙中山与黎元洪的晚年》。

《林则徐与鸦片战争研究再议——兼评赵健伟〈谎言下的鸦片

战争》,《明清海防研究》第九辑,广东人民出版社 2016 年版。

2017 年

《创业先立志》,《人民日报》2017 年 5 月 23 日第 7 版“大家手笔”。

《为国家的和平统一殚精竭虑——评孙中山与黎元洪的晚年》,《中山社会科学》2017 年第 4 期。

刘凯著《教育,心灵的旋律》序,现代出版社 2017 年版。

2018 年

《“孙、黄并称”百年回眸》,《中山社会科学》2018 年第 6 期。

张笃勤《武汉历史文化散论》序,武汉出版社 2018 年版。

《探寻古今治理之道》,《人民日报》2018 年 8 月 21 日。

2019 年

《萧致治文集》,武汉大学出版社 2019 年版。

《黄兴名号揭秘》,《文史拾遗》2019 年第 1 期。

2020 年

《拾遗补缺　探幽发微——萧泽曜、杨式仁合著〈都梁史漫说〉读后》,《邵阳日报》2020 年 6 月 24 日第 4 版。

《毕生精力　尽萃于孙中山事业的研究——纪念段云章教授逝世 5 周年》,《辛亥革命研究动态》2020 年第 4 期。

《魏源对中国近现代化的启蒙》序,邵阳市魏源文化艺术研究院编纂,团结出版社 2020 年版。

2022 年

5 月 29 日在线上发表《章开沅:众望所归的学术领导人》纪念文章。